聴覚障害児の学習と指導

発達と心理学的基礎

四日市 章／鄭 仁豪／澤 隆史
Akira Yokkaichi　Inho Chung　Takashi Sawa

ハリー・クノールス／マーク・マーシャーク
Harry Knoors　Marc Marschark

［編］

明石書店

本書は Teaching Deaf Learners: Psychological and Developmental Foundations
by H. Knoors and M. Marschark, Oxford University Press, 2014 の内容をもとに
日本の研究・実践を踏まえた理論や事例を加筆した。

序

　現在、わが国では、インクルーシブ教育の展開と共に、聴覚障害児の教育の場の拡大や、対象となる子供たちに関わる心理的な要因が多様化しているため、教育の専門性が、特別支援学校や通常の学級などの、幅広い教育の場で強く求められている。しかし、指導に携わる教師が、専門性を学び、身につけるための研修の機会や参考書は必ずしも十分ではなく、特に、心理学を基盤として聴覚障害児の学習や指導に関して書かれた本は少ない。聴覚障害児の指導では、学習者の特性とそれに応じた指導内容を十分に理解し、効果的な指導を展開するための実践知が求められる。そのためには、単に指導のノウハウを学ぶのではなく、具体的な指導技術とそれを効果的に実現するための理論的な背景を、実践を通して融合しながら学び、考え続ける必要がある。本書は、このような考えに基づいて、聴覚障害児の学習や指導に関わる心理学と発達に関する基礎知識を提供しようとするものである。

　本書の企画は、*Teaching Deaf Learners: Psychological and Developmental Foundations*（ろうの学習者の指導――心理学と発達の基礎）, Oxford University Press, 2014 の著者である Harry Knoors（ハリー・クノールス）教授と Marc Marschark（マーク・マーシャーク）教授からの提案、すなわち、この本の内容を基にして、日本の読者にとってより有意義な著書となるよう、日米の共著として編集を加え、新たな書籍として作成してはどうか、ということを契機とするものであった。本書の作成にあたっては、原書内容の翻訳・要約・削除などによる編訳を基にして、聴覚障害児の学習や指導に関わる発達や心理学的な基礎に関して、現在得られているきわめて幅広い専門的知見を提供し、かつ、日本における関連知識の提供によって、日本の現状との対比の中での理解を深めると共に、日本の読者にとって、より実践的な理解に結びつくよう努めた。さらに、日本における乳幼児段階の指導、教科（国語、算数・数学、理科）の指導と学習に関する実践的な内容、そして、学習の場での情報保障に関する実践的・実際的な内容を提供したいと考えた。

　また英語原書は、ギリシャ語、オランダ語、ドイツ語などで、既に編集・出版されるなど、国際的にも高い評価を得ている。本書の作成にあたって

は、聴覚障害教育・心理学に関わる、わが国の多くの研究者・実践者の協力を得た。本書が、聴覚障害教育を実現している多様な場である、特別支援学校・学級、通級指導教室、通常の学級、児童発達支援センター（旧・難聴幼児通園施設）、また、医療や福祉の場で活躍する、多くの教師や指導者、さらに、教育、心理学、言語学、聴覚障害児療育・福祉などに携わる研究や実務などの専門職、そして教師や専門職を目指す学部や大学院の学生諸氏にとって、新たな情報を得て、学びを深める機会となることを期待したい。

最後に日本の編者として、このような貴重で斬新な企画をご提案頂き、本書の出版についてご了解とご支援を頂いた、クノールス教授とマーシャーク教授に心より感謝申し上げたい。また、多忙な中、本書の執筆にご尽力頂いた諸氏、並びに、本書の刊行をお引き受け頂いた明石書店社長・大江道雅氏、並びに編集にご尽力頂いた伊得陽子氏に深謝したい。

2018年9月

四日市 章、鄭 仁豪、澤 隆史
ハリー・クノールス、マーク・マーシャーク

原書の序と謝辞

　本書の構想は、2007年にオランダのハーレムで開催されたメンタルヘルスとろうに関する国際会議の後に生まれた。ろう教育の教師や教師を目指す人々は、ろうの学習者の指導に焦点をあてた、利用しやすく役に立ち、かつエビデンスベースの実践のために重要な、理論的基礎と実践的知見とを提供できるような本を求めているのではないかと考えた。すなわち、ろう児の学習成果に結びつく複雑で幅広い要因を含む、現代の研究に基づく本である。これは難しい要求のようにも思えた。一方、この分野で広く知られた著書である *Educating the Deaf: Psychology, Principles, and Practices*（『ろう児の教育 ── 心理、原理、実践』Moores, 2001）、および *Educating Deaf Students: From Research to Practice*（『ろう児の教育 ── 研究から実践へ』Marschark, Lang, & Albertini, 2002）は、出版から年月が過ぎており、基礎となっている研究、ろう教育やろう児の状況などの全てが変化してきており、改訂が必要な時期になっている。

　本書は企画から刊行されるまでに5年を要した。これは、著者が多忙で、オランダとアメリカの連携企画のため、連絡調整が必要となったためである。また、当初の想定よりもずっと多くの文献を調査する必要が生じ、複数分野の、研究、理論、実践に関する文献を基に検討した。そして、我々が文献を読み、問題点を議論すればするほど、既存の研究と新たな知見との間に、新たに関係づけを行う必要性が明らかになった。このような関係づけは、以前は、異なることを扱っていると思えていた諸研究の中にも存在していた。

　この出版企画の完成間近い現在でも、ろうや難聴児の指導に影響するに違いない、ろう教育に関連した多くの興味深い研究が存在しているし、さらなる研究も必要だと考えている。ろうや難聴の学習者の教育を改善しようと考えている人々には、心理学、言語学、社会学、教育学、特殊教育学の分野での研究や、関連分野のコンピューター科学、人類学、神経科学の研究などの全てが、役立つであろう。執筆の最終段階でも、研究や出版は継続しており、本書の内容も、検討され続けることになろう。

これらの研究を、ろう教育に携わる教師や関係者に、どのように提供したらいいのだろうか。最初は、教師に教え方を伝えるような、実践を意識したハウツー本を書こうかと考えた。しかし、指導の基本となる研究の基礎を理解しなければ、特定の、また既定の方法で、適切な指導をすることは困難であるということがわかった。したがって、ろう児に関連した指導や学習の基礎に関する説明が必要だと考えた。より大切なのは、教師は指導の専門家であるが、研究者の指導実践に関する専門性は低い。したがって、教師自身が利用できる優れた研究成果や教師自身の実情を基に、教師自らが指導を創造していけるような内容が適切だろうと考えた。

　このような考えから、本書の企画では、ろう教育に携わる教師や関係者が利用できる、彼らにとって重要な研究成果（研究のエビデンスだと我々は考えている）が示されるよう心がけた。実際この本は、言語学の研究者と認知心理学の研究者による協働的な事業の成果である。現在は2人とも、ろう教育の幅広く多様な分野で、教師や研究者として仕事をしている。かつて我々は、この分野で活動するとは思っていなかったが、現在はこの分野で活動したいと思っている。この本の執筆を通して我々が力を得たように、本書が、教師や教師を志ざす人が、指導力の向上を目指し続け、学び続けるよう、動機づけていくことを望んでいる。我々はまた、ろう児に適した指導法や指導過程の研究者も支援したい。彼らが、ろう児は、聴児とは必ずしも同じではない強みやニーズをもっていることを認識しながら研究を進めてほしいと願っている。最後に、そして最も重要なことであるが、我々はこの本が、研究分野と実践分野とのギャップ、これは残念ながら長い間、克服されずにいるが、教師と研究者とが協働的に活動することによって、このギャップが少しでも埋められていく契機になることを望んでいる。

ハリー・クノールス（シント－マイケルスゲステル、オランダ）
マーク・マーシャーク（ロチェスター・ニューヨーク、米国）

謝　辞

　我々は、多くの人々や組織からの情報提供、支援、協力によって、このプロジクトを行うことができた。最初に感謝したいのは、王立オランダ・ケンタリス（Royal Dutch Kentalis）と国立聾工科大学（the National Technical Institute for the Deaf）であり、このテーマについて興味深い学びを進めるための、自由な場を提供して頂いたことに感謝したい。本書の完成までの長い間、辛抱強く業務に尽力頂いた人々に対して、特に、Annet de Klerk、Janie Runion、Abby Gross に感謝したい。我々は、多くの同僚の支援をはじめ、ろう児の教師からたいへん多くのことを学んだ。彼らは、あまりにも多く、ここに全ての人の名前を挙げて感謝することができないが、特に次の人々を紹介したい。Freke Bonder, Annet de Klerk, Susan Easterbrooks, Daan Hermans, Harry Lang, Ana Mineiro, Gary Morgan, Cathy Rhoten, Jorge Samper, Linda Spencer, Patricia Spencer, Emmie van der Heijden, Ludo Verhoeven, Mathijs Vervloed, Loes Wauters, and Nina Wolters。

目 次

【本書での用語の使用について】

本書は、英語原書の内容に日本の聴覚障害教育に関わる知見が加えられており、各章の専門的な内容に対応して、多くの執筆者の協力を得て作成されている。このような特徴から、本書で用いられる用語については、欧米とわが国での教育、心理学、文化などでの捉え方の違い、また、それぞれの著者の考え方が反映されている。さらに近年では、障害の捉え方をはじめ、多様な文化や概念が新たに展開されており、それに対応する用語や言葉の表現も多様化しつつある。

このような背景から、本書で用いる用語については、読者にとって内容がわかりやすい表現になることを基本として、できるだけ統一するよう努めた。

以下に、本書で重要となるいくつかの用語について説明したい。

1．聴覚障害児・聴児の表現

原書では、難聴児から重度の聴覚障害児（ろう児）までを含む用語として、「deaf（ろう）」が用いられている。しかし日本では、一般的に「ろう」は聴力レベルが最も厳しい子供の場合に限定されて用いられる場合が多い。そこで本書では、原書と同様に、聴力の程度に関わりなく幅広いスペクトラムとしての意味合いをもつ用語として「**聴覚障害**」を基本的に用いた。なお「両親ろう」という語については、両親の聴力レベルや、先天性、後天性、進行性といった聴覚の状況がもたらす違い、さらに、ろうに対する個人の捉え方なども多様であり、本書では、一括して両親ろうという語を用いてはいない。一方、現在の日本では、日本手話やろう文化に関わる領域では「ろう」という用語が一般的に用いられているようであり、また、通常の学級などで学ぶ、比較的聴力レベルの低い子供は「難聴」児と呼ばれる。このような状況を考慮し、本書では、言及する内容に応じて、「**ろう**」「**難聴**」といった用語も用いている。一方、聴力に障害のない子供に対しては「健聴児」という用語が用いられてきたが、近年、「聴児」という用語が広がってきており、本書では、基本的に「**聴児**」を用いることとした。

また、聴覚に関する基本的な言葉として「聞く」と「聴く」があり、英語ではそれぞれ「hear」と「listen」などがあてられ、意味的また使い方での違いも指摘されている。本書では、それらの意味の違いにかかわらず用いることのできる言葉として「きく」「きこえる」「きこえ」などの表現を用いた。

2．子供の表記

日本の文部科学省の規定によれば、学校教育を受ける子供の名称は、就学する学校の段階に応じて、幼児、児童、生徒、学生と表記される。一方、米国では、

小学校以降の学校教育の対象は、基本的に students で表される。本書の内容は主として幼児から中学・高校生までの段階を中心にしているため、言及している学校の段階が明らかでない場合は「子供」など、幅広い年齢対象を示す語を用いた。

3．学校名の表記と特別支援学校

　日本では、特別支援教育制度により、それまでの「ろう（聾）学校」に代わって、障害種に特定されない「特別支援学校」の名称が法的に導入された。本書は、聴覚障害に焦点をおいた内容であるため、特別支援学校について言及する場合は、基本的に「聴覚障害児を主たる対象とする特別支援学校」を指しているものとし、聴覚障害を示す語は特に付加せず**「特別支援学校」**とした。しかし、歴史的な用語や原書にある聴覚障害児のための学校については、「ろう学校」を用いた。

　また、special education の訳語については、日本の「特別支援教育」との混乱を避けるため「特殊教育」を用いた部分もあるが、日本の特殊教育制度に言及するものではない。

4．その他：英語の略号など

　QOL や ICT といった略号については、日本語としての定着の状況に応じて、原語を付記した。また、「文字による情報（text）」については、「教科書」といった意味との混同を避けるため「テクスト」と表したが、すでに日本語として定着している語（テキスト・ボックスなど）では、「テキスト」を用いた。

第1章 学習と指導の本質的要素

　聴覚障害児の基本的な学習過程に関する知識は、指導に携わる全ての者が基盤とすべきものである。したがって、冒頭の章として、聴覚障害児が、フォーマルな、またインフォーマルな状況でどのように学ぶかに関する基本的な情報、指導と学習との関係にも焦点化しながら説明する。その中で、聴覚障害児は、単にきくことのできない聴児ではなく、聴児とは異なる学習上のニーズや、強みをもっている（第2章参照）、というテーマに言及する。学習と、それを促進しうる方法とに関する基礎的な事項を、最も基本的なレベルで理解することによってのみ、聴覚障害児が教育の場で直面する困難やさまざまな指導 - 学習の調整の必要性を認識することができよう。最終的には、大きな個人差のある聴覚障害児の学習スタイルに、どうすれば指導法や教材をよりよく合わせることができるのかに関する、十分な理解を提供することが目的である。

　学習は、個人の特性、社会 - 情緒的要因、指導に関する要因などの間の、複雑な相互作用の結果である。学習は、通常、自動的に行われるため、単純だと考えがちであるが、かなり複雑な過程である。Alexander, Schallert, and Reynolds（2009, p. 176）は「人間の学習の真の性質は、相互作用の複雑性を受け入れなければ、理解することはできない」と指摘するが、聴覚障害教育の伝統的な指導法は、しばしば複雑な問題に対して単純な解決策を求めてきた。しかし、聴覚障害児の成績を改善しようと思うのであれば、環境的（ecological）アプローチと呼ばれる指導方法について理解する必要がある。この方法は、教育環境や子供のもつ学習上の強みや弱みなどの特徴を考慮し、環境の中での発達に関する知見に基づいている（Bronfenbrenner, 1979）。

本章全体を通して、聴覚障害児の指導のために、環境的モデルがどのような意味をもつのかを説明する。

発達と学習――生得的特性と発達環境

　人間の発達、特に、言語、問題解決、創造性のような能力の発達には、脳機能の発達や経験が大きく影響する。

　発達は、部分的には遺伝的に定められているが、自然の過程からの逸脱も起こりうる。その1つが聴力の損失であり、さまざまな遺伝的原因が関与して生じる。聴力の損失は、他の個人特性と同じように、遺伝子の突然変異で生じうるもので、出生前あるいは生涯のどんな時期にも生じうる。一方、個人の成長は環境からの影響も受ける。脳とそれに関連した心的機能である思考や言語の発達には、多様な経験という形での栄養が必要となる。したがって、遺伝子的に特定された構造や過程が展開していくためには、外界からの刺激入力が決定的に重要となる。

　脳は多くのニューロンがネットワークを構成している組織であり、さまざまな部位に分けられている。環境からの入力刺激は、ニューロン間の効果的な結合を形成し、発達と共に、ニューロンによるさまざまな回路やネットワークが、特定の機能に割り当てられていく。例えば、脳の左半球は、音声や手話といった言語のモダリティに関わりなく、言語の処理、理解、産出に特化されている。しかし、出生時から手話言語で育つろう児は、言語に関して、大脳の左右両半球が、より組織的に関与するようである。

　子供は、録音テープをきいたり、テレビをみたりして、母語を獲得するわけではなく、親との緊密な相互作用やコミュニケーションを通して、言語を獲得する（Kuhl, 2004; 第3、4章参照）。子供は、さまざまな状況で使われる音声や手話による言葉を見聞きし、やりとりをする中で、その心的表象を形成し、さらに、意味に関する推測や仮説を積極的に構成する。学習にとって言語刺激は大きな役割をもつが、言語刺激を生み出す社会－環境条件も、同様に重要であり、多様な言語的また非言語的な事象に必須な情報や、事象の特質に焦点化した複雑で可変的な学習の機会を提供する。

　言語の獲得と並行して脳は成熟し発達していく。前頭前野の運動皮質は、

モニタリングや行動の調整に重要であり、成人の早期段階で成熟段階に達する。その頃になると脳の機能は分化し、ある意味、相対的に独立したモジュールの集合として機能する。成人の脳は「遺伝子、脳、認知、行動、環境の間での、力動的で多方向的な相互作用」の最終産物とみなすことができる（Karmiloff-Smith, 2009, p. 100）。しかしそれは成人の脳機能が固定化するということではない。むしろ、脳は成人段階に至っても、その機能は可塑的で、力動的な変化を続け、生涯にわたる学習を可能にする。一方、学習は、出生前というきわめて早期の段階から始まっており（DeCasper & Fifer, 1980）、発達と共に脳の形成を促す。幼少期には、前頭前野の調整機能が未成熟であることは、学習にとって実際には有利となる。乳幼児や幼少児は、探索行動での抑制が比較的弱いので、柔軟な学習や創造性の発達を促す刺激が強められる（Gopnik, 2010）。

　発達や母語の学習には臨界期（敏感期・感受期）がある。Kuhl（2004）は、視覚、聴覚、言語のシステムは、多くの努力を要せずに学習が進む期間が異なっているが、やはり可塑性があるとしている。学習のいくつかの領域にも臨界期は存在するが、従来考えられていたほど固定的ではない。第一に、言語学習は注意ネットワークの発達をもたらし、幼児が音声や手話の特定のサイン特性に注目していくことを促進する。言語経験を重ねていく中で、これらの特性は脳内で記号化され、整理・配列される。この記号化は脳に変化をもたらし、特定の言語パターンの分析に特殊化した神経組織となる。初期の学習では神経組織が一種のフィルターとして働き、言語発達を促進し形成していく。母語でない言語の学習は、第一言語の獲得によって脳が何らかの制約を受けているので、より複雑となる。

　それゆえ、言語獲得の臨界期は、ある時点で閉鎖する窓のようなものではなく、成熟と学習によって決まるものであろう。しかし、第 4 章で示すように、早い段階で質の高い言語への接点が十分に得られない場合、例えば、聴力の損失が重度であり、音声や手話言語への接点をもてない場合には、言語での恒常的な困難、特に、文法の領域での困難を生じうる（Markman et al., 2011; Mayberry & Lock, 2003; Niparko et al., 2010）。言語に接する時期の遅れによって、言語がまったく獲得できないわけではないが、入力刺激の質の低下や不十分さが、処理、理解、文法構造の構築に関する持続的な課題をもたらし、結果として、学習、リテラシー、また社会生活への影響が生じうる。

学習の環境的特徴

　学習の基本は個人の知識を変化・発達させることである。発達はまた、さまざまな学習、例えば、誤りに基づく学習、意味の積極的な構築、確率的学習、自ら組織的に構築していく形の学習によって促進される（Alexander et al., 2009; M. H. Johnson & Munakata, 2005）。もし発達が、特定の段階での学習に強く影響されるのであれば、学習は、特定の課題や、個人の知識・能力に特有の要因によって制約されるだろう。ある種の課題は、特定の学習機構によって、より容易に学習されるが、同時に、物理的、社会的な環境といった、外部要因の影響も受ける。物理的要因とは、例えば、学習環境を構成する人数、背景雑音の量、学校やクラスの規模、家庭や学校の建物の質、採光、室内の温度などである（概説として、G. W. Evans, 2006 参照）。学習に影響する社会的環境としては、教育に対する社会一般の考え方、相互作用の質と量、またそこでの言語の質が挙げられる（Hart & Risley, 1995; Nelson, 1973）。

　このように、学習は環境の中で生じる過程であり、学習の状況や環境、および学習者自身の特性に影響を受けながら、フォーマルな、また、インフォーマルな形で行われる。フォーマルな学習（formal learning）とは、学校の授業などで、教師の意図的、計画的な指導の下で行われる学習であり、インフォーマルな学習（informal learning）は、子供たちが、学校や家庭を含む生活の場で、子供相互や大人との交流などを通して、フォーマルな学習には含まれない形で行われる。

　これらの状況は、学習の過程と成果に影響するが、それは、明確であったり、さほど明確でない場合もある（Cobb, 1994; 第 11 章参照）。しかし、状況が学習を完全に決定するわけではない。人間は積極的に、また絶え間なく、意味そのものを形成しながら学習する。このような学習は、通常、言葉と視覚的な情報処理という、2 つの回路を通して行われる。人はまた、個々の事象の内容自体の学習を超えて、異なる事象間の関係に注意を向け、それを処理することを学ぶようになる。このように、人間の学習は累積的で相互作用的な認知活動であり、入力刺激の速度や弁別のしやすさ、また先行知識、記

憶、実行機能といった心的処理のもつ制限によって、ある程度の制約を受ける（第 6 章参照）。

　Alexander et al.（2009, p. 186）は学習を次のように定義している。「学習は個人や人々の中に持続的な変化を生じさせる多次元的な過程であり、その結果として、個人や人々が世界をどう受けとめ、またそれに対して物理的、心理的、社会的にどう対応するのかに関係する。学習の基本的な過程は、学習者の特質と学習目的との間に系統的、力動的、相互作用的な関係をもち、それらは、発達を通して、また特定の時間や場所という環境の中で位置づけられている」。

　この定義は、第 2 章での指摘とも一致し、個人が特定の感覚モダリティ、例えば聴覚による情報アクセスを欠いた場合、ある意味では、個体全体、少なくとも心理学的な、認知過程が変化する（Marschark & Knoors, 2012; Myklebust, 1960）。

　聴覚障害児の言語や心理的能力を理解するには、聴者との比較で、単にその優劣のみを問題にするのではなく、制約や特徴のある認知的状況で、言語獲得がどのように生じ、どのような構造的特徴をもちうるのかという、心理学的・言語学的なプロセスの理解に努めることが重要である。話し言葉を基盤とし、特に文字言語の習得によってより高度に発展する構造的な言語の理解と使用は、聴覚障害児の言語や認知能力の深化や拡張にとって不可欠なものとなる（四日市, 2009）。

　学習はいくつかの基本的な原理で特徴づけられる。まず第一に、学習による変化は、長期記憶に蓄積された知識の変化として、量的（知識の増加）あるいは質的（知識の組織化；第 6 章参照）になされる。このような学習者の変化は、学習者の環境に変化をもたらし、環境の変化は、再び学習者に影響を与える。例えば、料理を学んで上手になると、その人は台所を再構成し、特定の調理器具をより手近におくなどして、料理の習慣を変える。ある学術分野の専門家になると、その人は書棚を再構成し、その後の情報検索の仕方を変える。このような循環的な過程の中で学習は定常化し展開していく。また、人間は日常のさまざまな出来事の中で、新たな学習をせざるを得ない状況にある。言語獲得も同じで、何らかの言語入力がある限り、言語を学習しないという選択はできない。学習をせざるを得ないということが、学習が自動的に生じることの重要な要因である。

学習は、偶発的に、また意図的に多様な形で行われるが、全ての学習過程が明白なわけではない。就学すると、多くの学習が学校の内外で潜在的に生じる。第一言語の獲得は、モデルとなる言語があれば、潜在的に展開される学習の典型例である。一方、モデルが利用できない場合、例えば、きこえる家族で、手話をしない家庭で育つ重度聴覚障害児の場合は、通常は潜在的に行われる言語学習が、より顕在的に行われる。しかし、学習が顕在的な場合でも、学習された能力の使用は潜在的である。主として脳の組織が学習を作り上げるが、それはまた学習によって形づけられる。これは、言語が学習を構築し、また学習が言語を形づける過程と同様であり、発達に関与する過程の多くは相互的である。確かに、学習の過程と成果には大きな個人差があるが、その一要因として、神経認知の構造や機能での、わずかだが重要な違いが考えられる。McEvoy, Marschark, and Nelson（1999）、Marschark, Convertino, McEvoy, and Masteller（2004）は、聴覚障害学生と健聴学生の長期記憶での語彙知識の構成は 77 〜 80％重複していることを見出した。しかし、概念的知識での 20％程度の違いが、両群でみられた、読み、問題解決、そして学習全般での違いに、重要な役割を果たしていると論じている。

　すなわち、学習は過程であり、またその産物である。産物とは学習の結果生じる変化であり、過程とはその変化が達成される方法である。人は発達のさまざまな時点で、その状況に合わせてさまざまな学習を行い、神経認知構造を成熟させながら発達する。また、学習の成果としての変化が、その後の学習過程に影響を及ぼすように、学習は相互作用的である。学習は、学習者自身に変化をもたらすと共に、学習環境にも変化を生じさせる（Bronfenbrenner, 1979）。

学習の起源

　学習を理解するときには、どんな学習が、どこで、誰によって、いつ行われたかだけでなく、なぜ学習が行われたかを考えなければならない（Geary, 2009）。人は進化の過程で、生き残るための課題を解決するために、また、多様な考えの人々との間での社会的対立を解決するために、学習を重ねてきた。進化の初期では、学習を通して作物の収穫や狩猟の対象となる動物の行

動を予測し得た者は競争場面で有利となった。このような学習はほぼ潜在的に行われ、多くの場合、その目的は学習者にとって明確ではなかった。しかし今日では、これに加えて多くの学習が明確化され、特定の目的追求のためには、どんな学習が必要かを明示することが求められている。

　これらのことから、学習全体を理解するには、インフォーマルな学習とフォーマルな学習の両方の理解が必要となる（Bransford et al., 2010）。構造化された学習は、典型的にはフォーマルな状況、特に、授業、実験や実習、特定の課題解決状況などで、明確な指導のもとに行われる。多くの場合、フォーマルな教育の場で行われる指導や学習は、計画的に定められた教育課程として関連づけられている。一方、インフォーマルな学習はしばしば潜在的であり、日常生活の中で普通に生じている。フォーマルな構造化された学習とは対照的に、インフォーマルな学習は素早く、努力を要しないで行われるようにみえる。おそらく、全ての学習の90％までが、このようなインフォーマルな状況で生じる。インフォーマルな学習は、「状況に位置づけられた学習」という概念と密接に関連している。すなわち、学習は特定の社会・物理的な状況、つまり、その学習が行われる特定の状況においてなされる（Lave & Wenger, 1991）。この学習は、環境内での事象間の共変動パターンを見つける（これは通常、無意識的に行われる）ことによって進行する。幼児や児童生徒は、多くのインフォーマルな知識を遊び場や学校に持ち込むが、それらは教育場面での、よりフォーマルな学習のための重要な基礎を形成する。

　学習の最終段階は熟達レベルである。初心者と熟達者の最大の違いは、熟達者が特定の事柄について習得する、情報の量と質である。これによって熟達者は、初心者では気づけない問題や、状況の特別な側面を見出す能力を得る。すなわち熟達した学習者は、ある事象を特定のカテゴリー、あるいは異なるカテゴリーに分類できるための、弁別的な特徴を見つけたり、パターンを認識したりする点で、初心者よりはるかに優れている。また熟達した学習者は、経験の結果を学ぶだけでなく、それを基に経験すること自体を学んでいく。彼らの知識は、中核となる概念の周りに強く結びつき、また適切に組織化されている。

　出生から4、5歳頃までの乳幼児期には、ほとんどの学習は家庭で行われる。それらはインフォーマルであり、ほとんどは潜在的で（第3章参照）、素早く進行し、多くの努力を要しないようにみえる。彼らの初期経験では、両

21

親が効果的な手掛かり（scaffolding）を与えることにより、言語の領域だけでなく、他の認知的領域の学習も容易になる。学校での教師や、家庭での親は、子供の能力に合う学習状況を作るには、どうすれば最もよいのかを、意識的にまた潜在的に学んできている。家庭は、幼児が生まれてから継続する、親しみのある自己充実した環境であり、学習にとって重要な基盤である。そのような環境や人々、そこで経験される事柄は、幼児にとって予測しやすい内容である。なぜなら、それらの事象の生じる頻度、また事象の出現に関連した順序だった予測しやすい活動、そして、それらに典型的に付随している言語などから、幼児にとって安心できる状況となっているからである。しかし両親が幼児たちに向ける行為や言語は、時には子供の能力を実際よりも低くみてしまい、過度に単純化させてしまうことがある。この傾向は、特に障害児の親でみられ、潜在的にその子供たちを過度に他者依存的にしてしまう。

　子供は直感的な理屈で周りの世界を理解していくようである。「理論説（theory theory）」では、子供は、科学的な理論と類似した、直感的な理屈をもち、科学理論で変化が生じるのと類似した方法で理屈を変化させていく（Gopnik, 2010）。子供は環境を分析して規則性に着目し、生物学的、物理学的、心理学的な世界に関する直感的な理屈を形成する。これは、Piaget（1952）の発達理論における、仮説 − 演繹的思考を指しており、13歳以降に生じるとされた。しかし現在は、幼児は、より優れた学習者で、周到な分析方法で世界を探索し、多くを理解すると考えられている（Dehaene, 1997, 数と大きさについて）。

　子供の活発な学習の特徴について、Meltzoff, Kuhl, Movellan, and Sejnowski（2009）は関連研究から、幼児・児童期の学習における3つの駆動要因を設定した。1つは、子供の学習が計算に基づくということであり、身の回りの言語や出来事の出現頻度や関係にみられる規則性や共変動に着目する。彼らは、周囲の状況から原因と結果の関係を認識し、予測に役立つ情報を環境から抽出する（Gopnik & Tenenbaum, 2007も参照）。2つ目は、子供の学習は社会的であり、他者との社会的相互作用は、言語、行動、認知、社会的ダイナミクスの学習にとって豊かな情報源となる。模倣、共同注意、他者の感情や視点の理解（第6章参照）は、社会的学習過程の土台である。学習は模倣によって促進され、また学習の機会は模倣によって増加するため、単

独での発見や試行錯誤での学習より少ない誤りで学習が進む。また、模倣行動は大人や友達の言語や行動の単なるコピーではなく、目的や行為、他者の意図を自ら再構成するのに役立つ。出来事や対象への共同注意は、コミュニケーションや指導の共通基盤となって社会的な学習を促進する。他者への視点や気持ちを理解する能力は、子供相互の関わりに重要であり、学校での協働学習（第 6 章参照）ではさらに重要となる。3 つ目は、学習は脳神経ネットワークに支えられて知覚や行為を結びつけるので、特定の神経認知構造によってある程度決定される。

　幼児の学習と遊びは融合されることが多い。第 3 章では遊びについて、言語、認知、社会的発達との関連から考察する。ここでは、遊びが子供の生活の中で、自然で重要な要素であることを指摘しておく（Samuelsson & Carlsson, 2008）。遊びは子供の物理的、社会的環境の探索に関わり、自分の身体能力の発見をはじめ、後の学習での探索や教科学習での基礎を築く（Hirsh-Pasek, Golinkoff, Berk, & Singer, 2009）。遊びは、認知と手続き的知識、持続的注意、記号的表象、問題解決、記憶の発達を形成するための基礎として必須のものとなる。

学校でのフォーマルな学習

　学校教育が始まると、フォーマルな学習、すなわち明確な指導から得られる能力の重要性が急速に高まる。教育の場でもインフォーマルな学習は行われるが、フォーマルな学習ではインフォーマルな学習で必要とされる能力とは幾分異なる一連の能力や技能が求められる。国によって異なるが、欧米では、通常 4 ～ 6 歳の間に就学する。一方、聴覚障害児は、多くの場合 3 歳というより早い年齢で就学し、学校生活でのレディネスを高めるためのプログラムに入る。

　就学すると子供は児童・生徒と呼ばれ、既有の知識を新たな方法で利用することを学ぶと共に、次第に複雑な、新しい知識を学ぶ。しかし学習は個々の情報や知識の獲得を超えた、構造的な知識の構築と心的表象の形成である。これは積極的な過程であり、学習者は、指導や学習教材に意味を付与していく。また、彼らはインフォーマルな学習では、既に独立した学習者であ

るが、フォーマルな学習でも独立した学習者になるための能力を獲得していく。このようにして、情報は知識へと変換されていく。指導の本質的な目的は、子供が学習に積極的に取り組むよう刺激し、思考での認知的な負荷を軽減させながら、意味を考え納得しながらの学びの展開を強化していくことである。

　人間は情報を受け取り、処理するための別々のチャンネルをもっているが（Baddeley, 2007）、ワーキングメモリには容量制限があるので、各チャンネルでは、新たな情報を限られた量しか処理できない。意味を理解しながら学習を行うためには、情報の選択、組織化、新情報と既有知識との統合といった認知的プロセスに、意識的な努力を向けなければならない。第6章では、このような認知プロセスが、短期記憶やワーキングメモリ、長期記憶、また、基本的には脳内情報の制御を行う実行機能と、どのように関係しているのかについて述べる。認知プロセスは「トップダウン」処理と「ボトムアップ」処理とが結びついて行われる。すなわち、新たな情報の受容と処理に、既有の知識がどのように影響するのか、また、新たな情報が既有の知識をどう変化させるのか、ということに関わっている。それゆえ、学習の鍵となる要因は、学習が、長期記憶の情報に質的・量的な変化をもたらすということである。このように、長期記憶は、過去の経験やさまざまな領域の知識や情報を保存し活用するための、力動的で発展的な貯蔵庫とみることができる。貯蔵されている知識には、明確なもの（地球の外周など）や、潜在的なもの（地球の外周の測定の仕方など）がある。

　学習は動機づけに媒介されながら、学習への取り組みを促進させたり低下させたりする。メタ認知は、基本的には認知に関する認知、あるいは思考に関する思考と言われるが（第6章参照）、これも認知の過程や結果の制御において学習を媒介する。このように、学習者の先行知識や能力での違いは、新しい情報の学習に直接的、間接的に影響する。学習への直接的な影響は、新しい情報を既有の知識とどの程度「照合」できるかに関連し（Moreno & Mayer, 2007）、間接的な影響は、学習に必要な認知的取り組みへの、動機づけの程度に関係する。ここでの1つのリスクは、学習課題のもつ認知的要求、つまり処理を必要とする情報量が、学習者の認知処理能力を超えてしまう可能性であり、通常、認知的な過負荷と呼ばれる（Paas, Van Gog, & Sweller, 2010; Sweller, Van Merrienboer, & Paas, 1998）。

　必要とされる認知プロセスが、入力情報の速度や複雑さに対応できない
場合には、意味を理解しながらの学習が生じる前に、認知システムが働か
なくなってしまう。このような状況が生じる原因としては、情報や経験す
る事象の内容が学習者によく知られていない（すなわち、長期記憶内の事象と
うまく適合しない）、学習者が動機づけられていない、適切な処理過程を適用
できない、教師と子供との相互作用やコミュニケーションの質の影響、など
が考えられる。学習者の知識や能力に対して、課題の求める認知的処理が複
雑であればあるほど、認知過程での「困難性」が生じやすい（Sweller et al.,
1998）。また、課題に関係のない情報によって、学習者の注意が分散された
り、考える方向性を見失うなどの「袋小路」に陥り、課題に対して不適切な
方法で情報処理を進めてしまうこともある（Kirschner, Paas, & Kirschner, 2009;
May & Hasher, 1998）。

　新しい情報から意味を構築する際に、認知的な過負荷を避けることは、
ワーキングメモリの容量制限と関係する。多くの場合、教師の教示には新し
い情報が含まれているので、（フォーマルあるいはインフォーマルな状況での）
教示の目的の 1 つは、ワーキングメモリの容量に適合するよう、提示情報を
工夫したり、まとめたりすることで、学習者の困難を軽減したり、克服でき
るよう支援することである。このような調整は、教師と子供が共通した円滑
に使える言語を共有していない、あるいは、教示での言語の利用が一部の子
供で制限されているような場合には、もっと重要となる（しかしまた、より
困難ではある）。このような状況は、聴覚障害児が学習を行う場合には最も顕
著となる。多くの子供のワーキングメモリ容量は、ほとんど言語理解（個々
の単語と文の理解）に用いられてしまい、学習を生じさせるような、実質的
な意味構築に用いられる容量が少なくなってしまう。

　学習者が、認知的能力・情報の特徴・長期記憶との間の機能的連携と情報
照合を円滑に行い、新しい情報を既有知識に効果的に統合できれば、処理の
制限は解消される。そして、さらに多くの情報を取り込むために、多くの情
報が蓄積され、再生され、活用されうる。すなわち、学習が生じる。

個別的、協働的、協調的学習

　教師は子供の学習に重要な役割を果たすが、学習は教師－子供間の相互作用に限定されるものではない。クラスの内外での、友達相互での学習も重要である。子供は学校で個として学ぶだけでなく、グループワークや討論の場で、協働的に学習を行う。学校でのグループワークは、ピア・チュータリング、協働学習、協調的学習を引き起こさせることができる。これら3つの形のグループワークは、子供相互の関わりや相互関係の水準が高まることでより優れたものとなる（Tolmie et al., 2010）。

　ピア・チュータリングの特徴は、子供相互の縦の関係である。チューターとなる子供は、他の子供より多くの知識があったり、取り組んでいる課題をよりうまくこなすことができたりする。協働学習は高度に構造化された活動プログラムを利用するものであり、子供は個別に課題を仕上げ、その結果を基に互いに議論を行う。これらの学習において、子供はさまざまな社会的スキル（social skill）、すなわち、役割交代、意見表明、友達への刺激、支援のやりとり、他者の意見の傾聴、課題の明確化といったスキルを展開できなければならない。そこでは、集団としてのまとまりや相互依存関係も必要となる。このような向社会的行動は協働学習には必須であり、教科学習での成功とも関連する（Wentzel, 1994）。協働学習が必要とする、共同的な活動や理解共有の程度に応じて、認知的な影響だけでなく、社会的な影響ももつことになる。協働学習に参加することによって、子供は社会性だけでなく、対話能力やグループワーク技能をさらに向上させる。この意味で、グループワークはフォーマルな学習とインフォーマルな学習とが混じり合った活動を提供する。それはちょうど、子供がかつて、親－子の相互作用の中で経験した活動と類似している。

　協調的学習は、個別的な活動に比べ、複雑な課題の学習に関して、優れた問題解決の経験をもたらす（Johnson & Johnson, 1981）。基本的には、複数の個人が、各自の処理能力を拡張し、より効率よく効果的に問題を解決できる（Kirschner et al., 2009; Paas et al., 2010）。しかし協調的に問題を解決するには、その基盤として、円滑なグループコミュニケーションや効果的なグループ運

営技能が必要とされる（Kirschner et al., 2009）。これには、子供相互が、共通した流暢な言語をもっていることが必要であり、子供−教師の相互作用で生じる困難点と同様な課題がある。これについては、別の事態も生じる可能性がある。すなわち、グループ学習の場で用いられる言語の流暢性が高い子供、あるいは年齢の高い子供が、取り組む課題に関する知識を十分にもっていない場合でも、協調学習では支配的な立場をとってしまうことである。このような状況は、聴覚障害児と聴児の混合クラスではよくみられる潜在的な困難点だが、聴覚障害児だけのグループでも、コミュニケーション技能などの優劣のために、気づかないうちに起こりうる（Kruger & Dunning, 1999）。一方、いくつかの研究は、聴覚障害児自身は、聴児に比べてかなりの程度、実際よりも多くを学び、また知っていると思いがちであることを示している（Marschark, Sapere, Convertino, & Seewagen, 2005）。その結果、聴覚障害児の集団での協調学習やピア・チュータリングが、うまく進まなかったり、できなくなったりすることもある。聴覚障害児集団での協調学習の展開には、聴児の場合よりも、教師によるより綿密なモニタリングが必要であり、「リーダー」が本当に課題や活動の目的を理解しているのかを、常に確認する必要がある。しかし一方では、グループとしての自己修正への潜在的能力が存在しており、それを活かすことが大切なのも事実である。

　グループワークでの相互依存関係の必要性を考えると、協働的また協調的学習の質は、社会−情緒面や学習面で、仲間の支援が利用できる程度よって予測されうる（Hijzen, Boekaerts, & Vedder, 2006）。教師の設定する教育的環境や基本的な雰囲気もまた、質の高い協調学習を生み出すための重要な役割を果たす。教師は子供に対して、共に学び、活動するために必要な事項を自覚させねばならないが、聴覚障害児の場合、それを入学前に獲得していないと思われる（第3章参照）。したがって、協働・協調学習での教師のモニタは、いくつかのレベルで行われる必要があり、子供が個別に質問するまで待っているのではなく、グループとして自主的、定期的に「状況を確認する」ことでよりうまく進むであろう。

　要約すると、学校での学習は認知的・社会的活動であり、それを支援する環境が必要である。そこでは学習者が相互に影響を与え、コミュニケーション技能や言語能力が形成され、同時に、社会的能力も培われる。これら全ての領域で、聴覚障害児は聴児よりもリスクが高く、特に、聴児が優勢なクラ

ス環境では、リスクはより高い。聴覚障害児は、十分なコミュニケーション技能をもっておらず、学習者間でのコミュニケーションモードも同じではなく、言語能力が相対的に低く（第4章参照）、社会的なルールや情動調整に関わる課題などもある。また、これら全てがクラスの環境に影響するため、聴覚障害児は仲間からの受け入れに課題をもってしまう。このようなクラスの環境は、短期また長期にわたって、聴覚障害児の学習の機会に対してマイナスの影響を及ぼす。

　日本における特別支援学校での児童・生徒数の減少と重複化は、集団の形成自体を難しくしている。しかし、協働学習の重要性は他に代え難いものがあり、指導の目的に応じて多様な集団構成の工夫をするなどし、活発な集団活動の場を確保することが必要である。また、通常の学級での、集団思考の円滑な展開の確保も、今後、統合化が進む中での大きな課題である。多様なコミュニケーション手段や補助手段の効果的な活用によって、教師と子供、また子供相互の円滑で、質の高いコミュニケーションを促進できれば、活発で実り多い学習活動が展開できる。

学習と指導

　指導はフォーマルな学習場面での直接的な指導を含む重要な過程であり、友達相互でも生じる。また、より間接的な方法として、媒介された学習過程、例えば、通訳者の支援、科学技術、マルチメディア教材による遠隔学習でも生じる（Bransford et al., 2010; 第10章参照）。一方、学習は、明確な指導がなくても、学習者が意味を構成する状況で生じ、その典型例は、Geary（2008）が「生物学的一次情報（biologically primary information）」としている内容である（Sweller, 2008 も参照）。生物学的一次情報は、学習者の意識的な努力なしに、あるいは最小限の努力で獲得される情報である。このような情報獲得能力は人類の進化の過程で発達し、一次言語がその例である。

　一方、生物学的二次情報（biologically secondary information）は、明確な指導や動機づけがなければ学習されない。読み書き、計算問題などは、全てこの例である。この情報の量は、人類の発展と共に増大したが、その文化的重要性にもかかわらず、意識的に学習する必要があるため、学校などの教育組

織によって伝達されていった。Geary（2008, p. 186）によれば「学校……は、大人が子供や青年に、二次的能力（書くことなど）や知識の世代間伝達を強要するために作り出した文化的革新物である」。したがって、生物学的二次情報は、1人で自然に獲得できるものではなく、文化や社会が重要と考える新しい情報を取り上げ、これを処理し、理解できるような形で進められる。典型的には、主として学校で行われるフォーマルな学習である。

指導と教示

　学校での学習への期待は、教科学習の向上だけでなく、心身の健やかな成長発達や問題行動の抑制も含まれる（Greenberg et al., 2003）。授業での指導は、文化的、発達的に適切であれば、認知的な成果だけではなく、社会情動的な発達にも好ましい成果をもたらす。子供は自らの情動を認識して対応し、他者の考えを理解する必要がある。これらの能力は、クラスの内外で活かされるであろう。さらに子供は肯定的に決定することを学ぶ必要があり、人間相互の関係をうまく処理し、他者からの適切な、あるいは不適切な情報への対応方法を学ぶ必要がある。このようにして、社会情動的能力は、学習者の動機づけや学習の成績に貢献する。

　学校でのフォーマルな学習のほとんどは教師によって形作られる。教師は教科学習や学校生活の環境を整え、運営する。子供を励まし、フィードバックを与えることによって、友達関係や子供への支援を行う場を作り出す（Jennings & Greenberg, 2009）。学習に関する教師の知識が指導に貢献することは確かだが、学習に関する知識がそのまま指導に活かせるわけではない。指導では、単なる知識以上のものが必要とされる。指導は教科の内容を教えることを超えて、指導と状況に関する諸要因を的確にコントロールしながら、学習に関する知識を巧みに応用していくものである。これによって、友達相互の関係と教師－子供との関係が確実になり、指導と学習が促進される。

　このように、指導は情報の獲得や知識の構築において学習者を本質的に支援する。教示は指導の中核ではあるが、指導と同義ではない。教示の目的は、教師の指導内容を学習者が理解することへの支援である（Moreno & Mayer, 2007）。また学習者が教示から得るものは、学習への動機づけやメタ認知方略によって、彼ら自身の学習過程をコントロールする能力である。こ

のことは、広い意味では、学習を促進するために行う、指導者の全ての行為が教示であることを意味している（R. E. Mayer, 2008）。それは、情報の伝達に限らず、子供が自分自身の努力で問題を解き、自ら学ぶよう導くことであり、学習の仕方を学ぶことを含んでいる。指導に際して、教師は次のことを自らに問い続ける必要がある。子供は最小限の助言を受け、情報や経験に触れるだけで学んでいくのだろうか、あるいは、子供は明確で直接的な教示を必要としているのだろうか。また、子供は自分自身による情報操作によって概念や手続きを発見するだろうか。子供はフォーマルな指導を必要としているのだろうか。子供が能動的に意味を構築することを強調してきたが、それで十分だろうか。

　明確な指導なしで意味を構築する学習は、生物学的一次領域の内容に限られるようにみえる。生物学的二次領域の内容である教科の学習は、直接的な教示で導く指導を必要とする。特に、新たな知識の学習や、新しい学習者の場合にはそうである（Kirschner, Sweller, & Clark, 2006）。学習を決定する長期記憶の変化をもたらすためには、教師が、新しい概念、手続き、学習方略を子供に的確かつ十分に説明することが、最も効果的で効率的である。言い換えれば、多くの仮説に反して、直接的な教示は、「子供に対して、自分自身の力で、新たな概念や学習方略を見出させる」発見学習に比べて、一般的に、よりよい結果をより速くもたらす。自らのもつ経験の多少にかかわらず、学習者は、新しい情報、課題、内容に直面する。通常、そのような状況では、彼らの長期記憶の知識は不十分であり、自分1人で学習するための認知的な能力も不十分であろう。このような状況では、子供はしばしば非生産的な方法で問題解決ための努力を余儀なくされる。認知的負荷理論によれば、学習者が認知的に困難な課題、例えば、読み、書き、計算の学習に直面すると、ワーキングメモリへの強い負荷が学習へのマイナスの影響を及ぼす。特に新たな学習者では、十分な知的枠組み（mental schemata）を欠いているので、新しい情報を取り込んだり、それを既有の知識と統合させたりすることが困難になる。

　子供の認知的負荷を軽減しうる教示方法が提案されているが（Paas et al., 2010）、その1つは、学習者に「解答への複数の思考の道筋」を例示しながら考えさせるもので、学習者は、問題を理解し、解答への道筋、解答／代案について考えながら解答方法を探究するよう導かれる。このような直接的な

教示による方法は、学習者の解決への探索を方向づけ、迷路に迷い込むことを回避させる。迷路に入ってしまうと、時間の浪費と混乱が生じ、思考が元に戻れなくなる。

　学習での認知的負荷は、部分‒全体アプローチでも減少しうる。この方法では、複雑な課題を小さな課題に分割することによって、問題に含まれる情報量（例えば、問題の要素や操作）を減少させる。学習者が、課題全体の一部を理解・解決できれば、次に、別の下位課題の情報が細かいステップで段階的に提示され、課題全体の解決に至るまで漸進的に学習が進められる。一方学習者は、問題解決の過程を声に出して説明するよう求められる。これは「発話しながらの思考（thinking aloud）」と言われる。

　ワークシートの利用も、継次的な教示によって認知的負荷を軽減する。ワークシートは、複雑な問題を解いたり、課題を達成したりするためのステップが明確に説明されており、その問題や課題に関連したヒントや解決法を発見するための促しが含まれている。

　学校での教示の多くは、子供の自動的な学習方略を支援するようになされれば、問題解決はより効果的になされる。子供が、既に獲得している問題解決方略を新たな状況で応用できるようになると、非機械的にしか解決できない問題が、機械的に解決できる問題になる（知能の共通した定義の 1 つ）。この過程は「シェマの移転（schema transfer）」と言われる（Bransford et al., 2010）。学習の初期段階では、抽象的な概念を異なる文脈で応用する練習や、新旧情報の統合のために処理方略を用いることは、シェマの移転に役立つ。シェマの移転は、学習者にとって馴染みのない事項が馴染みのある事項に変わるため、注意への負荷の増大や認知的負荷によって課題に対応できなくなることを防ぐ。十分な練習によって、関連した諸過程が自動化されるため、注意や長期記憶での情報検索を顕在的に実行する必要がなくなる（Feldon, 2007）。しかし自動化でのマイナス面もある。一旦、処理過程が自動化されると、能動的なモニタリングが素早く実行されてしまい、これを変えることは難しくなる。これは、慣れきっている靴ひもを結ぶ動作を、反対方向から行うことを学習するようなものである。したがって、教科学習では、学習の過程を最初に正しく自動化することが非常に重要となる。

　教示の役割の 1 つは、それによって子供が新たな情報を処理し、長期記憶に保存し、最終的にそれを自動的に再生し利用できるようになることである

(Feldon, 2007)。経験豊かな教師は、教示の際に、子供が多量の感覚的、意味的情報をうまく利用できるよう、必要な配慮を行うことができる。ワーキングメモリの容量は有限なので、そのような教師は、子供の認知的負荷の軽減を図りながら、指導や学習に関連した、経験、具体的情報、抽象的な原理に基づいた指導技法を用いて、子供が、より関連の深い情報や手掛かりに気づき、同時に、関連のない情報をうまく区別できるよう指導する。特に聴覚障害児への指導では、彼らはコミュニケーション相手と関連資料に同時に注目できないので、そのことが思考の展開に影響しないよう配慮することもきわめて重要となる（第9章参照）。経験のある子供の場合と同じように、経験を積んだ教師は、状況を解釈するための高度に自動化された手続きをもっており、クラス内の出来事を理解し、それに対応する能力を発揮することができる。したがってベテラン教師は、予期しない状況に対しても、より効果的に対処でき、教室内で生じる複雑な状況にも適応的な行動がとれる。また、個々の子供に特有な個人差にも、十分な配慮ができるので、子供は、遭遇する困難に円滑かつ効果的に対応できるようになる。これら全てによって、経験ある教師は子供の指導と学級運営において、より効果的な行動をとることができる。

　後の章でも論じるが、教員養成の主たる課題は、理論と実践とのギャップを埋め、子供の特性の認知、教示、運営の過程（第11章参照）を、異なるサブグループの子供に合うよう自動化することである。それゆえ教員養成では、単に理論を教えるだけでなく、理論を指導技術、すなわち、子供が潜在的能力を発揮できるような指導技術に転化させるための方略の習得を含む必要がある。教員養成を受ける教師は、これらの指導技術を集中的に反復学習し、授業に先立って、自動化しておかねばならない。優れた学習と実践の機会を豊富に提供する教員養成プログラムを修了した教師は、主に理論と教示方法を学んだだけの教師よりも、効果的で着実な指導を行えるだろう。養成段階や既に教職にある教師の両方にとって、指導における重要な意思決定が理解できるよう意図されたビデオ教材を用いて、メンターが指導を行うことは、大きな効果が期待できる。このような指導での意思決定に関する検討は、実施可能な複数の教示や行動を考慮しながら議論することが重要であり、これは、子供に対してそのような選択肢を考えるよう指導するのと同様である。

教師は指導する教科の内容について十分な知識をもつことが当然必要となるが、特殊学校・学級の教師では、その知識が十分でない場合もある（Pagliaro, 1998）。教師はまた、経験不十分な者として、さらに何を学べばよいかという感覚を失わないことも大切である。優秀な教師は教育学の知識をもつ必要があるが、それには、指導内容に関するものだけではなく、子供たちは学習困難なときに、どんな思考的な努力をするのか、また、そこでの学習をどう支援するのかに関する知識も含まれている。

指導および子供－教師の関係

　子供が社会－情緒的に安定し、ウェルビーイング（well-being）な状態でいることは、学校生活がうまくいくためにきわめて重要な意味をもっている（Bergin and Bergin, 2009）。ウェルビーイングとは、子供が生活や学習に積極的に取り組み、達成感を得ながら自己肯定感をもち、周囲の人々との豊かな関係をもてるような状態を指している。このような状態を子供にもたらす基礎的要因の1つは、「アタッチメント（愛着）」である。第3章で述べるように、愛着は、時間や場所を超えた個人間の情緒的なつながりを指しており（Ainsworth, 1973; Bowlby, 1969）、親と幼児との間の愛着によって、幼児は安心感を得て環境を自由に探索することができる。愛着は、幼児期だけでなく、子供の時期全体にわたって社会性の発達に幅広く関与する。親との愛着による安心感は、学校生活だけでなく、発達の中で子供が得るさまざまな成果に強く結びついている。また、教師－子供間の愛着もまた大変重要である（Bergin & Bergin, 2009; Pianta, Nimetz, & Bennett, 1997 も参照）。教師－子供間の温かい関係は、学業を促進する場合も多く、学校生活やクラスへの関わりも積極的となる（Birch & Ladd, 1997; Hamre & Pianta, 2001）。

　一般的には、子供を取り巻く教師の要因は、積極的な子供の育成を予測する重要な要素である。教師に関わる要因として、子供との肯定的な関係、非指示的対応、共感と温かさ、思考や学習の促進が挙げられるが（Cornelius-White, 2007; Marschark, Richardson, Sapere, & Sarchet, 2010）、これら全ては子供に「安心感」を与え、子供はその基盤の上で学習を展開していく。どうすれば教師は、子供がより安心できる関係を子供との間に構築できるだろうか。第一に、授業に対する十分な準備があれば、教師は授業内容だけでなく、子

供相互の関係の働きなど、クラスの状況にも注意を向けて、認知的能力を発揮できる。第二に、教師に対する子供の信頼である。子供に対して、教師の「実際の姿」を示すことは、教師が子供との社会 – 情緒的なつながりを維持することを助ける。第三に、教師が子供に対する期待を高くもち続けることも、肯定的な教師 – 子供間の関係に寄与する。特に、子供の能力や個人差の正確な把握とあわせてなされる場合には効果的である。最後に、教師には、子供のコントロールではなく、自主性を育てる態度が求められる（Gurland & Grolnick, 2003）。自主性の育成は、子供 1 人ひとりの課題に敏感であること、また、子供に選択権を与えることによって促される。

　教師は子供を、安心できる状態に保つよりも、安心できない状態になることを避けるように反応するようにみえる。家庭や学校で虐待を受けた子供は、しばしば、教師との安心できる関係を求めるが、教師にとって彼らを本当に好きになることはより難しい。しかしそのような場合でも、安心できる教師 – 子供の関係を構築することは可能である（Bergin & Bergin, 2009）。もう一歩進めて、親 – 子、教師 – 子供の愛着と同じように、学校への心理的な結びつきの意識をもつことは、子供の安心感やウェルビーイングの構築に貢献しうる。子供が学校への帰属感を覚えるとき、彼らは仲間との友情のネットワークに加わっており、教師とも肯定的な関係をもっている。学校への結びつきは、高校段階ではより難しいようであり、これは、高校の組織が理想的でないことや生徒間の人間関係の要因によるのであろう。小学校に比べ、高校は教師とその運営管理的なコントロールに重点がおかれていることも多く、教師と生徒との関係は個人的ではなくなり、環境とその中の個人という要因の関数となる（Bergin & Bergin, 2009）。

　聴覚障害児の社会 – 情緒的要因（第 7 章参照）、例えば、円滑とは言えないコミュニケーション、社会的スキルの未発達、聴覚障害児と教師の間での言語の不一致なども、教師 – 子供の関係を難しくする（第 11 章参照）。

エビデンスベース教育

　エビデンスベースの実践という考え方は、介入の効果や効率は、その実践が研究に裏づけられているときに最も確かとなるというものである。教育に

おいては、学習の成果を、研究が明示するよう向上させる実践である（Cook, Tankersley, Cook, & Landrum, 2008）。米国の、落ちこぼれ防止法（No Child Left Behind Act, 2002）は、指導を向上させるために研究的なエビデンスを用いることを強調している。アイルランド共和国の、特別な教育ニーズのある人の教育法（Education of Persons with Special Education Needs Act, 2004）は、対象となる全ての個人への、エビデンスベースの実践を義務づけている。エビデンスベースの実践の考え方を単純に言うと、指導は研究エビデンスと説明責任を基本としなければならず、それによって、教育の成果を評価し共有する文化を形成することである（Kutash, Duchnowski, & Lynn, 2009）。

エビデンスベースの実践は、科学的な研究によって有効性が証明されている教育方法の使用であると捉えられることが多い。しかし、このような厳密な捉え方はあまり役立たないと考えられる。なぜならば、社会科学や教育学のほとんどの研究者は、何かを「証明する」という目的や、その可能性でさえ否定するであろう（本文の枠で囲んだ説明を参照）。また、研究そのものよりも、教師の教育的な意思決定において考慮されるべき、より重要な要因が存在する。それは医学領域で提唱されたものであり、研究と実践の両方の専門性を認めることである。Sackett, Rosenberg, Gray, Haynes, and Richardson（1996, p. 71）による、エビデンスベースの医療に関する定義を、聴覚障害教育にあてはめてみると、聴覚障害児の指導において、「現代の最良のエビデンスを、意識的に、明確に、また賢明に利用して意思決定を行うこと」である（Easterbrooks & Stephenson, 2006; Spencer & Marschark, 2010 参照）。

証明とは

　エビデンスベースの実践をそのまま解釈すると、効果を証明する研究の強調であるが、これはそう重要なことではない。なぜならば、社会科学の領域においては、科学的な研究での証明が何を意味するのかを理解することのほうがより重要だからである。社会科学では、方法的なデザインと統計的な有意性という測度が組み合わせて用いられ、それによって介入や、条件間での異なる処理の効果が検証される。その目的は、得られた効果が、特定の操作の影響か、あるいは、偶然や他の要因による結果なのかを決定することであ

る。このような検証は、仮説の証明に関するものではなく、その否定に基づくものである。方法論的に最も強力な研究デザインでは、実験（介入）群と統制（比較）群（条件）の両方を設定する。理想的には、研究への参加者の実験群あるいは統制群（条件）への配置は、ランダムに、ダブルブラインドで行われ、研究実施者も参加者も、どの参加者がどちらの群や条件に割り当てられたのかを知らないという条件で行われる。この理由は、研究者が、実験群と統制群との違いは介入だけであることを確実にしたいからである。したがって、対象者の特性における相違は除外されるか、少なくとも群内での自然変動の範囲内に抑えられなければならない。このような実験は「無作為化臨床試験（randomized clinical trial: RCT）」と呼ばれている。

RCT は医療分野、例えば、薬品や外科技術の効果を実験的に検証するための「最も確かな基準となり信頼しうる」方法である。研究者が一定の効果を認め、それが偶然の結果であると判断される確率が 5% または 1% 以下であれば、その効果は統計的に有意であるとみなされる。科学者にとっては、その効果が一連の RCT で繰り返し示された場合に、十分な証明が得られたことになる。しかしそのような場合でも、得られた結果が、偶然、誤り、未解明の要因によるものかもしれないという可能性が常に残っている。要するに、教育研究者を含むほとんどの科学者は「証明」という言葉を使わないし、何かを証明したとも言わない（Spencer & Marschark, 2010; 第 3 章参照）。

エビデンスベースの教育とは、個々の教師の指導技術と利用可能な最良の教育に関するエビデンスとを、系統的な研究によって統合することを意味している。Sackett et al.（1996）の、よい医者に関する見解を準用すれば、よい教師は、自分のもつ指導の専門性と利用可能な最良の外部のエビデンスの両方を用いるものであり、どちらか一方だけでは不十分である。優れた外部のエビデンスであっても、個々の子供によっては適用できなかったり、不適当だったりするので、指導の専門性がなければ、実践が研究のエビデンスに振り回されてしまう危険性がある。一方、現在の最もよいエビデンスに基づ

かなければ、実践はすぐにその時代に合わないものとなり、子供に不利益を
もたらす危険性がある。聴覚障害教育では、ここ 10 年間で子供の特性が大
きく変わってきているため、この論点は特に注目される。

　研究者によっては、「エビデンスベース（エビデンスに基づく）」という用
語よりも、「エビデンスを知っている（evidence informed）」という表現を好
む（Shlonsky, Noonan, Littell, & Montgomery, 2011）。この考え方によれば、行動
するときに研究のエビデンスを利用する人々は、研究に基づいて行動するの
ではなく、研究を指針として行動する。しかし、どちらの考え方をするにせ
よ、研究自体が信頼しうるものでなければならない。研究のメタ分析、さら
には、研究の系統的なレビューによって、信頼しうる研究情報源が示される
と考えられる。例えば、健康管理に関する Cochrane Reviews（2013）や教育
に関する Campbell Library（2013）がそういった情報を提供している。聴覚
障害教育での実践に関して利用可能なエビデンスを広範かつ詳細に取り上
げた資料が、Spencer and Marschark（2010）に掲載されている。理想的には、
教師などの専門家によって、その資料にある情報が、個々の子供の望み、専
門家の仕事や生活の環境、専門性、優先性、価値づけなどと、統合されるこ
とが望まれる。

研究デザインの実現可能性

　無作為化臨床試験（RCT）は、医学研究で典型的に行われる方法であり、
特に薬物や医療的処置の効果を明らかにするための研究で行われている。
RCT の目的は、処置の結果が、薬物や手術など、何らかの治療的介入の成
果であるか否かを決定することであり、医療的処置を管理する専門家は介入
には関わらない。医療の分野では、このような観点で、適切性について常に
議論されるが、社会科学や教育での介入の場合には、はるかに大きな制約
がある。例えば心理療法では、治療効果の少なくとも 30％は用いた方法で
はなくセラピストに起因することがよく知られている。これは教育にもあ
てはまるようであり、教育効果の研究では、学業成績に貢献する教授法や指
導法と同じくらい、教師の役割が重要であることが認識されている（Kluwin
& Moores, 1989; Marschark, Richardson, et al., 2010 参照）。優秀な教師はより能力
の低い教師に比べて、子供の学習成果を 4 倍にまで伸ばす（Marzano, 2003）。

このように、教育的介入自体への単純な焦点化は、教育実践者の重要性を否定してしまうことになる。

　重要なことであるが、教育的な実験において、個々の実験参加者を倫理的に適切な方法で実験条件にランダムに割り当てることは、しばしば不可能である。例えば、聴覚障害児を対象に、教育環境が社会的な学習に及ぼす効果を研究しようとする場合を想定してみよう。この研究のためにのみ、聴覚障害児をメインストリームでの教育と特殊教育とにランダムに振り分ける実験に、保護者が同意するだろうか。また、教育的配置そのものが唯一の違いであると断言できるだろうか。現実的には、教育に関する研究において、少なくとも方法論的な観点からみれば、最も厳しいデザインはほとんど適用が不可能である。個人のランダム配置の代わりに、クラス単位での子供のランダム配置が可能な場合もある。そのような擬似的な実験デザインは、関連した情報を得るための質的な方法の付加によって大きな利益を得られる。最後に、多くの実験は、実際の現場よりも実験室という条件で行われる。そのような操作が行われる条件は、多かれ少なかれ、実際の生活での状況とは異なっており、対象者もその条件に合わせた行動をとるであろう。その結果として、このような形の実験は、介入の効果（それが効果を示したかどうか）は示すであろうが、有効性（それがどのようにうまく働いたか）は示さない。有効性の明示には、実際の生活環境において実験を繰り返す必要があり、そこでの条件統制は、はるかに困難である。

実践の公刊

　教育に関する研究の議論で考慮すべき論点がもう1つある。正式な研究は、通常、科学雑誌に発表され、公開される。最も高い評価を得ている雑誌や刊行物は、ピア・レビューを行っており、投稿された研究論文は、2人以上の当該研究分野の専門家によって、通常は名前を伏せて審査される。ピア・レビューは出版物の質の確保には貢献するが、統計的に有意な結果を得た研究が、そうでなかった研究よりも、刊行されるチャンスがずっと大きい。このような偏りは適切なようにもみえる。なぜならば、その実験操作では、結果として明確な効果を生み出させかったということであるが、それは、操作に関する不適切さや、不十分な研究方法（例えば、個人差を除外で

きるだけの、多くの参加者が得られていない）による結果だったとも考えられ、考え方自体が明らかに誤っているとは判断できない場合もありうる。しかしながら、成功例のみが公開されるという偏りは、研究のエビデンスに関する考え方を誤らせ、不完全なものにしてしまう。したがって、研究者が、今後の研究で用いようとする処置や介入を考えるために、科学雑誌に掲載された論文のエビデンスを利用するときには、そこで得られる情報は、成果が肯定された研究のみの方向に偏りがちであることを考慮しなければならない。すなわち、特定の操作が目的とした効果をうまく示せなかった研究は、皆無ではないが、わずかしか参照できないということである。

研究と実践の統合

　一般的な専門的知識の中で、特に教師の専門知識は、関連研究の成果を知ること以上の内容を含んでいる。研究成果を広めるということは、人々がそれに関心を示し、利用することを考えて情報を提供することである。しかし知識は、そのような研究情報と、専門家としての経験、技能、姿勢とを統合したものである（Weggeman, 1997）。個々の教師の専門性と、研究から得られる最良の情報とを統合し、それによって得られた知識を指導に応用することは、教師という専門家にとって決して容易ではない（Swanwick & Marschark, 2010）。そうであっても、もし教育を、特に、聴覚障害児の教育を大きく進歩させようとするならば、これは重要なことである。それゆえ、最終章でこの問題について再度論じたい。

第2章 学習者としての聴覚障害児

　第1章で述べたように、聴覚障害児の指導は、聴児の指導と同じではない——あるいは、同じであるべきではない——というのが、本書を通しての基本的な考え方であり、また、この前提にはいくつかのレベルがあることも明らかになるであろう。おそらく最も明白なことは、人と人とのコミュニケーションのほとんどが音声言語によって行われるという単純な理由から、聴力の損失はコミュニケーションを大きく妨げるということである。子供が限られた聴力で生まれた場合や生後間もない時期（特に2歳前）に聴力を失った場合、音声言語の発達も、少なくともある程度は制限される。確かに、聴覚障害児の中には、非常に優れた音声言語能力を獲得する者もあるが、通常の聴力の子供と同じくらいの能力を得ることは、あったとしてもごく稀である。単純に言って、音声言語の発達は、その言語をきき取ることができるということに大きく依存している。後の章でみるように、補聴器や人工内耳により聴力レベルが改善されることによって、よりよくきくことができる。しかし最小限の聴力の損失であっても、子供を囲んでいる音声言語を受けとめ、それを学ぶ能力の妨げとなる。同時に、聴力の損失は学習を阻害し、日々の活動の中で生じる偶発的学習や、学校で行われるフォーマルな学習の両方において妨げとなる。これらの議論やその暗示する全てのことが、本書全体で述べられている。

　本書全体を通して強調しているのは、音声言語と手話言語は、聴覚障害児の指導にとって、どちらも適切なものであるが、同じものではないということである。1つの言語モダリティを使用するか、もう1つの言語モダリティを使うのかに関連した、社会的、認知的な違い、また教科学習での違いがあって、それは学習に影響を及ぼす。このことは、哲学的な姿勢や政策の正

しさに関する議論ではなく、いくつかの分野の、入手可能な研究エビデンス
に基づく結論である。実際、本書の主要な目的の 1 つは、聴覚障害児の教育
を悩ませてきた論争を避けることである。そのような論争とは、哲学的また
政策的なものであり、聴覚障害教育の困難さを弱められるような潜在的な介
入や機会を妨げ、時にはそれを無視してしまうこともある。この時点で、次
のことを明確にしておきたい。多くの聴覚障害児が学校で成功しているし、
成功した多くの聴覚障害成人がいる。しかし、きこえる人々の 99％以上は、
生活のほとんどで、聴覚を利用して暮らしており、このような社会では、聴
力の損失はまさに困難を生み出す。

　聴力の損失や学習に結びついている最も大きな困難は、言語に関するもの
である。言語は教育の礎石なので、効果的なコミュニケーションが制限され
ている学校は、聴覚障害児にとって制限された学習環境になりがちである。
しかし、早期の聴力の損失やコミュニケーション上の制限は、認知的また社
会 - 情緒的な発達に影響し、さらに学習への妨害をももたらすであろう。以
下の章で明らかにされるように、音声言語獲得の困難さは、最初は幼い聴
覚障害児の親の関心事であり、後には、仲間や教師の最も明白な関心事とな
り、聴力の損失の暗示するものは、さらに広がっていく。聴力の損失が、子
供にどんな影響をもたらすのかを研究している心理学者は、次のようにこの
ことを表している。「1 つの感覚が欠けるということは、その感覚の機能に
加え、全ての機能の働きや統合を変化させ、経験は聴児とは異なった形で心
理的に構成される。すなわち、知覚、観念、心象、思考の世界は、聴覚がな
いという変化に基づく、新しい構造をもつ」（Myklebust, 1960, p. 1）。このこ
とから、聴覚障害児は聴児から聴力だけを取り除いた存在ではないという論
点が必須のものとなる。またこの考え方は、全新生児を対象にする聴覚スク
リーニング検査の普及と聴覚障害乳幼児への早期介入を進めようとする国際
的な努力の背景にある理由である。また、聴覚障害児を的確に捉え、指導に
役立つ本が必要だと考える理由である。

　聴覚障害児が教育で経験する困難や、親や教師がそれらの困難を軽減した
り克服したりすることを支援する機会を正しく評価するためには、きこえる
ことや聴力の損失がいったい何であるのかを理解すること、そしてより重要
なのは、聴覚障害があるとはどういうことを意味するのかを理解することで
ある。このことは、1 つのレベルでは、聴力の損失をはじめ、音、聴覚、音

声の基本的な特性を理解することを含んでいる。このレベルは、リハビリテーションやハビリテーションの可能性に関する内容を含んでいるが、同時に、起こりうる限界も含んでいる。さまざまなレベルで、多くの個人にとって、聴覚障害があるということは聴能面での条件以上のものである。それはまた、生き方の問題である。米国では、「聴覚障害（hearing impairment）」は、政府によって定められた13の障害カテゴリーの1つであるが、ろう児はこれらのカテゴリーの中で、文化－言語的なマイノリティであるとも考えられている唯一のカテゴリーを形成している。

　ろうコミュニティとろう文化は世界中の多くの国に存在している。それらは、他のコミュニティや、歴史、文学、習慣といった文化と結びついた特徴をもち、科学技術などの分野の貢献に対する認識をもっている。この意味では、Marschark（2007）が示唆するように、文化的にろうであることは、米国のアフリカ系アメリカ人、ヒスパニック、ユダヤ系の家族と同様の文化的多様性を示すものであり、全体的で主流なアメリカ文化と彼らの特別な伝統へのつながりとの両方を理解し評価できる。このような文化的な捉え方を重んじながら、日本の教育分野での一般的な捉え方を基本として、本書全体を通して「聴覚障害」を、聴覚のレベルを幅広く捉えた一般的な用語として用いる。また、ろうの文化やコミュニティ、また、そこに属する人々について、文化的な、より限定された意味で言及するときには、それがわかるよう記述したい。

　もしここで、聴覚障害があることや文化的にろうであることが、その人の聴力の状態よりも大切であることを示すとすれば、それらの特徴、つまり聴覚障害児個人の、全体としてのあり方が直接的にろう児としての学習や生活と結びついていなければならないことも明確にしなくてはならない。それゆえ、この章の残りの部分では、これらに関連する基礎的な論点のいくつかを、後に言及する他の事柄と共に簡潔に紹介する（Holcomb, 2013参照）。しかしながら、本書での議論の中心は指導や学習なので、きこえることや、きこえないことが、それらに対してどのような意味をもつかということの理解に焦点化しながら進めていく。

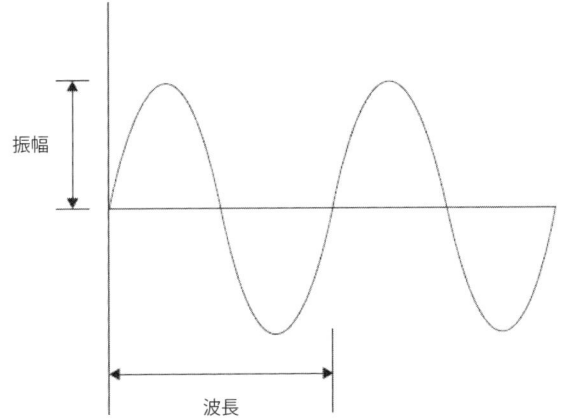

図 2.1　音波の構造（Christopher Ronk 教授と Oxford University Press の許可を得て掲載）

音声、音、そして聴覚

音

　空気の振動が音波として伝搬するのが音である。純音の音波は図 2.1 に例を示すような正弦波で、2 つの重要な特性をもっている。波高つまり振幅は音の大きさに対応し、一定時間内の波の数は音の周波数に対応する。音の大きさはデシベル（dB）で、周波数はヘルツ（Hz）という単位で表される。10dB の音は大きめの息程度でとても小さい。普通の話し言葉は 60 〜 65dB の大きさになる。100 メートルの高さを飛ぶジェット戦闘機は 140dB 程度の音となる。デシベルは地震で使われるリヒター尺度のように対数尺度である。この尺度では 40dB の音の波高は 20dB の 2 倍ではなく 10 倍、0dB の 100 倍になる。人間がきき取れる最も小さな音の波高を 1 とすると、耳をこわさずにきき取れる最大音の波高はその約 1,000,000 倍にもなる。1 〜 1,000,000 倍もの大きな波高範囲は、dB 尺度を使うと、0 〜 120dB と高々 3 桁のコンパクトで直感的に捉えやすい数値で表現できるという利点がある。

音 声

　音声は純音の特定の組み合わせで、典型的には 250 ～ 8,000Hz の複雑な組み合わせの複合音である。図 2.1 に示した単一の正弦波である純音のように単純ではない。音声の聴知覚も複雑な過程で、数段階に分けて特徴づけられる（Erber, 1982）。最初の最も基礎的な段階は音声の検出である。これは音があるかないかをきき分ける能力である。誰も聞き手がいないとき、森で木が倒れて音つまり音波が生まれても、聞き手がいないのだから聴知覚は起こらない。音声知覚の 2 番目の段階は言語音の識別、つまり言語音相互の類似性と相違性を知覚する能力に関係する。

　言語発達の魅力の 1 つは、赤ん坊が、生まれた環境で話されている言語で使われる音に限らず、どんな言語音でも知覚できることである。しかし、赤ん坊が周囲で話される言語に接し続けると、彼らの脳はその言語に同調し、そこで区別されていない音の違いを知覚できないようになる。例えば、pin ［pin］の p と spin ［spʰin］の p は、後者が帯気音の ［pʰ］であっても、英語の母語話者には同じに響く。他の言語では ［pin］と ［spʰin］は意味の違う別の語にきこえるだろう。さらに、胎児は子宮内で過ごす最後の 2 か月間に母の声を既にきいており、音声知覚の一部の脳神経回路は母が話す言語に同調し始めているという研究結果も発表されている。さらなる研究が必要ではあるが、新生児はどんな言語音に対しても同等に準備しているわけではなさそうである。

　音声知覚の第三段階は各言語音の同定である。これは、例えば ［a］を /a/ と同定する能力である。英語では、bus と posse の /s/ を同じ音と判断することに関係する。しかしイタリア語では、sposare と spossare は違うように発音され意味も異なるように、/s/ と /ss/ の音は異なる音として知覚される。日本語でも、例えば、/kusi/（櫛）と /kussi/（屈指）は発音もきこえも意味も異なる。音声知覚の最後の第四段階は、言語音、文、単語、あるいは形態素の組み合わせの意味を知って、理解する段階である。形態素は意味を示す最小単位で、英語では例えば -ing, un- などを指す。

　私たちは音声知覚というと聴覚による音声を考えるものの、音声は視覚による読話でも知覚できる。読話は読唇とも言われるが、実際には唇に加えて舌や歯、顔の表情も関与する。もちろん、読話が可能であるためには、話者

の顔が聞き手に見えていないといけないものの、それでも音声は部分的にしか見えない。話すときの口形の特徴（viseme）は複数の単語間で類似する。英語の例えば /moat/ と /boat/ は読話では区別できない。疑うなら鏡を使って発音してみれば確認できる。

　ゆっくりした発音や適切な照明下で、話者の顔と口がよく見える最適な条件下でも、多くの人は読話だけでは音声の最大 25％しか知覚できない。しかし、聴覚障害者の中には読話だけで、言われたことのほとんど全てを理解できる人がいる。どうしてこんなことが可能なのだろうか。彼らの視知覚技能そのものが、少なくともこの点に関してのみ聴者より優れているわけではない（ただし第 6 章参照）。むしろ、長年の学習によって、個々の聴覚障害者は言語的・非言語的文脈の使用に長けていき、音声の視知覚に固有の抜け落ちを埋めるために有効な、音声言語の規則性を習得している。読話は、本質的には個々の聴覚障害者が教育によって習得した推論的思考の一形態であり、聴者には持ち得ない認知技能として発現した能力である。聴者は、この意味で、口形で見えるものがきこえに影響しているにもかかわらず（McGurk & McDonald, 1976）、話し言葉の理解を視覚だけに頼ったことはない「怠けた」音声知覚者である。読話はそれに長けた聴覚障害成人にとってさえも集中のいる作業である。多くのエネルギーを費やし、聴覚障害児を短時間で疲労させる活動である（さらなる情報は Campbell, Dodd, & Burnham, 1998）。

聴　覚

　聴覚は頭の横に見えている耳だけの働きだと考えがちである。しかし、聴覚器官全体は、外耳、中耳、内耳などからなり、外から見える部分だけで構成されているわけではない（Gelfand, 2009）。外耳は耳介と鼓膜で終わる外耳道から成る。音の伝搬は耳介によって集められた音波が外耳道に入ることから始まる。音波が鼓膜を振動させ、その振動が中耳内の 3 個の耳小骨、槌骨・砧骨・鐙骨の振動を介して、蝸牛の卵円窓に到達する。卵円窓は鼓膜のような膜で、内耳の前庭階の外リンパ液に振動を伝える。高い周波数の音波は周期が短く早い振動を作り出す。

　内耳の蝸牛に沿ってセンサーである有毛細胞が通常はきれいに内側と外側とに並んでいる。内有毛細胞は音を電気的に聴覚神経に伝達する細胞であ

る。それはまるで海底の海藻のように外リンパ液の中で波動する。これら全ては機械的ないし電気機械的な運動である。きいたことの理解は、さらに聴覚的刺激が脳の聴覚野に伝達されてなされる。これは蝸牛から脳幹内のいくつかの中継核を経由して聴覚野につながる、聴神経によってなされる。音は耳できくと言われるものの、脳で理解し解釈されるものである。

聴力の損失

　聴力の損失は耳のいかなる部分の障害や損傷でも起こりうる（Møller, 2000）。奇形や過剰な耳垢、鼓膜破裂などによる外耳の機能不全は、伝音難聴を引き起こす。音波は外耳と中耳を通って内耳に到達することができず、代わりに頭蓋骨の振動を介して間接的に伝わる。結果として音の大きさを知覚することが難しくはなるものの、音の識別を完全に妨げることはない。聴者なら、自分の歯を指先で軽く叩いたとき、たとえ鼓膜を振動させるのに十分な気導音が生じなくても、その音をきくことができる。伝音難聴は、中耳の感染症で浸出液が貯留したり（滲出性中耳炎）、耳小骨が融合して音の伝播に必要な動きができなくなる耳硬化症の結果として生じる可能性がある。伝音難聴の影響は、特に言語発達期の初期に起こった場合には、過小評価されるべきではない。しかし、伝音難聴は内耳の障害で起こる感音難聴に比べれば治療が容易で深刻度は大きくない。

　感音難聴は、蝸牛の有毛細胞が損傷している場合や機能が限定されている場合（蝸牛疾患と呼ばれる）、または脳幹の聴覚神経または神経核が適切に機能しない場合（後迷路性聴覚障害または聴覚神経障害〈聴覚性ニューロパチー〉）に生じる。このような場合、音は物理的にブロックされているわけではなく、動的かつ識別的問題を引き起こす神経学的障害によって脳に到達できない。補聴器や人工内耳による聴覚リハビリテーションによって、聴覚機能がある程度は回復する可能性があるものの、感音難聴の治療は困難である。

　伝音難聴と感音難聴の比較は、眼球自体の変化（例えば、近視または遠視）で起る視覚障害と、視神経細胞の消失（例えば、網膜色素変性症）で起る視覚障害との比較に似ている。前者の場合、眼内のレンズと網膜との間の距離が、対象物に焦点が合うのに短すぎたり長すぎたりするときに、眼鏡を使

用することによって正常な視力を回復させることができる。後者の場合、回復不能な神経学的損傷のために眼鏡はあまり役立たない。同様に、伝音難聴の場合、補聴器を使用することによって聴力はかなり回復する可能性がある。しかし、蝸牛、聴神経、脳幹、または聴覚野での回復不能な神経学的損傷がある感音難聴を補うには、補聴器の有効性はそう高くない。

難聴の程度

　難聴の程度は、特定の周波数の音をきくために必要な増幅の平均レベルで表される。フレッチャー指数（Fletcher Index: FI）が難聴の程度を示すためによく使用さる。この指数は、500、1,000、2,000Hz の純音に対する聴力の平均をデシベルで表したものである。日本では「平均聴力レベル」と表現される。平均純音聴力（pure tone average: PTA）とも呼ばれ、一般的には、聴力のよい方の耳、聴覚に最も寄与する耳に対して、補聴器や人工内耳による増幅なしで測定される。4,000Hz を含めた PTA も使われることがあり、Fletcher High Index と呼ばれる。PTA 計算に使用される周波数は、音声知覚にとって最も重要な周波数である（Kent, 2004; Roeser, Valente, & Hosford-Dunn, 2007）。

　20dB を超える平均聴力レベルは、音声知覚の制限が始まるレベルであるため、音声言語の獲得にとって重要であると考えられている。北米では、20 ～ 45dB の PTA は軽度難聴、45 ～ 70dB の PTA は中等度難聴、70 ～ 90dB の PTA は高度難聴、90dB 以上の PTA はろうとされる。いくつかの西欧諸国では、35 ～ 90dB の聴力を「難聴」とし、90dB 以上の聴力に対しては「ろう」とする別の区別が使われる。最近、多くの研究者が、子供の言語や学習に影響を与えうる最小レベルを 15dB に下降設定している（Goldberg & Richburg, 2004）。特に明記されていない限り、本書の主題である聴覚障害児は、典型的には、先天的または後天的に生後早期に起こった重度の両耳感音難聴である。

先天性および早期難聴の人口統計および病因論

　子供の両側感音難聴は、典型的には先天性（出生時に存在する）であるか早期に発生する。西欧諸国では、先天性または早期の幼児難聴は、発生頻度

の低い障害であり、1,000 人に 0.7 〜 1 人の割合で発生する（途上国の状況は Leigh, Newall, & Newall, 2010 参照）。両側感音難聴の 50％以上が遺伝的要因に起因する可能性がある。遺伝的要因が難聴だけに現れる場合と、より広範な症候群の一部として難聴が含まれる場合とがあり、非症候群性と症候群性とに区別される（Cohen & Gorlin, 1995）。

　非症候群性遺伝性難聴は、常染色体優性（1 つの染色体上の遺伝子のコピーのみが異常）か、常染色体劣性（両遺伝子のコピーが異常）か、X 連鎖（X 染色体を 1 つしかもたない男性では優性遺伝に、2 つの X 染色体を有する女性では劣性遺伝になる）である。症候群性遺伝性難聴の原因としては、例えば、アッシャー症候群（Usher syndrome; 視力喪失を引き起こし、盲ろうにつながる）、ランゲニールセン症候群（Lange-Nielsen syndrome）、ワールデンブルグ症候群（Waardenburg syndrome）が含まれる（Angeli, Lin, & Liu, 2012; Gorlin, Toriello, & Cohen, 1995）。

　遺伝的要因以外に、先天性難聴は母体疾患（例えば、母体糖尿病、風疹）、小児感染（例えば、風疹、サイトメガロウイルス）、または毒素（例えば、血中 Rh 因子に関連する耳毒素）によって引き起こされうる。現在では母性風疹（ドイツ麻疹）が大部分撲滅されたので、西洋諸国の非遺伝的先天性難聴の最も一般的な原因は極度の早産である（Admiraal, 2000）。早期発症難聴の原因には、髄膜炎、脳炎、麻疹、流行性耳下腺炎、頭部外傷の結果としての損傷が含まれる。非症候群性遺伝性（先天性）難聴は、一般に知的障害や運動障害、または視覚障害に関与する可能性が症候群性や早期発症難聴より小さいため、発育経過は比較的よい。髄膜炎はしばしば付加的な神経学的損傷を引き起こし、学習障害や難聴につながる。実際、聴覚障害児の神経障害は、聴児の 6 倍の頻度で発生する。その結果、聴覚障害児の 40％には盲ろうや、難聴に加えて知的障害あるいは自閉スペクトラム症／自閉症スペクトラム障害など、複数の障害があると推定されている。

難聴のスクリーニング検査、診断および介入

　先に述べたように、先天性または早期発症難聴の潜在的影響は深刻であるため、聴覚スクリーニング検査、診断および介入はできるだけ早期に行うことが重要である。耳音響放射や脳幹反応を測定することで、一般的な新

生児聴力スクリーニング検査が効率的かつ比較的安価になった（G. Leigh et al., 2010 参照）。耳音響放射による聴覚スクリーニング検査では、コンピューターで作成される広帯域の周波数成分をもつ「クリック」音を使って行われる。耳音響放射は本質的に健康な蝸牛が音に応答して出す反響（エコー）である。耳音響放射による聴覚スクリーニング検査は、自宅訪問または病院で生後数時間または数日内に行うことができる。耳音響放射が検出されるということは、外耳、中耳および内耳が適切に機能していることを示す。しかし、これは子供がきこえることを必ずしも意味しない。聴覚神経または脳での問題が感音難聴を引き起こす可能性がある。同様に、耳音響放射が検出されず、スクリーニング検査をパスできない子供であっても聴覚障害があるとは限らない。外耳道の残留物や、測定中の頭のわずかな動きのために耳音響放射が検出されないこともありうる。幼児が眠っている間にスクリーニング検査が行われる理由は頭の動きを避けるためである。1 回目のスクリーニング検査をパスできなかった場合でも、聴覚医学的精査を行う前に、2 回目、3 回目のスクリーニング検査を行うのが普通である。しかし残念なことに、幼児が聴覚スクリーニング検査にパスできなかった場合、50％にも上る親たちは（米国ではいずれにせよ）フォローアップを行わない。

　繰り返すが、耳音響放射による聴覚スクリーニング検査は、後迷路性難聴や、聴覚神経または脳幹の神経核の機能不全など、蝸牛より上位の聴覚経路の問題を検出できない。このような問題の検査には聴性脳幹反応検査で脳幹内の神経核が音を処理しているかどうか調べることが必要である（Madell & Flexer, 2008）。新生児聴覚スクリーニング検査の際、特に幼児に難聴のリスクがあると考えられる場合に、国によっては、耳音響放射検査の代わりに聴性脳幹反応検査が行われている。これは、単一の検査で少なくとも難聴の程度が軽度／中程度なのか重度／最重度なのかを判断して感音難聴の確定診断を可能にする。聴力の損失がどの周波数で起きているかを判断することは難しいものの、聴性定常応答（脳内の電気的活動、つまり誘発電位を引き出す）の測定はある程度の情報を提供する。子供が重度難聴だと生後早期に診断された場合、それは新生児聴覚スクリーニング検査後か、遅くても 3 か月齢以内が望ましいが、子供に聴覚障害があるかどうかを大まかには親に示すことができる。難聴の正確な特性や、それが及ぼす音声知覚や言語発達および全般的な発達への影響は、もっと成長して幼少期にならないと判断できない。

新生児聴覚スクリーニング検査後、難聴のある小児および青年の聴力を評価するために最も頻繁に使用される方法は、純音聴力検査および語音聴力検査である（Madell & Flexer, 2008; Roeser et al., 2007）。純音聴力検査では、特定周波数の純音の音の大きさを変えながらヘッドホンを介して被検児に提示し、純音がきこえたかどうか反応を記録する。音声知覚に必要な全ての周波数を体系的に検査し、結果をオージオグラムとして図示する。オージオグラムは被検児が特定周波数（Hz で表示）の純音を知覚するために必要な増幅量（dB 単位）を示す。語音聴力検査は、専門家によってデジタル録音された話し言葉をコンピューターまたは CD で再生し被検児に提示して行われる。検査用の話し言葉として、日本では単音節や単語、文が使われる。これらの聴覚検査には課題を理解し実行するのに十分なレベルの認知能力が前提とされていることは重要である。語音聴力検査で使用される言葉は被検児が理解可能である必要がある。したがって、これらの検査は非常に幼い子供や重度の知的障害のある人には信頼性を保って適用することができない。

　全般的な新生児聴覚スクリーニング検査は小児難聴の早期診断を可能にし、家族中心の介入の早期開始につながる。早期診断と介入は、子供の発達のあらゆる側面に貢献し、特に聴覚障害児におけるコミュニケーションと言語発達を促進することが示されている（Yoshinaga-Itano & Sedey, 2000）。家族中心の早期介入の一部は聴覚学的特徴をもつ。音響増幅、補聴器の提供、重度の難聴の場合の人工内耳適応、音声言語リハビリテーションは、早期介入プログラムの一部であり、手話やキュードスピーチなど手や手指を活用したコミュニケーション支援および言語発達支援方法も併用されている（第 5 章参照）。

補聴器と人工内耳

補聴器

　補聴器にはさまざまなタイプがある（Madell & Flexer, 2008）ものの、全て入力音を増幅する装置である。補聴器にはマイクやスピーカ、電子回路、電池が内蔵されている（図 2.2 参照）。アナログ補聴器は特定の周波数特性を満たすように入力音を増幅する。一方、デジタル補聴器は、個々人の聴力像（つまり、周波数ごとの聴力）を補償できる増幅を実現できるよう綿密にプロ

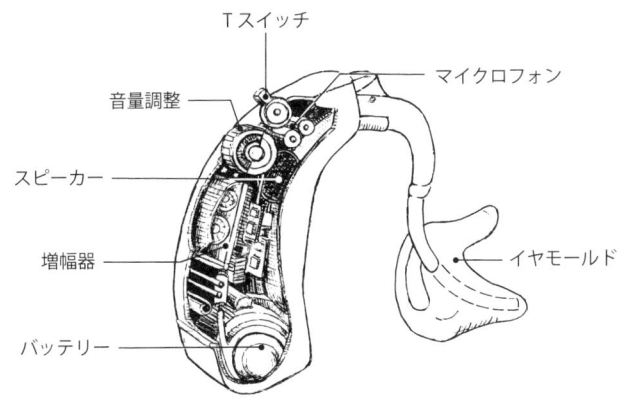

Tスイッチ

音量調整

マイクロフォン

スピーカー

増幅器

イヤモールド

バッテリー

図 2.2　補聴器の構造（Oxford University Press の許可を得て転載）

グラムされたマイクロチップを内蔵している。デジタル補聴器はアナログ補聴器よりもかなり高価であるものの、保険や社会的支援、親の経済的ゆとりなどがある場合には、ほとんどの子供たちに使われている。補聴器は外耳道の中や耳介の後ろ側に装用される。後者の耳かけ形の場合には、イヤモールドが外耳道に挿入され、耳介の後ろ側におかれた本体と接続される。耳かけ形補聴器は、出力音圧が強力なので重度から最重度の聴力レベルの子供に使われることが多い。

　補聴器は多くの聴覚障害児の音声知覚を助ける。早期の診断と介入による早期の補聴が重要であるものの、聴覚障害の赤ん坊に補聴器を装用するのは簡単ではない。成長し続ける赤ん坊の耳に補聴器を合わせることは難しく、イヤモールドがアレルギーを引き起こすこともありうる。また、赤ん坊の睡眠時間は長いのも事実だ。眠っている間、無意識ではあっても音声言語や他の音を知覚しており、それは脳と聴知覚とを結びつける。しかし、睡眠中の補聴器装用は快適ではなく、ほとんどの親は赤ん坊が寝ているとき補聴器を外している。その間は、他の増幅装置、例えば、幼児用のベッドに取りつけた増幅器などが利用できる。

　早期の補聴にはいくつかの難点もある。補聴器を最適な信号－雑音比に設定することは大変困難であり、オージオロジストが、幼児からのフィードバックが得られない時には、事実上、デジタル補聴器を適切に調整すること

は不可能であろう。信号（音声）と雑音（例えば、空調、テレビ、多くの子供たちの入り交じった声）が混じり合うと、その状況での聴取に問題が生じるが、一般的には、防音室ではなく、自然な環境での聴取の際に生じることが問題である。しかし最良の状況でさえ、補聴器による音声の聴取は、「通常の」聴取に比べて決してよいものではなく、不利な聴取状況では、事実上、きわめて困難となる。学級はこの点において厳しい環境であることで有名であり、特に、多くの背景雑音を含み音響的環境としての質が低い（第5章参照）。個人用FM補聴装置は、教師や子供が補助機器を装用することにより、信号 - 雑音比を改善することができ、学級での音声の聴取を支援する。また、最重度の聴力の子供や大人では、補聴器によって音声を検出することはできるが、補聴器を使っても音声を完全にきき分けることは困難であり、ましてや、補聴器だけで話をきき取ったり、理解したりすることはできない。最重度の聴力の損失は、蝸牛の損傷によるためである。既に述べたように、音の単純な増幅は伝音難聴にはとても効果的であり、音を増強することによって、機能低下した外耳と中耳での伝達を助ける。

人工内耳

　最重度の聴力の損失が、蝸牛の機能障害、形成障害、逸失によって引き起こされている場合には、人工内耳がその機能代行として、とてもよいであろう（Niparko, 2009 参照）。人工内耳では、異なる周波数に対応した18 〜 22 の電極を含む細いワイヤーが、蝸牛の中に外科的に挿入される。蝸牛の内壁に沿っておかれた電極が、損傷を受けている有毛細胞を経ることなく、蝸牛神経を直接刺激する。電極を内蔵したワイヤーはトランスミッターに接続され、トランスミッターは耳のすぐ後ろ側の頭蓋内に小さな磁石と一緒に、外科的に設置される（図2.3）。磁気トランスミッターは、（磁気誘導によって皮膚を介して）人工内耳の外部パーツに連結されるが、外部パーツには、レシーバとマイクロプロセッサが内蔵されている。子供の人工内耳装用は1980年代末期から実施されている。米国では、子供への人工内耳装用が，1990年からは2歳から可能となり、1998年からは18か月から可能となっている。2002年からは、12か月の幼児への適応が承認されており、他の国では、6か月あるいはそれ以前での装用が行われている場合もある（頭蓋の大きさが十分になればすぐに実施）。日本では、2014年に1歳以上が適応基準とされて

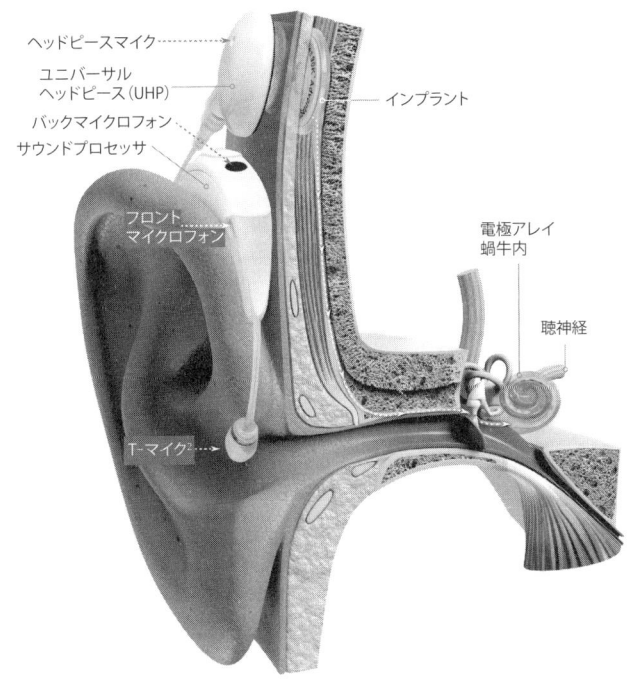

ヘッドピースマイク

ユニバーサル
ヘッドピース（UHP）

バックマイクロフォン

サウンドプロセッサ

フロント
マイクロフォン

T-マイク

インプラント

電極アレイ
蝸牛内

聴神経

図 2.3　人工内耳の構造（Advanced Bionics AG と日本バイオニクス株式会社の許可を得て転載）

いる。

　子供への人工内耳の適応は着実に増加し、装用年齢は着実に低下し、各耳に 1 つずつ装用する両耳装用が一般的になりつつある。一方、人工内耳に内蔵されているマイクロプロセッサのソフトウェアについても、音声（や音楽）の処理に関して、定期的に改良が行われている。このような状況の下で、早期の人工内耳装用は、けっして全てとは言えないが、多くの聴覚障害児の音声知覚や話し言葉の発達を著しく改善してきている（Niparko, 2009; Spencer, Marschark, & Spencer, 2011; Thoutenhoofd, Archbold, Gregory, Lutman, Nikolopoulos, & Sach, 2005）。また人工内耳は、聴覚障害児と聴児との間の言語能力やリテラシーのギャップを、完全に埋めたとは言えないものの、狭めてきている（Marschark, Sarchet, Rhoten, & Zupan, 2010; 第 8 章も参照）。

　人工内耳の早期装用による進歩にもかかわらず、その成果にはまだ大きな

個人差があり、その理由は部分的にしかわかっていない。それゆえ、人工内耳は子供の聴覚障害を簡単に治癒できるという主張は、真実ではない。実際、聴覚障害の治癒が現実的な目的であるかどうかは、また、それを望ましいと思う人々にとってどうであるかは、この章の後半である程度触れるが、まったく別の問題である（Holcomb, 2013 も参照）。最後に、非常に早期に人工内耳を装用した子供の割合に関しては、国によってかなり異なる。オーストラリアや、オランダのようないくつかの西欧諸国では、重複した障害のない最重度の聴覚障害児の 80 ～ 90％が、現在、早期の人工内耳装用を行っている（Broersen, 2010）。米国での装用率は 50％程度であり、開発途上の多くの国では、人工内耳の装用はまだ始まったばかりである（Leigh et al., 2010）。

　この時点では、1 つの点を再度強調することが重要である。すなわち、幼児の補聴器や人工内耳の装用が、必ずしも、あるいは自動的に音声知覚をもたらすわけではないということである。幼児を専門とするオージオロジストによるこれらの支援機器の専門的な支援が、成功のための 1 つの前提条件である。もう 1 つの条件は、注意深い、継続的なセラピーと高品質の音声言語をきく機会である。最後に、補聴支援機器のよいメンテナンスには、適切な研修を受けた技術者の支援だけでなく、基本的な修理技術に関する知識を、年齢の高い聴覚障害児や成人、親、教師が学んでいることが求められる。これら全ての条件が満たされ、音声の知覚が最適な条件におかれた場合でさえも、聴覚障害児は、聴児と同じ量と質の音や話し言葉をきくことはないであろう。聴覚障害児は、きこえる友達に比べて、常により多く、視覚的なコミュニケーション手段、例えば、読話や、環境内の視覚的な手掛かりへの注意などを利用しなければならないだろう。話し言葉がどれくらいうまく理解できるのかは、個々の聞き手と聴取環境（話者を含む）との両方の特性に大きく依存する。より一般的に言えば、話し言葉によって言語発達や学習を進めるためには、どちらの場合も、高品質な音声言語の入力だけでなく、コミュニケーションや言語の使用において、視覚を活用して学んでいくことが必要である（第 5 章参照）。

聴力の損失とろうであること

　聴覚障害があることは、障害、また、言語的・文化的アイデンティティとの関連で論じられる。聴覚障害児の 95％以上はきこえる家庭に生まれるが、そこでは、聴覚障害は病気として治療が求められ、また保護されなければならない対象として捉えられる。この見方は、関連専門家である、耳鼻咽喉科医やオージオロジスト、また教師も同様にもっている。しかし一方では、聴覚障害のある両親のもとに生まれた聴覚障害者だけでなく、きこえる親をもつ聴覚障害者であっても、ろうコミュニティ、ろう文化、手話を尊重する者もいる（H-D. L. Bauman & Murraty, 2010; Woll & Ladd, 2011）。このように、ろうということを社会文化的に捉える立場では、ろう者のコミュニティを文化－言語的マイノリティと捉える。この見方は、聴覚障害の両親をもつ聴児（コーダ〈CODA, Children of Deaf Adults〉）をはじめ、聴者の専門家（例えば、手話言語学者、心理学者、教師）、また、少なくとも聴者の親の一部にも支持されている。

　ろうコミュニティは、聴者のコミュニティのような一様性はなく（Pray & Jordan, 2010）、手話や音声言語の使用と結びついた価値観などにより、多様性を含んでいる（Fernandes & Myers 2010 も参照）。この多様性にもかかわらず、多くのろう者を結びつけてきたものは、聴者が大多数を占める社会で、ろう者として生きることへの強い帰属感である。聴者はしばしば、ろう者が直面する困難や彼らのもつ優れた面を無視したりしてしまう。ろう者の絆は、彼らの社交的な集まりでの直接的な交流の中で育まれてきたが、近年では、通信技術などの発達により流動化し、インターネットなどでの交流が増えつつある。さらに、ここ数十年で、多くの国のろうコミュニティで、手話言語やろう文化に対する公的、社会的な認知が進み、科学技術や手話通訳がそれを加速している。

　聴覚障害に対する病理学的視点と文化的視点は、その極端な考え方としては、治療するか賞賛するかのいずれかとなる。しかし実際には、聴覚障害者、その両親、関係する専門家は、それほど極端な捉え方はしていない。それにもかかわらず、これらのさまざまな観点は、遺伝的検査、人工内耳装

用、教育での手話使用、聴覚障害児のメインストリーム教育といった問題において議論され続けている。本書で重要と考えるのは、多くの聴覚障害児にとって、聴覚障害があるということは、きこえの状態のみではなく、生き方の問題だということである。したがって、特に年齢の高い聴覚障害児の教育では、この点に注意を払う必要がある。また聴覚障害者といっても、彼ら相互でも、また、友達や教師に対しても考え方の違いがあろう。聴覚活用を主とする聴覚障害児に対しては、メインストリーム教育の場で、音声言語指導の効果を高めるために、指導の進め方、教室の音響環境、文字の活用、座席位置の配慮、FM などの補聴援助システムの利用などで配慮が行われる。このような配慮はろう児についても必要であるが、彼らには言語や文化を尊重した指導が期待される。それゆえ、メインストリーム教育にろう児を包摂する場合には、教育での手話言語の使用、ろうの教師の配置、ろうのクラスメイト、ろう文化に関わるイベントなども求められる。これら両グループの子供が、メインストリームの学級やろう学校で学ぶが、聴覚障害児の通常学級での完全なインクルージョンは、ろう学校よりも多くの難題を抱えている（Stinson & Antia, 1999）。

　人工内耳装用の対象となる子供は、聴力の損失が重度のごく少数であるとしても、早期装用の広がりで、かつて手話が教室で禁止されたように、再び手話やろう文化に圧力がかかることを案じるろう者や聴者もいる（Jonston, 2004; Moores, 2011）。この点を考えると、聴者の両親と専門家は、彼らが音声言語、補聴器、人工内耳を尊重するのと同じように、ろうの子供を養育・教育する際に、手話言語やろう文化を尊重する必要があろう。ろうや聴覚障害があることがもたらす能力（Deaf Gain）、これは、ろうや聴覚障害があることによる肯定的な影響を強調するものであり、例えば、学習での視覚情報処理、文芸、芸術、建築といった領域で発揮される。さらに、聴覚障害教育におけるバイリンガル・バイカルチュラルアプローチの推奨者は、この方法により、聴覚障害児の発達への悪影響が防げられるだろうとしている（Humphries et al., 2012）。一方、より柔軟な考え方を主張する研究では、聴覚障害児の発達に対する手話言語やろう文化の潜在性を否定せずに、バイリンガル・バイカルチュラル法の、教育での有効性の証拠を求めようとしている（Knoors & Marschark, 2012）。きこえる両親が、聴力の損失を直感的に病理学的なものと捉えることは理解できるが、この捉え方を、より社会文化的なも

のに変えていくこと、すなわち、話し言葉や書き言葉の能力の重要性を否定
せず、また、手話やろう文化も尊重し、全体的な社会参加を尊重するような
考え方へと変えていくための努力が求められている（Knoors, 2007）。

学校での聴覚障害児

　少なくとも 16 世紀までのヨーロッパでは、聴覚障害児の一部は彼らのた
めの教育の場で公教育を受けていた（Lang, 2011）。初期には主に富裕層の子
供が対象で、個別指導か私的な学校で指導された。政府支援のろう教育が
始まったのは啓蒙時代で、1760 年にアベ・ド・レペ（Abbé de l'Épée）がパリ
に国立聾啞学校（Ecole National des Sourds et Muets）（現国立パリ聾学校〈Institut
National des Jeunes Sourds〉）を初めて設立した。その後の学校設立は、1778
年にサミュエル・ハイニッケ（Samuel Heinicke）がドイツのライプチヒで、
1783 年にトーマス・ブレイドウッド（Thomas Braidwood）がロンドンで、
1790 年にアンリ・ダニエル・ギョット（Henri Daniel Guyot）が王立オラン
ダ・ケンタリス（Royal Dutch Kentalis）の一組織としてオランダのグローニ
ンゲンで行い、1817 年にはトーマス・ホプキンス・ギャロデット（Thomas
Hopkins Gallaudet）がコネチカット州ハートフォードのコネチカット聾啞ア
サイラムで（現アメリカン聾学校〈American School for the Deaf〉）、パリ聾学校
のろう教師ローラン・クレール（Laurent Clerc）を任用して行った。聾教育
の歴史は、Lane（1984）や Lang（2011）に記載されている。
　教育の当初から、音声コミュニケーションのみを支持する口話主義者と、
手話と手話言語の使用、ろうの教師の雇用を提案する手話主義者とに分か
れた激しい論争がなされた（Moores, 2010）。1880 年にミラノで開催された第
2 回ろう教育国際会議（International Congress on the Educators of the Deaf: ICED）
では、164 人のきこえる教師のみの出席で、ろう児は音声言語で教育すべき
だと宣言され（Gallaudet, 1881）、その後の学校での手話の放棄へとつながっ
た。ワシントン D.C. にあるギャロデット・カレッジ（現ギャロデット大学）
などでは、手話コミュニケーションが存続したが（1960 年まで、言語学者は、
手話を真の言語だと認めなかった）、20 世紀の聴覚障害教育における音声言語
中心の教育は、補聴器などの発明によって勢いを増した。手話とろう文化は

地下に潜り、ろう学校の寄宿舎やろう者クラブで手話はひっそりと使われ続けた。

　手話言語が再び広く明確に評価されるまでには、言語学者のウイリアム・ストーキー（William Stokoe; 1960/2005）が、手話は豊かで構造化された言語であることを示し、心理言語学者のバーノン（Vernon; 1968/2005）やシュレジンガーとメドゥー（Schlesinger and Meadow, 1972）が、子供の発達と教育における手話の重要性を示すという経過があった。その後、ろう者の解放への動きが多くの親や専門家に支援され、1980 〜 1990 年代にバイリンガルのろう学校設立へとつながった。最初に設立されたのがスウェーデン、デンマークで、やや遅れて米国、英国、オランダで設立された。バンクーバーでの第 21 回 ICED（2010 年）では、ミラノ会議でなされた、教育での音声のみの使用に関する決議に対する公式な謝罪が組織委員会から提案された。これによって、多くの人々は、長年聴覚障害教育を特徴づけていた指導法に関する終わりなき論争が公式に終わったと感じた。しかし、緊張は続いており、その要因は、早期の人工内耳装用や、多くの国で障害児教育の政策でメインストリーミングが推進されていることなどである（第 11 章参照）。一方では、バイリンガルプログラムでの音声言語の排除は、最近展開されている音声言語の高い有効性を、除外してしまっている（Swanwick, Dammeyer, Hender, Kristoffersen, Salter, & Simonsen, 2014）。

　歴史的にみると初期のろう学校のほとんどには寄宿舎があり、子供は、週日は寄宿舎で過ごし、週末や休日には自宅に帰っていた。寄宿舎ではろうの家庭と同じように、手話言語やろう文化が育っていた。上学年の子供、特に両親ろうの子供が「メンター」として下級生を指導することは寄宿制ろう学校では数十年間行われていたが、これには、ろう児の通学距離が長いことや公共交通の利用困難さといった状況もあった。しかしその後、通学制ろう学校なども現れ始め、子供たちは、週日を寄宿舎で過ごすか、あるいは、1960 年代には、自宅から通学することも可能となった。

　過去数十年以来、聴覚障害児は次第に自宅近くの地域の学校に通うようになった。この原因の 1 つは教育政策の計画的変化であり、メインストリーム教育と障害児のインクルージョンの推進であった（Fuchs & Fuchs, 1994; Stainback & Stainback, 1992; 第 11 章も参照）。「みんなが同じ学校で」は、この動きを結集するための呼びかけであり、知的障害児の施設収容への異議を唱

える米国の保護者が始めたが、聴覚障害教育にも大きな影響をもたらした。

インクルージョンは、確かに高い目標を掲げているが、実際には、完全参加（ただ教室にいるだけではなく、授業や社会的活動への完全な参加）が意味する内容の実現は、しばしば過小評価されている（Stinson & Antia, 1999）。教育行政の担当者は、しばしばインクルーシブ教育を奨励するが、そのほうが障害児だけの学校での教育よりも安価だと考えるからである。しかしインクルーシブ状況を実現するには、次のようなことが必要となる。すなわち、全ての子供が互いにコミュニケーションができるようになること、教師が聴覚障害児への指導方法を身につけること、そして校舎や施設は聴覚障害児のニーズに合うよう配慮される必要がある。これらの事実を考えると、通常の教育の場における聴覚障害児のフルインクルージョンは、特殊教育よりも経費がかかる。そして、通常の学校が障害のある子供にとって最小制約環境を提供するという考え方は、明らかに多くの聴覚障害児にはあてはまらない。このような理由から、障害の有無に関わらない平等な権利の主張を行っている、サラマンカ宣言と特別ニーズ教育に関する行動のための枠組み（Framework for Action on Special Needs Education〈UNESCO, 1994〉）、および国連の障害者の権利に関する条約（Convention on the Rights of Persons with Disabilities）（2006）は、インクルーシブ教育を支持しているが、聴覚障害児が分離した特別な学校（ろう学校）で教育を受けるという選択肢を明示している。

日本の特別支援教育制度では、特別支援学校、通常の学校と連携した通級による指導（難聴通級指導教室）や難聴特別支援学級を設置することによって、個々の聴覚障害児の特性に応じた学びの場を設定している。通級による指導は、通常の学校内や特別支援学校内にある難聴通級指導教室で行われている。特別支援学校のセンター的機能の一部として、地域の教育の場との連携が位置づけられている。

過去を振り返りつつ将来を見据える

聴覚障害児に対する教育の場の幅広い選択肢が求められているにもかかわらず、ろう学校への入学者は、近年、特に米国、英国では顕著に、スカン

ジナビア諸国でもある程度減少している（Swanwick et al., 2014; 第 11 章参照）。同時に、ろう学校で学ぶ子供は、しばしば通常の学級で学ぶ子供よりも、多くの、また多様なニーズをもっていることが特徴となっている。彼らは、心理的また学習上の問題の頻度が高く、また、社会経済的に不利な状況がより多くの問題をもたらしている（Kouwenberg, Rieffe, Theunissen, & de Rooij, 2013; Shaver, Marschark, Newman, & Marder, 2013 も参照）。日本でも、少子化や通常の学級で学ぶ子供の増加などにより、特別支援学校在籍児は減少し、一方では重複障害児の割合が増加するなどの傾向がみられている。米国では、通常学校にいる多くの聴覚障害児は個別に配置され、必要に応じて、一部の時間に、ろう教育教師による巡回・訪問指導を受けている。国によっては、これらの子供の指導に、FM 補聴援助システム、リアルタイム文字表示、手話通訳などの支援がなされている。先導的な地域では、聴覚障害児のための協働学習プログラムに着手し、最もよいメインストリームと特殊教育とを組み合わせる取り組みが行われている。

　どんな教育環境で学ぶにせよ、聴覚障害児は、きこえる級友とは異なるニーズや強みをもった存在である。

第3章 家庭で始まる学習

最近、筆者の1人に聴覚障害児を育てる両親から助言を求める1通のメールが届いた。

> わが子は5歳で人工内耳手術を受け、7歳のときに反対側にも手術を受けた。現在8歳だが、5〜6語からなる文しか話せず、文法的な間違いもある。きいて理解することはもう少しできるが、幼稚園児レベルの読む力しかない。私たちは子供の発達を心配して、8か月前にある有名な私立の学校に転校させた。その後、言語や読み書きの力を獲得しているが、今までの遅れを取り戻せるか不安である。わが子が20歳を迎えたときに、1つの言語も使えないようには、なって欲しくない。また、私はアメリカ手話（American sign language: ASL）への切り替えが、英語の習得をさらに邪魔をするのではと心配している。我々両親はどうすればよいのだろうか？

日本でも新生児聴覚スクリーニング検査の導入後も、聴覚障害児への適切な療育・教育を行う機関や専門家の不足と、親への支援の必要性が報告されている（中村, 2004）。さらに、近年、日本では人工内耳装用児の就学時の言語能力が注目されており、補聴器や人工内耳の装用閾値が同等であれば、小学校就学時の言語能力のレベルに差が認められないこと（齋藤・田中・目澤, 2014）、年齢相当の理解語彙力を示す子供が4割弱であることが報告されている（冨澤・河野・芥野, 2015）。さらにこうした日本語の読み書きや学力の遅れが、小学校段階に比べて、中学校段階ではより顕著になることが報告さ

れている（齋藤・河野・冨澤, 2013）。

このメールで両親は、聴覚障害児の発達に関する基本的な事柄を尋ねている。また、いくつかの込み入った議論のある事柄にも触れている。これらは聴覚障害教育において歴史的に表面上続いているものであり、しばしば、その論争は研究上の根拠ではなく、個人の考え方や信念、慣習に基づいた主張によってなされている。このメールに対する回答は次のようであった。

1. ほとんどの聴覚障害児は読みの学習に困難をもっている（Traxler, 2000）。
2. 「口話」教育は言語の遅れを取り除かない（Geers, 2006）。
3. 手話言語の学習が音声言語の学習を阻害するという根拠は、人工内耳装用の有無に関わりなく、存在しないが、そのことが、書記言語による読み書きへと、必ずしもつながるわけではない（C. Mayer & Akamatsu, 1999）。
4. 人工内耳は多くの聴覚障害児にとって素晴らしい助けとなっているが、聴覚障害児を聴児に変えるものではない（Spencer, Marschark, & Spencer, 2011）。
5. 残念ながら、あなたの質問への単純で唯一の答えというものは存在しない。このことは、たとえ聴覚障害児を育てる大部分の親が賛同しなくとも、多くの親が共有している。

この質問に、答えようとすると、まずは、言語、読み書き、そして学校教育との間の相互関係についての一般的な根拠や、子供や家庭の特性についても知っていることが前提となる。最初の必要要件は、適切な研究とその評価を含み（第1章参照）、第二の要件は、家族を中心においた適切かつ完全な評価である（Knoors, 2007; 第5章）。

こうした質問への回答では、聴覚障害児の両親は、しばしば、別の人からこれとは反対の情報を得ているため、迷いや困難は軽減するよりも、むしろそのままの状態となることも多い。幸運なことに、最近の研究は以前と比べて、聴覚障害児の言語や学習、また早期の環境や親子間のやりとりが発達を促進するということに、より深い理解をもたらしている。日本でも、幼児期の良好な母子関係と捉えられる、親の育児への関与の強さが、幼児期の言

語能力と関連をもつことが報告されている（齋藤ら, 2014）。新生児聴覚スクリーニング検査や早期介入プログラムは、聴覚障害児や家族に対して、社会的また教育的な経験、根拠に基づいた情報、実用的な支援をもたらしつつある。日本でも新生児聴覚スクリーニング検査後の両親の障害受容、子育て、教育に関する、中立的な立場から、平易に記述された親向けの資料が作成されている（全国早期支援研究協議会, 2017）。専門家のみならず、家族や知人から強力な支援を受けている両親は、聴覚障害児が必要とする要求に上手に対処できていることを、研究成果は示している（Calderon & Greenberg, 2011 参照）。聴覚障害児や親が現実的な期待をもつことを可能にするため、十分な情報収集は不可欠であり、子供が生後数か月の時期においてはなおさらである。比較的短期間のうちに、親は、次々と提示される事柄に決断を求められるため、まるでロケットコースターに乗るような気分だったという感想をもち、これらがとても大切なことを示している。さらに、聴覚障害児の親には、しばしば、偏った方法で情報が提供される。それは、聴覚障害に関する医学的な見地を過度に強調し、赤ん坊を全体としてみるのではなく、耳だけに焦点化して捉えてしまうような見方である。このような見方は、子供が聴覚障害や文化的な背景をもつろう児であるといったことが意味する、別の見方を無視してしまうことになる（Matthijs et al., 2012）。日本では新生児聴覚スクリーニング検査の導入後、早期に難聴が確定診断された後は、専ら医療機関にて指導や経過観察が行われ、特別支援学校の乳幼児相談部門などの社会資源との連携が不十分な事例が散見される。

　聴覚障害児の親が知っておくべき、とても大切なことの1つとして、第2章でも触れたように、聴覚障害児は聴力や言語以外にも、聴児とは違う、聴覚障害児なりの対応の仕方を身につけているということである。また、一卵性双生児の間にも個人差が存在するように、聴覚障害児の中での個人差は聴児より大きいと考えられるが、これは必ずしも悪いことではない。子供はとても柔軟で、自分にとって不利な状況の中でも、自分をそこに適応させていくレジリエンスの能力があるので、家族や社会的な状況に適応していくことができる。聴覚障害児は十分にきくことができないので、文字通り、何をきき落としたのかはわからない。我々が知っておかなければならない重要なことは、その子供の強みや長所とニーズを理解することであり、聴覚障害児の世界を、彼らの強みの上に築き、ニーズに適合させるように努めることであ

る。この全ては基本的には出生のときから始まっており、この章では、特に家庭において、彼らは何をどうやって学習していくのかを検討したい。このことには、意識するにせよしないにせよ、聴覚障害児の親がこの時期に家庭で学ぶことも含まれている。

コミュニケーションと言語

　本書全体を通して、親子のコミュニケーションが効果的にうまくいくことの重要性を繰り返し述べていくが、このことは、聴覚障害児と聴児のその後の発達を最もよく予測する因子と言える。初期段階での自然で円滑なコミュニケーションの欠如は、後の聴力の評価に最も大きく影響するので、両親は、生後数か月のコミュニケーションの重要性を過小評価すべきでない（Lederberg & Alvarez, 2011; 第 4 章参照）。

　日本では 2001 年度に「新生児の聴覚スクリーニング検査のモデル事業」が、2017 年度からは「新生児聴覚検査体制整備事業」が始まり、都道府県では、医療機関や教育機関など、関係機関による協議会の設置、市町村では要支援児や保護者に対するフォローアップが事業内容に組み込まれ、聴覚障害の早期発見と連携による早期療育の展開が期待されている。

　乳幼児が、母親の声に反応しない、周囲の出来事に注意を払わないといったことは、小さな問題にもみえるが、その後の子供、親、親子関係に影響する。第 1 章で、幼児が知っていることの多くは、遊びや外界との相互作用によって偶発的に学習されることを指摘した。さらに幼児は、自らの心理的活動、例えば、物事について考える、物事の関係や作用の仕方を考えるといった活動から知識を得、時に、それらを実際場面で試みたりする。しかし、子供の新しい知識のほとんどは、周囲の人々が教え、与えている。つまり、家族や仲間が、子供の発達や学習の主たる貢献者であり、それは言語によってなされる。

　この過程で重要なことは、ほとんどの聴覚障害児にとって言語獲得が大きな困難であるが、ほとんどの親や教師は、これを克服する最善な支援方法をもっていないことである。きこえない親をもつ聴覚障害児は、生後すぐから視覚による自然な言語に十分アクセスできるので、少なくとも 2 歳までは、

聴児と同様な言語発達の過程をとると言われる（Meier & Newport, 1990）。その後、これらの子供の言語発達は遅滞し、3 歳での手話語彙は聴児の音声語彙より少ない（J. Anderson & Reily, 2002; Woolfe, Herman, Roy, & Woll, 2010）。このようなパターンは親が聴覚障害である聴児の手話でもみられるので、これは聴覚障害の問題ではなく、きこえない親が子供に第一言語をどのように「教える」のかに関連するのであろう。日本でも、手話環境にある聴覚障害児が、聴児の音声言語獲得と同様の過程で、手話言語を獲得しているが、きこえない両親をもつ聴覚障害児の割合は 10% 程度だとも言われている（武居, 2001）。

　親のきこえの状態にかかわらず、子供の言語発達の遅れの原因の 1 つとして、少なくとも乳幼児期には、きこえない両親をもつ子供は、同年齢の聴児に比べて、流暢な言語使用者と接する機会が少なく、親と他者の会話をきき落としてしまうため、言語の偶発的な学習の機会を多々逃していることが挙げられる。また、聴覚障害成人の多くが聴者の識字能力や教育のレベルに達しておらず（Qi & Mitchell, 2012）、そのため、会話のレベルにおいても、子供にとって最良の言語モデルではないことも関係するだろう。子供は発達するほど他者との交流が複雑化し、それにより言語もさらに複雑化していくので、このような状況は言語発達の遅滞の大きな要因となる。

　聴覚障害の両親をもつ聴児をコーダ（CODA）と言い、手話と音声言語の 2 言語を習得している場合が多い。CODA は、幼少時に言語獲得などの発達上の影響を受けるだけでなく、幼い頃から通訳の役割を担うことによる心理的な負担の影響や、青年期の自己受容の葛藤などの影響を受けると指摘されている（中津・廣田, 2013）。

　乳幼児の社会性、言語、認知の面での学習を支援する、最早期の相互作用を提供するのは両親ときょうだいである。初期言語の障壁は、聴覚障害児をもつきこえる両親にとって問題ではあるが、コミュニケーションは言語に限定されるものではない。子供が、補聴器や人工内耳を使うか、また、主に使う言語が手話か音声かにかかわらず、聴覚障害乳児は、視覚や触覚を通して、経験の世界に関わっていく。

　Koester, Papoušek, and Smith-Gray（2000）は、きこえない親が聴覚障害児とのやりとりで用いる自然な行動を、子供への直感的な働きかけ（intuitive parenting）と呼び、例えば、きこえる親が乳幼児への話し方を変える（マザリーズ〈motherese〉）ように、きこえない親も（熟達した手話使用者も）、乳

幼児に合わせて手話の言語や表現をよく変えている（Hirsh-Pasek & Treiman, 1982）。マザリーズの特徴は、ゆっくり話す、表情を強調する、繰り返す、笑みを伴うなど、子供の状況に敏感に合わせた話しかけで、乳児にとってき取りやすく、言葉の学習に適していると考えられる（上泉, 2017; Mohay, Milton, Hindmarsh, & Ganley, 1998）。またきこえない親はきこえる親よりも、子供の注意を喚起・維持するために、子供への接触を効果的また頻繁に行う（Koester et al., 2000）。このような行動は、幼児に対して、母親のような重要な対象に注意を払うことの大切さを教える。その後、この行動は他の人々や物事に般化し、応用される。

　Swisher（2000）は、聴覚障害児は聴児に比べ、視覚的注意の持続時間が短いと指摘している（第6章）。視覚的な学習に必要な技能を聴覚障害児が習得するには、注意の長時間の持続が必要であるが、その技能が自然に発達するのか、指導が必要なのかは明らかにされていない。Spencer et al.（2004）は、きこえない親をもつ聴覚障害幼児が、母親と一定時間一緒に同じ対象への働きかけを継続した（共同注意）ことを示したが、これはきこえる親をもつ月齢9 〜 18か月の聴児と同様な行動だった（Meadow-Orlans, Spencer, & Koester, 2004 参照）。親が聴者の聴覚障害児よりも、親がきこえない聴覚障害児のほうが、視覚の持続時間が有意に長かったことから、視覚的注意能力は、適切な環境と働きかけの中で習得されると考えられた（Harris & Mohay, 1997; Waxman & Spencer, 1997）。きこえない母親は聴覚障害児との会話において、注意の喚起や維持のために、さまざまな方略を用いている（Marschark, 2007, 第5章 ; Mohay et al., 1998）。また、このような初期の会話でのやりとりは、聴覚障害児に、対話での話者交代や、言語能力の基盤獲得の支援をし（Swisher, 2000）、それは、翻って、会話によるより高いレベルの学びの基盤を形成していく。

　視覚的注意をコントロールする場面として、手話による絵本の読みきかせがある。きこえない母親は、聴覚障害の子供が絵本に注意を向けているときは、ゆっくり待って、子供の注意が親に向けられたとき、あるいは、子供の肩を軽く叩いて、自分に注意を向けさせてから手話で言葉かけをする。また、子供の視野の中や絵本の絵の上で手話を表現することで、子供も親も手話を見るタイミングを学んでいる（鳥越, 2002）。近年、手話の読みきかせなどの活動を通して、きこえる親と聴覚障害児とのコミュニケーションのとり

方を支援する活動が行われている（特定非営利活動法人「しゅわえもん」など）。

　Marschark and Hauser（2012）は、きこえない親が聴覚障害の子供に自然に行っている、子供の周辺視野を広げるような支援を、聴者の親も行うことの重要性を論じている。聴児が周囲の音をきいて注意を向けるのに対して、聴覚障害児は、これに代わる機能として周囲の刺激（例えば、動きや明るさの変化）を敏感に活用する（Marschark & Knoors, 2012 参照）。聴覚障害児が学習によって習得したこのような適応行動はとても重要であり、環境を視覚的に意識したり、偶発的な学習を行う機会がより多くなる。一方この行動は、気が散りやすくなる傾向も生み出し、視覚的注意の短さの要因ともなる（Dye, Hauser, & Bavelier, 2008）。しかし、発達に伴い、このような注意の分散は、関心の中心となる人や事象などに、注意を素早く移動させる能力として発展する（Rettenback, Diller, & Sireteanu, 1999）。このような注意のバランス能力が、いつ、どんな子供に、どのように習得されていくのかは明らかではないが、大きな個人差も存在するであろう。

社会的やりとりの基礎

　社会的発達の早期には、母親と子供はさまざまな共有経験を通してやりとりをする方法を互いに発達させる。最終的には、彼らの行為は毎日の決まった活動を学習の場として、子供に社会的やりとりを成功させたり、失敗をさけるための方略を教えていく。社会的やりとりの発達を理解するためには、特に、母親の行う、食事や抱っこ、入浴、そして聴児の場合には母親が発する声を通して、乳児は周囲の世界との最初の接点をもつことを認識する必要がある。こうした最も初期の経験は発達の道筋を決定づけるものでないにせよ、社会的やりとりや探索、フォーマルな、またインフォーマルな学習の促進に、累積的な影響を与える。人間は社会的な生き物なので、顔を合わせる場面や身体接触によるやりとりの全ては、聴覚障害児や母親にとって、社会的な出来事となる。赤ん坊が親や人々とのこうした行動でのやりとりから学んだものは、赤ん坊が家族の人々と、やがて家族以外の人々との社会的な関係を形成するときの方法に影響する。その最初の時期にあってさえ、普通は言語が中心的な役割を果たし、その重要性は増大していく。

胎生期の最後の3か月では、胎児は一般に母の骨盤に向き合う形で頭部を休めている。発達上この時点には、胎児の多くは人の声をきいたり反応したりさえする（DeCasper & Fifer, 1980）。母親が話したり、きこえる赤ん坊を抱きながら歩くと、この時期の胎児は骨導を通して母親の声をきき、実際に学習をしている。新生児は、母親の声と父親や他の人の声とをきき分けることができる。広範な研究から、人間も動物も、出生前の聴覚経験が出生後の知覚や学習に影響する可能性があり、これが早期の母子の情緒的な結びつきへの役割を果たすことが知られている。DeCasper and Spence（1986）は、生後3日以内のきこえる乳児が、乳首をいつもより早くまたはゆっくり吸うことによってテープレコーダのスイッチが入り、録音してある母親の声がきこえることを学習したと報告している。これらの知見から、出生の前後に、母親が子供に親しく接しながら話しかけることが、早期の社会的やりとりに役立っていることがわかる。赤ん坊が、親しみのある母親の声に自分から反応すると、母親もまた、赤ん坊の笑顔や、のどをぐっと鳴らす音、そして、赤ん坊の声に応じて、顔を見ながら積極的に反応するだろう。この原初的な関係性の構築を通して、母と子は次第に気持ちや行為を同調させるようになり、やがて初期の会話に発展していく。

　きこえない母親も聴覚障害のある赤ん坊に声をかけることがあるが、早期の母子関係で、声または音声コミュニケーションが不可欠であることを意味するものではない。我々は既に、早期のやりとりにはさまざまな形があることをみてきた。最も明確なのは、見ることや触ること、匂いをかぐことであり、人生の最初の数日において、乳児が親しい人や物を見つけ出す際の助けとなる。乳児と親の早期の関係性において、実際に微笑み、リズミカルなパターンで接し、触ったり、なでたりすることは、身近な声かけと同様に、赤ん坊を安心させるようである。特に母親による接触は、新生児のきこえの状態にかかわらず、強い効果をもっている（Koester, Brooks, & Traci, 2000）。きこえない母親はきこえる母親に比べて、頻繁に子供に接触する傾向がみられ、子供の聴覚障害に気づいているきこえる母親もまた、より多く子供に接触し、誇張した表情で、赤ん坊の視界に対象物と人とが入るように努める（Meadow-Orlans et al., 2004）。まだ自分の子に聴覚障害があることに気づいていない親もまた、意識せずに、聴覚が使えないことを、他のコミュニケーション手段で補っているかもしれない。しかしこの可能性に関するデータは

まだ存在しない。それでも、母子の直接的なやりとりの中には、複合的で意識されない手掛かりがあることは明らかであり、それらは早期の親子間での社会的なやりとりを方向づけるであろう。

　ここで大切なのは、出生時に母親の声をきけなくても、聴覚障害児には不利益がないということである。聴覚障害児ときこえる母親は、きこえる母子間とは別の方法でやりとりを行うことによって、相互の関係性を形成し始めるだけのことである。1歳の誕生日を迎える頃までには、聴覚障害の両親をもつ聴覚障害児も、きこえる両親をもつ聴児も、相互に顔を見るだけで、相手が幸福なのか、おびえているのか、悲しいのかを、理解できる。この時期には、聴覚障害児は聴児と同じように両親に愛情を示す。聴覚障害の両親をもつ聴覚障害児は、親の肘に触ったり、手を振ったりして注意をひく方法を知っている。このように、聴覚障害の赤ん坊ときこえない母親は、きこえる母子と同様な関係性を保っている。方法の上での基本的な違いは、彼らは音声より、手話によるコミュニケーションを行うことであり、聴覚的に注意をひいたり、注意を向けたりするのではなく、視覚や接触を伴った行動を行う（Meadow-Orlans et al., 2004）。

　母子間の愛着と後の社会的行動の間に因果関係はないが、早期に母親や一次的な養育者との間に良好な関係性やコミュニケーションをもつことができた子供は、仲間との社会的な関係や良好な自尊感情を発達させる傾向がある（Calderon & Greenberg, 2011）。うまく社会化される子供は、より社交的になっていく。これらの性質の大部分は、家族内でのやりとりを通して人生の早期に獲得されるが、生まれつきの性質の影響もある。例えば、一部の聴覚障害児や聴児は、他の子供よりも社交的であるが、その性質には親が早くから気づき、学齢期を通しても継続するように思われる。中には社会的な問題をうまく解決し、他の子供と上手に遊ぶ方法や、誰に対して心理的また具体的な手助けを頼んだらよいのかを理解している子供もいる。子供によっては、他の子供や大人が示す社会的手掛かりに敏感であり、肯定的および否定的な働きかけの両方に対して、より適切に対応することができる。効果的なコミュニケーション手段をもつことは不可欠だが、それだけでは不十分であろう（Bat-Chava & Deignan, 2001; Jambor & Elliot, 2005; 第7章参照）。

　子供の情緒的な落ち着きや交友関係に関する行動が、親子関係の質からの影響を受けていることは驚くにあたらない。例えば、きこえる母親の支配的

もしくは過保護な行動は、聴覚障害児の仲間や大人とのやりとりに影響を及ぼしがちである。というのも、母親は、わが子が、周囲からの過保護的な行動を期待するように仕向けてしまうからである。親や教師は絶えず、難しい状況の聴覚障害児を支援しているが、これは聴覚障害児自身が、自分の力で社会的な問題を解決する能力を発達させることを妨げるだろう。しかし同時に認識しなければならないのは、支配的と受け取られる母親の行動は、子供の安全や協調、従順さを確保するために必要だと考えられるからである（Lederberg & Prezbindowski, 2000）。

　これらの全てが早期の母子関係を育み、時間を経てさらに拡張され、より複雑な、相互のやりとりのパターンを形成する。きこえる親と聴覚障害児は、きこえの状態が等しい親子と同じように、こうしたやりとりを確立させる。もし、そのための時間が、両親と子供が共にきこえない場合、また両親と子供が共にきこえる場合に比べて長い場合は、親が、子供のきこえに対する心配を抱えていることの結果であろう。人工内耳を装用しても（第2、3章参照）、子供のきこえと発話の明瞭さは、なお厳しいことを考慮すれば、年長の聴覚障害児は、家庭内では通用するやりとりの方法が、家の外では、手話ができたり、聴覚障害者の話声に慣れている人を除けば、家庭内と同じようには通じないことを知るだろう。その後、子供同士のやりとりに含まれていくスキルの多くは、母子のやりとりでのスキルとはまったく異なる。年少の聴覚障害児は、仲間に対して聴児と同じように行動しても、共有するコミュニケーション手段がないため、社会的なやりとりにおいて、聴児のように、会話の手掛かりの正確な授受ができないだろう。聴覚障害児のこうした状況は、同年齢の聴児と比べた場合、やりとりの相手が少ない傾向からも、より複雑なものとなる。早期の介入プログラムではこうした点を考慮し、聴覚障害児がより多様な社会的コミュニケーションを経験できるよう配慮することによってより有効となる。日本でも、人工内耳の普及に伴い、一対一の状況下であれば、音声のみで十分なやりとりができる人工内耳装用児が増えているものの、教室という騒音に満ちた環境下では、他の子供同士や聴児と教師との間で交わされる音声のみによる会話に加わったり、グループでの話し合いに参加したりすることに困難を経験する学齢児が多いことが報告されている（齋藤・冨澤・芥野, 2015）。

　早期介入に関する研究は、就学前の聴覚障害児の安定した友達関係は聴児

に類似しており、例えば両グループでの遊び仲間の好みに関する類似性を示している（Lederberg, 1993）。年少の聴覚障害児は、遊び相手が聴覚障害児でも聴児でも、フォーマルな言語を多く使わずに、さまざまな非言語的コミュニケーションを行っていた。年長の聴覚障害児は、相手が聴児のときよりも聴覚障害児のときに、よりフォーマルな言語やジェスチャーによるコミュニケーションをより多く使っていた。このことは、聴覚障害児が社会的認知スキルを獲得していることを示しており、彼らが聴覚障害児と遊ぶ場合のやりとりは、聴児を相手にしたときよりも、より社会的であり、物に焦点化した遊びが少なかった。最後に、良好な言語スキルをもった聴覚障害児は、スキルの低い聴覚障害児よりも聴児と遊ぶことが多く、同時に 2 人以上の子供と遊んだり、教師との関わりも多く、遊びながら言語を用いることが多いようだった。学習のための社会的場面は、年齢が高くなるとより複雑になるが（Wauters & Knoors, 2008）、これについては第 7 章で論じる。

　手話と音声言語で指導が行われる早期介入プログラムに参加する子供は、音声言語のみで指導を受ける子供よりも、より協同的な遊びをする傾向があり、これは、子供の間でのやりとりが、よりよく理解できていたためだと思われる（Cornelius & Hornett, 1990）。より幅広い社会経験によって、その後の社会的やりとりに関わる能力と、大部分が聴者である社会で成長するために必要な能力が高められる。同時に、メインストリーミングやインクルージョンによって、聴覚障害児がきこえる子供たちと一緒にいることだけで、彼らに言語的および社会的な恩恵がもたらされるという主張には注意が必要である。年少の聴覚障害児は遊びの中で、聴覚障害児にも聴児にも同様な社会的行動をとるとしても、彼らは、聴覚障害児と遊び、コミュニケーションすることを明らかに好む。同様に、聴児は聴覚障害児よりも聴児と遊ぶことを好むので、ここでの問題の本質は聴力の状態そのものではなく（Knutson, Boyd, Reid, Mayne, & Fetrow, 1997）、むしろ、子供たちはコミュニケーションできる相手と遊ぶことを好むことであろう。

　ここで明確なのは、聴覚障害児のニーズに親が気づき、子供や親のために実施される介入や教育のプログラム（コミュニケーション指導法を含む）を受けることによって、聴覚障害児の情緒や学習に関わる QOL が高くなるということである（Calderon & Greenberg, 2011; Sass-Lehrer & Bodner-Johnson, 2003）。また、早期の母子間のコミュニケーション、愛着に関連した行動、その後の

社会的行動などの関係性の大切さも強く示されている。生後早期に、安定した揺るぎない愛着を得た子供たちは、愛着が弱かった子供よりも、学齢期の社会性で有能な傾向が認められている（Van Gent, Goedhart, Knoors, Westenberg, & Treffers, 2012）。

　現時点では、発達の早期に親子の結びつきが確立するためには、手話言語よりも音声言語の使用が有効なのか、あるいは、その逆なのかを示すエビデンスはない（Lederberg & Prezbindowski, 2000）。通常、親の音声言語が子供の早期の社会化に果たす全ての役割は、手話によっても行うことができる。しかし、聴覚障害児の親の中には、早期コミュニケーションの重要性を理解せず、手話言語の使用を躊躇したり、恐れたりする人もいる。こうした親は、手話は自分たちには無縁で、音声言語の発達を妨げるような危険な手段だと考えている。また、わが子ができるだけ「正常」に見えるよう振る舞うことを強く望む親にとっては、手話言語はその希望に沿わない。彼らは、聴覚障害児の中には、手話の早期獲得によって、「正常な」社会的機能を獲得し、学習を最適化する最もよい方法が得られるような子供の存在をまったく理解していない。早期からのコミュニケーションや社会化の機会を逃し、それによる学習の時期が遅れてしまうことは、そういった子供たちの発達を、他の子供と比べて不利な位置から開始させてしまうことになる。

窓と場としての遊び

　Spencer and Hafer（1998）は、聴覚障害児の遊びは「窓」であり、「場」であると述べた。「窓」とは、遊びを「窓」として子供たちの発達をみることによって、彼らがどのように遊びの段階を進みながら（ごっこ遊び・象徴遊び・劇遊び・空想遊びなど）、認知発達や社会的スキルを成長させていくのかを観察することができ、子供の言語発達レベルや社会的問題解決能力、そして心の理論の発達についての情報も得ることができる、ということである。そして「場」とは、新しい文脈において、既に獲得したスキルを練習したり、さまざまなルールを試したりする機会を子供たちに与える、ということである。

　聴覚障害児も聴児も、遊びについては言語発達に対応して現れる同様のス

テージを進む（Meadow-Orlans et al., 2004）。言語発達に遅れがみられる子供た
ちは、プランニングやものの調整のような、遊びのより複雑な面での遅れを
示す。その理由の1つとして、彼らが母親や発達的に進んだ友だちからのア
ドバイスやフィードバックを得られないということが挙げられる。言語レベ
ルが低い子供たちは、象徴（あるいはふり）遊びの中でもより高いレベルの
遊びに費やす時間が短いことがわかる。しかし、表象遊び（例えば、おもちゃ
の車を「運転する」）や、象徴遊び（例えば、積み木をおもちゃの車のつもりで
「運転する」）は、言語発達段階の高い子供たちと同等か、それ以上の時間を
費やすことがわかっている。これはつまり、年齢相応の言語発達を示す聴覚
障害児が、通常の遊び行動を示すという、遊びと言語の間の関連を示唆する
ものであると考えられる（Spencer & Deyo, 1993）。

　遊びは、子供たちが可能性を探る「場」であると述べた。幼い聴覚障害
児をもつ親には、さまざまな領域における遅れを避けたり補ったりするため
に、できる限り多くの時間を、体系化された教育に費やさなくてはいけない
という懸念がしばしばみられる。しかしそうではなく、遊びは、それ自体、
全ての子供たちの発達におけるかけがえのない役割を果たしている（Spencer,
2010）。実際、聴児にとって遊びは、インフォーマルで、構造化されてない、
両親と子供のコミュニケーションである（Hart & Risley, 1995）。

　年齢相応の言語スキルをもつ子供たちについては、学校で友達とよりよい
関係を築けるという研究結果や、遊びが、早期介入や就学前の場面で、聴覚
障害児同士・聴覚障害児と聴児の間の相互作用に、さまざまな言語的、また
非言語的な機会を与えることができるという研究もある。就学前の社会的な
経験を基にした年長児の比較がまだされていないものの、より多様な社会
的・言語的・認知的経験が、後の社会的相互作用に対処する際の聴覚障害児
の柔軟性や、きこえる人々の世界で成長するための重要な役割を果たしてい
るように思われる。

家族の中の聴覚障害児

　幼児期は、聴覚障害児も聴児も、急速な学習の時期である。もの・人・環
境についての学習に加え、学習の仕方や言語・非言語的な相互作用の方法な

ど、多くのことを学ぶ。母親が、生後数か月の赤ん坊に「ベビートーク（赤ちゃん言葉）」で話しかけたとき、母親はおそらく、笑顔や表情でのやりとり以外の、言葉での答えを期待していない。両親と幼児が言葉を共有したとき、それが手話でも音声でも、それらはエピソードを学ぶ重要な言語となる。このような相互作用は幼児にとって、社会的な相互作用や、感情的なやりとりを学ぶ機会となる。そして、愛着は、子供たちが母親や他の見慣れた人物を探したり、新しい場所や他人を探索する際の「安全基地」となる。

　わが子の聴覚障害を受容することは、多くのきこえる両親にとって容易なことではない。悲嘆したり、落ち込んだり、罪の意識をもつなどの報告がなされ、それは、「完璧ではない」ように見える子供をもつことへの自然な反応であるとも言える。しかしこれらの感情は、徐々に、子供や親自身にとって必要なニーズやサービスを決めるための、周囲の人々の協力を得ながらの努力へと変わっていく。友達や家族から、より多くの社会的なサポートを受けている母親は、新しい状況に対処しやすく、それらの支援の効果は、子供のコミュニケーションニーズへの、よりよい行動的相互作用や、感受性にも影響を与える。

　通常、言語は、初期の社会的相互作用を継続し、拡大するという役割を果たしている。おそらく、社会的発達に必要な情報や経験の全てをもたらしうるという点においては、手話も音声言語も等しいと言える。つまり、親が、手話でも音声でも、子供にとって最もアクセスしやすい言語の有能なユーザーであることが必要とされている。本章では、きこえる両親のニーズに対する感情的および実際的なサポートと同様に、必要とする言語スキルが得られる方法は、早期介入プログラムであることを指摘している。そのようなプログラムは、手話言語・音声言語あるいはその両方における、両親と子供双方へのコミュニケーション教育を含み、子供や両親を外の世界と接触させることもできる（Sass-Lehrer & Bodner-Johnson, 2003）。日本においても、早期に介入を開始した結果、音声言語獲得が促進され、さらに保護者への心理的サポートに貢献したとする研究がなされている（能登谷・伊藤・古川, 2002）。

　聴覚障害児が家庭の外の、より大きなコミュニティ環境に入っていったとき、彼らは望ましい多様性を、経験を通して手に入れることになる。複数の社会的パートナーがあれば、過干渉傾向にあるきこえる母親からの影響も少なくなり、また、社会的な発達だけでなく、認知や言語の発達も促す。家庭

の中や外の人たちとのコミュニケーションは、とても重要な役割を果たしている。

乳幼段階と幼稚部での指導と心理的配慮

　ここでは特に、聴覚障害教育の基本として優れた実績のある日本の幼児教育について、乳幼段階と幼児段階の指導に分けて、実践的な視点から指導とその心理的な背景について述べる。

乳幼段階の指導と心理的配慮

基本的理解

- **保護者の心理的反応**：わが子の障害の告知を受けた保護者には、ショックや悲しみ、怒りといった大きな心理的反応が起こることが知られている。この心理的反応については、Drotar, Baskiewicz, Irvin, et al.（1975）の段階説が有力で、いくつかの反応段階を経て、やがて適応し、再起するとされる。一方、Olshansky（1962）は、親の悲しみは、自然な反応として継続する「慢性的悲哀」だとしている。こうした心理的反応は、聴覚障害児の保護者にも同様にみられ（福島, 2005; 樋口, 2017; 中村, 2004; 新庄・加我, 2005 他）、その状態に応じて適切に介入する必要がある。
- **難聴が及ぼす発達への影響**：基本的に聴覚障害の有無によらず発達の道筋は変わらない。しかし、発達には、もともと個人差があり、それに加えて、聴覚障害の診断に至った経緯、診断や補聴器装用開始の年齢（月齢）、重複障害の有無などによっても個々の発達の様子は異なる。また、現在、先天性の聴覚障害の多くは、新生児聴覚スクリーニング検査を経て月齢 6 か月以内の早期に診断されるようになってきたが、難聴は新生児段階から発達にさまざまな影響を与えていると言える。難聴がない場合は、音に応じた周囲の動き（例えば、親子が一緒にいるときに玄関のチャイムが鳴って親が急に立ち上がったり、家族の呼ぶ声に応じて親が動いたりするような視覚的な変化）が自然に理解できていくが、難聴がある場合は、こうした目の前で起こる変化の意味がわかりにくくなる。そのため、多くの出来事が突然起こることとして捉えら

れ、それらの因果関係の理解に困難が生じる。これは、愛着の対象となる母親の動きが関与する場合が多く、基本的信頼関係形成に影響する可能性もある。乳幼児段階で難聴が及ぼす最も大きな発達への影響だと言える。

・**人工内耳の適応**：近年の調査では、人工内耳装用月齢と最高語音明瞭度とは高い相関があること、月齢24か月以前に装用開始した群がそれ以後の群よりも言語発達検査の各項目での得点が高いことなどが示されている（岩崎・西尾ら, 2012）。小児人工内耳適応基準（日本耳鼻咽喉科学会, 2014）では、平均聴力レベルが90dBHL以上で、満1歳以降であることなどが示されており、これに沿って適応が進められることとなっている。しかし、対象となる聴力レベルの場合、診断直後から人工内耳の適応に関する説明や準備が行われることになり、診断後の保護者の心理的状況や急激な生活の変化からもたらされる保護者への精神的な負担に対する十分な配慮がいっそう重要になる。また、人工内耳によって適切な聴覚補償が可能になり、音声情報を受容する条件は大きく改善されるが、人工内耳を装用した後も難聴が及ぼすさまざまな影響は残ることになるため、専門的な教育が継続される必要があるというのが現在の一般的な考え方である（板橋, 2014など）。

乳幼児段階の保護者支援

　乳幼児段階の支援の中心は、保護者支援である。それは、子供は、幼ければ幼いほど家庭での生活が大半を占めること、そして、母親との間で形成される初期の基本的信頼関係（愛着）が全ての発達のベースとなるためである。したがって、特別支援学校の早期支援室など乳幼児段階の療育を担当する機関では、保護者支援に十分に配慮した支援プログラムを作成することが不可欠である。以下、保護者支援の中心となるポイントについて解説する。

・**よく関わること**：難聴があると、音声情報が入らない、あるいは入りにくくなる。これを補うためには、まず、関わりを多くすることが必要である。このとき、音声情報を単に視覚以外のルートで補おうと考えるのではなく、聴覚を含め個々の子供が最もわかりやすい方法で関わっていく。どのような手段を活用するかということよりも、子供の気持ちを捉え、いろいろなものを実際によく見せ、そしてよく話しかけ、また、一緒に動き、一緒に行い、そこでの共感的体験を積んでいくように関わることが大切である。

・**気持ちを合わせ、気持ちの動きに沿うこと**：愛着は、子供のさまざまな発

信を受け止め、それに適切に応じることによって形成される。子供は、障害があってもさまざまなものに興味を持ち、気持ちを動かしている。そうした子供の気持ちの動きをよく捉え、それに合わせ、共感していくことが大切である。親と子が気持ちを合わせることによって、眼差しを交わし合うことが増えていく。この眼差しの交わし合いは、共同注意の発達につながり、さまざまな出来事やそこでの感情、言葉の意味を共有し合う関係へと発展する。

• **親子関係を育てること**：望ましい親子関係を育てるために最も重要なのは、まず保護者の混乱している心理的な状態を安定に導くことである。保護者の精神的な混乱は、知りたい情報が得られない、将来の見通しがもてない、現実にどのように接してよいのかがわからない、といったことに関するさまざまな情報が不足している場合も多い。適切な情報提供は、保護者の障害受容を進め、親子関係の構築へと導いていく。また、障害の告知から間もない時期は、子供の聴覚障害を否定的に捉える傾向も強く、それが不安定の要因になることも多い。例えば、親と子が、気持ちのつながりを感じることができるような体全体を使った遊びを繰り返す、あるいは、日常生活で繰り返される行動を子供のペースに沿いながら一緒に行い、少しずつ子供が成長する様子を 1 つひとつ確認していく。このような具体的な場面を通して、難聴があってもわかり合うことができるということを実感できるように支援を積み重ねていくようにする。

• **前言語期からのコミュニケーションを大切にすること**：子供は、言葉をもつ前の前言語期からたくさんのコミュニケーションを行っているが、これを土台として基本的な人間関係が発達し、言葉の発達につながっていく。例えば、離乳食が始まった頃からしばらくの時期は、大人から食べ物を口に入れてもらうようなことが繰り返される。こうしたときは、スプーンに乗せた食べ物を見せ、子供の視線が食べ物に向き、口を開けたときにゆっくり口の中に入れていくようにする。このやりとりには、言葉は関与していないが、コミュニケーションの基本的な要素が含まれている。こうした日常のさまざまなやりとりを丁寧に繰り返すようにする。また、指さしたり、手を伸ばしたり、発声したりすることも子供の大事な表現だと捉え、応じていく。さらに、どこかに出かける前や何かを行う前には、子供が見てわかる手掛かりを示し、これから起こることを子供なりに理解するように配慮する。言葉を話し始めても急に全てのことを言葉で理解したり表現したりするわけではな

い。短い言葉の表現と共に表れる身振りや動作、行動、目線や表情などによく着目し、応じるようにする。

• 「話しかけ」のポイント：難聴があると言葉に接する機会が少なくなる。そこでたくさんの「話しかけ」を行う必要がある。金山は、「母親法」（金山, 2002）の中で、言葉はコミュニケーションの中から育つもので、さまざまな体験を通して親子が共感し合い、その共感に応じて親が子に語りかけを行うことが重要だとした。また、佐藤（1981）は、幼児段階までの「話しかけ」について、毎日の生活行動に合わせて繰り返される「話しかけ」と、生活の中のさまざまな場面での子供の気持ちの動き、興味や関心に沿って行われる「話しかけ」の2種類があり、両方の「話しかけ」を発達に合わせて行っていくことが重要だとした。こうした「話しかけ」は、意識的に行うようにし、特に初めの段階は、擬音語や擬声語などもたくさん用いていくことが大切である。また、聴覚だけでなく、子供がわかりやすいように、話し手である保護者の顔や目線、表情をよく見せ、身振りやサイン、絵や写真、具体物を見せたりしながら、また手話も活用し繰り返すようにする。

幼児段階の指導と心理的配慮

幼稚部での言語指導の変遷

　日本においては、聴覚障害幼児の教育の場は、主には特別支援学校の幼稚部が担っている。この他には公立の通園施設や私立の通園施設があるが、数としては少ない。特別支援学校の幼稚部では、これまで松沢（1970）に代表されるような要素法を主軸にした言語指導が行われてきた。各学校には、教育課程に基づいた独自の言語指導プログラムがあり、季節や行事にあわせて単元が設けられて、必要な単語や文を学ぶという指導法である。それに対して、大塚（2017）によれば、東京教育大学附属聾学校（現筑波大学附属聴覚特別支援学校）幼稚部では、子供のその時々のひらめきや思いを受け入れ、教師が話し言葉でモデルを示し、やりとりの活動をしながら言語の獲得をさせていく自然法的な言語指導が行われ始めた。この活動は「トピックス活動」「話し合い活動」と呼ばれて全国のろう学校に広まっていった。「話し合い活動」はその時々の子供の興味関心に基づいてやりとりをするため、その都度、教師が指導のプログラムを子供に合わせて指導することが求められる。

そのため教師の指導の力量が常に求められることになる。

聴覚の活用

　聴覚の活用については、乳幼児期からの自然で継続的な活用が大切である。幼児期に楽しんで音を聴こうとする気持ちが育てば、主体的に音を取り入れ、楽しんで聴覚を活用するようになる。そのためには、体の動きの伴ったリズム遊びや、歌遊びなどを中心に、教師や友達との関わりや活動などが繰り返してできるような指導の工夫は欠かせない。また、正確な聴力検査と補聴器のフィッティング、人工内耳のマッピングなどに注意を働かせる。特に生活の中で幼児の聴性行動反応の観察などは欠かせない。

　子供たちは、自分の周りの大人からの働きかけの中で、①振り向き、気づき、驚きといった反応の段階、②行動、振る舞いが変化する段階、③応答や対応行動が定着する段階を経ながら、聴覚を発達させていく。声の面でも影響がみられ、①発声量が増える段階、②発声が意図的に行われる段階、③声が質的に変化する段階、④声を調整する段階へと発達していく。

言葉を育てる

　幼稚部では言葉を育てるために、あらゆる場面で身近な大人（母親や教師）と子供が共感しながらお互いの気持ちや意思をわかり合い、伝え合う経験を積み重ねることが大事である。伝え合いは、話し言葉を中心として、身振り、動作、表情、また、手指で音韻（母音・子音）を表すサイン（キューサイン、音韻サインなど）、指文字、手話、さらに、絵、実物などを活用するなど、必要に応じてさまざまなコミュニケーション手段が用いられる。親子が互いの気持ちをわかり合おうと活発に行うやりとりの中で、子供は伝え合いや、やりとりを楽しむ。この中で培われたコミュニケーション意欲が、子供の話し言葉の受容力、表現力を高め、やがて日本語の獲得につながる。

　子供は、人との関わり合いを通して生きた言葉に触れ、言葉の働きを知り、言葉が必要な生活の中で実際に言葉を使うようになっていく。そうした経験の積み重ねが、言葉の獲得を確実にしていく。きこえる子供が自分で言葉をつかみ、自分のものにしていくように、聴覚障害児にも、自発性や学習意欲を誘うような活動がどうしても必要である。そのためには、次のような言葉の基礎となる経験が必要である。

①遊びや生活の中で、友達や身近な大人と関わり人と親しむ。

②自分の気持ちや訴えなどを親や身近な大人に十分受け止めてもらう。

③身近な親しい大人に働きかけ、相手をしてもらって楽しむ。

④気づいたことを身振りや動作や声で表現したり、相手の応答を期待して待ったりする。

⑤遊びや生活を通して、周囲の友達や身近な大人、物事に関心をもち注意を向ける。

　毎日の生活で、教師は丁寧に活動に関わって1つひとつの事柄を言葉に置き換え、子供たちにその言葉に触れさせたり、子供の心を動かしたり、子供がわかるための配慮をしたり、子供の表出を受け止め、気持ちをくみ取るための働きかけをしながら、「言葉がいつも身近にある生活」を心がける。

　子供たちが学級内で集まると教師と共に「話し合い」活動が始まる。「話し合い」は頻繁にどこででも行われる。今この時間に、この場所でのやりとりを大事にし、具体的な物や事柄が話題になればそれについて話し合い、経験したことが話題になれば、お互いの経験や目の前にない空想的なことについて話し合う。話し合うときに子供がわからない場合は絵や写真、具体物、身振りなど、多様な手掛かりも使いながら子供の興味・関心が広がり、深まり、心が弾んだり、揺さぶられる内容になるような配慮をしながら、常に「子供の気持ちや思いに言葉をのせて」いく。

　大人には、あまり気づかないことが子供には気になり、その時々に子供の思った「あめがふってきた」「むしがとんだ」「ねこがきた」などの事柄に、継続中の、また予定した活動があっても止めて、1つひとつ取り上げていき、子供と共に驚いたり、困ったりしていることに共感していき、丁寧に言葉に置き換えていく。そして、1人の子供の気づいた事柄が、「みんなの話題」になっていくように働きかける。時には子供同士のトラブルや、勘違いから起こる喧嘩にも丁寧に対応していく。子供自身の気づきや発見から学ぶことは、気持ちや思考力を育てるのに何よりも役に立つ。子供が気づいたことや思ったこと、考えたこと、感じたことを大切にするのは、子供の心を動かしながら、言葉に触れさせていくことを大事に考えているからである。

　また、共通の経験に基づいた「話し合い」でも、お互いに共感し、わかり合い、伝え合って、コミュニケーションを楽しむ経験と実感をつかんでいく

ようにする。子供から出された話題だけでなく教師から意図して子供が見つけるように配慮したり、興味関心に訴えたりと意図的に行う場合もある。全ての時間や場面が、言葉が添えられた生活になるような配慮が大事である。

日常での教師の配慮

　こうした「話し合い」において、教師にはさまざまな配慮が必要となるが、そのいくつかを挙げる。まず、子供の伝えたい事柄を適切につかむように、常日頃から子供の様子をしっかりと観察しておき、子供の伝えたいことを正しくつかむための努力である。子供が何を言いたいのかをしっかりとつかむためにアンテナを高く広くしておく必要がある。アンテナが低かったり、狭かったり、なかったりすると話し合いどころか、子供との生活そのものがうまくいかない。

　また、教師が示す日本語モデルの適切さである。子供にとって、教師の示す日本語モデルが正しくなければならないのは言うまでもない。それに加えて、子供の力に合ったやさしすぎず、難しすぎないモデルを示す必要がある。生活に添えられる言葉が子供の力に合っていなければ、子供にとって日本語を学ぶチャンスが失われる。子供に全ての日本語を教えたり触れさせたりすることは不可能であり、基本的な語彙や文型に熟知し、それを話し合いの中で触れさせる必要がある。生活の中の時々に応じて、話し合いを続けるのだが、その際に、子供の課題に合った語彙や文型が、瞬時に思い浮かべられなければならない。このことは口声模倣を子供たちにさせるときにも大事な要素である。

　初期の段階での「話し合い活動」では、子供たちは、その場その時の話題に応じて、言葉に触れて馴染み、やがていくつかの言葉を覚えることから始まる。しかし真に言葉の使い手になるためには、自分がその場にいなくても、また、具体的な物がなくても、使われた言葉がわかるよう、言葉の言い回しに対する理解を広げる必要がある。疑問詞も関連させながら上位・下位概念で言葉を括ったりする引き出し作りや、機能語としての助詞を含めた、「やりもらい」の関係を表す受動・能動などの文型の習得などについて、意識化することが教師には求められる。これ以外に、話し合いの場面で留意して欲しいことは、子供たちの視線の確認、教師の声の大きさ、きかせるテンポや間、言葉の選び方、口声模倣や繰り返し、質問による、強化・確かめな

どが挙げられる。

　幼稚部3年間の発達の中で、子供たちのみせる平均的な姿は、次のようである。

3歳児

- 身の回りのことが少しずつできるようになり、自立への芽生えがみられるようになる。
- 母親だけでなく教師や身近な大人に関心をもつようになり、これらの人に気持ちを受け止めてもらい、愛情や信頼感をもつ。
- 身近な大人の言葉や話に興味をもつようになり、理解しようとしてきこうとする様子がみられるようになる。
- 自分の経験したことや思ったこと、考えたことを、身振りを交えながら知っている言葉をつなげて話すようになる。

4歳児

- 自信をもって行動できるようになり、身近な大人に対して進んで関わろうとするようになる。
- 友達とのつながりを強めたり、年長・年少の子供にも関心をもったりするようになり、人への関心が大きく広がる。
- 教師や身近な大人が他の子供に話しかけている話を進んで理解しようとしてきくようになったり、わからない部分を相手に対して言葉を使ってきき返したりするようになる。
- 自分の経験や考えを、文をつないで話そうとし、友達や身近な人と伝え合うことを楽しむ。

5歳児

- 友達と積極的に関わり、喜びや悲しみを共感し合ったり、集団生活の中で自己主張したり、友達の言うことを受け入れたりするようになる。
- ルールのある遊びをいろいろ経験し、ルールを守りながら遊べるようになる。
- 人の話をよくきこうとし、自分の経験や考え・思いを話し、互いに伝え合う楽しさを味わう。
- 日常生活に必要な言葉がおよそ身につき、目の前にない事柄についても言葉だけでだいたい話すことができるようになる。

第4章 言語発達

　これまでの章で、親子のコミュニケーションは、言語的、社会的、認知的な発達にとって必須の基礎であり、また、コミュニケーションと言語は、人間においてさえ厳密には同一のものではないことを強調してきた（動物の場合には明白であろう）。さらに言えば、効果的な学習や人間相互の関係を可能にするのは、最終的には言語である。しかし、聴覚障害児にとって音声言語は、きこえない、あるいは、十分にきくことができないものであり、言語の獲得は聴覚障害児にとって最も大きな困難の１つであることは明らかである。音声言語の基礎を獲得したとしても、他者を理解したり、他者に理解されたりするためには、継続的な努力が必要とされる。なぜなら、聴覚障害児は（人工内耳装用児であっても）、聴児と同じようにきいたりできないし、発話も簡単にはきき取ってもらえないからである。しかし、早期の人工内耳装用が、この状況を劇的に改善しつつはある。

　音声言語に比べて、手指言語（signed language）は、聴覚障害児が比較的容易に学べる。しかし、手話言語（sign language）の獲得のためには、それが家庭で高頻度で用いられていなければならない。聴覚障害児の親の95％程度が聴者であると言われ、家族が聴覚障害児をもつ前には、手話言語が家庭の言語になることはめったにない。多くの親やきょうだいが、後から手話を学ぶことになるが、きこえる親子が音声で行うやりとりのような流暢さは、ほぼ得られない。この章の最後で、再度この議論を行う。

言 語

　人間を最も人間らしくする中心的な特徴の1つは言語である。本能的なコミュニケーションシステムをもった動物もいるし（イルカや鳥、ハチ）、霊長類はジェスチャーや簡単なサインのようなシンボルを使用したコミュニケーションを行うことができる。しかし、音や手型、姿勢や動きなどで構成される複雑なシステムを獲得し、単語やサインを順に組み合わせて発話し、物語を語るという能力は、人間に固有である。

　言語は、音や手型といった意味をもたない構成要素から作られたシステムである。意味をもたない構成要素を組み合わせて、意味のある部分（形態素）を作り上げ、有限の規則を適用して、さらに組み合わせていくことによって、無限の多様性をもつ発話となる。言語のもつこのような特徴は、きいて話すという聴覚－運動モダリティ（音声言語）と、見て手話をするという視覚－運動モダリティ（手話言語）の両方で共通している。モダリティに関係なく、全ての言語は、同様な基礎的構造と、同様な機能をはたす階層組織とを備えている。現在、ギャロデット大学で行われているようなろう者のコミュニケーションが、単なるジェスチャーの寄せ集めではない、真の言語であるという、Stokoe（1960/2005）の最初の指摘によって、この知見が認識されたという歴史がある。

　言語は一般的には、さまざまなレベルで研究されている。すなわち、言語音とその組み合わせが、音節や単純な語になることを扱う「音韻論」、スピーチの構音に関する「音声学」、単純な語や意味の最小限の単位である形態素の組み合わせで複雑な語を作ること、例えば、屈折（"horse" + "s" = "horses"）、派生（"un" + "related" = "unrelated"）といった過程については「形態論」、単語の意味のような、意味的な特徴と文法的な側面の両方について、語彙的な側面をカバーするのが「意味論」、単語を組み合わせ文章にすること、発話に文法的な規則を適用し、規則の制約を課すといった内容を扱うのが「統語論（文法）」、ナラティブや会話といった、社会的文脈の中で使用する際の規則を扱うのが「語用論」の領域である。

　現存する言語は、このような、形式的な構造、意味、使われ方などで、多

様である。例えば、形式的な特性として、英語やドイツ語は、比較的厳格な語順で形態素が少ない。トルコ語は形態素は多いが、語順は比較的自由である。しかしどちらの組み合わせにおいても、文法的には十分な機能を果たしている。これらの言語とは異なり、広東語や北京語は、音調を使用し、その高さの違いが異なる意味を表す。広東語では、6つの異なった音調（声調）があり、ピッチの上下や抑えなどによって、6つの異なった発音方法があり、それに応じて6つの意味を表している（中国の聴覚障害児には非常に困難となろう）。モダリティによっても組み合わせは異なり、手話言語は、言語表現の要素が同時的に表現される傾向があり、音声言語では反対に、継次的な順序性が強調される。

　文化や歴史から生じる、言語使用の規則の違いもある。イギリス英語とアメリカ英語は、いくぶん異なっているし（"He was in hospital" と "He was in the hospital"）、共通する言語をもった2つの国が分かれた場合など、言語の表現が少し変わることがもよくある。また、例えば「雪」の概念を表す単語の多くは、カナダ北部のイヌイットと南欧イタリアの言語とでは異なる。これは、イヌイットとイタリア人の違いということではなく、イヌイットには、雪はより重要なトピックとなり、多様な区別が必要となるためである。しかし、イタリアのスキーヤーであれば、雪質の違いに合わせたワックスを選ぶために、雪を細かく表現するための種々の用語を使い分けるだろう。使用する文脈における重要性によって言語表現が異なるのである。

　世界には、およそ6,900の音声言語と200の手話言語がある（Lewis, 2009）。多くの人々に使われている言語もあれば（英語、北京語、ASL）、小さな共同体でしか使われていないものもある（フリースランド語〈オランダ〉、バスク語、ケベック手話）。現代の日常生活では使われないもの（ラテン語）もあり、この20年で息を吹き返し使用されるようになったもの（ヘブライ語）もある。人類にとって書記言語は比較的新しい発明で、メソポタミアの楔形文字、古代エジプトのヒエログリフから、単純で効率的なローマ、アラビアアルファベットに進歩してきた。しかし、大部分の言語は書記の方法をもたないので、書き表すことはできない。これは（現時点の）手話言語の問題点ともされるが、手話言語だけでなく多くの音声言語にもあてはまる。

　言語の最も基礎的な機能はコミュニケーションである。過去、現在、未来の人や物・出来事について語る、日々の会話で使用されている。また、もっ

と複雑な使われ方をする場合もある。例えば、教育における指導や、愛の本質についての説明などである。言語の使われ方は、その状況によって異なる。豊かな背景状況や文脈の中では、交わされる言葉そのものに含まれる、認知に必要な知識や情報が少なくても、言葉での意味のやりとりが可能となる（例えば、ドアが開いていることがはっきりわかる状況で、小さい子供に「ドアを閉めて」というような場合）。一方、文脈の手掛かりの少ない、認知的に困難な状況（中学生に普遍文法の説明をするような場合）には、言葉そのものに多くの情報が含まれていることが必要となり、状況によって言葉の使われ方は異なる。わかりやすい文脈で具体物が参照されるような前者は、状況が非常に明白であり、発達の初期からの言語獲得の場面でみられる。他方、抽象的で、文脈の手掛かりが少ない後者は、児童期の終わりから青年期に、主として学習の場面でみられる。初期のコミュニケーションと文脈、また言語獲得との関係性は、幼い子供に対して、自然な形で子供の実態に合わせて発話する、母親の言語的な特徴（大伴, 2015）、また、食事や幼稚園などで毎日繰り返される、種々の決まった行動パターンに関する知識（スクリプト知識）の発達（長崎, 1994）などと、関連づけて検討されてきた。子供は、言語を含む、そのような活動を通して、養育者の発話の一貫性やスクリプト知識を学習し、それらを次々と能動的に、文脈の新たな手掛かりとしていく。そのことによって認知的な負荷が下がり、言語の獲得は加速し、コミュニケーションはより高度に発達する。

　また、言語には、個人やグループのアイデンティティに関わる重要な機能がある。言語は、それを共有する人々の文化の一部なのである。そのため、特有の文化を離れた国際共通語、例えば音声言語ではエスペラント語、手話言語では国際手話といったものを作り出し、活用しようという試みはあったものの、実際にはさほど使用されていない。人は、アイデンティティを表している自分自身の言語を使おうとする。

手話言語

　手話言語（あるいは手指言語）は、世界共通言語でも、人工的に作られた言語でもない。音声言語と同じく自然言語であり、話者のコミュニティの中

で継承されてきたものである。手話言語の場合、コミュニティの中核を担うのは、大抵の場合はろう者と、その家族や血縁者である。言語は人々の文化と強く結びついており、その文化と、そこに属するさまざまな人々の心理的アイデンティティを構成する最も重要な要素の1つである。

　手話言語の構造は音声言語と類似している。構造の階層性、語彙論、音韻論、形態論、統語論、そして語用論は、手話言語においても明確に識別できる。音声言語と比較した際、継次性は手話言語のほうが低いが、同時性（同じ時間内に複数の意味要素を伝達する）に関しては手話言語のほうが卓越している。音声言語の調音器官（主に唇と舌）は同時性の実現には限界があるが、手指や腕は相対的に音声の調音器官よりも2つの信号や信号の一部を同時的に伝達しやすいからである。

　類型論については、手話言語は欧米の主要な音声言語とはまったく異なる。手話言語は豊富な形態的構造と柔軟な語順を特徴として有しており、その代表的なものが類辞（classifiers: CL）である。類辞とは、表現されるものの特徴を示す形態素であり、特定の手型を用いることで表される。例えばアメリカ手話（ASL）では、実在類辞、ハンドル（handle）、サス（Size And Space Specifiers: SASS）と呼ばれる3つのタイプの類辞があり、このような一般的な類辞は、位置、動き、軌跡、形を表す際に用いられる。Valli and Lucas（2000）、Sandler and Lillo-Martin（2006）、Johnston and Schembri（2007）、Baker, Vanden Bogaerde, Pfau, and Schermer（2008）は、さまざまな手話言語の構造に関して優れた報告をしている。

　日本においても、日本語とは異なる独自の文法体系や語彙体系を有する言語である、日本手話が存在する。かつて田上・森・立野（1979）は、手話と呼ばれているものは「伝統的手話」と「同時法的手話」の2つに分類できると述べている。「伝統的手話」とは、語の意味や文法において日本語とは異なる独自の体系をもち、日本語の音声との併用を前提としていない、日本語とは別の言語である。一方、「同時法的手話」とは、語の意味や文法を日本語と一致させるために、助詞や助動詞の手話を使用し、日本語の音声との併用を前提とした日本語の一形態である。田上・森・立野（1981）は、さらに「伝統的手話」「同時法的手話」に加えて、その中間的な性質を有する「中間型手話」というタイプを加え、手話には3つの種類があるとしている。

　日本語とは異なる言語体系を有した伝統的手話は、今日では「日本手話」

と呼ばれている。日本手話もまた音声言語と同様の枠組みで言語学的に分析が可能であり、米川（1984）が日本手話の言語学的特徴を体系的に記述した最初の研究であろう。それ以後、ASLの研究が進み、神田（1994）はASLと対比させながら日本手話が独自の言語であることを示した。ASL同様、日本手話の単語は「手型」「運動」「位置」の3つの音韻の同時的結合によって構成され、「音韻」「形態素」「単語」のように階層構造をなしていて、二重分節構造を有していることなどが明らかになっている。

マルチモダリティとサインシステム

　会話の状況によっては、2つの異なるモダリティで同時に記号を組み合わせ、意味が表されることがある。スピーチを伴ったジェスチャーの使用がこのマルチモダリティのよい例である（McNeill, 1996, 2005）。子供はスピーチや音声言語にジェスチャーを組み合わせて、非常に早い時期からジェスチャーを用い、自分自身を表現することを可能にする。人と人の会話におけるジェスチャーの使用は一生続き、顔を合わせないような場面（電話での会話など）でさえジェスチャーは使われる。

　ジェスチャーはしばしば自動的で無意識のうちに行われる。それは、コミュニケーションだけでなく言語獲得や習得、言語の産生や理解においても利をもたらす。これは、特に単語に伴うジェスチャーに関連する。ジェスチャーは意味を伝達するため、単独、あるいは形態素のように組み合わされる。スピーチを伴うジェスチャーは、話し手の話す言葉の明示的意味や話し手の身体的あるいは情動的な文脈を聞き手に理解させるのを助けている。スピーチを伴うジェスチャーは、聞き手が単語や文を思い出すのに積極的な影響を与え、話し手の表現の流暢性を促進する（Feyereisen, 2006）。ジェスチャーは、それが記号的であり意味を伴っているときには、ワーキングメモリの負荷を減少させる（Wagner Cook, Yip, & Goldin-Meadow, 2011）。

　象徴的ジェスチャーは音声単語に意味を付加し、時には意味の重なりを作り出し、意味的冗長性を生み出し、時には意味を精緻化し、時には独立した意味をもつ（Marschark, 2005）。ジェスチャーは一般的に、例えば第二言語のプロソディーなどのように、言語学習を支えうる（Tellier, 2008; Kelly & Lee,

2012）。

　ほとんどのジェスチャーは曖昧であり、それに伴う単語から意味がもたらされるため、単語とジェスチャーの産出タイミングが重要となる。スピーチに伴うジェスチャーの開始は、通常、単語の発音のほんのわずか前の時点であるが、それが速すぎると意味理解への貢献は薄れる。単語とジェスチャーの統合による意味理解には、両者の産出タイミングが同期した場合が最も有効である（Habets, Kita, Shao, Özyürek & Hagoort, 2011）。このことは、早期の親子間のやりとりで、単語とジェスチャーが密接に結びついている状況の観察からも支持されている。乳児との早期のコミュニケーションにおける母親や養育者のジェスチャーは、単語が話されているその瞬間に、乳児が人や物に注意を向けることを手助けし、新しい単語の獲得を支える。単語とジェスチャーの結びつきは、それらが同期しているか時間的に近接している限り、指し示すものが感覚間で冗長になる（Bahrick & Lickliter, 2000; De Villiers Rader & Zukow-Goldring, 2012）。特に 2 歳以下の幼児にとって、単純な指さしが音声言語の発達を助けるようである。象徴的ジェスチャーを伴う音声単語の理解は、より困難で時間がかかる。それはおそらく、乳児が注意を配分し、単語、象徴的ジェスチャー、指し示す対象の、3 者間の関係を捉えることができるようになるのに時間がかかるからであろう（Puccini & Liszkowski, 2012; Wilbourn & Sims, 2013）。

　単語とスピーチに伴うジェスチャーは、そのタイミング以外の点においても統合されている。例えば、音環境や聞き手の聴力は、少なくとも成人において重要な役割を果たしている。Obermeier, Dolk, and Gunter（2012）は、成人の聴者や難聴者では、ジェスチャーと単語が同期していなくても、それらの統合が起こることを示した。成人聴者では、騒音が聴知覚の妨害をするときのみ、そのような統合が起こる。しかし、成人難聴者の聴知覚は（当然のことながら）常に妨害されているため、同期していない状況下でさえ、単語とジェスチャーを自動的に統合することが明らかとなった。環境要因（騒音）や個人要因（聴力の損失）にかかわらず、困難なコミュニケーション状況に対応する上でジェスチャーが有効であると彼らは結論づけている。

　統合システム仮説（Kelly, Özyürek, & Maris, 2010）に従うと、スピーチに伴うジェスチャーと単語は、言語理解における 1 つの統合されたシステムを構成する要素であり（McNeill, 2005）、1 つの言語におけるコインの裏表とみ

なされる。マルチモダリティによるシンボル表現が、聴児の言語獲得を促進するのなら、聴覚障害児の言語獲得・使用にも大きな可能性があり、音声と手話の併用でも生じうる（Marschark, Everhart, & Dempsey, 1991; McNeill, 1996）。ジェスチャーの形態は多様だが、ろう者と難聴者での類似性もある（Marschark, Everhart, Martin, & West, 1987）。

Lucas and Valli（1992）は、手話使用者が、聴者とのコミュニケーションでは、より英語に近い手話を使用する傾向があることを示した。この「手話言語と音声言語の混合した手話（contact sign、ピジン手話・接触手話）」は、基本的に全ての手話言語にみられる。高学歴のろう者は、このような手話を頻繁に使用している。これは、典型的には音声の単語に手話を結びつけ、音声言語の語順を使用する、手話駆動のシステムである。1つの言語というよりも、視覚的な情報処理と手指による言語生成を行うためのマルチモダリティによるコミュニケーションである。

他方、教育者によって作られたマルチモダリティのコミュニケーションシステムがある。このシステムは、音声言語へのアクセスを改善し、理解を助け、音声言語をさらに強化するために、視覚的な手段によって言語の音声的な形態を支援しようとするものである。例えば、スピーチと指文字の結合（いわゆるロチェスター法〈Rochester method〉）や、口の動きを捉えやすくさせるためのジェスチャーとスピーチの結合（キュードスピーチ）、音声言語の文法構造を使った手話とスピーチの結合（同時的サインサポートスピーチ）がある。スピーチと手話単語を異なる規則で結びつけた、SEE1（Seeing Essential English）、SEE2（Signing Exact English）、手指英語（Signed English）など、さまざまなシステムもある。これらのシステムは、音声言語の語彙や文法的特性を手話によって表す程度が異なる。あるシステムでは、音声言語の要素を手指で厳格に100％表現する。また別の手話システムはより自然で規則にそれほど縛られず、時には音声と手話が混合したピジン手話（pidgin sign）を指すこともある。ピジン手話における手話単語は、全ての文法的な特性ではなく、音声による発話の意味内容を手話で伝えている。

ろう教育におけるマルチモダルの同時法的コミュニケーションシステムには長い論争の歴史がある。過去30年以上にわたって、同時法的コミュニケーションは、（文法的な要素を人工的に作り出したシステムとは対照的に）広く普及するようになった。自然言語としての手話言語で使われている手話単

語と音声言語とを同時に使用することは、真の言語ではないと批判されてき
た（R. Johnson, Liddle, & Erting, 1989; Marmor & Pettito, 1979）。にもかかわらず、
手話で音声言語を補強するという原理は、スピーチに伴うジェスチャーのプ
ラス効果を考えると、それほど悪い発想ではないように思われる。少なくと
も教育現場では、聴覚障害児は、教室内で、他のどんな方法による指導よ
り、同時法的コミュニケーションによって、より多くのことを学ぶというこ
とが、数十年間の研究によって示されてきた（Caccamise, Blaisdell, & Meath-
Lang, 1977; Cokely, 1990; Marshark, Sapere, Convertino, & Seewagen, 2005; Newell,
1978）。

　残念ながら、スピーチと手話単語の認知的処理に関する基礎的研究は大き
く欠落している。この問題を扱った数少ない研究の 1 つである Giezen（2011）
は、Bergeson, Pisoni, and Davis（2005）の提唱した仮説、すなわち、視覚と
聴覚からの情報が同時に入ることによって、ワーキングメモリの負荷が増加
し、スピーチの知覚に負の影響を与えるかどうかを取り上げ、これについて
検討した。一方、信号に冗長性が加わり、ワーキングメモリの負荷を軽減
する効果もありうる（Miller & Ulrich, 2003; Bahrick & Lickliter, 2000; Emmorey,
Petrich, & Gollan, 2012 も参照）。Giezen の研究では、平均 6 歳 11 か月のオラ
ンダ人とフラマン人の 8 人を対象とし、全員が平均 1 歳 10 か月で人工内耳
を装用していた。3 人は通常学校のプログラムに参加し、5 人はろう学校へ
行っていた。既知の単語と未知の単語を使った課題が、単語理解と未知の単
語の学習を測定するために使われた。また、ペアの単語が刺激として用いら
れ、そのいくつかは、ミニマルペア（非常によく似た音で構成された単語のペ
アで、弁別が難しい）で、それ以外の単語のペアは音がまったく似ていなかっ
た。刺激単語は、音声のみ、手話のみ、バイモダル（2 つの感覚）という 3
つの条件で提示された。その結果、バイモダルの入力は人工内耳装用児のス
ピーチ処理に負の干渉をすることはなく、むしろミニマルペアの単語の知覚
を促進していた（Knoors & Marschark, 2012）。しかし、この促進効果は、長い
期間にわたってバイモダル入力に接していたろう学校にいる子供にのみにみ
られた。このような、教育における同時法的コミュニケーション使用の正の
効果については、前述の教育研究をはじめ、最重度の聴覚障害児を対象とし
た書記単語の語彙学習での手話使用に関する研究（Wauters, Knoors, Vervloed,
& Aarnoutse, 2001）、また、中等度から重度の聴覚障害児の音声単語の学習に

関する研究（Mollink, Hermans, & Knoors, 2008）においても、一致して示されている。

　ジェスチャーは音声言語を獲得しつつある聴児においても観察されている。ジェスチャーの発達については、関根（2008）が優れたレビューを行っている。2歳までは、指さしのように、表したい物を直接指し示す直示的ジェスチャーや、事物の特徴を身体の動きによって表現する象徴的ジェスチャーがその多くを占める。そしてそのようなジェスチャーには発声が伴わなかったり「あーあーあ」のような意味のない発声しか伴わなかったりすることも多く、ジェスチャーのみで意味を伝達していることも少なくない。2歳までのジェスチャーはそれ単独で伝達意図を示していることが多い。しかし2歳を過ぎ音声言語によって徐々に意図を伝えられるようになると、意味が明確な音声単語とジェスチャーが共起するようになる。さらに音声言語が発達すると、ジェスチャーを伴わない、音声単独の発話が増える。その後のジェスチャーは、成人の発話にみられるジェスチャーのように、発話のリズムを整えたり、音声言語で表そうとしているもののイメージをジェスチャーで表したりするようになる。高井・高井（1996）は、1人の乳児を縦断的に観察することにより、ジェスチャーの発達と消失の過程を明らかにしている。最初は対象の名前を表すジェスチャーが多くみられるが、1歳3か月を過ぎると動作や状態を表すジェスチャーが増えてくるという。そして、動作や状態を表すジェスチャーに音声が伴い、音声言語が発達するとジェスチャーの出現が減ることを報告している。

　手話環境にない聴覚障害児においても、乳児期から幼児期においてジェスチャーの出現が報告されている。Goldin-Meadow and Morford（1985）は、聴覚口話法によって教育を受け、手話環境にない聴覚障害児と母親とのコミュニケーション場面を分析し、ジェスチャーの出現を報告している。手話入力がないにもかかわらず、体系的な手話言語と類似したジェスチャーの使用がみられたという。例えば、その場にないものを指さしによって表現したり、手話言語の類辞にみられる特徴を有したジェスチャーが観察されたりした。聴覚障害児を取り巻く母親や教師も話しながら手を動かすことはあるが、このような、大人の聴者のジェスチャーよりはるかに体系的な構造を有したジェスチャーを、聴覚障害児が使うことを観察から明らかにしている。

　ジェスチャーをはじめとする手指モダリティの使用が、言語獲得途上の聴

児においてみられることから、手指モダリティを用いたコミュニケーション
は音声言語の獲得を阻害しないどころか、ジェスチャーが音声言語獲得を促
進するという考え方が出てきてもおかしくない。聴覚障害教育においても、
音声モダリティと手指モダリティの両方を使うことで、より音声言語の獲得
に有利になると考え、音声と手話を同時に提示する指導法が 1960 年代にな
ると提案されるようになった。米国では 1960 年代に、あらゆる手段を用い
て子供と早くからコミュニケーションを行うことが聴覚障害児の発達促進に
つながるとして、トータルコミュニケーションによる指導法が開始され、手
話が禁止されてきた聴覚口話法から手話の使用への突破口になった。米国
のトータルコミュニケーションの開始とほぼ同時期である 1968 年に、日本
においても手指モダリティを活用した指導法が開始された（栃木県立聾学校,
1992）。栃木県立聾学校で開始された指導法は同時法と呼ばれ、音声に加え
て手話や指文字を使って日本語を目に見える形で子供に示すことにより、正
確な日本語入力を保障することを目指した。具体的には、幼児期は指文字を
中心としたコミュニケーションを行うことにより、日本語の音韻や単語を
身につけ、その後、日本語の語順に合わせて声を出しながら手話も使うこと
で、日本語の習得と確実な情報伝達をねらうものであった。同時法では日本
語を目に見える形で表すことを目指して手話を使用した。ここまで厳格な使
い方ではないが、その後日本では、音声と手話を同時に使って指導を行う特
別支援学校が増えていき、現在では幼児期から手話と音声の両方を使って指
導を行っている特別支援学校が多く、我妻（2008）や庄司（2015）の調査に
おいても多くの特別支援学校において、幼児や児童の手話の使用が報告され
ている。

言語発達

　子供の第一言語の獲得はかなり短い期間に行われる。これを可能にするメ
カニズムに関する知見が、この数十年にわたり集まってきた。1950 年代に
は、Skinner（1957）がオペラント条件づけにより言語が獲得されるとし、動
物が一般的に行う学習のメカニズム、すなわち強化、罰、般化、弁別とい
う特徴によって獲得がコントロールされていると考えた。彼の言語行動の

理論では、子供の言語獲得は、適切な強化を受けることにより、個々の言葉と物との関係を模倣し、連合することによってなされていくと考えられていた。このような「外部から」の要因による制御という考えとは対照的に、Chomsky（1959, 1968）は、人間は言語獲得装置（language acquisition device: LAD）を脳内にもつという提案をした。子供は、この装置を使って、生まれつき備わっている普遍文法を利用することによって、抽象的で複雑性の高い文法などを理解することができ、それによって第一言語を苦もなく学習するというものである。子供が受け取る言語情報は、混沌として、一貫性がなく、頻繁に言い誤りも含むものであるため、言語の獲得には、生得的な基礎としてLADが必要だと考えたのである。

　LADが必要だと考えたもう1つの理由は、言語獲得が人類という種に固有であるという見方からである。しかしながら、1960年代からは他の種、特に霊長類が言語の基本的な側面を学習できるという研究が行われ始めていた（Gardner & Gardner, 1975）。また、子供がさらされている環境の言語の入力が、想定していたよりも、はるかに構造化されており、学習に適していることが詳細な研究からわかってきた。一方、現在では、言語獲得はLADを必要とせず、言語の入力や社会的な相互作用などに関わる総合的な認知過程であるという見方がされてきている。

　言語は、問題解決の過程を通して獲得される。子供を取り巻く（統語論的・意味論的な情報を含んだ）言語は、子供がそこから、意味を取り出せるような十分に豊かな情報を提供している。子供は、それらの情報を、環境の状況に応じて認知的に処理することによって、自分自身の言語を獲得していくと考えられている。よりわかりやすく言えば、言語獲得は、子供が話し相手と意味のやりとりするようなコミュニケーションの中で、意味を運ぶ言語の象徴的な記号や構造の特性をも学習する過程である。このような言語を生み出す創発の理論（theory of emergent language）は、第一・第二言語の習得でも同様であり（MacWhinney, 2005）、前記のような、さまざまな環境の中での言葉のやりとりによって学習が生じるという考え方とも合致する。

　Tomasello（2005）によれば、言語獲得は、それまで考えられていたよりも、より多くの異なったタイプの学習と相互に関連している。そこで強調されているのは、言語獲得では、言語の形式的な面の学習が重要なのではなく、むしろ、言語のもつ社会認知的な機能が重要だということである。言語

の形式面は、言語使用の結果として生じるものであり、Chomsky が議論したような言語獲得の前提条件ではないと述べている。このような、言語の使用を基盤とするモデルでは、子供の学習は、認知的また社会認知的なスキル、すなわち心の理論のような、意図の把握や、経験に基づくパターンの発見のような能力と関連しまた一体化している。子供が他者と注意を共有し、その注意をもとにコミュニケーションを行い、物や人、行為に対する注意に関心を向け、他者の意図的な行為を理解するという、そういった学びが、言語の象徴的、構造的な学習に深く影響している。

　Tomasello の見方は、聴覚障害児の言語獲得を考えるときに、理解すべき事柄として非常に共感できるものである。この見方によれば、前記の人と人との相互作用でのパターンへの注目と、そこでの意図の理解や関連づけといった一般的な学習の過程によって、言語も学習されるということである。そういった意味では、この Tomasello のモデルは、言語獲得の主たるメカニズムが、Skinner の考える行動による随伴性（環境）から、認知（心）に変わってはいるが、特別な装置を仮定していないという点では単純とも言える。

　日本の研究においても、聴覚障害児の意図の理解や心の理論の獲得など、社会的認知能力に関する問題点への指摘も近年増加していると言える。心の理論課題（藤野, 2012; 大原・廣田, 2014）や視点取得課題（一宮・相澤, 2015）においても、特別支援学校の聴覚障害児の通過率がかなり低いという研究がある。心の理論の獲得に関係すると考えられる特徴として、幼児期から、過去への言及の発話が少なく（木下, 2007）、小学部低学年になっても他者の行為意図の説明が難しい（野原・廣田, 2014）ことが指摘されている。これらの結果からは、言語使用を基盤とするモデルが提唱している、さまざまな学習を相互に関連づけ、結びつけるような活動においても、聴覚障害児には数々の困難が現存することが示唆される。個々の学習を成立させ、それをいかに接続・総合するかという観点からの教育的対応が重要となるだろう。

　もちろん、言語使用を基盤とするモデルが述べているように、言語学習の全てが、言語学習のための特別なメカニズムではない、一般的な学習能力によって起こるかどうかについては、現時点で結論が出ていない部分もいまだ多い。人間のもつ何らかの生得的な機能を使用するという立場や、他の理論が全て誤っているという確証も明示されていないようだ。語彙学習においても、子供が物の全体や形に着目しがちなことは事実であり（今井・針生,

2007)、また統語学習においても、一般的な学習では説明できない規則が使用されている部分もある（鈴木・白畑, 2010）。今後も聴覚障害児の言語の獲得を考えるときに、検討が必要な部分が残されている。

　そうであったとしても、Tomaselloの考える、言語の使用を基盤とするモデルは、聴覚障害教育に携わる人々にとってわかりやすい理論であり、聴覚障害教育で活用しやすい。これは、一般的な学習のメカニズムと同様であり、考えやすいというだけでなく、現実の文脈や人間関係（社会認知的なスキル）を重視するという考えなので、聴覚障害教育の中に根づいている「自然法」の考え方に調和するためである。例えば、幼児期・児童期前半には、ごっこ遊びや物語の活用などが日々の学習・指導場面で頻繁に行われる。教師にとって、このような活動は、子供の自然な活動を生み出し、目標設定しやすい親しみのあるものでありながら、子供にとっては、他者との注意の共有や意図の把握がなされるものであると言える。このモデルのいっそうの体系化と、聴覚障害児の言語獲得のメカニズム解明への利用が期待される。

　言語の獲得と使用は、認知的な活動であるため、脳の発達や機能に関係している（第1章参照）。脳の特定の領域は言語の処理に関与しており、その領域の構造と機能、また、他の領域との連携が実際の情報処理能力に影響している。脳イメージング技法の開発によって（Kuhl, 2010のレビュー参照）、脳の構造と機能の関係性が、健康な成人や小児においてもリアルタイムに研究できるようになってきている。

　成人の音声言語処理に重要な役割を果たす脳の領域や領域間の連携が、生後数日の新生児であっても活動していることを示す研究もある（Dehaene & Dehaene-Lambertz, 2009）。これは、言語に関連した脳の発達がすぐに完了してしまうという意味ではない。反対に、生物学的な過程（成熟）の進行と、言語の入力（環境）の継続の両方が、脳の発達を継続させ、より複雑な言語の効率的な処理を可能にする（Kuhl & Rivera-Gaxiola, 2008）。

　手話言語の獲得や使用は音声言語によって使用される主な領域を含んでいる（概観するには、Emmorey, 2002, 2011の脳における手話言語の処理についてのレビュー参照）。言語のモダリティにより、時間的な情報に関わる皮質、視覚的な情報に関わる皮質のどちらで処理されるのかという違いは観察される。前者は聴者の音声言語処理によって活性化され、重度の聴覚障害者では活性化しない（人工内耳装用の場合を除く。Kral & Sharma, 2011）。ろうの手話言語

使用者では、後頭皮質が視覚入力に使用されるが、時間に関わる皮質領域は視覚的な手話言語の処理にも使用される。第二言語の獲得や使用にも、主として第一言語と同じ領域が使用される。第二言語の初期の学習段階や後の外国語学習においては、優先的に右半球が使用されることもあるが（Xiang, 2012）、第二言語が実質的な効率性を獲得していくと、最終的には、言語野を含む左半球が優位に使用されることになる。

　第一言語を効果的に獲得する能力は学習期間に限りがあり、次第に失われる。特に、複雑な文法に関してはそうである（Mayberry, 2010）。語彙などの他の領域はもう少し柔軟性を示す。言語獲得は通常、神経学的な障害の兆候がなく、生後、豊かな言語入力を受けている子供ならば、十分に発達する（音声言語の場合、妊娠の最後の 2、3 か月から刺激を受けている。DeCasper & Fifer, 1980; Moon, Lagercrantz, & Kuhl, 2012）。ただし、言語入力は 2 歳以前に開始される必要がある。多くの研究が示しているのは、2 歳以前で音声もしくは手話言語の入力に問題がある場合、言語の熟達にとって一生続く困難が生じてしまい、克服されることはない（Cormier, Schembri, Vinson, & Orfanidou, 2012; Markman et al., 2011; Mayberry & Lock, 2003）。言語の入力が発達初期に与えられないことが、言語の獲得を完全に制限するとまでは言わないものの、文法的な構造の理解や産出の問題を引き起こし、リテラシー、学業、社会的な成功などに強く影響を与えてしまう。

　既に指摘したように、子供は相互作用やコミュニケーションだけで、言語を完全に獲得するわけではない。語彙や文法、読み書きのための言語の使用という能力は、学校などで行われる言語学習によって培われる。読み書きができることは言語発達にとって重要であり、児童・生徒は、読み書きを通して、語彙や複雑な統語の知識を高めていく（第 8 章参照）。第一言語の基礎は、通常、主として親と子の家庭での相互的なやりとりを通して獲得される。しかし言語やリテラシーの教育には、子供がより高次の能力をもっていることが前提となる。

　全ての聴児が、学校に通う前に第一言語の基本的な側面を獲得するわけではない。言語獲得のペースにおいても、最終的な達成状況においても、かなりの個人差がある（Berman, 2004）。そして、聴児も聴覚障害児も、言語獲得の高次の段階に達するには何年もかかるが、聴覚障害児のほうが、通常の状態からの遅れは大きい。聴覚障害児を教える教師は、授業の際に、異なった

難易度のいくつかの言葉を柔軟に使い分け、指導する必要がある。聴覚障害教育の難しい部分である。

┃ バイリンガルと外国語教育

　急速なグローバル化の進展の中で、2つ以上の言語を使用して流暢にコミュニケーションすることが求められてきている。第二、第三言語の獲得や外国語の習得は学校教育の中でなされることが多い。

　ほとんどの子供の第一言語の獲得は家庭で始まる。家庭は基本的な対人コミュニケーション技術を獲得する場であり、そこに存在するさまざまな手掛かりによって言語が獲得される。家庭で獲得される言語には認知的要求は低いが、学業成績を決定するのは認知的要求の高い言語である。

　日本では斎藤（2018）、脇中（2013）が「生活言語」と「学習言語」として、これら2つの言語の存在と特徴について明らかにし、子供の発達に伴って生活言語から学習言語へ移行することが「9歳の壁」を乗り越える鍵となることを述べている。脇中は類似した分類として「話しことば・書きことば」「一次的ことば・二次的ことば」「大衆的言語（限定コード）・形式的言語（精緻コード）」「BICS（伝達言語能力）・CALP（学力言語能力）」についても詳述している。

　認知的要求の高い言語は主として学校で教わるもので、手掛かりとなる情報が少ない環境で用いられ、獲得するのに時間がかかる。言語教育の場では、手掛かりとなる情報量と要求される認知の量を、学習課題に応じて加減して課題を構成する必要があり、バイリンガル教育において両方の言語に堪能になるためには、どちらの言語にもその量を加減した構成が必要である（Mayer & Akamatsu, 2011）。

　2つ以上の言語の獲得に成功するのは非常に優秀な子供に限るかというと、そうでもない。実は、世界中の多くの子供たちはバイリンガル環境で育っている。1つの言語を習得した後に2つ目の言語を習うほうがやさしいかもしれないが、そのことは、どんな条件でも誰にでもあてはまるわけではない。Cummins（1981, p. 29）は、言語の転移は、第一言語の熟達に第一言語による指導が効果をもたらす程度に応じて生じるが、そのためには、適切

な第二言語の入力と学習者の意欲が前提となると述べている。

　バイリンガルで育つことは、言語面のみならず認知面においても有益であるが、認知のあらゆる分野に肯定的に働くわけではない。例えば 2 つの言語の使用は、注意、抑制、課題間の切り替え、ワーキングメモリなどの実行機能を促進するが、長期記憶からの言語的コード情報の利用にはマイナスの影響がみられる（Bialystok & Craik, 2010; Bialystok, Craik, Green, & Gollan, 2009）。これらの要因は、それぞれの言語の習得において、言語の使われる領域での能力に違いは生じるが、一般的な言語発達の過程には影響しないようである（Bates & Goodman, 1997; Conboy & Thal, 2006; Kovacs & Mehler, 2009; Pearson, Fernanadez, & Oller, 1993; Petitto et al., 2001）。2 つの音声言語（単一モードのバイリンガル）獲得者はフォーマルな言語において、単一言語獲得者より熟達度が低いとされ、それは双方の言語における語彙の貧弱さをもたらす。語彙が乏しければ長期記憶の辞書へのアクセスはいくぶんか遅れてしまう。一方で、バイリンガルの場合はメタ言語的な気づきがモノリンガルの場合より優れている（Ben-Zeev, 1977; Cromdal, 1999; Galambos & Hakuta, 1988; 聴覚障害児については Morrison et al., 2013 参照）。

　日本で聴覚障害児のバイリンガル教育と外国語教育を考える際は、英語教育に焦点をあてるべきであろう。英語は入学試験や採用試験に採り入れられており、試験で英語力を示すことが社会的な可能性と深く結びついているからである。文部科学省は社会の急速なグローバル化の進展の中で、英語力のいっそうの充実がきわめて重要な問題であるとし、小学校における外国語教育の早期化（3・4 年生）と教科化（5・6 年生）、高等学校のみならず中学校においても英語による英語の指導を推進している。また、4 技能（読む、書く、きく、話す）のバランスよい育成を強調しており、大学入試改革においても 4 技能にわたる英語を適正に測定するテストの導入を検討している。

　聴覚障害者の英語教育において注意すべきことは、きこえない、きこえにくいことに対する配慮をすること、また一方では保有聴力の活用や音声についての理解を促すことである。ALT（Assistant Language Teacher, 外国語補助教員）に対してきこえにくい子供への接し方を英文で示すことも必要であろう。

　試験に関しては、新たに策定されている大学入試センターによる、新テストに成績提供する各種民間試験においても、聴覚障害に対する適切な措置が望まれる。

聴覚障害児の音声言語獲得

　自然言語の基礎の獲得には、就学前段階で言語に十分触れる必要がある。聴覚障害児の音声言語獲得には、早期の診断と介入が必要となり、早期介入プログラムでは、音声言語の使用や幼児と親とのコミュニケーションの構築と維持に重点がおかれている。

　欧米諸国では、新生児聴覚スクリーニング検査により、3歳までに、重度から最重度の聴覚障害の診断・介入が可能となり、早期介入と言語能力の改善には強い関連がみられている（Yoshinaga-Itano & Sedey, 2000）。早期介入では、音声や多様な音情報が増幅されて乳幼児に提示され、その後、補聴器が用いられる。このような方法は聴力が90dBまでの幼児には効果が大きいが、言語獲得の程度は子供によって大きく異なる。デジタル補聴器はプログラムの調整によって、増幅音の特性を個々の聴覚障害児のきこえの状態に合わせやすくなっている。感音難聴は多くの場合、蝸牛の有毛細胞の損傷や機能不全によって生じる。現在、ほ乳類の有毛細胞の再生が可能となり、ある程度の聴力回復をもたらしたが（Mizutari et al., 2013）、ヒトを対象とした研究はまだ先のようである。

　第2章では人工内耳による蝸牛機能の改善について述べたが（Waltzman & Roland, 2006）、音声言語の獲得に結びつく十分な音声聴取が可能になるには、いくつかの条件を満たす必要がある。すなわち、電極挿入の深さ（聴神経に伝える音の周波数範囲に影響）、装用時の年齢・認知的能力、親子の相互関係の質と親の支援などである。人工内耳が最大の成果をもたらすには、電極の完全挿入、重複する障害がなく2歳以前での装用、そして、感受性豊かで子供に適切に対応できる質の高い親子関係を通して、的確な言語入力がなされることが必要となる（Markman et al., 2011）。さらに、両耳装用（Boons et al., 2012; Tait et al., 2010）、母親への教育や社会経済的な背景などによって、より大きな成果が期待される。米国では、人工内耳装用児の音声言語発達は、貧困家庭よりも比較的裕福な家庭のほうがよく、この傾向は聴児の言語発達でもみられている（Hart & Risley, 1995）。

　先進国であっても、全ての聴覚障害児が、早期介入、デジタル補聴器、人

工内耳などを容易に利用できるわけではない。難聴の発見が遅れたり、人工内耳や補聴器を使わない場合は、音声言語利用の機会は減少し、視覚的な手段のみ（読話と、その補助となる、手話、指文字、視覚的なキュー、文字などを加えた方法）で言語を獲得することになる。その場合、最早期から人工内耳や補聴器を効果的に使った子供より、音声言語能力は低くなってしまう。

Moeller, Tomblin, Yoshinaga-Itano, Connor, and Jerger（2007）、Knoors（2008）、Blamey and Sarant（2010）、Lederberg, Schick, and Spencer（2013）などによる研究レビューは、全体的な状況を知るのに役立つ。例えば、早期に人工内耳装用と介入を受けた聴覚障害児でも、音声言語の発達が遅れるケースもしばしばみられる。Blamey et al.（2001）では、聴覚障害児の平均的な言語発達は、一般的には聴児の55％であるが、この割合は急上昇しつつあり、Svirsky, Teoh, and Neuburger（2004）も、人工内耳装用児で、聴児と同じ割合で言語獲得を示した子供の事例を報告している。言語獲得が遅れる要因は、早期介入の遅れ、不十分な読話力、読書活動が少ないこと、また、特異的言語障害（specific language impairment: SLI; Hawker et al., 2008; Ramirez-Inscoe & Moore, 2011）などである。SLI は、発達性神経生物学的障害と言われ、聴児の 3 ～ 7％で生じる。ある程度は遺伝的に決定され、言語の処理障害により獲得を妨げる。また、聴力に影響する病因である、髄膜炎、サイトメガロウイルスなどは、さらなる神経学的な障害を引き起こすことから、聴覚障害児で SLI となる割合は比較的高いと考えられている。一方、英国の研究知見は、障害の発生率が聴児より高くないことも示唆している（Marshall, Rowley, Mason, Herman, & Morgan, 2013）。

聴覚障害児の音声言語での大きな個人差の一部は、人工内耳装用の有無にかかわらず、彼らの認知的能力、例えば、実行機能、ワーキングメモリ、微細な運動能力と関連している（Conway et al., 2011; Pisoni et al., 2008）。一般的な考えとは異なるが、聴覚障害児の音声言語発達は、通常は、聴力と結びついておらず、聴力が中等度から重度の場合でも、最重度の聴覚障害児より音声言語を速く獲得するわけではない。しかし、聴力や、視覚（読話）言語の能力がきわめて重要となる状況では、聴力の程度が影響しうる。聴力が中等度から重度の聴覚障害児や人工内耳装用児に比べて、補聴器装用の最重度の聴覚障害児では、彼らと同様なレベルで音声を知覚するには、より優れた音声言語能力が求められる。

音声言語能力の遅れは全ての言語領域でみられるが、形態素や統語の面で最も顕著となる。言語発達の初期には、喃語や声の繰り返しがみられ、聴児と聴覚障害児で大きな違いはないが、発達と共に変わっていく（Marschark, 2007; 第5章）。聴覚障害児では音韻表出の開始が遅れ、全ての発音が獲得されることはほとんどない。それでも、音韻の獲得順序は聴覚障害児と聴児でほぼ同じであり、その順序は、音韻の出現頻度、音の強さ、また、聴覚障害児の場合は見えやすさによって、およそ決定される。

　聴覚障害児の語の学習困難は、語彙発達の遅れや困難につながり（Lederberg, Prezbindowski, & Spencer, 2000）、知っている単語の意味の幅も狭く、言葉相互の意味的結びつきが弱いことも多い。例えば、カテゴリーの知識や言葉の使用での多様性が少なく、上位概念や下位概念の発達も遅れる（Marschark, Convertino, McEvoy, & Masteller, 2004）。音声言語をうまく利用できれば語彙発達は促進されるが、聴覚障害児の語彙知識が少ない状況は、人工内耳装用の有無にかかわらず、少なくとも大学生段階まで継続する（Sarchet et al., 2013）。

　音韻や語彙に比べ、音声言語の形態素に関する聴覚障害児の問題は単なる遅れだけではない。形態素のうち、特に、拘束形態素（bound morphemes）の獲得順序が異なるようである。拘束形態素は、屈折や派生の結果（例えば、複数形態素 /-s/ や規則動詞過去形の形態素 /-ed/）として語と複合する。これらの形態素の獲得困難の要因は、他の形態素に比べて音響的に明確でなく、強調されにくいためである。また比較的現れにくい語の形として出現している。例えば、音声オランダ語の過去時制は、規則動詞の語幹に /-te/ や /-de/ の付加、あるいは、不規則動詞の語幹母音の変化によって形成されるが、母音の変化は知覚しにくい。また、不規則動詞は、規則動詞の変化よりも日常の音声オランダ語ではずっと頻繁に用いられている（A. Hammer, 2010）。聴覚障害児の音声言語の統語パターンの発達も聴児とは異なり、発話長（平均発話長、Mean Length of Utterance: MLU）の発達はより緩やかであり、文法的に複雑な発話の理解や産出（関係詞節、受け身文など）での遅れや、文法構造の獲得順序がやや異なっている。

　手話言語や音声言語には発達の臨界期・敏感期があり、その時期に、理解できる言語に接することが重要となる。最近の研究では、人工内耳を活かす最適な期間は、出生から2歳までと言われている。2 ～ 4歳での人工内耳装

用でも、親の熱心な支援によって音声言語がかなり発達する場合もあるが、2 歳以降の装用では音声言語の発達は遅れ、4 歳以降では、ほとんどの場合、常に遅れをきたすことになる。

　日本においても、聴覚障害児の音声言語の獲得の難しさについて、さまざまな観点からの研究が報告されており、聴覚障害児の日本語能力は量および質ともに聴児と異なる側面がみられることが指摘されている。例えば、適応型言語能力テスト（Adaptive Tests for Language Abilities: ATLAN）の「語彙」「（漢字の）書取り」「文法」に関する評価では、「（漢字の）書取り」では聴覚障害児と聴児に大きな差異はみられなかったが、聴児に比べて、聴覚障害児のほうが「語彙」の偏りや「文法」の遅れがみられること（Takahashi, Isaka, Yamamoto, & Nakamura et al., 2017）や、読書力検査（リーディングテスト）による読書力の評価において同学年の聴児に比べて読書力が低く、小学校高学年以降において学年に伴う成績の向上がみられないこと（我妻, 1983; 長南・澤, 2007）などが報告されている。さらに、読解力の高さが聴覚障害児の読書行動と読書のメタ概念の形成に影響を及ぼすことも示唆されている（廣田, 2009）。

　日本語獲得の一端である語彙力について、多様な研究方法を用いて検討が行われている。これらの研究を通して、発達に伴って語彙数は緩やかに増えるものの、聴児に比べると語彙数が少ないこと、獲得される語彙の多くは学校での指導や特定の場面での学習の影響が大きく、個人差が大きいこと、生活に密着した語彙から獲得されるが、抽象的概念や自身の生活に関連の薄い語彙の獲得が困難であり、獲得語彙の範囲が狭いことなどが報告されている（福田, 1967; 伊藤, 1970; 川井, 1960; 南出, 1982; 中西・大和田, 1980; 根本, 1967; 岡田, 1993; 斎藤・菅野, 1972; 関・草薙・都築, 1982; 塚田, 1968; 四日市・斎藤・丹, 1995）。また、語の意味的広がりの乏しさや語と語の意味的関連性の弱さ、文脈に適した語の使用が難しいことなどの指摘もあり（板橋・細田, 1989; 斎藤ら, 1972; 相馬・関根, 1986; Sato, Aizawa, & Yokkaichi, 2012; 左藤・四日市, 2004）、聴覚障害児の獲得語彙の様相が聴児とは異なることが示唆されている。このような、獲得語彙の特徴に関わる要因として、語彙の抽象度の高低や出現頻度、指導や子供自身の経験、手話言語の利用などが考えられるが、これらの要因がどのように作用しているのか、あるいは他にも要因があるのかなどについては明らかではない。

さらに、語彙力だけではなく、助詞や動詞の活用などの統語に関する難しさも指摘されているが（伊藤, 1998; 前田・広田・田中, 1996; 澤, 2010）、助詞理解との関連から自動詞と他動詞の使い分けや使役文、受身文、授受文などの理解や表出の難しさについて検討された研究も散見される（我妻・藤本, 1994; 相澤・左藤・四日市, 2007; 相澤・吉野, 2002; 龍崎・伊藤, 1999; 冷水, 1988）。

　2006年および2014年の人工内耳装用の適応基準改定以降、日本における人工内耳装用児の数も増加傾向にある中で、人工内耳装用と言語発達の関連性については、低年齢段階での装用が言語発達に良好な影響を及ぼす可能性は高いという示唆は散見されるものの、人工内耳装用と言語発達の関連性は必ずしも明確ではない（岩崎・西尾・茂木ら, 2012; 菅谷・福島・笠井ら, 2012; 山田・西尾・岩崎ら, 2012）。また、人工内耳装用の有無や人工内耳装用の有効性という視点だけではなく、新生児聴覚スクリーニング検査とその後に続く早期介入（療育や教育などのサポート）を含むシステムの構築の重要性も指摘されており（菅谷・西尾・岩崎ら, 2012）、今後、人工内耳の有用性のみならず、早期介入のあり方の視点を含んだ検討が求められる。

聴覚障害児の手話言語獲得

　子供が早期より適切かつ十分な手話言語環境におかれている場合、手話言語の獲得プロセスは、音声言語の獲得のそれと非常によく似たものとなる。しかし、そういった環境はめったにない。ほとんどの聴覚障害児はきこえる親のもとに生まれるからである。ネイティブの手話言語話者などを家に招き（Mohay, Milton, Hindmarsh, & Ganley, 1998 参照）、聴覚障害のあるわが子への教育を行う親もいるが、この場合でさえ、手話言語の言語環境は、手話話者であるろうの両親のもとで育つろう児のそれと一致することは稀である。この話題については、後の章でさらに詳しく述べる。

　ネイティブとしての手話言語獲得は、聴覚障害児もしくは聴児が、手話で会話をするろう家族の中で育つ場合にのみ見られるものである。Baker and Woll（2008）、Morgan and Woll（2002）、Newport and Meier（1985）、Schick, Marschark, and Spencer（2006）には、ネイティブの手話言語獲得に関する優れた記述がなされている。以下では、主に Schick（2011）と Lederberg et al. (2013) による、ASL の発達に関する概観に基づいて述べる。

　音韻の発達の前段階として、聴児が喃語を音声で発するのと同様に、聴覚障害児は喃語を手で産出する。話し言葉におけるそれと同様に、この「手の喃語（babble manually）」は、音節構造において律動的で系統だったものであり、手の形、手の位置、手の動きなどで大人の手話話者とその形式的特徴を共有している。これは生後 6 ～ 14 か月に 5 本指を広げた形で始まり、その後より複雑な形へと移行していく。これと同様のパターンの発達が、手の位置や動きにおいてもみられる。聴覚障害児の初期の手話産出では、話し言葉の獲得においてみられるような調音の誤りも生じている。

　手話を母語とするろう児の初期の手話語彙は、音声話者のそれと中身は類似しているが、文法構造には差がみられた。手話の初語は音声言語の初語よりも 1 ～ 2 か月早く出現し、生後 8 ～ 10 か月頃には手話を用いるようになるという報告もある。

　手を握る、手を伸ばす、指さしをするといったジェスチャーは、聴覚障害児、聴児とも生後 6 ～ 10 か月の間に生じる。聴覚障害児に関しては、語彙としての手話と指さしとを組み合わせたような動きが、生後 12 か月頃にみられ、その後、手話語彙を 2 つ組み合わせるようなものが、生後 16 ～ 18 か月にみられるようになる。これらは、手話の発達における 1 つの指標となる。ASL のシステムの獲得は、多くの誤用を繰り返しながら膨大な時間をかけて行われ、それは音声言語の発達にみられる過程と類似している（you と me を逆転させる誤りなど）。

　動詞の一致、あるいは動詞の動きの方向性の獲得は、手話言語における形態論的発達の典型的な指標である。手話母語話者のろう児の場合、動詞の一致は比較的早期にみられ、およそ 2 歳～ 2 歳半くらいである。最初は特定の動詞に限定されているが、その後、さまざまな動詞へ般化していく。動詞の一致は、まず目の前にある事象に対して用いられるようになるが、子供が抽象的な物事について理解し始めるのはおよそ 3 歳頃であり、抽象的な物事の語りに動詞の一致を組み込めるようになるのは 5 歳頃である。類辞の獲得はより複雑であり、完全に獲得するのは 8 歳～ 9 歳以降のようである。

　手話言語の形態論は顔によっても表現され、表情は統語的な機能をもつマーカーを含む。聴覚障害児は主に感情的な表現のために表情をかなり早い時期から利用し、統語的な機能は早い時期から表現されているが、語彙とし

ての手話と、非手指動作の完全な統合は、手話言語獲得の中でも比較的遅れて発達するのが一般的である。

　複雑な文法の習得は、比較的遅い時期に発達する。これは、文レベルの空間的形態構造や統語構造と、より高次の談話レベルとの、相互作用を基盤として獲得していくものだからである。ここで強調すべき重要なことは、豊かな、そして流暢な言語環境を与えたとしても、多くの聴覚障害児は、手話言語の形態論、統語、談話の達成度において有意に遅れてしまう（Hermans, Knoors, & Verhoeven, 2009; Knoors, 1994; Singleton & Newport, 2004）。理論的には、このような遅れは入力が最適になされていれば解決されるはずだが、形態論や複雑な統語は語彙に比べて脆弱であり、入力が不十分になるため、現実的には非常に難しい。これらの領域の遅れは、聴覚障害児の第二言語の学習にもネガティブな影響を生じさせるだろう。

　親からの手話言語の入力が最適ではないことが、聴覚障害児の手話言語の達成度にネガティブに影響するのはなぜだろうか。聴覚障害児の場合、第一言語を十分に獲得できていないことが問題となる。聴覚障害児の両親は当初は口話で子供と関わろうとし、手話言語よりも音声言語の獲得をさせようとするが、それがうまくいかないとわかると、音声言語の獲得は不十分なまま、手話言語を獲得させようとする。しかし、手話の学習を後から始めた子供たちは、自国の手話言語の十分な獲得ができないことが、研究から明らかになっている（Mayberry, 2010 のレビューを参照）。

　子供が手話言語を比較的流暢に獲得できると仮定しても、全ての手話言語は、対応する音声言語と比較して、圧倒的に言葉の数が少ないことは明らかである。単純な例で考えると、米国人である筆者は、「料理」に関する英単語を 1 分間に 13 語ほど思い浮かべられるが、ASL には "COOK" の 1 単語しかない。もちろん、他の 13 語については、指文字で表したり、"COOK" のさまざまな修飾によってそれらの内容を表現することができるが。

　ネイティブではない手話使用者の場合にはその文法能力に大きな開きがあり、会話上での誤解などが生じうる（Edmondson, 1983）。特に教科学習で必要となる言葉の使用は、認識が困難であり、中学校や高校段階では、教科学習の内容を説明している手話通訳者あるいは教師の手話の複雑な文法の理解が子供には難しく、学習が阻害されるだろう。

　手話言語獲得の遅れは、手話言語の入力が少ない、あるいは学習が遅れた

ことによってのみ生じるわけではない。ある事例の中には、特異的言語障害の兆候を示す聴覚障害児がいる（Mason et al., 2010; Quinto-Pozos, Forber-Pratt, & Singleton, 2011; Woll & Morgan, 2012 参照）。手話言語の熟達の遅れが、言語入力によるのか、あるいは言語処理の問題なのかを見極めることは非常に困難である。しかし、期待される先駆的な取り組みもいくつかあり、一例として、「非手話繰り返し課題（nonsign repetition task）」を指標とするものがある（Mann & Marshall, 2010）。今後は脳画像を用いるなど、さらなる検証が必要である。

　聴覚障害児の手話獲得過程と聴児の音声言語獲得過程は、基本的にはパラレルであることは、国際的にも、研究を通して知られている。手話獲得研究の意義として、以下の 2 点が挙げられる（武居, 2008）。まず、手話と音声言語で大きく異なる点の 1 つは、使用モダリティが異なるということである。音声言語では聴覚 − 音声モダリティを用いるのに対し、手話は視覚 − 手指モダリティを用いる。このことが、それぞれの言語の獲得に何らかの影響を与えるのか、あるいは言語獲得がモダリティを超えた普遍的なものがあるのかを明らかにすることができる。次に、手話を獲得する聴覚障害児は、聴者の両親から生まれる場合とろう者の両親から生まれる場合で、手話環境の質や量が異なる。また、どのような教育機関を選択するかによって手話に接する時期も変わってくる。そのため、さまざまな背景をもつ聴覚障害児の手話獲得過程を分析することで、言語環境や言語に接触した時期と言語獲得の関係を明らかにすることができると考えられる。ここでは、日本における手話獲得研究について概観してみたい。

手話の喃語

　聴児の音声言語獲得過程の中で、初語出現の前の生後 5 〜 6 か月以降になると、母音のみで構成された「過渡期の喃語」や子音と母音が結びついた「準喃語（canonical babbling）」がみられる。これらの喃語は、後に獲得される日本語の音韻体系を学習する基盤となることが知られている。手話について、武居・鳥越（2000）は、5 〜 15 か月までの両親ろうのろう児 2 人を縦断的に観察し、手話初語出現前に、リズミカルな手の動きで表される手話の喃語の出現を報告している。この手話の喃語は、生後 6 か月前後から出現

し始め、発達に伴い徐々に動きが複雑化しながら 10 か月前後に最も頻繁に出現し、その後徐々に減少し、これに代わって手話の初語が観察される。また、手話の喃語と初語の間には共通した手の動きがみられ、音韻的な連続性がみられる（Takei, 2001）。

手話の初語

1970 年から 80 年代にかけての手話獲得研究では、手話の初語は生後 8 か月前後にみられると報告され、音声言語の初語が一般的に 12 か月頃に観察されるのに比べると、4 か月程度早いとされていた（Prinz and Prinz, 1979; Bonvillian, Orlansky, & Novack, 1983）。しかし、その後の研究から、8 か月頃にみられる手話の初語は安定的なものではなく、文脈依存のジェスチャーに近いものであり、文脈から独立した手話初語が観察されるのは音声言語同様、生後 12 か月頃であることが明らかになった（Abrahamsen, Cavallo, & McCluer, 1985）。武居・鳥越（2000）は、両親ろうのろう児の初語が、音声言語の初語が出現する時期とほぼ同じ 11 ～ 13 か月にみられたことを報告している。

手話の音韻獲得

手話単語は「手型」「運動」「位置」の 3 つの音韻の同時的結合によって構成されている。鳥越（1995）は、ろうの両親をもつ 2 人のろう児の観察から、日本手話の手型の獲得において、獲得の容易な手型から難しい手型までの階層性があることを報告している。そして、最も表出が難しい手型は、視覚的にモニタしながら継起的に手型を変化させ、目標とする手型に近づけたり、他方の手を使って実際に触れながら手型を作り出したりするというエピソードも報告している。また、より獲得時期の早い手型は、比較的作るのが難しい手型の代わりに用いられることが多いことを報告している。これらの現象は ASL を獲得するろう児においても観察されている（Boyes Braem, 1990）。

指さしの役割

指さしは前言語的ジェスチャーの 1 つと考えられ、聴児においても 1 歳

前後にはコミュニケーションの中で頻繁に使われる。しかし日本手話の中に指さしが取り込まれると、それは言語を構成する重要な要素となり、指さしは、代名詞、疑問や命令の文法マーカー、主語の明示など、さまざまな役割を果たす。武居・四日市（1998）は、聴児もろう児も 9 か月〜 1 歳頃に指さしが観察されるが、ろう児にみられる指さしの特徴として、今ここにあるものだけでなく、その場にないものを表す場合にも指さしを用いていることを報告している。また、Takei and Torigoe（2001）は、ろう児において手話初語が出現した後、手話初語と指さしとが結びついて疑似 2 語文を生成し、手話単語と手話単語が結びつく 2 語文出現の前駆体の役割を果たすことを明らかにした。

　このようにろう児の手話獲得については日本でも報告がなされているが、類辞や非手指信号（Non Manual Signals: NMS）をどのように獲得するのかについては、そもそも日本手話の中に、どのような類辞や非手指信号があり、それらがどのような役割を果たしているのかに関する言語学的研究が少なく、その獲得過程については今後の研究が期待される。

▎言語から学習へ

　本章の内容をまとめると、手話言語の獲得過程では、豊かな初期言語入力が重要であり、手話言語が図像的であるという微妙な差異はあるるものの（Ormel, Hermans, Knoors, & Verhoeven, 2009）、発達の主な道筋（言語的な特徴）という点では、音声言語と類似している。また、メインストリーミング環境にある子供と聴覚障害児のみの学校で学ぶ子供の手話言語の獲得にも違いがみられる。さらに、同じ特別支援学校であっても、教育を受けた年代が異なれば、獲得の状況も異なるという報告もあり（長南, 2005）、教育方法や教育機器の変化、また、社会の状況の影響も想定される。

　手話言語を用いるろうの親をもつろう児は、少数派ではあるが、比較的年齢相応の手話言語発達を示している（J. Anderson & Reilly, 2002; Woolfe, Herman, Roy, & Woll, 2010 参照）。それ以外の大多数の、手話を使用する聴覚障害児は、音声言語と同様に、手話言語のスキルでも、入学時にはさまざまな遅れを示している。初期の学校生活においては、手話を主なコミュニケー

ションモダリティとする場合、手話言語学習のための集中的なプログラムが必要であり、これは、主として音声を用いる子供のための集中的な音声言語学習プログラムが必要なことと同じである。

　手話言語環境が十分でない家庭、すなわち、きこえる親をもつ聴覚障害児の場合、初期の言語獲得は遅れがちになるであろう。しかし、言語獲得の新しい理論である、言語の使用を基盤とするモデルでは、他者との注意の共有や意図の把握といった、社会認知的な能力の育成に注目している。そこでは、多くの異なったタイプの学習を子供に行わせ、学習を相互に関連づけることによって社会認知的な能力を伸ばし、それによって言語の獲得を促そうと考える。これは、音声言語、手話言語のどちらにおいても同様に活用できる考え方である。

　教師は手話言語を理解することによって、手話言語の熟達度の評価方法の理解、発達段階に即した適切な手話言語の授業目標の設定、また、必要な場合には、手話言語リハビリテーションプログラムを作成したり、特異的言語障害（SLI）の子供を手話言語療法に紹介する（言語治療のように）ことなどが可能になる。一方、手話言語やバイリンガルによる教育プログラムを担当する教師は、手話によって流暢な言語的な指示が行えなくてはならない。しかし、近年の歴史をみても、これは簡単に成し遂げられるものではなかった。日本においても、特別支援学校の教師の手話能力を高めるために、日本手話の研修を解決策とすることについては、負荷が大きすぎるという指摘もある（加藤, 2010）。この点に関しては、中長期的な教師育成プログラムの作成など、制度的な変革も含めて検討していく必要性があろう。

　これらを踏まえ、次章では言語の評価について焦点をあて、教育と学習との関連についても考えたい。

第**5**章 言語のアセスメントと指導

　音声言語を使用する聴覚障害児の多くには、小学校入学時に、聴児や、両親ろうで手話を使用するろう児に比較して、言語発達の遅れがみられる。これには、言葉がきき取りにくいことや、両親ろうの聴覚障害児のように初期の言語獲得が手話によってできないことなどが、背景にあることは明白である。したがって、第4章でも述べたように、低学年の聴覚障害児を担当する教師は、教科や学習言語の指導に加え、通常、聴児には必要とされないような、基礎的なコミュニケーションスキルを子供たちに獲得させなければならないのが現状である。

　聴覚障害児に言語発達の遅れがある理由は単純ではない。きこえにくさと言語環境以外の言語発達に関わる要因については、この後の章で取り上げる。特に、聴覚障害児は言語発達を支える認知や社会性の基盤が弱い、あるいは少なくともそれらが聴児とは異なっていることについて、詳述する。親子で行う早期の言語の学習（第2章参照）がとても重要であることは確かである。しかし、親に適切な情報がなかったり、矛盾する情報に親が混乱していたりすることが、適切な言語指導の機会を損なう要因にもなっている。Yoshinaga-Itano and Sedey（2000）は、音声言語でも手話言語でも、生後6か月以内に聴覚障害を発見し支援すれば、言語発達は「正常」レベルに達する可能性が高いと指摘している。ただし、正常レベルといっても「ぎりぎり正常」の低いレベルであって、遅れは学齢期も続くのがほとんどである（Yoshinaga-Itano, 2006）。田中（2005）も聴覚障害児の言語発達に対する、「難聴の早期発見もさることながら、長年にわたる入念な言語指導」の重要性を指摘している。

そこで、本章では、聴覚障害児のおかれた複雑な現状を理解し、言語発達を促す指導の方法を探るため、聴覚障害児の言語発達と言語指導に関わるさまざまな課題を取り上げる。

言語の学習

　200年以上にわたるろう教育の歴史の中で、教師や親は、聴覚障害児に言語をどう学ばせるかを論じてきたが、聴覚障害児は言語をどう学ぶかの議論は、関心が高いにもかかわらず、あまりなされなかった。議論の対象は、手話か音声か、自然発生的な手話か手話を伴ったスピーチか、読話に視覚的手掛かりをどうつけるか、また、自然な言語獲得とフォーマルな言語指導とのバランスなどであった。1950年代のオランダでは、Van Udenが、きこえる母子のやりとりをモデルとして、できるだけ自然な状況で言語の学習を行う方法（maternal reflective method）を導入した。この方法は、読話や文字で音声言語を補い、手話の使用を極力抑制した。1960～1970年代には、手話言語に対する言語としての認識がStokoe（1960/2005）により高められたことから、スカンジナビアの国々でバイリンガルモデルが採用された。そこでは、発達初期の幼児の会話での手話言語の使用が強調され、音声言語は第二言語として、フォーマルな言語指導の中で書記モードとして導入された。

　日本においても、明治期からのろう教育の歴史の中で、さまざまな言語指導法が展開され、改善の努力が重ねられてきた。その1つの系統は、言語を教えるという観点が重視されるものであり、文法法、構成法と言われる指導法である。この方法は、教材をやさしいもの、単純なものから、複雑で難しいものへと整理、構成し、順に教えていこうとするものである。6柱法といった、文法構造を型紙として、文を教えるといった指導も行われた。この方法では、教えた内容を思い出し、利用することはできるが、自分自身の思いや考えを自由に伝えることのできる、伝達や思考の道具とはなりにくいとも指摘されている。もう1つの系統の指導法は、自然法と言われるものであり、聴児の言語習得過程に基づく考え方が基本となっている。子供が周囲との会話の中で、自分にとって意味のある感情や意図の伝達を通して、自然な文脈で言葉を学んでいくことを促進しようとするものである。これらの

指導法の流れは、現在でも続いているが、これらの指導方法のどちらか1つだけが行われているわけではない。幼稚部での自然的な方法の重視といった発達段階での違いや、小学部以降の教科学習での、授業への動機づけ、文法の学習など、授業の展開や内容に応じてさまざまな形で使い分けられている（グロート, 2016; 岩城, 1986 岡, 1993; 齋藤, 2018）。

　近年の、デジタル補聴器や人工内耳による聴覚活用の向上は、音声言語への関心を再び高めることになった。Marschark and Spencer（2006）は、音声言語技能の指導は、聴覚のみを使う単感覚法から、音声言語を特別に制限された時間内で指導するバイリンガルプログラム（Lynas, 1999）まで、幅広い形で存在しうると述べている。ここでの音声言語の指導はさまざまであり、読話の強調、音声とできるだけ同期できる種々の手話システムの利用などが含まれている。

　音声と手話に対する新たな考え方の出現には、いつも激しい哲学的な論争が伴ったが、客観的、経験的な研究は伴っていなかった。そのため、多くのエネルギーが費やされたものの、子供たちの生活に資するような理論的、実践的な発展はもたらされていない（Carney & Moeller, 1998; Eriks-Brophy, 2004; Spencer & Marschark, 2010 のレビュー参照）。聴覚障害児が聴児と同レベルの言語能力を獲得できるような、ただ1つの方法などない（Knoors & Marschark, 2012）。現実をみれば、全ての聴覚障害児に適した唯一の方法は存在しないのである。

　確かに、聴覚障害児の言語学習の前提となる条件、例えば、聴力の損失、重複する障害、障害発見の遅れによる言語学習機会の逸失などを考えると、彼らが聴児と同じ言語能力を獲得するのは難しいようにみえる。また、音声言語や手話言語の選択は、実際に使うという視点で論じる必要があり、言語モダリティそのものの議論は、つかみどころがなく先の見通しももてない。Hauser and Marschark（2008, p. 450）が述べているように、「我々は便宜上、音声言語使用者と手話言語使用者とを分けているが、これには現実的な根拠はほとんどない。親や本人の聴力、教育の場に関わりなく、難聴児を含む、ほとんどの聴覚障害児は両方の言語モダリティとの接点をもっている」。

　当面、言語モダリティの哲学的議論はせずに、子供たちが家庭でどんな言語を獲得しているにせよ、その言語に基づいて、どうすれば学校での言語学習を強化できるかを考えてみよう。それには3つの方法が考えられる。第

一は、彼らが言語を利用できる機会を増やすこと、第二は、言語発達を促進するような、子供同士の活動を活発化させることである。これらによって、たとえ時期が遅れるとしても、自然な言語獲得が期待できる。そして、第三は、直接的な言語指導を行うことである。問題改善への道は比較的限られているとはいえ、言語学習のいくつかの側面（特に文法）の指導への窓口はみえている。ほとんどの授業では、これら3つが組み合わされており、そのバランスは、子供のニーズや教師の能力によって決められる。言語指導は、子供の進歩を継続的に評価しながら、調整していくことが望ましいことから、本質的に、診断的な指導と言える。

言語能力のアセスメント

　教師にとって、聴覚障害児に言語を教えるということは難しい。既に述べてきたように、重度聴覚障害児の個人差は非常に大きく、言語発達の予測は難聴児より難しいため、診断的な言語指導を行う必要がある。

　診断的な言語指導とは、言語の理解と産生に関して個々の意味（内容）、文法（形式）、語用（使用）の側面から評価し、指導プログラムを立案することである。評価においては、標準化されたフォーマルな検査と発話サンプルからの評価の2つがある。発話サンプルによる評価では、実際の会話を録音しトランスクリプトに起こした後に分析する。このような評価方法により、言語の産生に関する包括的な視点からの情報は得られるが、理解の側面については、情報が不足するかもしれない。フォーマルな検査では、対象となる子供の広範囲な言語能力について客観的に把握することができるかもしれないが、日常生活での言語能力やその可能性についての情報は得られない。どの評価を選択するかについては、評価の目的次第であろう。どれだけ言語を理解できているか？　どの程度言語を表出できるのか？　語彙に焦点をあてるのか？　あるいは統語か？　対照群（標準データ）や事前に設定した基準と、得られた結果を比較するのが目的か？　実際の場面での能力を評価するのか？　などである。また、多くの現実的な問題も考慮すべきである。例えば、評価に利用できる時間によっても検査の選択は異なる。発話サンプルなどは、言語検査の実施中でも得られるため、あえて時間を設定して実施する

必要がない場合もある。

　日本での言語評価においても同様に、標準化されたフォーマルな検査と、観察法による発話サンプルの分析の両面から評価を行うことが基本である。さらに、言語心理学的な観点から、内容、形式、使用の構成要素それぞれについて、理解と産出における発達状況を把握することになる。標準化された検査においては、各構成要素に対応する検査を、対象となる聴覚障害児の発達年齢を考慮に入れながら選択する。発話サンプルの分析においては、日常会話、体験や物語の再生、検査中にみられた発話などが分析の対象となる。これらの発話サンプルについては、語彙（語彙の使用数、品詞の多様性、異なり語率、文末形態素など）、構文（文節数、最長発話長、使用構文の複雑さなど）、などのミクロな分析と、発話全体としての完成度について、ストーリーグラマー（談話文法、物語文法）に分類した上で評価するなどのマクロな分析、感情理解や表出、メタ認知などの語用の側面についてもあわせて分析することが重要と考えられている。

　言語評価の対象を聴覚障害児とする場合、問題はより複雑となる。第一の問題は、評価される言語であり、多くの検査は聴者の言語能力評価のために作られている。一方、手話言語能力の評価には大きな問題がある。なぜなら、手話言語発達についての情報が音声言語の発達に比して少ないこと、ネイティブ、ノンネイティブなど手話話者の手話言語能力には個人差が大きいこと、標準化された検査がみられないこと、妥当性と信頼性を兼ね備えた検査の利用などの問題があるからである（Haug & Mann, 2008; Singleton & Supalla, 2011）。最近、アメリカ手話（ASL; Maller, Singleton, Supalla, & Wix, 1999; Strong & Prinz, 1997）、イギリス手話（BSL; Herman, Holmes, & Woll, 1999）、オーストラリア手話（Auslan; Schembri et al., 2002）、オランダ手話（SLN; Hermans, Knoors, & Verhoeven, 2009）というように、複数の国で手話言語を用いて子供の言語能力を評価する検査が開発されている。利用できる検査の概要は、Singleton and Supalla（2011）（http://www.signlang-assessment. info に掲載）で確認できる。このような検査が使用できるものの、音声言語を用いる検査に比し、これらの検査の基準は低いと言える。例えば、BSL を用いた検査の基準は、138 人のネイティブの手話話者であり（Herman et al., 1999）、SLN を用いた検査の基準は、300 人のネイティブとノンネイティブの手話話者のろう児である（Hermans et al., 2009）。日本においては、残念

ながら現在のところ、手話言語能力を評価する標準化された検査は開発されていないが、手話言語能力の評価は、教育や手話通訳など、さまざまな場で求められるようになり、信頼性のある評価方法の開発が進められている（最近の研究として、武居, 2010）。

　また、聴覚障害児の話し言葉の能力を評価する上で、他にも複雑な問題がある。それは、多くの検査が聴者用の言語評価として開発されていることである。聴覚障害児の話し言葉の能力は、聴児とは重要な部分で異なっているため、聴児用の検査を聴覚障害児に用いることの適切性の問題が生じる。聴児用のテストで聴覚障害児の能力を評価できるのか？　聴児の基準を用いて聴覚障害児の能力を解釈できるのか？　これらの質問の答えは、評価の目的にかかっているだろう。例えば、統合教育を受ける聴覚障害児の話し言葉を評価する場合、いくつかの検査の限界や解釈が必要だとしても、聴児の基準を用いることは適切と言えるかもしれない。一方で、ロードアイランド言語構造検査（Rhode Island Test of Language Structure）（Engen & Engen, 1984）のように、聴覚障害児の話し言葉を評価するために特別に開発された検査がある。そのような検査を用いることは、対象となる聴覚障害児相互を比較する上で役に立つかもしれないが、聴覚障害の発生率は低いため、先に示したように基準となる群自体が比較的小さいという問題もある。聴覚障害児の個々の能力を評価するということであれば問題ないが、評価の目的が聴児の基準値との比較ならば、留意が必要であろう。

　また、検査中の言語やコミュニケーションへのアクセシビリティも重要な問題である。ある検査で聴覚障害児の音声言語を検査する場合、それは、言語能力を評価しているだけでなく、聴覚、視覚両面での音声知覚についても評価していることになるが、これに対する対処方法はない。また教師や他の評価者が、音声言語を書字あるいは音声と書字の併用というように、手続きを変更して検査を行うことがある。しかしながら、そのような変更は検査の妥当性や信頼性を損なわせるものであり（Cawthon, 2011; Qi & Mitchell, 2012）、基準値との比較には意味がなくなる。また、話し言葉の能力を評価するときに、話し言葉を利用せずに書字を利用するなら、その検査は読みの検査になるだろう。多くの聴覚障害児は読みに困難があるので（第 8 章参照）、ある問題の解決は、他の問題を生み出すだろう。

　手話や同時的コミュニケーションを利用することは、話し言葉の検査とし

ての妥当性を損なわせる。第一に、検査は話し言葉だけでなく手話の理解についても評価してしまうこと、第二に、手話のもつ図像性（例えば、ASL で示す「野球」や「カメラ」は、手話自体がその指示物を示す）のために、言語検査の課題が簡単になってしまうこと、である。特に、絵の説明（例えば、絵画語彙検査〈Peabody Picture Vocabulary Test: PPVT〉）では、話し言葉の能力をまったく評価しないことになる。教師は検査項目自体が聴覚障害児にとって難しすぎると考えて、言語検査を所々改変したり、より低年齢段階の検査を実施するかもしれない。スタンフォード学力検査（Stanford Achievement Test: SAT）やさまざまな教科学習の検査を聴覚障害児に実施する上で、生活年齢以下の検査を行うことは米国で、かなり一般的に行われている。しかしながら、この方法はいいようにみえるかもしれないが、聴覚障害児の能力評価において妥当性やその精度を保証することにはならない。効果を高めるために検査を聴覚障害児に合わせることについては、経験的知見が不足しており、さまざまな検査やその実施方法の聴覚障害児への適合は疑問視されている（Cawthon, 2011; Qi & Mitchell, 2012）。話し言葉の評価でのさらなる問題点は、聴覚障害児が家庭で家族と使う言葉と、学校での公用語が異なるということである（Jamieson & Simmons, 2011）。米国においてはスペイン語、ドイツではトルコ語、オランダではモロッコ族のベルベル語の位置づけと言えよう。子供の言語能力を把握する上で、家庭での言語能力も評価されるべきであり、そのような言語評価においては、その言語を知り、検査実施可能な専門家による所見が必要となる。

　その国の言語、母語、聴覚障害者の言語という 3 つの要因は、全てが共起することもあるが、特別な検査の開発、特別な手続きとよいガイドラインの作成、評価での通訳者の利用により、複数の国でこの状況はいくらか改善してきている（American Speech and Hearing Association, 2003; Blumenthal, 2009）。しかし、これらのような評価の困難さにより、聴覚障害児の言語評価は難しく、専門的な努力を要する、というように落胆するべきではない。むしろ言語評価は、聴覚障害児に言語を教える上で重要な一部分と言える。そのような評価を行う上では、評価の目的を慎重に決定し、利用可能な最もよい検査を選択し、手続きや項目を安易に調整しすぎないことが重要である。もし検査項目や手続きが修正されたなら、その修正がわかるようにできるだけ正確に記述される必要がある。複数の言語評価を基に聴覚障害児の言語発達状況

を記述し、多感覚での言語入力や多言語にわたる複雑な要因を考慮に入れることは、とてもよい方法であろう。最後に、聴覚障害児の言語評価結果を解釈する上では、聴児の場合よりも、いっそうの留意が必要である。検査の実施と解釈における潜在的な問題を認識することは、高い妥当性、信頼性を保つ方法で評価を行うことを可能にするだろう。

　日本においては、言語能力を評価する際に、聴児用の既存の検査を適用することになるが、検査の際に手話などによる視覚的情報をどう用いるかが標準的に定められていない。したがって、検査で求められている評価内容を考慮して提示手段を検討する必要があるだろう。例えば、絵画語い発達検査（PVT-R）のように、提示された音韻情報からその意味する絵を選択するという場合に、手話での提示を行うことは、意味レベルで答えを教えてしまうことにつながる、という問題点がある。このような場合には、文字ないし指文字にて提示する必要があるが、読みの能力や認知覚能力の評価となっていることに留意し、結果の解釈を行うことが重要と言える。またその解釈においても、検査ごとの標準値とは本質的に分散が異なることを念頭におき、参考値として解釈する必要があるだろう。

　一方で、家庭で用いるコミュニケーション手段と、学校で用いるコミュニケーション手段が異なる場合には、子供のもっている語彙の数や表現の多様性を理解する上で、家庭での子供の発話の一部を保護者に記載してもらい、その発話サンプルを分析することで、家庭での言語能力の一端を把握することが可能だと言える。このような分析結果と、標準化された検査での聴者の標準値との比較を参考として、聴覚障害児の言語能力を予測し、必要な支援方法を検討することが重要であると考える。

教育での言語へのアクセシビリティの向上

教室の音響環境の改善による言語へのアクセシビリティの向上

　音声言語に対する聴覚的アクセスを最大限に活用する上で、学校がとれる方策の1つは、教室の音響環境の最適化である。通常の学校では校内の音質に対して注意が払われにくいため、ろう学校より騒音が大きくなりがちで

ある。教室内の暗騒音や反響音は、音声知覚に悪影響を及ぼすと共に、教科学習の妨げになる（Crandell & Smaldino, 2000; Dockrell & Shield, 2006）。音声によるやりとりを効果的に行うためには、子供が教師や他の子供の声をきき取れることが必要であり、教室内の SN 比（信号対雑音比）がきわめて重要となる。通常の学級において、聴覚障害児は聴児よりも音声知覚に困難を示すが、聴取環境の悪化と共にその傾向が強まる（Jamieson, 2010）。

　通常の学級で学ぶ聴覚障害児の増加に伴い、教室の音響環境に対する関心が高まっているが、それは特に発達早期に補聴器や人工内耳を装用した重度の聴覚障害児にとって重要となる。教室の音響環境がよくないと、彼らのコミュニケーションスキルは大きく阻害される。教師や仲間の音声がきき取りにくいことで、一対一のコミュニケーションだけでなく、学級内でのやりとりから生じる偶発的学習の機会も制限されてしまう（Jamieson, 2010; Vermeulen A., De Raeve, Langereis, & Snik, 2012）。

　教室の音響環境を改善して音に関するよりよい生活環境（Jamieson, 2010）を構築するためには、まず各教室で音響測定を行う必要がある。この測定は、耳の部分にマイクを取りつけたダミーヘッド（人工頭部）を子供に見立てて行われる。あわせて、補聴器や人工内耳を装用している聴覚障害児の音声知覚能力を、聴能センターや耳鼻咽喉科の検査室だけでなく、現実のまたはバーチャルな教室環境で測定すべきである。この種のアセスメントにより、教室内の特定の音響環境について、各子供における SN 比を決定できる。アセスメント実施後、必要に応じて音響環境を改善できるが、全ての教室が一定の基準（例えば、米国では ANSI 12.60-2002）を満たすべきである。

　音響環境の基準は制定されているが、多くの教室はそれを満たしていない。そのため、別の方策として、音の増幅装置を通して SN 比の改善を図り、聴覚障害児の音声知覚を向上させることが挙げられる（Harkins & Bakke, 2010）。騒音下での子供の音声知覚の向上を図る音場システムの使用も推奨されるが（Dockrell & Shield, 2012）、聴覚障害児にとっては、机上に設置する機器や FM 補聴援助システムのほうが適しているとされる（Anderson, Goldstein, Colodzin, & Iglehart, 2005）。近年では、従来の方式（FM、赤外線、ループ）に加え、デジタル無線方式による補聴援助システム（フォナック社製の Roger など）が開発され、教育現場で利用されるようになっている。このシステムでは、送信器（ワイヤレスマイク）と受信器（補聴器）の間のチャ

ンネル設定が不要であり、受信器間での信号の相互干渉も生じにくいうえ、従来のものと比較して音声信号の明瞭度も向上している。さらに、日本では、マイクに入力された話者の音声から雑音などを除去し、明瞭度の高い音声を聴覚障害者に伝達するスピーカシステム（ユニバーサル・サウンドデザイン社製の comuoon など）が考案されている。このシステムは、さまざまな企業や施設だけでなく、特別支援学校や難聴学級にも導入されており、教科学習や発音発語指導の場面で活用されている。一方、通常の学級において特に見落とされがちなのは、補聴器や人工内耳の動作を正常かつ確実にすることである。機器の故障や電池切れは、速やかに発見され解決される必要がある。さもなければ、聴覚障害児は学級内でのコミュニケーションに参加できない。幼い聴覚障害児は装置の動作不良に気づかない（または気にしない）こともあるし、聴覚障害児は通常の学級の中で支援を求めることに抵抗感をもつこともある。したがって、教師は、子供の補聴器や人工内耳が確実に機能を発揮することに関して一定の責任を負うと共に、彼らの自己権利擁護と自立を促す必要がある。教育における科学技術とインクルージョンの重要性が叫ばれる中、学級や学校という規模での科学技術に関する適切な知識と教育的支援が求められる（Chute & Nevins, 2003）。

音声言語への手指コード付加による言語へのアクセシビリティの向上

聴覚障害児が音声言語にアクセスしやすくなるためのもう 1 つの方法は、キューやサインなど、複数のコミュニケーション手段を併用（multimodal）して音声言語を視覚的に補助することである。Cornett（1967）は、手指を手掛かりにした「キュードスピーチ」と呼ばれるシステムを開発し、聴覚障害児の読話の向上を図った。第 2 章で述べたように、口形だけで発話を読み取ることは正確さに欠けるが、キュードスピーチでは手指による手掛かりがあるため、読話の曖昧さをなくすことができる。しかし、キュードスピーチは個人間のコミュニケーションにおいては効果的だが、教室内での使用にとどまっている。なぜなら、キュードスピーチの利用者には、手話言語のように言語コミュニティが存在しないからである。実際 Cornett は、キュードスピーチを教室場面で使用することを意図しており、手話言語は集団内のコミュニケーション手段として使われ続けるものと考えていたようである。

　キュードスピーチは、優れた読み手になるために必要な、音韻意識や単語認識を強化しうることが先行研究で示され（Leybaert, Aparicio, & Alegria, 2011; 第 8 章も参照）、読みの指導で広く使用されてきた。しかしこれらの結果は、単語の綴り方が比較的明確なスペイン語やフランス語に限られており、綴り方がそれほど規則的でない英語にあてはめるのは疑問であった（Spencer & Marschark, 2010; 第 5 章）。

　日本においても、キュードスピーチは Cornett の開発と同年に取り入れられたが、用いられるキューが学校によって異なっており、キュー使用への批判の 1 つとなっている。また現在日本では、手話の広がりと、教室への手話導入の動きに伴い、キューの使用を止め、指文字に切り替える特別支援学校幼稚部が増えているという状況もみられるようだが（脇中, 2017）、長南（2008）は、聴覚障害児の音韻意識の発達との関係で、キュードスピーチや指文字の使用について考察する中で、キュードスピーチの利点にも触れ、使用の継続について提唱している。

　音声と手話による同時的コミュニケーションは、トータルコミュニケーションの考え方の一環として 1970 年代に非常に注目された。トータルコミュニケーションとは、補聴器の利用や他の補助方法など、それぞれの子供に適したさまざまなコミュニケーション手段を組み合わせて用いることを重視したものである。トータルコミュニケーションの普及は、「手話は言語である」という認識が言語学から心理学や教育へと広がっていくことで強化され、ろう教育での手話使用という 1 世紀にわたるタブーに終止符を打った。日本においては、トータルコミュニケーションが米国で提唱された同時期に、栃木県立聾学校において「同時法的手話」が考案・提唱され、その広まりと共にトータルコミュニケーションの考え方が広がっていった（田上, 1985）。

　同時的コミュニケーションの使用には、主たる目的として、手話を流暢に使えない者とのコミュニケーションの促進、音声言語へのアクセスの向上、聴覚障害幼児の音声言語獲得への支援などが挙げられている。その後、バイリンガル教育が出現し、教育場面で手話言語が使用されるようになると、「同時的コミュニケーションは言語ではなく、ろう幼児の言語獲得や学習を脅かしうるシステムだ」という批判がなされるようになった（Cokely, 1990; Johnson, Liddell, & Erting, 1989; Marmor & Pettito, 1979 参照）。それにより、同時的コミュニケーションの使用が低下することとなったが、同時的コミュニ

ケーションが教育に不適切であるとする根拠はほとんど存在していない。

　第4章で紹介した音声とジェスチャーを同時に行う場面を対象とした研究では、優れた同時的コミュニケーション能力をもつ教師が指導すれば、聴覚障害児は年齢にかかわらず（Marschark, Sapere, Convertino, & Seewagen, 2005; Newell, 1978）、また補聴器装用の有無にかかわらず（Caccamise, Blaisdell, & Meath-Lang, 1977）、音声言語あるいはアメリカ手話（ASL）（教師自身あるいは通訳者が行った場合でも）を用いた場合と同様の学習を行うことが示された。近年、低学年の聴覚障害児に対する指導においても、同様の知見を示す研究がみられ（Hermans, Wauters, de Klerk, & Knoors, 2014 参照）、同時的コミュニケーションの成果を的確に評価することなしに、その使用を否定することは時期尚早であると思われる。実際、かつて同時的コミュニケーションの使用を認めなかった場においても、徐々に実施され始めているようである。Knoors and Marschark（2012）は、人工内耳装用児が同時的なコミュニケーションを行うときには、複数のモダリティからの信号を相互に補いながら、円滑で確実なコミュニケーションを行えることを示唆している（Giezen, 2011 参照）。例えば、音声をきき損なったときに、併行して提示されている手指情報を利用しうるからである。手話通訳を介す場合には、このような複数のモダリティによる相互補完は難しい。

　同時的なコミュニケーションへの批判が強かった1970年代に比べ、現在では、多くの聴覚障害児において、音声言語の聴覚的活用がかなり進み、同時的コミュニケーションを再考するいい時期かと思われる。Johnson et al.（1989）は、「同時的コミュニケーションでは音声も手話も不適切に提示されるため、音声言語の習得を促進するどころか、聴覚障害児が誤った文法を獲得してしまう」と主張し、バイリンガル教育への強い賛意を示していた。これらの批判は論理的ではあったが、その後20年を経ても、これを支持する経験的なエビデンスはまったく得られていない。

　同時的コミュニケーションでは、話者はメッセージの内容を考え、脳内辞書から語を選び出すと共に、その内容の表出に合ったサインを選ぶために発話を言語的に分析することとなる。同時的コミュニケーションを十分習得した者であっても、この作業には認知的な負荷が過重にかかる可能性があるため（Strong & Charlson, 1987）、サインの省略や発音の短縮がなされ、「私ターザン、あなたジェーン（Me Tarzan, you Jane）」というように電報のような形

式になってしまう（Marmor & Petitto, 1979）。

　これに加えて、共時性（synchronicity）の問題が生じる（Swisher, 1985）。これは、手話が音声よりも産出に時間を要するため、発話に合わせて手話を使うためには、話者がゆっくりと話さなければならない。しかし、聴覚障害児と聴児が同時的コミュニケーションでゆっくり会話を進めることは、聴覚障害児に発話を理解するためのより多くの時間を提供し、会話の理解を促進しうる。Mayer & Akamatsu（1999）は、教師が適切に研修や指導を受けた上で、自然手話言語を用いながら伝えたい内容を正確に手話表出するよう心がけ、手話言語の文法規則を適用すれば、共時性を向上させることができ、適切な同時的コミュニケーションを行うことができるとしている。

　さらに、Johnson et al.（1989）の予想に反し、同時的コミュニケーションは、手話言語と同様に、聴覚障害児への教育内容を保障していると言える研究がみられる。Marschark, Sapere, Convertino, and Pelz（2008）が実施した、聴覚障害学生に対する授業での、直接的指導（教師自身が手話で行う）と媒介的指導（手話通訳の利用）に関する実験結果によると、教師がアメリカ手話（ASL）を使って授業を行った場合でも、同時的コミュニケーションで授業を行った場合でも、学生は教材を同じように学習することができた。Convertino, Marschark, Sapere, Sarchet, and Zupan（2009）は、聴覚障害学生が手話通訳を介して受講した 10 の指導事例を分析したところ、学習に関係する要因は聴覚障害学生の同時的コミュニケーションの受容能力のみであり、学生の ASL と英語に関する受容能力と表出能力は学習に関係しておらず、親のきこえの状況とも関連していなかった。Hermans, Wauters, de Klerk, and Knoors（2014）が実施した小学校段階の聴覚障害児を対象とした一連の実験においても、オランダ手話（SLN）が同時的コミュニケーションよりも有利であるという結果を示すことはできなかった。実際、今日多くの聴覚障害児は、人工内耳装用の有無にかかわらず、音声言語と手話言語との同時使用を無理なく行っているようである。

　同時的コミュニケーションや他の手指英語（manually coded English）が音声言語の発達にどう影響するのかに言及した研究レビューによると、Spencer and Marschark（2010）と Schick（2011）は、同時的コミュニケーションが音声言語発達にもたらす効果への疑問は、いずれにせよ、経験的には立証されてないことを示している。また、幼い聴覚障害児が手指英語を通して英語の

形態素を獲得することは、たとえ十分かつ一貫した言語入力がなされていたとしても、非常に困難であることが立証されている。Power, Hyde, and Leigh（2008）は、いくぶんか年齢の高い聴覚障害児の語彙や語順の発達に関して、より肯定的な知見を得ているが、一貫していない。

　Johnson et al.（1989）が示唆するように、聴覚障害児の音声言語能力が、手指英語によって聴児と同レベルまで伸びるということを示す根拠はまだ得られておらず、それを予測する研究者もいない。さらに、聴覚障害児は同時的コミュニケーションでは、聴覚情報をほとんど利用しないで手話入力のほうを利用しがちであるため、音声言語に含まれる要素よりも、手話言語で必要とされる視覚的な要素に基づいて表出を行い、その結果として、手話言語のような文法構造を獲得していくようになる（Knoors, 1994; Livingston, 1983; Supalla, 1991）。そうなると、人工内耳装用児のように、より聴覚的に情報処理を行える場合には、異なる結果が生じうるが、この議論に関する研究はいまだみられない。

　音声言語発達のどのような側面が、同時的コミュニケーション入力から利益を得るのであろうか、また肯定的な効果をもたらすために、どのような条件（同時的コミュニケーション入力の質を含む）が必要なのか、その立証には、より多くの研究が必要なことは明らかである。既に述べた、身振り研究で行われている認知科学や認知神経科学からの検討と同様に、音声－手話処理に関する基本的研究もさらに多く必要とされている。ここでは、人工内耳を装用した大学生に対して、同時的コミュニケーションの学習への影響について検討した研究を紹介したい。人工内耳装用学生40人を対象にした科学の授業において、学習教材がより難しいときには、音声言語のみの場合よりも、同時的コミュニケーションの場合のほうが有意に高い学習成果をもたらしたが、学習内容が簡単な場合には、両条件の学習に違いはみられなかった。この研究は他の教材に関しても適用しうるが、そこでの知見は、Knoors and Marschark（2012）が示唆したように、「同時的コミュニケーションは人工内耳を装用した学習者にとって有効な方法でありうる」ということである。要するに、同時的コミュニケーションは、手話言語や音声言語と同様に、聴覚障害児がカリキュラム内容にアクセスできるということであれば、強力なコミュニケーション手段となりうる。少なくとも教育場面において、多くの聴覚障害児、特に人工内耳を装用し、同時的コミュニケーションの聴覚的情報

がうまく利用できる状況では、同時的コミュニケーションが効果的な選択肢の1つになると考えられる。しかしながら、よくない実践はよくない結果をもたらすことになる。教師が完璧かつ高質に音声と手話を同時に用いて教示できるよう、特別な研修が必要である。教員養成全般については後述するが、同時的コミュニケーションの研修には、授業のビデオ録画を基にした、同僚や専門家の指導を含めるべきである。同時的コミュニケーションはどのような環境条件下において、どんな学習者に対し、どの程度言語発達を促進しうるのか。それらを明らかにするためには、より多くの優れた研究が必要である。

手話言語による言語へのアクセシビリティの向上

　教育場面で言語へのアクセシビリィティを向上させる方法として、3つ目に挙げられるのが手話言語の使用である。聴覚障害教育で、手話を使用するということは、手話言語と同時に書記あるいは音声による母国語の習得を目指す「バイリンガル教育」を行うということである。バイリンガル教育には、さまざまな実践があり、その形態は多様だが、いずれも2言語、すなわち、その国で用いられている手話言語と音声言語（あるいは書記言語）が関与している点で共通している。同時に、これら2言語の背景にある文化も重視されており、しばしばバイリンガル・バイカルチュラル教育とも呼ばれる。ただ、実際の教育実践においては、重視するポイントによって多様なバリエーションが存在し、各言語を導入する時期（同時 – 継次的など）や使用目的（教科指導のための言語とするなど）、音声言語の提示モード（音声 – 書記など）、文化的側面を重視する度合い、実践する場の違い（地域の学校やろう学校など）などはさまざまである。

　聴覚障害教育の中でバイリンガル教育が導入されてきた背景には、手話が言語であるという認識が広まったこと、また、音声言語の習得を目指してきた従来型の教育で、思うように成果が得られかったことの2点が影響していると考えられる。一方でバイリンガル教育の出現は、聴覚障害児の多くが、たとえ音声言語の話し言葉と書き言葉の習得を目指す1言語による教育を受けていても、やがて成長して、手話と音声言語の2言語使用者になるという事実を受けた、ごく自然な反応だったとも考えられる（Knoors, 1994;

Livingston, 1993）。

　聴覚障害教育にバイリンガル教育を最初に導入したのはスカンジナビア諸国で、特に 1983 年に採用したスウェーデンの事例（Rydberg, Gellerstedt, & Danermark, 2009）は、日本でも鳥越・クリスターソン（2003）などによって紹介されるなど、世界的にも広く知られている。その後、各国がこれに追随しており、オランダやデンマーク、フィンランドなどでは、聴覚障害教育の主要な選択肢になるに至った。同時に、米国や英国では、さまざまな選択肢の１つとしてバイリンガル教育が採用されるようになり、香港やオーストリアなどでも、実験的プロジェクトが行われた。これに対して日本の場合、手話を導入している特別支援学校は多いが、バイリンガル教育を方針として掲げている例は少なく、現在のところ 2008 年に設立された明晴学園が唯一の存在となっている（岡, 2013）。

　なお、スカンジナビア諸国や英国のバイリンガル教育は、近年衰退傾向にあり、特に、ろう学校や難聴学級などの特殊教育プログラムでその傾向は顕著である。ただし、この背景に種々の関連要因を統制した実証的研究があるわけではなく、バイリンガル教育が聴覚障害児の学業成績にどのような影響を与えるかを示す研究は存在しない（Swanwick et al., 2014）。

　バイリンガル教育の目的には、さまざまな点が指摘できるが、Gregory（1986）は、①言語能力の向上、②教科学習への参加保障、③リテラシー向上、④肯定的なアイデンティティの獲得、の４点を挙げている。他にも、さまざまな目的を指摘する文献はあるが、これらに共通するのは教科学習の保障であろう。次いで、言語能力の向上、３番目に社会的アイデンティティの獲得や自尊心の向上といった目的が続き、プログラムによっては、第二言語としての音声言語の向上を掲げている例もある。どのようなプログラムがどの程度聴覚障害児の言語能力に影響を与えているのかについては、後の節で述べていきたい。

文字情報による言語へのアクセシビリティの向上

　文字による情報提供は、聴覚障害児の日常的なコミュニケーション方法の違いにかかわらず、有効な方法と言える。ここでは、日本における、情報保障としての文字情報の活用について述べる。文字情報による支援は、小学校

から大学にわたる学校や講演会・研修会など、特に専門的な情報の正確な提供が求められる場で効果を発揮している。音声情報の文字化の手段としては、要約筆記（手書き・パソコン）、遠隔ネットワークを用いたパソコン要約筆記、音声認識がある。

　授業場面での音声情報の文字化は支援者などが行い、聴覚障害児はパソコンなどのディスプレイ上に提示される文字を通して情報を取得する。かつて支援者はボランティアなどであったが、2007 年度から特別支援教育支援員制度による配置（任用資格は未設定）が開始され、人件費などが支給されている（文部科学省, 2007）。

　文字情報の内容は、教師の発言だけでなく、クラスの子供の発言や活動も含まれ、授業の流れに沿って提供される。文字情報を介することによって、授業での学習内容がより深く理解でき、その結果として、積極的に授業に参加できる状況の構築（窪田・長南, 2006）、学力の向上（下島・太田, 2005）、授業での一体感が感じられ、授業が面白くなる（下島・太田, 2003）などが期待される。

　要約筆記者は、音声の文字化だけでなく、聴覚障害児の授業理解を促進し、授業の流れに即した学習参加が実現されるためのさまざまな配慮を行っている。すなわち、言外に含まれている言葉の補足、発言に関連する音情報の明示、即時性が求められる場合には手話・口話・身振りなどへの切換（黒田・鷲尾・松本, 2002）、複数の子供が交互に連続して話すとき（話者交替）には、会話の流れと各発言者の名前を含めた意見とを明示する（能美・四日市, 2012）などである。これらの工夫が聴覚障害児の支援者や文字情報に対する信頼感につながり、文字情報を介した積極的な授業参加が実現する（清水・高橋, 2002）。文字情報は、聴覚障害児が授業への興味関心を高め、安心して、楽しく授業に取り組めるための心理的な基盤形成のために重要である。

　しかしながら、解決を求められる課題も多い。1 つは、発話速度は文字提示速度よりも速いため、音声情報の文字化には限界があり、内容を要約せざるを得ない。そのため、提示内容は学習に直接関わる教師の発言が中心となり（能美・四日市, 2009）、話者交替が削除されがちとなり、聴覚障害児には発言のタイミングがとりづらい状況を生み出してしまう（能美・四日市, 2012）。また音声認識の場合には、認識率や自然な話し言葉の認識に課題があり、意味を伝達しうる字幕は全体の 30 ～ 40％にとどまる（河原, 2015）。

さらに、聴覚障害児は、提示された文を、自分のもつ話し言葉の知識に基づいて推測・訂正することが難しい場合が多く、書き言葉に近い形への言い換えや、誤認識の修正が必要となる（佐藤, 2014）。支援者は、これらの特徴や限界を踏まえて場面に応じた手段を選択し、どのような文字情報をどう補完すればよいのかを配慮しながら要約筆記を行う必要がある。

　一方、聴覚障害児自身の課題として、自力での情報取得ではなく文字情報を介した情報取得への慣れが必要であり（清水・高橋, 2002）、自分の重視したい支援内容や支援の利用の仕方を具体的に説明できると、より効果的な支援状況を生み出せる。また、思春期には支援を受けることに抵抗が生じることもあり（冨田・鷲尾, 1999）、聴覚障害児を取り巻く教師やクラスの子供全体が理解を深め、必要に応じて相談支援を行うことが、聴覚障害児の学習やQOL を高めるために重要である。

高等教育での言語へのアクセシビリティの向上

　ここでは、日本の高等教育機関（大学、短期大学、専門学校：以下、大学）を取り上げ、そこでの情報保障の重要性について述べる。大学に進学する聴覚障害学生のニーズは多様であり、授業形態や本人の教育歴、聴力などによって必要なアクセシビリティ支援は変化する。加えて、大学に入学する聴覚障害学生のほとんどは、高校までアクセシビリティ支援を受けた経験が少なく、独学による自己学習を重ねてきている例も多い。こうした学生の多くは、「わからないところがどこなのか」さえも「わからない」という心理的に非常に苦しい精神状態におかれている。その上、大学における授業は高校までのように、教科書に沿って進められるのではなく、教師の話が中心となる（浦部・岩田, 2011）。また、学習量の急激な増加もあり、高校までの学習方法では到底対応しきれない状況も生まれてしまう（医療系大学等における聴覚障害学生への講義保障のための調査研究事業調査研究委員会, 2009）。ここに、大学におけるアクセシビリティ支援への高い必要性が指摘される。

　実際、わが国の大学では、近年、聴覚障害学生の授業受講のために、手書きノートテイクやパソコンノートテイク、手話通訳などのアクセシビリティ支援を行う例も増加している。筆者自身も大学で初めてノートテイクによ

るアクセシビリティ支援を受け、以下のようにその感動を記している（甲斐,
2001）。

　　　　大学に入ったばかりのときは、（中略）何も分からないまま、講義の
　　　ときは黒板に書かれてある内容をノートに写すだけで終わる毎日でし
　　　たが、何か寂しさをいつも感じていました。（中略）実際にノートテイ
　　　クをやっている通訳者のテイクを受けてみて、「即時性＝リアルタイム
　　　の通訳」であることがわかりました。「聴者と対等に同時にその場で情
　　　報を得る」ということで、（中略）私がいつも感じていた寂しさという
　　　のは、講義に参加している実感が欠けていたということだと気づきま
　　　した。

　このように、教師の話している内容がわかるということは、単に授業内容
の理解にとどまらず、授業への参加を実感し、心理的安定にもつながるもの
と言えよう（渡辺・大石・林, 2016 も参照）。
　その一方で、現行のアクセシビリティ支援によって伝えられている情報量
や情報処理には課題があることも指摘されている。例えば、手書きノートテ
イクの場合、内容理解に必要な単語数を基準とした訳出率は約 3 割とされて
いる（森本・井坂, 2003）。パソコンノートテイクは、形態によっては発話内
容の 50 〜 80％が文字に訳出される（有海・四日市, 2012）。だが、発話内容
の全てを訳出できるわけではなく、情報量の減衰は避けられない。加えて、
音声言語のパラ言語要素や談話標識として機能している、言い淀みやポーズ
などの「フィラー」も省略されることが多いため、読む側にとっては理解し
にくさが生じる（牧原・金澤・福島ら, 2008）可能性もある。
　また、手話通訳については、吉川・石野・松﨑ら（2011）が、使用する手
話の種類や表現方法によって、聴覚障害学生に伝わる情報が変化することを
指摘している。一般的に、手話通訳に対する聴覚障害学生のニーズは、彼ら
の背景によって異なる。また、同時に聴覚障害学生の学年が上がるにつれ
て、日本手話（非手指標識、類辞、ロールシフトなど）を使用した通訳にニー
ズがシフトする傾向がみられる（吉川ら, 2011）。これは、聴覚障害学生に
とって日本手話のほうが論理構造を示す手掛かりが多く含まれていると感じ
られるためであり、学年進行に伴って、単に「内容を理解したい」という

ニーズから、より深く「論理展開まで理解したい」というニーズにシフトしていくことを示している。現在、聴覚・言語障害学生への授業支援を実施している大学 337 校のうち、手話通訳を実施している大学は 17.2％（日本学生支援機構, 2017）と少ないが、大学における教育の本質と言語へのアクセシビリティ向上を考えると、今後、より発展することが期待される。

　ここでは、高等教育機関における言語へのアクセシビリティ支援について、主に聴覚障害学生の心理的側面から概観した。しかし、情報量の減衰や各種支援手段に内包される課題を考慮すると、高度で複雑かつ専門的内容を理解し修得するためには、各種支援手段を介した間接的なコミュニケーション状況下での学習にも限界があるのではないかと考えられる。このため、時には、情報取得において認知的負荷の生じない言語（手話など）で直接学ぶ機会を確保することも重要で、今後これらの手段を含めて高等教育機関への言語アクセシビリティを考えていくことが求められよう。

バイリンガル教育による言語運用能力向上の推進

　聴覚障害教育におけるバイリンガル教育の理論的基礎は、Cummins（1981）の言語相互依存仮説に依拠する。ただし、バイリンガルの言語能力や認知能力に関する最新の研究知見は、既に Cummins の枠組みを超えてしまっている（第 4 章参照）。第一言語から第二言語への言語能力の転移が可能であるとする Cummins の考えは、第一言語に熟達していれば第二言語の学習が容易になるという意味で用いられることが多い。しかし、この捉え方では、Cummins が述べる、転移のための条件が無視されている。英語を第二言語とする聴覚障害児の場合、手話に熟達すること、第二言語（話し言葉）に十分に触れること、さらに第二言語を学ぶ意欲があるという条件が必要になる。これを考慮すると、Cummins の理論をバイリンガル教育に用いるのは困難であるとの意見がある（Mayer & Wells, 1996; Knoors & Marschark, 2012 も参照）。

　Cummins の仮説を適用できるかどうかのポイントは、まず聴覚障害児が手話に熟達するかである。このためには、生後 2 年間、豊富かつ一貫して手話に触れなくてはならない（Cormier, Schembri, Vinson, & Orfanidou, 2012;

Mayberry & Lock, 2003)。Anderson and Reilly（2002）および Woolfe, Herman, Roy, and Woll（2010）は、そのような環境下で育った聴覚障害児でさえも、幼児期に手話の語彙獲得に遅れが生じることを報告している。聴者を両親にもつ聴覚障害児の手話能力については十分な研究はない（Knoors, 2007）ものの、彼らの手話能力にはかなりの遅れがみられたとの報告（Hermans et al., 2009）がある。

　聴者の両親と教師については、彼らに手話通訳レベルまでの指導を行ったとしても、全員が聴覚障害児のモデルになるほど手話に熟達するとは考えにくい。そこで聴覚障害のある手話の専門家を手話モデルとするという考えがあり、これはろうの研究者に支持されている（Humphries et al., 2012）。ただし、これには、指導に適したろう者を必要な数だけ配置できるか、両親が聴者である家庭にろう者が介入することにより、家庭内の関係を変えることにならないかなど、考慮しなくてはならない点がある。しかし、この取り組みは、早期に手話を使う他には言語能力を高める方法がない聴覚障害児には特に重要である。また話し言葉の利用が可能な聴覚障害児（人工内耳装用児など）に対しては、手話を第二言語とするカリキュラムを作り、これを第一言語の基礎が固まった就学期の後半に導入することができよう（Knoors & Marschark, 2012）。

　バイリンガル教育においては、聴覚障害児が適切に話し言葉と書き言葉に触れる機会を、どのように提供するかも課題である。当初は、話し言葉を文字で提示することが提案された（Johnson et al., 1989, p. 17）。これに対し Knoors and Fortgens（1995）など他の研究者は異なる見解を示し、バイリンガル教育では補聴器や人工内耳を活用し、話し言葉を書き言葉習得の手段として最大限に利用すべきであると述べている。日本においても同様の議論がみられる。長南（2003）は、バイリンガル教育で、第二言語の入力手段と位置づけられる文字の獲得に関して、発達早期からの音声聴取により形成される音韻表象と音韻意識の獲得が基盤となっているという文字習得のメカニズムを根拠に、聴覚障害児も音声に触れることの必要性を強調し、バイリンガル教育を行う際にも、聴覚活用や発話の指導を行うことを求めている。特に日本語の平仮名は音節文字であることから、日本語音韻の獲得によって、書き言葉の習得がアルファベット語圏の書き言葉の習得より容易となるため、音声利用の効果が書き言葉の獲得に与える効果が大きいと考えられる。バイ

リンガル教育における教育方法を検討する際には、第二言語の音声と書き言葉の関係にみられる特徴を含めて検討する必要があるものと思われる。同様の考えは、脇中（2009）にもみられる。聴覚障害者である脇中は自身の日本語獲得に読話と発声を中心として形成した音韻意識が関わっていたとして、聴覚障害児の書き言葉獲得における発声模倣などの音声言語活用の重要性を述べている。

　バイリンガル教育が導入されてからほぼ30年が経過した現在、教育方法を解説する出版物の多さと比べると、その成果の報告は限られていると結論づけざるを得ない（Spencer & Marschark, 2010）。バイリンガル教育を受けた聴覚障害児の学力を検討したスウェーデンの最近の研究では、わずかな教育的進歩しかみられなかったことが報告されている（Hendar, 2009; Rydberg et al., 2009）。Rydberg et al.（2009）では、バイリンガル教育開始後も、スウェーデンの聴覚障害児が依然として聴児よりも学業成績でかなり遅れていることが報告されている。米国では、唯一、Nover, Andrews, Baker, Everhart, and Bradford（2002）の報告書がある。これには、8 ～ 18歳までの聴覚障害児（うち3分の1超が聴覚障害者の両親をもつ聴覚障害児）を対象としたスタンフォード学力検査（SAT）の読解力の得点が報告され、8 ～ 12歳の聴覚障害児が、Traxler（2000）による幅広い聴力の聴覚障害児の成績に基づく国の基準を大幅に上回ったことが示されている。ただし、この5年間での別の年齢については、聴覚障害児（うち95％がきこえる両親であった）の基準と比べたときに、5 ～ 25ポイント（1％）しかスコアに相違がみられなかったとしている。トータルコミュニケーションに近い考えを採用する学校の同年齢の聴覚障害児を対象とした結果は、同基準を5 ～ 40ポイント上回り、1つを除く全ての年齢層でバイリンガル教育を受けている聴覚障害児の成績を超える結果となった（Marschark, 2011）。

　Lange, Lane-Outlaw, Lange, and Sherwood（2013）は、アメリカ手話（ASL）と話し言葉と書き言葉（英語）を利用するバイリンガルプログラム（Nover et al., 2002）の教育を受けた聴覚障害児の読みの力と数学の成績の伸びを報告している。この研究では、伸びを比較する最初の時点での読みと数学の成績と学年水準について、対象となった聴覚障害児と等しい聴児の全国サンプルとが比較された。重要なのは、達成水準が低い聴覚障害児はこの研究から除かれている点である。調査の当初、読みでは聴覚障害児61人中28％が国の

基準の平均またはそれ以上に位置し、数学では 64 人中 19％が平均またはそ
れ以上に位置していた。プログラム開始から 4 年以上が経過した後、読みで
は 41％が平均かそれを超え、数学では 55％が平均かそれを上回った。この
結果から Lange et al. は「聴覚障害教育に対して画一的な指導法を求める団
体もあるが、研究によれば、聴覚障害児が学力を向上させる方法は多様であ
る。聴覚障害児や保護者が教育方法を選べる状況が必要であり、研究者およ
び政策立案者は引き続きデータを集め、教育方法の検討を行う必要がある」
と述べている。

　言葉の流暢さについて Jiménez, Pino, and Herruzo（2009）は、バイリンガ
ル教育もしくは口話のみを用いる教育を受けた 4 〜 8 歳の人工内耳装用児を
対象にスペイン語の話し言葉の発達を検証した。その結果、話し言葉と手話
の表現に関してはバイリンガル教育を受けた聴覚障害児のほうが優位である
ことが明らかとなった。口話による教育を受けた聴覚障害児は、聴覚的理解
や文法と語の産出で高い成績を示した。話し言葉の語彙、聴覚的逐次記憶、
社会的コミュニケーション技能に関しては両者に違いはなかった。また、バ
イリンガル教育を受けている聴覚障害児の手話能力は、書き言葉の能力と関
連することを報告している研究（Hermans, Knoors, Ormel, & Verhoeven, 2008b;
Hoffmeister, deVilliers, Engen, & Topol, 1997; 第 8 章も参照）もみられる。しかし、
彼らの書き言葉の能力と話し言葉の能力との関連は、さらに強いとの報告も
ある（Niederberger, 2008）。これは、教師が手話と書き言葉を結びつける指導
を行ったことにより両者に転移が生じたものとも考えられる。オランダの研
究によると、手話と書き言葉に関連性が生じるのは 8 歳以上の聴覚障害児に
おいてのみである。これは転移が生じるほどの手話能力がないからと考えら
れている（Hermans, Ormel, & Knoors, 2010）。また聴覚障害児は、自発的に視
覚的情報を言語と関連づけて処理することが聴児よりも困難であるとの指摘
がある（Marschark & Hauser, 2012, 第 8 章）。聴覚障害児の書き言葉と話し言葉
の語彙学習に、手話を利用する指導法の研究については、Mollink, Hermans,
and Knoors（2008）と Wauters, Knoors, Vervloed, and Aarnoutse（2001）があ
り、その有効性を述べているが、その指導法の言語的、認知的な根拠につ
いてはさらに説明が必要である。上述の通り、手話利用が一般的に、同時
的コミュニケーションや文字よりも教育的効果を示すという証拠は得られ
ていないからである（Borgna, Convertino, Marschark, Morrison, & Rizzolo, 2011;

Marschark et al., 2006）。

　この点に関連して、長南（2001）の研究がみられる。長南（2001）の研究対象は、バイリンガル教育を受けた聴覚障害児ではないが、特別支援学校に在籍する高等部生徒を対象として、手話を使用した日本語の語（名詞、形容詞、形容動詞、動詞、副詞）の指導を行った。その結果、この指導法は、手話の能力と知的な能力が高い者に対しては、活用しない語（名詞と副詞）の学習を促進することが明らかとなった。このことから、バイリンガル教育プログラムの指導法を検証する際にも学習者の手話能力のみならず、年齢、知的能力、指導対象となる言語内容との関連を踏まえた説明が必要であると思われる。

　上記のことから、バイリンガル教育は、当初の予想とは異なり、これを完全な形で導入、成功させることは難しいということは明確である。このためSpencer and Marschark（2010, pp. 79–80）は、「自然手話を第一言語とし、これを教室でのコミュニケーション手段とするバイリンガルプログラムは、理論的基礎は明確であるものの、今日まで言語発達における成果を示す十分な証拠が得られていない」としている。これに関連し、Mayer and Leigh（2010, p. 177）もバイリンガル教育の見直しを求めている。ただし、手話利用の有用性については、聴覚障害児の一部には手話が唯一利用可能な言語である者もいること、手話はきき取りが困難な条件下でも有効なコミュニケーション手段であること、またろう者社会の一員となり、多様な言語や文化に触れる方法であることなどを、その根拠とする考え方（Gregory, 1986）もみられる。

　バイリンガル教育の効果を検証した研究は、日本においてもほとんどみられないが、1つには特別支援学校小学部の聴覚障害児による、作文に用いられた日本語を分析した阿部（2014）の報告がみられる。この研究では、聴児や聴覚口話法で教育を受けた聴覚障害児とのデータの比較はなされていないために、日本語表現におけるバイリンガル教育の成果を厳密には評価できないが、対象児が小学部3年生の段階で助詞を使用しないことや学年が進行して助詞を使い始めても、誤りが多いという報告から、学年進行に伴い日本語表現は向上するものの、聴児の言語発達から考えるとバイリンガル教育を受けた聴覚障害児の日本語表現には遅れや偏りがみられると言えるであろう。また宮町・長南・三好（2016）は、日本語構文能力を検討した。対象児は、特別支援学校幼稚部入学時から日本手話を主要なコミュニケーション手段と

し、家庭においても日本手話をコミュニケーション手段として用いてきた小学部児童による日本手話群と、これとは異なる学校の聴覚口話法群であった。日本手話群は、武居（2010）の「日本手話文法理解テスト実用版」により手話能力が高いことが確かめられていた。結果は、日本語構文理解テストの成績では聴覚口話群のほうが高く、その差は文構造が単純な構文（正語順文、逆語順文など）よりも複雑な構文（述語修飾文、多要素結合文など）において大きくなったこと、また文理解方略には両群の差はなかったことを示していた。

　このようにバイリンガル教育の成果に関する研究は日本でもきわめて少なく、また期待通りの成果を示していないことは海外の状況と共通している。このため日本においても、バイリンガル教育の結果について理論的な面から見直しが必要であろう。その際に宮町・長南・三好（2016）は、議論の視点を提供するものと思われる。この研究の対象児は手話能力が高かったが、全ての種類の日本語構文で高い得点を示したわけではなかったことから、この解釈の1つとして、日本手話の日本語への転移は、主に、単純な日本語構文に起きたと考えられる。このことは第一言語から、第二言語に生じる転移に範囲が存在することを示唆する。本章の冒頭で第一言語能力が第二言語能力に転移する条件を挙げたが、それらに第二言語の構造を考慮する必要があるのかについての検討が必要であろう。ただし、両群の文理解方略に違いがみられなかったことから、日本手話群が日本語構文処理の際に日本手話を用いていなかったという解釈も可能であり、その場合、宮町ら（2016）の指摘のように、両群の得点差は日常的な日本語との接触頻度の差と推察される。この点については、今後、Hermans, Ormel, & Knoors（2010）の指摘も踏まえて学習者の年齢要因を考慮し、バイリンガル教育を受けた聴覚障害児が日本語を処理する際の方略についても検討することが必要であろう。加えて、Knoors and Fortgens（1995）、長南（2003）、脇中（2009）が指摘する聴覚の活用が、上記の、第一言語から第二言語への「転移の範囲」を補い、聴覚障害児の音声言語獲得を促進するかという点にも興味がもたれる。今後、バイリンガル教育の研究は、聴覚活用を如何に位置づけるかを踏まえた理論の再構成も研究テーマの1つとなるように思われる。

　上記の通り、幼少期から手話環境を提供しても聴覚障害児の手話の力は十分でないこと、また早期教育の開始や人工内耳の開発により聴覚障害児の話

し言葉の習得可能性が高まっていることを考えると「手話を第二言語として捉える」という考え方も必要である（Knoors & Marschark, 2012）。

　以上のことを総合的に考えると、聴覚障害児の言語指導法は多数あり、また、いずれのアプローチも長所と短所があることから、どのアプローチが適切かは家庭や学校の状況および聴覚障害児の特性によっても異なるということになる。ただし、いずれの方法にせよ、よりよい成果を期待するには、学校や教師による入念な言語指導計画が必要となる。Easterbrooks（2010）は、聴覚障害児には、聴覚の活用により音声言語を第一言語とする児と視覚的な言語インプットを必要とする児が存在すると述べ、このことを考慮することの重要性を述べている。Knoors and Marschark（2012）も聴覚障害児に対する言語指導法を多様化させる必要があると述べている。

　この点を日本において検討する際には、聴覚障害児に対する言語指導法について、認知や社会 - 情緒的な発達も視野に入れた、幅広い評価が求められ、同時法やキュードスピーチの教育効果に関する文献も含めた展望が必要であろう。このような視野による言語指導法の検討により、聴覚障害児の異なるニーズに対する応じ方と、全ての聴覚障害児に原則として行うべき指導とは何であるのかを整理することが重要であるように思われる。

学級内でのやりとりを通した言語発達の促進

　聴覚障害児が、学級内でのコミュニケーションに十分に参加できていれば、教師とのやりとりを通して言語発達が促進されうるが、そのためには教師側に適切なやりとりの仕方が求められる（Knoors & Hermans, 2010; 第7、11章参照）。

　相手への配慮があり、内容のやりとりがきちんとできるようなコミュニケーションを通して、教師は子供の自発的なコミュニケーションを促し、その力を広げ伸ばすことによって共同注意を確立する。オープンエンドの質問、話題の拡張、プロンプト、高度なモデリング、話し手の立場の変更、親密性の低い単語や複雑な言語の使用、これら全ては子供の言語の成長に関わる（Dickinson & Tabors, 2002; Cawthon, 2001 参照）。特に発達早期においては、教師と子供の対話が指導と学習のために必須となり、その性質や特性が子

供の言語学習を左右する（Shiel, Cregan, McGough, & Archer, 2012）。このような、教師と子供間での、意味を構築しながらの対話が重要である（Vygotsky, 1993）。日本の聴覚障害幼児に対する指導においても、教師が子供に言語を教え込むのではなく、子供自身が教師や仲間との自然な対話を通して言語を学ぶ環境を構築することの重要性が指摘されている（鈴木, 2011）。

　子供の言語獲得に課題がある場合、大人は会話をコントロールしがちになる。その結果、大人が会話を支配してしまい、多くの閉ざされた質問（例えば、はい‐いいえ、のみを求めるような質問）を投げかけ、子供が話す練習をしたり、話題を拡張したりして、自身の言語を向上させたりするような余地をほとんど残さず、以後の言語学習を妨げてしまう。就学前の聴児と共に学ぶ学級では、教示方略に関するエビデンスベースの指導は困難であり、教師は質の低い言語教示に終始することが示されている（Justice, Mashburn, Hamre, & Pianta, 2008）。

　聴覚障害教育に携わる多くの教師は、子供の言語を修正するような指示的教示スタイルを用いがちであり、このようなスタイルは子供の言語発達を妨げる（Wood, Wood, Grifiths, & Howarth, 1992）。しかし、コミュニケーション行動のビデオ分析による研修によって、教師のやりとりの特定の側面に向上がみられた。近年の大規模な研究からは、教師と子供の効果的なやりとりは、少なくとも聴児と共に学ぶ学級では、研修を通して向上しうることが示されている。

　Mayer, Akamatsu, and Stewart（2002; Stewart, 2006, p. 209）によれば、優れた教師は、自分自身と子供の状況を、子供との質問のやりとりの中で暗黙のうちに分析し、彼らの発話を基に理解状況を把握する。Stewart（2006）は、①教師のコミュニケーションは、学級のコミュニケーション・ダイナミクスと、聴覚障害児の学習特性とに基づかなければならない、②教師は状況に応じて異なるコミュニケーション方法を用いなければならない、という2つの指針を示している。すなわち、教師はアメリカ手話（ASL）と英語対応手話の両方に堪能である必要があり、状況に応じて円滑にコードスイッチすることが求められる。日本の特別支援学校でも、家庭環境や教育歴、聴覚補償の状況などにより、学級内のコミュニケーションの実態が多様化している（児玉・広津・大沼・福島, 2015）。そのため、彼らの教育に携わる教師には、複数のコミュニケーション手段に精通することが求められる。

教師が聴覚障害児とうまくやりとりするためのもう1つの困難は、子供同士、また教師と子供のアイコンタクトを形成し、それを維持することである。視覚的なコンタクトが失われると、聴覚障害児は手話、同時的コミュニケーション、文字などで提示された情報、また、視覚教材で提示された情報を見逃してしまう。だが、教師による情報の過度な反復提示は伝達速度の低下につながり、その授業や学期で指導できる内容を少なくしてしまう。Mathews and Reich（1993）は、教示中の子供相互のコミュニケーションを減らし、全ての子供に同時に対応するようなコミュニケーション技能を用いることを推奨している（Marschark, Lang, & Albertini, 2002; 第9章参照）。例えば、ろう者である教師は、グループを対象にして視線を向けることや、効果的な視覚的コミュニケーションの確立を促すための、指さしの技術の活用である（Mather, 1987; Smith & Ramsey, 2004）。このような技術を、きこえる教師にうまく教えられるかどうかは、今後の課題である。

直接的な言語指導

　就学時に年齢相当の言語能力があり、偶発学習に問題がない子供の教育でも、小学校や中学・高校では、フォーマルな形での直接的な言語指導を行うことが一般的である。聴覚障害児は、用いる言語が音声言語であれ手話言語であれ、就学時に言語発達が大きく遅れ、偶発学習でも大きな困難を抱えていることを考えると、学校での直接的言語指導はとりわけ重要である。ところが、驚くことに、直接的な言語指導のカリキュラムや具体的な指導方法は、ほとんどどこにも示されていない。また、指導の有効性に関する研究も稀である。これには、言語指導は、直接的な方法よりも、母親とのやりとりによる方法（maternal reflective method）やホール・ランゲージ学習（whole language learning）といった、自然な環境で言葉を教えるアプローチが好まれることも1つの要因となっている。

　学校で直接的な言語指導が行われるための法的基盤は、国によって異なっている。ノルウェーやスウェーデンでは、障害のある子供とない子供とを同じカリキュラムで指導するため、自治体がカリキュラムを制定している。一方、オランダでは、おおまかな教育目標が示されているのみで、その目標を

達成する方法は学校に委ねられている。したがって、前者のようにカリキュラムが決まっている国は、手話で授業をしたり、文字や絵を加えたりなど、さまざまな手段を利用して、聴覚障害児でも同じカリキュラムを進められるよう実際の授業が工夫されている。一方、後者のように目標だけ決まっている国では、特別なカリキュラムや指導法が、聴覚障害児のために開発されている。

　米国では、ブルーナーやヴィゴツキーの理論をベースに、Blackwell, Engen, Fischgrund, and Zarcadoolas（1978）が言語と学習の発達を促すカリキュラムを作成している。描画や工作などを通して事象をシンボル化し、それらを言語化する活動プログラムが基礎として含まれている。さらに、子供の学習能力や言語能力を丁寧にアセスメントし、1 人ひとりのニーズに合わせてプログラムに変更が加えられる。こうしたカリキュラムは魅力的ではあるものの、教師には、課題や授業を自分自身で考えなければならない負担がある。

　1998 年にバイリンガル教育が始まったオランダでは、大学と共同でSprong Vooruit（将来への飛躍）と呼ばれる専門家チームを結成して、言語、読み、ろう文化を学ぶためのカリキュラムを開発した。教師はこのカリキュラムによる具体的な教え方や授業の組み立て方法などをオンラインで入手できるようになっている（http://www.sprongvooruit.nl/）。また、通常の国語の指導方法に基づいたオランダ語と手話の指導法が、幼稚園から小学校 6 年生までの子供を対象に開発されている。まだ有効性は検証されていないが、この方法はオランダのほとんどのろう学校で利用されている。

　言語の一領域を対象にした指導プログラムを開発している国もある。オーストラリアの Paatsch, Blamey, Sarant, and Bow（2006）のプログラムは、発話の聴取能力の向上を目的とした指導法の 1 つである。このプログラムには発話指導と表出語彙の指導が含まれていた。5 〜 12 歳までの 21 人の聴覚障害児が 15 週間にわたって指導を受けた結果、子供たちの発話能力、語彙力、言葉の聴取能力が飛躍的に向上したことが報告された。Paatsch らはこの理由を、言葉の聴取能力の向上は、発話能力が向上したことによる直接的な結果であると説明している。

　Miller, Lederberg, and Easterbrooks（2013）は、「リテラシーの基礎（Foundation for Literacy）」という読みの能力を向上させるプログラムの中で、音韻意

識の指導効果を事例的に検討している。3歳9か月〜5歳1か月の5人の聴覚障害児が、3〜5週間の音韻意識指導と音節のセグメンテーション、語頭音の特定、韻の同定の指導を受けた。その結果、子供によって効果が出るまでの時間は異なっていたものの、音韻意識の指導は全ての子供に効果がみられた。重要なことは、指導を受けた5人のうち、3人は口語法、あとの2人は同時法で教育を受けていたことを考えると、手話の使用は音声言語の音韻意識の発達を阻害するものではないと考えられることである。

　比較的よく研究されているのが、聴覚障害児への語彙の指導である。Luckner and Cooke（2010）は、聴覚障害児の語彙力に関する論文をレビューし、聴児や自閉症、学習障害などの他の障害のある子供と同様に、聴覚障害児にとってもコンピューターを利用した語彙指導に将来性があることを強調している（第10章参照）。さらに、彼らは、米国教育省の報告を示しながら、聴覚障害児はどんどん新しい語彙に触れるべきだと主張している。どのような言語指導にも語彙の学習が含まれている必要があり、新しい語彙が複数の文脈で使用され、新しい語彙は言語指導だけでなく理科や社会科の教科の中でも使われなければならない。つまり、聴覚障害児には、具体的な文脈で使用しながら、語彙の意味をはっきりと教えなければならないのである。

　Williams（2012）は、低年齢段階の語彙指導の方法についての研究をレビューし、読みきかせの活動とそのフォローアップ活動でのやりとりの質に重点をおくことを勧めている。彼女は、幼稚園でのクッキング、お絵かきや工作、遊びなどの実生活に近い活動に語彙指導を組み込む必要性を提案した。また、子供がどんどん語彙を学習できるようなツールを使うことも勧めている。例えば、実物を会話で使ったり、カードに言葉を書いたり、言葉をチャートにまとめたりすることなどである。

　Cannon, Easterbrooks, Gagne, and Beal-Alvarez（2011）は「言葉のつながり（Language Links）：文法のアセスメントと指導」と呼ばれる指導プログラムの有効性について研究している。これは文法指導のためのコンピューターソフトを用いている。アメリカ手話（ASL）を使用する5〜12歳までの26人の聴覚障害児が、毎日10分間コンピュータースクリーンに映し出された文章を読み、文の意味を表す絵を選択するといった課題を、このソフトウェアを使って9週間行った。この指導に関わった教師はわずか8人であったが、指導の結果、聴覚障害児の書き言葉の文法や語に関する理解は飛躍的に伸びた。

　Bernet et al.（2007）は、第二言語の指導法としてよく知られた「形式に焦点化する（Focus on Form）」教示を聴覚障害児の言語学習に使用し、効果を検討している。Focus on Form は、学習者が意味ある伝達活動を行っている中で、言語形式にも注目させる方法で、自然な発話の流暢さと文法の正確さを同時に伸ばせる方法として考案されたものである（この方法による日本語習得に関しては、小柳, 2004 参照）。通常の文法の指導に比較して、視覚を用いた Focus on Form の指導は、聴覚障害大学生における英文法の能力を著しく向上させることができた。

　日本においても、例えば、機能語の習得が不十分である聴覚障害者では、特別支援学校の高等部などで専門的な指導を受けてきたとしても、言語能力のレベルが小学校 3 〜 5 年生程度であることはよく知られている。我妻（2011）も、聴覚障害児に音声言語を習得させるためには、言語のさまざまな領域に関する指導法を知っている必要があると述べ、指導法の基礎知識を提供している。音声言語をコミュニケーション手段とする場合、きこえにくい子供に自然な環境で話しかけるだけでは日本語能力は育たないと考え、第二言語としての日本語教育の知見を取り入れた指導の必要性を指摘する立場（岡, 2013; 河野, 2013）もある。日本には言語指導プログラムが豊富にあるとは言い難いことから、指導法の開発と効果の検証が欧米の諸外国と同様に望まれる現状であろう。

言語のアセスメントと指導——現状は？

　聴覚障害児には個人差があるため、言語を教えることは複雑な活動とも言えるだろう。そしてこのような個人差を考慮に入れる必要があるため、聴覚障害児に言語を教える効果的な方法は 1 つだけとは言えない。それゆえに、診断的な言語指導、すなわち評価の統合や実践的な指導が強く推奨される。さまざまな年齢の聴覚障害児の言語指導において、エビデンスベースの、よい指導法を提供できるよう、さらなる研究が必要とされている。このような意味で、徹底した言語のプランニング、個々の子供の長所と短所を考慮に入れること、教室の音響環境を改善したり、教室における相互作用を確立すること、聴覚障害児に言語を教える上でよいと考えられている方法で言語的な

指示をすること、などを組み合わせて行うのがよいであろう。

　個人差の大きい聴覚障害児の状況を把握し、診断的な言語指導を行う方法を検討する上では、聴覚障害児のもつ個別因子についても目を向ける必要があろう。聴力の程度、失聴原因やその時期、使用するコミュニケーション手段の種類と使用状況、それまでの療育・教育の方法、などは個々に異なっていると言える。このような個別因子を把握し、現在の言語発達状況を的確に評価した上で、言語指導の方法についても検討していくことが必要である。またその時々の子供のコンディションによっても言語指導の効果は異なってくるため、聴覚障害児の興味や関心も取り入れた上で、効果的な指導が行えるような手法の選択が必要と言える。

第6章 認知的発達と学習

　第5章では、聴覚障害児の学習の基礎に関連して、知識を獲得する主たる手段である言語に関する議論を中心に記述した。第3章では、聴覚障害児と親とのやりとりが学習の基礎を作っていくこと、またそれが、聴児とある点では類似しており、ある点では異なっていることを述べた。対人関係や学習全般にわたり、言語の役割が増すにつれて、言語に大きく影響される子供とそうでない子供との違いが広がることが予想されており、この予想を裏づける証拠も示されている。

　第4章では、多くの聴覚障害児は3歳頃になると、聴児に比べて言語発達の遅れが顕著になることを述べた。この時期には、聴覚障害児と聴児との間の認知的違いもみえ始めることが予想される。言語機能、環境条件、あるいは他の認知機能における、聴覚障害児と聴児との間の明確な相違の程度については、哲学的な議論も含めて、今後の研究が待たれるところである。

　本章では、これまでの章の内容に基づいて、フォーマルまたインフォーマルな学習に影響する聴覚障害児の認知機能について論ずる。この議論を通して、聴覚障害児と聴児の認知機能は、相違点ばかりでなく、より多くの点で類似していることを認識し、加えて、聴覚障害児は聴児よりもはるかに個人差が大きいことに注意する必要がある。我々が注意すべきこととして、聴覚障害児には、聴児にみられる個人差の他に、聴力の損失に直接関連する要因が存在すること、例えば、聴力の損失の病因、聴覚情報による環境へのアクセスの困難があること、さらに、聴力の損失に直接には関係しないが、その関連要因として、例えば、劣弱な言語環境におかれる可能性がとても高いこと、親子間の主たるコミュニケーション手段が異なること、理想とは言えな

い教育の場で教育を受けてきたことが及ぼす影響などである。このような違いが、学業成績（Marschark, Lang, & Albertini, 2002）にはもちろん、知能検査の値（Maller & Braden, 2011）にも反映されている。

聴覚障害児の間にみられる背景要因の違いに加えて、彼らには医学的原因によるさまざまな学習上の困難がありがちなことにも注意する必要がある。その典型的なものに、症候性と非症候性の両方を含む聴覚障害の病因によるものがある（第2章）。これらの子供は、本章で検討される認知的な問題や前の2つの章で検討された言語の問題に対する配慮を超えた、特別の教育的な配慮を必要としている。残念なことに、重複障害のある聴覚障害児のニーズは非常に個別的で、広範囲にわたるため、何らかの一般的な結論が得られていない（関連文献として、Knoors & Vervloed, 2011; van Dijk, Nelson, Postma, & van Dijk, 2010 参照）。大変残念なことに、そのような子供たちこそ、最大限の支援を必要とする典型的な子供たちである。

知能と認知

心理学者は、知能を語るとき、意図的にあるいは偶発的に知識を獲得する能力と、その知識を意図的あるいは自動的に活用する能力の両方を含む潜在的認知能力について言及する。獲得された情報は、当然知能そのものではなく、第9章のトピックである学業成績を反映している。同じ知的潜在力のある学習者であっても、環境と機会により、獲得できる知識や学習の成果は、大きく異なる。

聴覚障害児が直面する学習上の困難は、聴力の損失による知的遅れの結果ではなく、特別な調整を行うことによって、よりよい成果をもたらすことのできる、聴覚障害児と聴児との認知の違いによるものである。一方、親と教師は、聴覚障害児が聴児と同じ知的能力をもっているかどうかについてしばしば尋ねる。この質問の答えは、質問そのもののように、そう単純ではない。多くの言語検査が音声言語を使う人々を念頭に開発されているように、知能を測る多くの検査も、きこえる子供のために開発されたものである。聴覚障害児にも聴児にも公平な知能検査を使って評価すれば、両児は同じ成績を示すであろう。しかしながら、両児の間には、実際にある程度、知能の相

違が示される。したがって、「聴覚障害児と聴児の評価結果が同じになる検査」が、「公平な」検査であると決めつけてはならない（Marschark, 1993; 第 7 章の議論参照）。聴覚障害児のニーズに応じて、彼らの強みを引き出すための調整を行う場合、知的能力における量的および質的な実際の違いを認識する必要がある。学習する領域の違いはあるにしても、聴覚障害児は聴児と同じ知的潜在能力をもっているという認識は、聴覚障害児の教育における基本的な前提である。

　聴覚障害児と聴児が、同じ知的潜在能力をもっているという仮定は、重複障害のある聴覚障害児を除き、聴覚障害児と聴児の非言語性知能の平均値に有意な差がみられないことを示唆した研究結果によるものである（Braden, 1984, 1985; Maller & Braden, 1993, 2011 参照）。しかし、この結論は、聴覚障害児と聴児が同じように考え、学び、行動することを示すものではない。実際に、本章での本質的な論点は、学習などに影響する認知能力の類似点はもちろん、その違いに関するものでもある。第 2 ～ 4 章では、聴覚障害児と聴児との相違をもたらす可能性のあるいくつかの理由を提示した。さらに、非言語性知能は、フォーマルな学習に影響を及ぼし、かつ実生活で求められる諸能力はもちろん、教室での学習に必要な能力も十分にカバーしきれない。言語の役割を強調したり、聴覚障害児が音声言語と手話言語の両方を用いることを支持したりすることは、事実上、人間の行う行動の全ての側面における言語（言語行動）の中心的役割について言及しているものである。

　言語性知能検査において、一般に、聴覚障害児は、聴児の平均以下のレベルにある（Maller & Braden, 1993）。しかし、聴覚障害児の言語性知能の評価は、問題はあるものの、実施するメリットもある。例えば、言語性検査で観察される聴覚障害児の間でのばらつきは、言語的資料を扱う際の聴覚障害児の相対的な強さと弱さに関する情報を提供する。言語性の成績は、非言語性の成績より、学業成績を、より的確に予測することができる。したがって、これらの情報は、学校やプログラムを決定するときに有用な情報を提供する（Akamatsu, Mayer, & Hardy-Braz, 2008; Gibbins, 1989）。しかし、知能検査の数値は、この分野における明確な妥当性のエビデンスがない限り、聴覚障害児の認知や他の能力を測る確かな手段として捉えてはならない。聴覚障害児と聴児との間にみられる環境や経験の違いは、学習への取り組みの仕方を変え、異なる方法による知識の構造化をもたらし、特定のテストで、異なった能力

レベルに導くであろう。そのような違いを確かめることは、最適な学習サポートを実現するためには非常に重要である。

　既存の知能検査を聴覚障害児に適用する際の困難さにもかかわらず、知能検査は、多くの国で、特別なニーズを有する子供の学校を決める際の最も基本的なアセスメントとして使われている。教育の専門家は、知的同質性の仮定に基づき、聴覚障害児に対する妥当性が確認されていない標準化された検査や、聴覚障害児のために特別に考案された検査を、使わざるを得ないジレンマに直面している。したがって、ほとんどの場合、聴覚障害児の評価には、一般的に非言語性検査が用いられる。上述のように、一般に非言語性検査は、聴覚障害児と聴児との、比較可能な数値を提供すると考えられている。しかし、結果はきわめて多様である。例えば、Ulissi, Brice, and Gibbins（1989）はK-ABC 心理・教育アセスメントバッテリー・非言語性尺度（Kaufman Assessment Battery for Children Nonverbal Scale; Kaufman & Kaufman, 1983）による聴覚障害児の成績は正常値の範囲内であるとし、聴覚障害児に一般的に使えるテストとして報告している。しかし、ライター国際動作性知能検査改訂版（Leiter International Performance Scale-Revised; Roid & Miller, 1997）、非言語性総合知能検査（Comprehensive Test of Nonverbal Intelligence; Hammill, Pearson, & Wiederholt, 1997）、ユニバーサル非言語性知能検査（Universal Nonverbal Intelligence Test; Bracken & McCallum, 1998; Maller & Braden, 2011 参照）などの研究においては、聴覚障害児の得点が聴児より低いことが報告されている。

　残念なことに、検査間にみられる相違の明確な理由は不明である。Maller and Braden（2011, p. 474）が指摘しているように、「各検査の標準化サンプルは、聴覚障害児を代表しているのだろうか？　サンプルには、他の障害を併せ持つ聴覚障害児が含まれていないのか？　聴覚障害児は、検査時の指示を理解しているのだろうか？　学習の機会や教材の異なる聴覚障害児が、検査項目を違った意味に理解してないのだろうか？」といった理由も考えられる。一方、聴覚障害児と聴児との間には、特定領域において実際に知的能力の相違が存在するのではないかといった見解もみられる。例えば、この章の後半で論ずるように聴覚障害児は（全ての聴覚障害児ではないが）、ある視空間課題の成績が聴児よりも高く、そのことが、視空間記憶や操作を要する知能検査の項目の成績を高める可能性もある（Braden, Kostrubala, & Reed, 1994）。

一方、聴覚障害児は聴児に比べて、系列記憶を要する課題の成績が低い傾向があり、記憶スパンのテストでは低い成績を示している（Fagan, Pisoni, Horn, & Dillon, 2007）。

　この議論は、歴史的にみられる仮説は別にしても、聴覚障害児と聴児の間の認知的な違いは、必ずしも認知的欠陥を示すものではないということを明示している。実際、聴覚障害児のあるグループは、聴児より高い知的能力を示すエビデンスもある。例えば、Kusché, Greenberg, and Garfield（1983）は、4 つの聴覚障害高校生グループにおける、非言語性知能と言語の成績を調べている。1 つのグループは、少なくとも片親が聴覚障害である遺伝性難聴の生徒であった。もう 1 つのグループは、両親が聴者できょうだいやいとこのどちらかに聴覚障害がある遺伝性難聴の生徒だった。他の 2 つのグループは、きこえる親をもつ、非遺伝性難聴の生徒だった。きこえる親をもつ非遺伝性難聴の 2 つのグループは、2 つの遺伝性難聴グループのそれぞれと、年齢・聴力レベル・言語課題成績で統制され、比較検討された。彼らは、2 つの遺伝性難聴グループが、非遺伝性難聴の統制グループより、明らかに高い知能を示すことを発見した。2 つの遺伝性難聴グループのうち 1 つが、きこえる親をもつグループであったため、彼らは、認知的違いの要因から、早期からの言語経験の影響を除外した。それよりむしろ、彼らは、「遺伝性の病因が関与する場合は、自然な、文化的な、また、生育上の選択が、聴覚障害児に優れた非言語性知能をもたらした可能性がある」ことを示唆している（p. 464）。

　Kusche et al.（1983）の示唆を裏づけるものとして、Maller and Braden（2011）は、Connexin-26（GJB2/DFNBI）遺伝子突然変異の陽性反応を示す聴覚障害児が、そのような突然変異の症状のない聴覚障害児より、高い知能得点を示すことを未出版の研究で言及している。Connexin-26 は、遺伝性難聴に関連することが知られており（Arnos & Pandya, 2011）、影響の実態はKusché et al.（1983）の研究結果と一致している。これらの結果は、一部の遺伝性聴覚障害児の知的な優秀さを示しているものの、Zweibel（1987）は同じ研究成果の説明に環境要因を論じている。彼は、6 ～ 14 歳の、243 人の子供を対象に知能検査を行った。対象児の 94％は先天性（80％）あるいは早期出現（14％）の聴覚障害であった。Zweibel は、2 つの非言語性知能検査の成績から、次の 2 点を指摘している。①両親かきょうだいが聴覚障害

の遺伝性聴覚障害児は、両親ときょうだいが聴者である聴覚障害児より、成績が高いこと、また、②両親ときょうだいが聴覚障害の聴覚障害児は、聴児に比べて、1つの検査を除いて明らかに低い成績を示した。Zweibel の研究のポイントは、両親が聴覚障害である聴覚障害児は、両親が聴者できょうだいが聴覚障害である遺伝性聴覚障害児より、知能検査の成績が高いこと、また、後者（両親が聴者できょうだいが聴覚障害の遺伝性聴覚障害児）は、家族全員が聴者である非遺伝性聴覚障害児と違いがなかったということである。したがって、遺伝的背景は知能の違いをもたらさないが、家庭での手話使用は、学びを容易にし、結果的に認知発達を促すと結論づけている。

　Zweibel の結論は、聴覚障害の親をもつ聴覚障害児と聴者の親をもつ聴覚障害児の知能を調査した Sisco and Anderson（1980）の初期の研究結果と一致する。また彼らは、環境要因に関する調査結果を報告し、聴覚障害の親は、自分たちの子供が、教育によって成功する可能性が高いことへの大きな期待をもっていることを示唆している。しかしながら、これまでの章で論じたように、聴覚障害の親をもつ聴覚障害児と聴者の親をもつ聴覚障害児の間にはいくつかの違いがある。これらの違いの多くは、流暢な言語モデルへアクセスするときには明らかだが（第4章）、発達と学習の両方に影響する言語と認知の相互作用でも示される（第2章）。したがって、聴覚障害児の学習を最大限に支えるために、教室での指導法や教材をどのように変える必要があるかを理解するには、認知、学習、言語の相互作用に目を向ける必要がある。

　日本における聴覚障害児の知的能力に関する研究では、以前より、聴児に比べて聴覚障害児の知的能力の低さが指摘されている（川本, 1954; 岡田, 1981; 住, 1985）。同時に、言語能力や言語運用の低さを理由に、知能検査を聴覚障害児に適用することの困難さを指摘した研究（川本, 1954; 岡田, 1978）もみられている。また、聴覚障害児の言語性知能測定の困難さを前提に、非言語性知能あるいは動作性知能を測定し、聴覚障害児の動作性知能が聴児と差がないことを示唆する研究（中野, 1972; 住, 1965; 吉野, 1982）や、非言語性知能における聴児との成績の差はないものの、非言語性認知課題においても、抽象的課題の解決能力が低いこと（村井, 1972; 中野, 1988; 岡田, 1978, 1981; 住, 1965; 吉野, 1982, 1996, 1999）、さらに、聴覚障害児の動作性知能と学力との相関が低いこと（村井, 1972）、動作性課題における聴児との違い（吉

野, 1979）を指摘する研究もみられる。しかし、いずれの研究も、集団としての聴覚障害児の知的能力あるいは認知能力を示唆する研究であり、言語能力や社会性（経験）などの個人的要因を考慮した示唆ではない。

視覚的注意と視覚認知

　視覚障害者は晴眼者よりもよくきこえ、聴覚障害者は聴者よりも目がよいと思われることもある。しかしながら、聴覚障害者の視覚認知が全体的に強化されることはなく、場合によっては聴者よりも視覚認知に困難を示すこともある（Guy, Nicholson, Pannu, & Holden, 2003）。

　聴覚障害者と聴者のどちらが視覚認知に優れているのかという点に関しては、課題によってその結果が異なる。例えば、視覚的注意を急速に移動させることや視覚刺激を素早く見渡すこと（Rettenback, Diller, & Sireteanu, 1999）、視野周辺での動きの検出（Corina, Kritchevsky, & Bellugi, 1992; Loke & Song, 1991）においては、手話を使用する聴覚障害者は、聴者や音声言語を使用する聴覚障害者より高い成績を示している。Dye, Hauser, and Bavelier（2008）によると、これらの結果は視覚的注意の優劣を意味するのではなく、周辺視野への注意の配分が異なることを意味している（Quittner, Smith, Osberger, Mitchell, & Katz, 1994; Tharpe, Ashmead, & Rothpletz, 2002）。つまり、聴者は視野の中心に注意を焦点化させ、一方、聴覚障害者は周辺視野へ大きな注意を向けていることである。

　これらの知見からは、先天的に聴覚を失うことが、視覚システムの発達に多大な影響を及ぼすということが示唆されている（Proksch & Bavelier, 2002）。すなわち、聴覚障害児は、自分の身の回りで何が起こっているのかを知るために、聴児よりも視覚情報により注意を向ける必要があることが関係している（Neville & Lawson, 1987）。しかし、周辺視野への感受性が優れていることは、必ずしもそれらの情報を理解できていることを意味しているわけではない。Pelz, Marschark, and Convertino（2008）は、手話ネイティブの聴覚障害児と、音声言語のみを使用する聴覚障害児と聴児を対象に、授業での学習、またそれに関連して、視覚情報をさまざまな方向に提示する課題を用いて比較検討を行った。その結果、手話を使う聴覚障害児でも（Neville

& Lawson, 1987)、また聴覚障害児全体においても（Proksch & Bavelier, 2002)、周辺視野に提示された情報の理解では、聴児と同程度の成績を示した。この結果は、視覚による検出課題の結果とは対照的だが、聴覚障害のある母親は聴覚障害児に対してアイコンタクトが生起していなければ手話で話しかけない（Meadow-Orlans, Spencer, & Koester, 2004; 第3章参照）という結果と一致する。実際、聴覚障害児の母親は聴覚障害児に対して、視覚的注意を誘導したり、注意を維持させるような行動をとるが、これは、彼らが周辺視野に提示された情報を処理できないと考えているからであろう（Harris & Chasin, 2005; Spencer, 2000; Waxman & Spencer, 1997)。

　視野内での変化の感受性を超えた動きに関する注意持続課題の成績は、聴覚障害児のほうが聴児より低い（Quittner et al., 1994)。この結果は Dye, Hauser, and Bavelier（2008, p. 253）によって「視空間内での、注意の再分配」と解釈されているが、この現象が授業場面において何らかの影響を及ぼすことは明白であろう。第5章では、Mathews and Reich（1993）による、ろう学校高等部における授業中のコミュニケーションについて検討した報告を取り上げた。そこでは、生徒は、友達が手話で話すときにはその約30%、教師がクラスに向かって手話で話すときには約44%しかみていなかった。Mathews and Reich は授業において効果的な視覚的コミュニケーションが失われていることは、聴覚障害児の学業成績が低いことの要因となりうると指摘している。

　Marschark, Pelz, et al.（2005）は、教師に加え、通訳者や視覚モニタが配置された通常学級で学ぶ聴覚障害児の視覚的注意の配分について検討した。その結果、手話で育った聴覚障害児と音声言語で育った聴覚障害児は同様の視覚的注意のパターンや同等の理解度を示した。一方、英語－ASL のバイリンガル通訳者を対象とした研究では、聴者の通訳者が、音声なしで ASL 通訳つきの講義と、音声のみで通訳なしの講義場面をみた場合の状況について観察が行われた。全体的には、2種類の講義方法の違いによる、通訳者の理解や学習での違いはなかった。彼らは講義の ASL 通訳者から視線をそらすことはなく、「視線をそらすと情報を失ってしまう」と報告していた。この行動は通訳者や教師から頻繁に目をそらす聴覚障害児（Matthews & Reich, 1993）の行動とは対照的であった。聴覚障害児の行動には以下の3つの可能性が考えられる。①視空間処理に関する能力が強化されているため、聴覚障

害児は授業中のコミュニケーションから目をそらしても多くの情報を失うことはない（Bavalier et al., 2001; Proksch & Bavelier, 2002）、②聴覚障害児は、視覚的な再認能力が優れているため、目をそらしても失う情報は少ない、③実際のところ、聴覚障害児は目をそらすことで多くの情報を失っているが、彼ら自身がそのことに気づいていない（Kruger & Dunning, 1999）。

　手話を使用する聴覚障害者は聴者に比して、顔の表情の識別（Bellugi et al., 1990）や心的な操作（Emmorey, 2002; Talbot & Haude, 1993）の能力が優れていることが示されている。しかし、Bettger, Emmorey, McCullough, and Bellugi（1997）の報告では、それらの能力が発達するには多くの時間を要することが明らかとなっている。彼らの実験では、6 〜 9 歳の聴覚障害児が親の表情を識別する能力は聴児より優れてはいなかったが、成人期では聴覚障害者のほうが優れた成績を示していた。これは、彼らの視覚的経験に対応して、神経学的な機能の改善が行われたことが推察される。しかし、Marschark, Morrison, Lukomski、Borgna, and Convertino（2013）ではそのような機能改善には限度があるという結果も得られている。7 つの視空間課題、およびウッドコック－ジョンソンⅢ・認知能力検査（Woodcock-Johnson III Tests of Cognitive Abilities: WJ-III）から抽出した 5 つの課題からなる検査バッテリーを用いて検討した結果、きこえる学生の成績は聴覚障害学生と同じかそれ以上であった。また、聴覚障害学生での手話の獲得時期の違いにも有意差はなかったが、1 つの課題を除いて手話獲得時期の遅い学生のほうがよい傾向にあった。

　上述した一連の研究では、手話を使うか否かという視点で聴覚障害者を二分し、その視覚認知の特性について検討しているものが多い。一方で、手話と音声言語を状況に応じて使い分けている聴覚障害者も少なくない。林・前川・鄭（2017）が手話と音声言語を併用する聴覚障害者を対象に視覚探索課題を実施した結果、一定の視覚的負荷が要求される課題において、聴覚障害者のほうが聴者より効率よく探索していることや、手話優位群においては探索方略が異なることが示唆された。人工内耳装用者の増加などにより、聴覚障害者の状態像が多様化している今日においては、従来の知見に加え、個々のコミュニケーションの実態や、聴覚活用の程度も加味した検討が必要であろう。

　また、聴覚障害者の視覚認知については、文章の理解（Chung & Kakizawa,

2002; 四日市, 1999）や手話の理解（雁丸・四日市, 2005）といった高次の認知活動と眼球運動との関係を検討している報告も多くみられる。例えば四日市（1999）では、字幕つきの映像を呈示した結果、全視聴時間の 40％もの時間において視線が字幕に向けられていることが明らかとなっている。つまり、字幕を挿入したために、画面全体の映像への注視に制約が生じたと考えられ、単に字幕を挿入すればよいということではなく、挿入する字幕の文量や提示方法などを十分に検討する必要性がうかがえる。このように、聴覚障害者が日常的に行う認知行動と視覚認知の特性を関連させた応用的な検討を行うことで、教育的支援を行うためのより具体的な手掛かりにつながると考えられる。

Simms and Thumann（2007）や Marschark and Hauser（2012）によると、教育者は長い間、聴力の損失に由来する欠点にのみ注目し続け、聴覚の代わりに視覚情報や視覚処理を最大限に活用するためのカリキュラムを推奨してきた。しかし、聴覚障害児は依然として、周辺視野の活動に気を散らされてしまう傾向にある。そのため Dye et al.（2008, p. 260）は、聴覚障害児が、教師や友達をいつでも見ることができるように、視覚的情報から予測できるような環境を整える必要があると述べている。このことは、Evans（2004）や Roald（2002）の見解や、多くの通常学級での状況よりも、ろう学校のように 1 つの学級で学ぶ多くの聴覚障害児に対して向けられる議論であろう。

聴覚障害児の視空間認知が優れているという主張もさることながら、最終的には、視覚だけに依存することの欠点も考慮する必要がある。聴覚障害児の指導場面では、彼らが話者から目をそらして、視覚的な資料にも目を通すための時間を確保する必要がある。しかし一方では、聴覚障害児に十分に情報を伝えること、また、資料に目を通すための時間を確保することに留意すると、授業がなかなか進まず、予定した全ての知識が得られないことにもなる。たとえ聴覚障害児が教師や通訳者を交互に注視し、関連の視覚的な教材を見るための時間を得たとしても、ワーキングメモリへの負荷が大きくなり、認知的過負荷を導くことにもなりうる。彼らはまた、視覚的な教材を見ながら、それに関する教師の説明をきくという、教材の内容に含まれる関係性をうまく理解するのに効果的な学習方法をとることも困難であると予想される（Mayer & Morena, 1998; Paivio, 1986）。そのため、ただ単に視覚情報を提示するのみでなく、彼らの認知特性や学習面での課題などにも配慮しながら

視覚情報の活用方略を検討していくことが必要である。

記憶と学習

　100 年以上もの長い間、聴覚障害者は聴者よりも言語的、非言語的課題の
メモリースパンが短いとされてきた。これは、聴覚障害者の知的能力の低さ
のためとされていたが、最近の研究では、きこえの状態よりも、彼らの主た
る言語モダリティと関連することが示されている（Hall & Bavelier, 2010）。音
韻やスピーチの能力が比較的高い聴覚障害児は、系列的な記憶課題に適した
音韻と時系列によるコーディング方略を用いる傾向があり、メモリースパ
ンも長い（Lichtenstein, 1998; Pintner & Patterson, 1917）。一方、主に手話を使用
する聴覚障害児は視空間的なコーディング方略をより多く使用する傾向があ
り、このコーディングは系列的記憶の保持にはあまり適さないが、空間内の
位置の記憶には有効である（Todman & Cowdy, 1993; Todem & Seedhouse, 1994）。
Lauro, Crespi, Papagno, and Cecchetto（2014）は、視覚性ワーキングメモリと
空間性ワーキングメモリの検討を行い、手話をベースとしたコード化では、
空間的コードと言語的コードが結合されており、視覚性ワーキングメモリ資
源が消費されてしまうので、記憶課題での手話使用が必ずしも有効ではない
としている。Todman and Cowdy（1993）と Todman and Seedhouse（1994）は、
聴覚障害児は、聴児に比べて、複雑な視覚図形をよく覚えるが、図形の構成
要素の継次的記憶が求められる場合には、その利点が消えてしまうことを明
らかにした。これらの結果から、Hall and Bavelier（2010）は、系列的な課題
は、手話使用者には本質的に適していない性質をもっており、聴児と聴覚障
害児には、異なるワーキングメモリ課題を用いるべきだと論じている。
　日本では、言語性ワーキングメモリの容量を測定する課題として、日本語
版リーディングスパンテストが活用されており、テストの際にさまざまな記
憶方略を用いて課題に取り組むことで、課題の成績に差が生じることが報
告されている（遠藤, 2013; 遠藤・苧阪, 2012; Kaakinen & Hyönä, 2007; 苧阪, 2002;
も参照）。ワーキングメモリの成績が高い群では、言語性方略だけではなく、
視空間性方略（主に単語イメージ方略、チェイニング方略）を用いることが報
告され、成績の低い群では、主に言語性方略（リハーサル方略とチェイニング

方略）を用いることも報告されている（遠藤・苧阪, 2012; 西崎・苧阪, 2000）。このことから、課題や個人の特性に合った方略を用いることによって、記憶をサポートできるとも考えられる。

Gathercole and Alloway（2008）は、もし教師が、聴覚障害児を定期的に観察し、ワーキングメモリの問題を知ることができれば、2つの解決策が提案できるとしている。1つは、教室でのサポートであり、子供たちのワーキングメモリへの過度な負荷を軽減するよう、指導を構造化することである。これは、短い文を使ったり、短いステップで算数・数学の問題を解けるようにして、記憶する情報量を少なくすることである。もう1つは、記憶のための環境的手段を利用することであり、教室の壁に図などを掲示して、大切な情報や記憶方法などを想起させたりすることである。情報の繰り返しも支援の1つになる。

ワーキングメモリの困難を軽減するためのもう1つの方法は、聴覚障害児に系統だったワーキングメモリの学習をさせることである。抑制や認知的な柔軟性に加え、ワーキングメモリは、実行機能における3つの中核的機能の1つである。Dianmands（2012）は、実行機能は、テコンドやヨガなどの活動による人格開発や瞑想との組み合わせた身体的な自己コントロールにより訓練できると示唆し、「実行機能を最も改善しうるプログラムは、常に実行機能に働きかけ、子供たちに喜びとプライドをもたらし、彼らに、社会的な統合と所属感を与え、また、体を強く、健康的にすることを助けるものである」と論じている（p. 338）。

教育カリキュラムに含まれる、ワーキングメモリを含む実行機能の育成に向けた学習として、PATHS（Promoting Alternative Thinking Strategies）プログラムや心の機能のためのツール（Tools for Mind）が提案されている。特に、コンピューターを活用した学習はワーキングメモリの向上に役立つと言われ、Diamond（2012）は、コグメド・トレーニング（Cogmed training program; Klingberg et al. 2005）が、幼い聴児の記憶や算数能力の育成に役立つことを示した。Kronenberg et al.（2011）も、3歳以前に人工内耳を装用した7・15歳の聴覚障害児9人を対象に、家庭のコンピューターで5週間コグメド学習をさせ、文の復唱と言語性・非言語性ワーキングメモリが有意に改善し、3分の1の参加者では、6か月後にも効果が持続することを報告した。

記憶と関連するワーキングメモリで、聴覚障害児と聴児とで異なってい

るのは、ワーキングメモリにおける文脈情報の利用や、長期記憶にある既有知識の活用である。聴覚障害児は、与えられた状況に関して、知っている知識を、そこでどう用いるかがわからないと言われている（Liben, 1979; Marschark & Everhart, 1999）。彼らはまた、読み（Banks, Gray, & Fyfe, 1990; Marschark, De Beni, et al., 1993）や算数・数学の問題解決で（Ansell & Pegliaro, 2006; Blatto-Vallee, et al., 2007）、要素となる個々の情報を統合して概念化したり、文章に含まれる関係を認識したりすることに、しばしば困難を感じている。Marschark and Wauters（2011）は、このような、関係づけを自動的に行う処理が相対的に不十分であることは、さまざまな記憶や問題解決研究でも示されていることを指摘し、これは聴覚障害児に特徴的な基本的情報処理方法であり、学習に特異的な影響を及ぼしうるとしている。Ottem（1980）のレビューでは、聴覚障害児は聴児よりも、複数の概念、多次元の刺激、断片的な情報などを、関連づけ、統合するような認知的な課題での成績が低い。1つの特徴（色か大きさ）だけによる分類は聴覚障害の有無にかかわらず、同様に行えるが、2つ以上の特徴（色と大きさ）を同時に扱う課題では、聴児のほうが聴覚障害児より優れていることが示唆されている。

　また、聴覚障害児と聴児の問題解決での違いは、偶発的学習を通して獲得された背景知識の違いを反映している。McEvoy, Marschark et al.（1999）は、聴覚障害児は、個々の概念知識相互の結合関係、例えば「電車」と「レール」のような関連した概念の結合が、聴児よりも弱いことを指摘した。さらに Marschrk, Convertino, McEvoy, et al.（2004）は、馴染みのある対象物に対するカテゴリーの要素については、聴覚障害児も聴児も同様なものを思い浮かべるが、例えば「動物」というカテゴリー名称に対しては、聴覚障害児は聴児に比べて、これに対応する記憶の中での高頻度のカテゴリー要素（馬、犬、鳥）を、自動的に、すばやく思い浮かべることが難しいと指摘する。このような情報処理での違いは、聴覚障害児の読解力だけなく、記憶と問題解決能力にも影響する。ここで行われるトップダウン処理の重要性は、読みに関してはよく言及されるが、言語理解だけでなく、問題解決や学習全般に必要不可欠なものである。もっている知識を自動的に思い出したり、それを応用できたりする能力は、聴覚障害児は聴児よりも低く、その能力の程度に応じて、聴覚障害児の行動が制約を受けることになる。いまだ明確でない点は、このような違いと、聴覚障害児の言語発達の遅れ（Bebko, 1998）や、環

境にある情報の処理方法での一般的な違いとの関係である。この違いの原因は、聴児では、出生の時期から視覚と聴覚の統合がうまく機能しているが、聴覚障害児の情報取得は、視覚と聴覚とによるのではなく、主として視覚に依存していることによるものかもしれない。これは、聴覚障害児が読みや問題解決に取り組むときに、教師が、そこに含まれる情報相互の関連に注目させ、それを処理する方法を、どの程度指導し、学習させられるだろうか、という議論を提起する。特に、理解や学習に必要とされる処理が自動的に行われてしまうときには、どう対処すればよいのかという点が重要である。この問題をより明らかにするためには、実行機能について、より詳細にみていく必要がある。

実行機能とメタ認知

聴覚障害児と聴児の認知機能の間には多くの差異があることは既に述べた。しかし、聴児に比べて、聴覚障害児が、自分には理解できていないという認識をもちにくいことは、学習をうまく進めるための能力の弱さと考えることができる。一方で、視空間情報の記憶が優れていることは、明らかな長所と言える。しかし言語と非言語の両領域において、聴覚障害児は情報統合の困難に直面する傾向にあり、言語的・概念的理解がうまくいかない場合には、しばしば対象の認識が困難になったり、限られた情報しか得られない視覚的注意方略を用いることもある。幸いに、聴覚障害児は、文脈によっては概念的、手続き的知識を利用できるという事実は、学校でのフォーマルな、またインフォーマルな課題で、彼らの成績を改善する可能性を示唆するものである。

実行機能は、注意や記憶といったより下位レベルの心理活動を制御し利用する高次の認知機能である。したがって、実行機能はメタ認知（思考について考えることなど）や行動制御（情動や思考、行動のコントロールなど）を含む。言語が、意識的か無意識的かによらず内面化されていくにつれ、子供は自分の行動をよりうまく制御できるようになり、言語は、徐々に実行機能において中心的な役割を果たす。多くの聴覚障害児は、成長するにつれて年齢にふさわしい言語能力の獲得に徐々に遅れが出てくる。この事実は同時に、実行

機能においても遅れが大きくなる可能性を示唆している。一方、効果的な実行機能の必要性は、子供の発達と共に増加するが、逆に教室での状況はほとんど構造化されていない状態となる。したがって聴覚障害児は、より多くの内的資源や内的制御、そして内的組織化に依存する必要が出てくる。

　おそらく実行機能は学習者が新たな課題にアプローチするとき、最も必要とされるものである。成長するにつれ、子供は新たな課題により頻繁に直面させられるが、そのたびに、子供の問題解決能力は改善されていく。事実、知性とは、新たな状況に先行知識を応用することができることと定義される場合がある。しかし既にみてきたように、聴覚障害児は家庭でも学校でも、過度に整えられ、構造化された環境で育ってきたことに気づくであろう。つまり彼らがその環境を必要としているかどうかにかかわらず、同年齢の子供たちよりも問題解決においてより多くの援助を受けているということである。親や教師による支援が構造的であればあるほど、聴覚障害児が自分自身で問題を解決する必要性はますます少なくなる。それゆえ、過剰に構造化された環境は実行機能の発達を促進しないので、子供の自信や自尊感情の発達も促進されない。もし、聴覚障害児が認知的柔軟性を発達させ、独立した学習者となるよう望むのなら、彼ら自身にチャレンジさせるようにさせなければならない。このことは教室ばかりでなく、他の学習文脈や社会的相互作用においても同様である。聴覚障害児の実行機能の発達が養育環境に大きな影響を受けるように、聴児の実行機能の発達も養育者を含む養育環境に左右される。

　聴児へのさまざまな養育態度のうち、「過保護な養育態度」は、後の実行機能を低めることや、遺伝的影響とは独立した環境要因として実行機能の発達に影響を及ぼすことが明らかにされている（藤澤, 2015）。またネガティブな感情は認知能力にも影響する。聴児についての実験で、ネガティブな映像刺激を与えた情動条件では、刺激がない統制条件より全体的な課題遂行が低く、固執傾向が強まることが示された。これらの結果は、教育実践においてネガティブな情動が特定の認知能力の低下をもたらすことを考慮する必要性を提案している（中道, 2016）。

　聴覚障害児は、先行知識を応用したり、問題の複数の側面を同時に考慮する必要性を正しく認識しない可能性がある。また彼らは、自分自身の理解や学習を、同年齢の聴児と同じぐらいの正確さでモニタできないかもしれな

い。第 11 章でみるように、教室での聴覚障害児は、しばしば彼らが自分で（また我々が）考えているほど理解したり学習できたりしていない（Borgna, Convertino, Marschark, Morrison, & Rizzolo, 2011; Marschark, Sapere, Convertino, & Seewagen, 2005）。このような自己に対する過大評価は、彼らが本を読んでいるときだけでなく、彼らが手話や口話によって情報を受け取っている場合にも起きる。

　さまざまな研究が聴覚障害児のメタ認知的な読み方略を検討してきた。その全般的な知見は、彼らが聴児と比較して、利用する方略の質と量の両方で有意に遅れているというものである（Andrews & Mason, 1991; Schirmer, 2003; Schirmer, Bailey, & Lockman, 2004; Strassman, 1997）。他の研究では、聴覚障害児が理由の理解や認識において、うまくモニタリングしているかを検討している。授業では、きこえる大学生は聴覚障害学生より正確に自分の学習を評価しているとされているが、子供については検討されていない。しかし聴覚障害児の読みの理解困難の特定の側面については複数の研究が行われている。

　Gibbs（1989）は、聴覚障害児が、自身の内的な知識の不一致や、外部世界の知識との不一致といった、理解に影響する問題をどう認識しているのかについて検討した。その結果、16 〜 19 歳の生徒の半数以下で、理解に関連した問題がみられた。聴覚障害学生に関する同様の知見が、Kelly, Albertini and Shannon（2001）や Borgna et al.（2011）によって得られており、彼らが文章の一節の中で中心となっている点を抽出することが困難なことを示した。Kelly et al.（2001）は、学生が、効果的なメタ認知方略を探すことを通して、自分自身の理解をよりよくモニタするような学習方法を検討したが、彼らの介入は成績の有意な改善をもたらさなかった。

　対照的に Mousley and Kelly（1998）は、非言語的な問題解決課題において、聴覚障害児へのメタ認知学習の可能性を立証した。実験には「ハノイの塔」課題が使われた。1 つの実験では研究実施者が聴覚障害児に少なくとも 2 分間、課題解決のためのステップを視覚化するように求めた。視覚化の教示を受けた群は、教示を受けていない比較群よりも有意に少ない移動回数で問題を解決した。このことから彼らは、視覚化のプロセスがプランニングを促進し、衝動的で無意味な移動の数を減らしたと結論づけた。同様の介入で、算数の問題解決にも成功した。その介入には算数の文章題を解決するための、教師による解決方略のモデリングが含まれており、問題解決過程の段階ごと

に、教師が自分の考え方を説明していくものであった。介入を受けた聴覚障害児は、類似した算数の問題に、学習した問題解決のステップを般化させることができた。Mousley と Kelly の研究は、聴覚障害児が、問題解決過程でしばしば実行機能やメタ認知的方略をうまく利用しないことを示したが、彼らにそれができないということではない。彼らが、問題の状況に適切にマッチした方略の選択に失敗したのか、方略を効果的に応用することが困難なのかは今後に残された問題である。

　Martin and Jonas（1986）、Martin, Craft, and Sheng（2001）もまた、Feuerstein（1980）が開発した解決方法強化（Instrumental Enrichment: IE）プログラムにより、聴覚障害児のメタ認知能力の向上を試みた。IE プログラムは、問題の解決の方法や解決過程を重視した学習プログラムで、部分－全体の比較、視覚的関係の思考、空間関係の検出、指示に従う、分類システム作成といった課題を含んでおり、これらは、聴覚障害児が困難をもっていると従来言われてきた領域に関するものである。1986 年から 2 年間行われた研究での授業介入により、読み、算数計算、概念、またレーヴン標準プログレッシヴマトリックス検査で評価された非言語性知能得点で伸びを示し、問題解決のための批判的思考での進歩を示した。また 2001 年には短縮版のプログラムが中国と英国で行われた。これらの研究に携わった教師は、介入を受けた聴覚障害児が、高い認知レベルの質問を発したこと、授業に集中できたこと、認知に関連した語彙をより多く使ったことを報告している。

　日本のメタ認知に関する研究では、読みに熟達した聴覚障害児は聴児と同様に読みに関するメタ認知的知識を有し、メタ認知的活動を行っているが、そのような聴覚障害児は聴児と比較して少ないこと、また、メタ認知に関する指導を行うことによって、読みの成績が向上することなどが報告されている（長南・澤, 2009）。さらに、子供が課題を遂行する際には、大人が子供にどのような内容の言葉かけをするのかが重要となる。きこえる幼児への言葉かけに関する研究では、子供にとって新規な課題では、課題の目標についての言葉かけは効果がなく、むしろ、教材のどこに目を向けさせればよいのかという、低次レベルの言葉かけの有効性が示唆されている（柳岡, 2017）。

　聴児への指導と同様に、聴覚障害児への指導方法を工夫することで、メタ認知や課題解決の能力を発達させることができると考えられるが、そのための、聴覚障害児に向けた独自の指導方法について、今後も研究が必要である。

社会性の認知と心の理論

　Martin et al.（1986, 2001）らの研究では、認知的な学習は、子供の推論能力を高めると共に、授業への取り組みをより高度なものにすることも示された。これは学習した内容を超えた意味をもちうるものであり、子供は、教師の指導意図や子供に対する期待をより意識し、それによって認知発達と学力の向上がもたらされることを示唆している。メタ認知能力は、記憶、信念、願望、意図のような心理的側面に関わり、また、特定の状況での子供に対する教師の期待も含まれるが、この能力は、社会性の認知の一側面でもあり、心の理論と呼ばれる。幼児であっても、他者の信念、感情、動機について理解できると考えられている。このような社会性の認知は、家族の中や、それを超えた社会的関係を築く土台になる。実際、互いの感情、動機、考え、信念を理解することは、他者とのコミュニケーションで、話の意図や内容を把握するのと同じくらい重要である。

　社会性の認知や心の理論の発達には、言語獲得と、早期段階での他者との相互作用が重要であることから、聴覚障害の研究者もこの分野に興味をもつようになった。心の理論が、子供と教師の関係（第7章参照）や学習そのものに影響しうるということは興味深いが、まだ十分に検討されてはいない。また、心の理論と言語能力の発達との関連について、聴児を対象に行われた縦断的研究、例えば、Astington and Jenkins（1999）は、誤信念課題として最も広く用いられている「隠した場所の移動」課題[1]と「予期しない箱の中味」の課題[2]を用いて、心の理論と言語能力（統語・意味）とが強く関連している

　　［心の理論を調べる一般的課題の例］

1　部屋の中にいる子供(a)と子供（または人形）(b)の前に、箱①と箱②があり、箱①にボールが入っていることを子供たちに示して箱に蓋をする。子供(b)が部屋を出た後、子供(a)の前でボールを箱①から箱②に移す。その後、子供(a)に、子供(b)が部屋に戻ってきたら、「子供(b)はボールを見つけるために箱①と箱②のどちらの箱を探しますか」と尋ねる。

2　子供(a)に、お菓子が入っていることを予期させる箱に鉛筆が入っていることを示す。その後、子供(a)に「もしここにいない子供(b)にこの箱を見せたら、その子は中に何が入っていると思うか」と尋ねる。

ことを明らかにした。また、言語能力は心の理論の能力を予測できるが、逆方向の予測はできないことから、言語能力が心の理論の発達の基礎となる。少なくとも英語では、例えば「私は、それを知っていると信じている。」といった補文構造を利用する能力が重要で、誤信念を言語的に理解するために必要であろうと考えられた。また、聴覚障害児の言語能力と心の理論の発達との関連も示され（Jackon, 2001; Kim & Chung, 2016; Moeller & Schick, 2006; 大原・廣田, 2014; Schick et al,, 2007）、大原・廣田（2014）は、聴覚障害児が日常会話において統語的に適切な構文を使用することと心の理論との関連性が強いことを示している。

　心の理論は社会性の発達に重要であるという観点から、聴覚障害児を対象として研究も行われている。なぜなら、彼らは言語発達が遅れ、音声言語や手話言語の能力が低いため、同年齢の聴児より心の理論の発達が遅れるだろうと思われているからである。Peterson and Siegal（2000）は、聴覚障害児の誤信念課題の遂行について調べた 11 の研究を検討し、年齢相応の知的発達段階にある聴覚障害児でも、親が聴者である場合には心の理論の発達が遅れることを示した。聴児は通常、4 ～ 5 歳までに心の理論を獲得するが、きこえる親をもつ聴覚障害児の場合は、聴児より 2 ～ 12 年遅れることを、多くの研究が示している。それについて Peterson and Siegal は、乳幼児期に、家庭内で質的また量的に言語にどれほど触れたかが関連していると考えた。親がきこえない聴覚障害児は、親が聴者の聴覚障害児より誤信念課題の解決能力が明らかに優れており、また、聴覚障害児でも、聴者の親と手話でコミュニケーションを行っている場合には、口話のみを用いている親子の場合より誤信念課題の遂行で優れていることが示されている（Courtin, 2000; Courtin & Melot, 1998）。

聴覚障害児の心の理論の発達の予測

　Marschark and Knoors（2012）は、子供が誤信念課題をうまく遂行するためには、他者の心的状況を理解することと、それに基づいて他者の言動を推測することの両方が必要であると示唆している（Gopnik, Slaughter, & Meltzoff, 1994; Marschark, Green, Hindmarsh, & Walker, 2000; Remmel & Peters, 2008）。したがって彼らは、子供が誤信念課題に失敗しても、心の理論は獲得している

かもしれないと考えた。Odom, Blanton, and Laukhuf（1973）の研究では、7〜12歳の聴覚障害児は、聴児と同様に、特定の感情を表す顔の表情を区別できるが、絵で示された一連の出来事から導き出される感情や心的状況を予測できないことから、心の理論の獲得が遅れているとされた。Marschark et al.（2000）は、トータルコミュニケーションで教育を行っている学校の聴覚障害児と聴児とを対象に、彼らに物語を話させるという方法で心の理論について検討した。聴覚障害児は主に手話をコミュニケーション手段としており、聴者の親の家庭で育っていた。子供の語りは手話や口話で行われ、ビデオ録画された。9〜15歳の聴覚障害児には、自分の視点から想像するような題材について話すこと、また、他者の影響による心的状況もわかるよう、他者とも関連させて話すことが求められた。Marschark et al.（2000）の結果はPeterson and Seigal（2000）とは相反するものとなり、話された物語については、聴覚障害児のほうが聴児より心的状況についての言及が多く、また両群とも年齢の影響はみられなかったことを示し、聴覚障害児は、回答方法を特定せず自由に話させる場合、心の理論の能力が最もよく発揮できると結論づけた。同様な結果がRhys-Jones and Ellis（2000）とRieffe and Terwogt（2000）でも示されている。

　これらの結果は、聴覚障害児の心の理論の発達は、聴児とは異なる側面があることを示唆している。Peterson and Wellman（2009）は、5歳10か月〜13歳6か月のオーストラリアの子供93人を対象に（そのうち聴覚障害児は39人）心の理論について検討し、聴覚障害児と聴児の心の理論の発達の違いは、心の理論の獲得の時期や、その構造や内容には関連していないことを示した。社会性認知の発達段階は、聴覚障害児と聴児とは同様であり、これは、聴児の中でも、言語や文化が異なっても同様な発達段階で進んでいくのと同じことである（Wellman, 2010）。しかし、多くの場合、聴覚障害児ではその発達が遅れることが示されている。

　前述のように、きこえない親をもつ聴覚障害児は、聴者の親をもつ聴覚障害児より心の理論の発達が優れている。Peterson and Seigal（2000）、Courtion（2000）、Courtin and Melot（1998）は、少なくとも5〜10歳の聴覚障害児は、親が聴覚障害の場合は、親が聴者である場合よりも、心の理論課題の成績が有意に高いことを示している。この違いは、彼らが手話を使用しているからなのだろうか、あるいは、聴覚障害の親が感情についてのコミュ

ニケーションが行いやすいからだろうか、あるいは、特定の感情を引き出す場面状況のせいなのだろうか？　Woolfe, Qnat, and Siegal（2002）は 4 ～ 8 歳の 60 人の英国の聴覚障害児を対象に、誤信念課題の遂行について検討した。対象児のうち 20 人はろうの親をもつ手話ネイティブであり、40 人は聴者の親をもち、遅れて手話を学習した子供であった。手話ネイティブのろう児は、遅れて手話を学習した聴覚障害児より幼いにもかかわらず、よりよい成績を示した。この結果は、より年長の手話ネイティブのろう児と遅れて手話を学習した聴覚障害児を対象とした第二研究でも確認された。一方、両群間で実行機能には違いがなかったので、実行機能は、最初の研究でみられた心の理論の遂行の違いを説明できないという考えを強めることになった。Peterson and Siegal（2000）と同様に、本書においても、社会的コミュニケーション能力は必要であるが、統語能力が、さまざまな心の理論の課題を遂行するために必要であることを指摘している。

　Woolfe et al.（2002）の知見は、Morgan and Kegl（2006）によって検証された。7 ～ 39 歳の 22 人のニカラグアの聴覚障害児者が対象であり、ニカラグア手話を習得した年齢はそれぞれ異なっていた。誤信念課題と再生課題が行われ、対象者は、言葉が書かれていない漫画の中で起こっていることについて話すよう求められた。手話を遅れて学習した聴覚障害児者は、誤信念課題と再生課題で評価された社会性の認知において、著しくまた長期にわたって劣ることが示された。Morgan and Kegl は、心の理論の発達に関与する手話言語への接触に関しては、10 歳が非常に重要な時期であると結論づけた（より広範な示唆については Mayberry, 2010 参照）。

　早い時期に言語に多く触れることが、心の理論の発達にとって重要なことは、大規模研究でも強調されている（Schick, De Villiers, De Villiers, & Hoffmeister, 2007）。彼らは、3 歳 11 か月 ～ 8 歳 3 か月の 176 人の ASL や口話を用いる聴覚障害児、また比較群として聴児 40 人を対象にテストを実施し、非言語性知能、誤信念課題（隠した場所の移動、予期しない箱の中味）とその理由づけ、言語能力について検討した。親がろうで手話ネイティブの聴覚障害児と、比較群の聴児は同様の成績であり、彼らは親が聴者の聴覚障害児より優位な成績を示した。一方、親が聴者の聴覚障害児が ASL を数年間集中的に学んだ場合には、7 歳の段階で、手話ネイティブの聴覚障害児に成績が追いつくことが示された。年齢、および特定の統語構造、例えば、「彼

女はその少女の髪の中に虫がいると言った（She told the girl there was a bug in her hair.）」（同時に示した絵では、それは単なる葉っぱだった）を、処理し記憶する能力は、誤信念課題の成績に対する独立した予測要因であった。しかし、一般的な文法能力は誤信念課題の遂行結果を予測できなかったが、これは一般的言語能力と心の理論との関係を指摘した他の研究（例えば、Hao, Su, & Chan, 2010）とは対照的であった。

　心の理論と言語能力との関係については、統語構造に関して、コミュニケーションに関わる動詞を含む誤った補文のみが、ある程度検討されたが、それ以外で心の理論の予測要因として検討されたのは Schick et al.（2007）による語彙についてであった。彼らは「ある種の語彙意味論と特定の補文構造（complement syntax）は、心の理論の発達に独立して寄与する代表的な要因である」と考えた。明らかに、誤信念課題の解決に必要な心的推論能力は、視覚的に状況をみることだけでは獲得できないようだ。子供にとって、視点を変えながらの会話経験が必要であり、言語モダリティの違いにかかわらず、補文構造が心的推論の発達に特に寄与することが示された。言語に十分触れることが最も重要であり、特に心的動詞や補文構造を含む言語に触れることが重要である。しかし、多くの聴者の親は、子供をこのような環境に、継続的に、また、その環境での言語を理解できる状態におくことができない。

　前述したさまざまな研究は、心の理論の発達にとって言語環境が重要であることを示唆しているが、聴覚障害児における、言語能力と心の理論の発達との関係は明確に示されてはいない。Kim（2017）と Kim and Chung（2016）、金・鄭・四日市（2015）の研究では、特別支援学校小学部児童の心の理論の発達について、3 つの視点取得の観点（視覚的・認知的・情動的視点取得能力）と言語能力のレベルの違い（教研式全国標準読書力診断検査により読書力高群と読書力低群を設定）との関係を検討した。その結果、読書力高群では、心の理論の発達が聴児に遅れないこと、読書力低群では読書力高群に比べて心の理論の発達の遅れが示され、特に難易度が高い認知的・情動的視点取得の課題でその差が著しかったが、徐々に発達する様子もみられた。

人工内耳装用児の心の理論

　心の理論と言語能力との関連については、人工内耳装用児を対象とした研究分野でも注目されている。子供の人工内耳装用は、聴覚障害児の発話と聴能を高めるが（第 4 章参照）、社会的認知の発達にも有利なのであろうか。Peterson（2004）は、心の理論（誤信念課題）に関する 7 つの研究をレビューし、6 つの研究で、補聴器を装用し、口話を使用するほとんどの聴覚障害児で、心の理論の発達が遅れていること、また、手話を後で学習して使用している聴覚障害児にも心の理論の遅れがみられることを示した（Hao et al., 2010）。Peterson のレビューの残りの 1 つの研究では、聴者の親をもつ聴児と同様にろうの親をもつろう児にも、社会的コミュニケーションが社会的認知発達に有利に働くことが示唆された。

　Peterson（2004）はまた、4 ～ 12 歳のオーストラリアの聴覚障害児 52 人を対象に、心の理論について検討した。対象児のうち 13 人は聴力が重度または最重度で補聴器を装用し、13 人は人工内耳を装用していた。人工内耳装用児の年齢は 4.2 ～ 11.2 歳で、2 ～ 5 歳の間に人工内耳を装用し、そのうち 6 人は通常の学級に在籍し、他の子供たちは、特殊学級かろう学校に在籍していた。研究の結果では、音声言語能力と心の理論課題の成績の両方で、人工内耳装用児と補聴器装用児との間に違いはなく、同年齢の聴児は、音声言語能力と心の課題の両方で、人工内耳群と補聴器群よりもよい成績であることが示された。

　Peterson（2004）の結果は、人工内耳は、子供たちが通常の社会的認知能力を発達させていくためには、十分なものとは言えないことを示すと考えられよう。一方、Remmel and Peters（2009）は、早期に人工内耳を装用した 30 人の聴覚障害児を対象とする研究を米国で行った。対象児は、同年齢の聴児や手話ネイティブのろう児と比べて、言語理解や社会的認知での遅れを、ほとんどあるいはまったく示さなかった。心の理論における発達の段階も、ほぼ同等であった（Wellman, 2011）。全体的な統語能力は、またやや弱かったが、複雑な統語の理解が、対象児の心の理論能力の予測要因であった。しかし、子供たちの言語能力や、彼らが、精選された人工内耳プログラムから選ばれていることから、Remmel と Peters は、この研究での対象児は、聴覚障害児全体を代表していないと指摘している。

Ketelaar, Rieffe, Wiefferink, and Frijns（2012）は、誤信念課題の枠を超え
た、心の理論の多角的な側面について、オランダに住む72人の早期人工内
耳装用児と69人の聴児を対象に検討を行った。まず、全ての子供を対象と
して、心の理論の発達の前提となる「意図」について検討し、その後、願望
（desires）や信念（beliefs）の理解について、月齢30か月以上の子供を下位群
として検討した。ここで取り上げている「意図」とは、多くの行動でみられ
るような、目的に向かって行動するという特性であり、願望や願い、希望を
満たすよう行動したり、また、信念や期待、理想、考え、確信に従って行動
しようとすることである。対象児の年齢は、1～6歳であり、平均は、聴児
で39か月、聴覚障害児で37か月であった。全ての聴覚障害児が3歳前に
人工内耳を装用し、3分の2が片耳、3分の1が両耳装用だった。聴覚障害
児と聴児は、粗大運動や微細運動の技能面での違いはなく、親の社会－経済
的な状況についても違いはなかった。聴覚障害児の主とするコミュニケー
ションモードは、36％が音声言語のみ、64％は手話言語か手話つきの音声
言語だった。この研究では、聴覚障害児への人工内耳装用は非常に早かった
ことから、心の理論の能力への影響が既にみられていた。他者の意図理解に
ついては、聴覚障害児と聴児との間に違いはなかったが、他者の願望や信念
の理解は、聴覚障害児のほうがより困難であった。聴覚障害児の結果を、言
語能力のレベルでの違いに応じて修正した後でさえ、その成績は聴児より低
かった。この研究によれば、人工内耳装用児は、心の理論の能力の発達で聴
児より遅れるか、あるいは、聴児とは異なる発達の過程をたどるようであ
る。また、大原ら（2014）も Ketelaar et al.（2012）と同様な知見を得ている。
大原らは、他者の行為意図の理解と誤信念課題について、4～7歳の平均聴
力レベル 75.7dB の聴覚障害児 12 人（補聴器装用児：9 人、人工内耳装用児：3
人）と聴児 12 人を対象に検討した結果、他者の意図理解については、聴覚
障害児と聴児は同等な成績を示したが信念に関する課題では聴児のほうが聴
覚障害児より優れていることを示した。また、他者の行為の意図について、
理解だけでなくその意図を説明する能力を検討した研究もみられる（野原・
廣田, 2014）。この研究では、特別支援学校小学部 2 年生と 3 年生の聴覚障害
児 21 人（平均聴力レベル：99.4dB）と同学齢の聴児 60 人を対象に検討した
ところ、聴覚障害児は、聴児に比べて、他者の行為意図を説明する能力が低
く、説明に用いた語彙や説明内容が乏しかったことが示された。また、行為

意図の説明と読書力との相関関係が認められ、聴覚障害児の言語能力と他者の意図理解との関連性も示唆された。Kim and Chung（2016）は、一般的に用いられる一次的誤信念課題に加えて二次的誤信念課題について、特別支援学校小学部 1 〜 6 年生 100 人（人工内耳装用児：18 人、補聴器装用児：82 人）を対象に検討し、誤信念課題の解決では、課題の難易度が高いほど年齢と読書力の影響が大きいことを示した。野原・廣田（2014）と Kim and Chung（2016）の結果からも、子供の言語能力自体が社会的認知の発達には重要であることが示唆されている。

　人工内耳装用児において、心の理論の発達に影響を及ぼす要因は言語能力だけではない。Ketelaar et al.（2012）の研究によれば、聴児と同じ音声言語能力をもつ人工内耳装用児でも、心の理論の発達に遅れがみられた。その理由として、彼らが経験する会話の質が、聴児と同等ではないことが考えられることから、彼らは、親と人工内耳装用児との会話の内容にもっと注意を向けるべきだとした。人工内耳装用児と親とのコミュニケーションは、心理状態に関するやりとりが、やや欠落していたり、また、彼らの会話には、特定の心的動詞やその補文構造がみられなかった（Schick et al., 2007）。

　Moeller and Schick（2006）も類似した研究を行い、聴者の母親と聴覚障害児の社会的なやりとりで使われた言語と心の理論の発達との関係を明らかにしようとした。22 人の聴覚障害児（このうち 10 人は人工内耳装用）が、母親と手話でやりとりをしたが、全体として、人工内耳装用の有無と、言語と誤信念課題の成績間に有意な違いはみられなかった。しかし、聴覚障害児は全体として、比較群の聴児より、両方の成績で遅れを示した。彼らはまた、聴児の母親は、聴覚障害児の母親より、心的状態について子供に言葉で多く話すことを見出した。このような「心的内容についての話」の量や母親の手話言語レベルが、子供の誤信念課題の成績に有意に関連していた。

　Morgan et al.（2013）も、聴者の母親と聴覚障害児との会話では、心的状態に関する言葉が不足しているという仮説を支持している。この研究には、20 人の聴覚障害児（平均 2 歳 4 か月）の母親が参加し、聴覚障害児のうち 16 人は人工内耳を、4 人は補聴器を装用していた。比較群として、19 人の聴者の母親と、聴覚障害児と同年齢の聴児が参加した。母親と子供との会話の分析から、聴覚障害児の母親は、聴児の母親に比べて、人の情動、主張、考えに関する話が有意に少なかった。

心の理論の発達のより幅広い示唆

　言語入力と心の理論の発達との間の、量的・質的なつながりは、子供や親に対して多くの示唆を与える（Adrian, Clemente, Villanueva, & Rieffe, 2005）。Lecciso, Petrocchi, and Marchetti（2012）は、母親と音声言語でやりとりをする聴児と聴覚障害児の、心の理論の能力について比較した。聴覚障害児は聴児よりも心の理論の発達が遅れていたが、聴覚障害児のきこえる母親も、聴児のきこえる母親よりも、心の理論のスキルが十分ではなかった。彼らは、この知見は、母親が、聴覚障害児との会話で、長い間「心的内容についての話」をしてこなかったためであろうと推察した。

　通常の学級やろう学校の教師は、心の発達の能力が年齢相応に発達していない聴覚障害児に出会うことがある。そのような子供は、クラスでの社会的な関係作りが難しく、特に、他の聴児が、社会的な認知において、聴覚障害児よりも進んでいる場合には、その問題が大きくなる。このような状況は、クラスの運営や子供の成績にマイナスの影響をもたらす。なぜなら、社会的認知の遅れは、子供相互の協働的な学びを妨げたり、不可能にしたりしてしまうからである。このことがまさに、教師が、聴覚障害児（また、協働学習を必要とする聴児）の心の理論の能力を発達させようとする理由である。会話の機会を数多く設定し、他者の意図、考え、期待などについて話し合うことは、心の理論の発達を促すための1つの方法であり、その際に、心的状態を表す動詞を多く含む言語刺激を与えることも重要である。子供たちが既に読んだ物語を題材に、登場人物が心の中で思っている、望み、希望、したいことなどについて、話し合ったり、書いたりすることも、そういった機会を提供する。社会的認知能力を育成するような特別な学習が有効かどうかの議論は第7章で行う。

　まとめると、多くの研究から次のような結果が導かれる。聴児の心の理論の発達は、さまざまな言語や文化圏の子供において確認されており（Wellman, 2011）、聴覚障害児も、まさにこれと同じようなプロセスで心の理論を発達させていく。聴覚障害児が音声言語や手話言語の能力で遅れていれば、心の理論の課題での成績も通常は同じように遅れるだろう。利用できる初期の社会的な言語刺激が、社会的認知能力の発達の前提条件となろう。しかしながら、年齢相応の言語能力をもつ聴覚障害児でも、社会的な認知では遅れを示

しているということを考えると、言語使用の機会を準備するだけの議論には、疑問の余地がある。初期の言語の内容そのものも、きわめて重要な論点となろう。そして、そのような言語入力の時期もまた重要である。研究が示すところでは、7歳以前に、社会的認知を促進するような豊富な言語に接することができれば、社会的認知の発達における長期にわたる遅れを防ぐことになろう。

　社会的認知の議論から離れる前に、聴覚障害児に関する以下の研究について述べておくことが重要である。それは、心の理論の獲得と、それをさまざまな状況で応用できる能力（意図しない自動的な行為であれ、意図的な行為であれ）とは、単純に、直接的につながっているものではなく、さまざまな知識や技能が、実行機能を介して総合的に関与している。心の理論の能力は、指導－学習の活動において特に重要だと考えられる。なぜなら、心の理論の能力は、子供が、教師の言語や行動を広い文脈の中で考えるように導き、学習そのものや学習の成果を般化させることに貢献する。心の理論と学業成績との関連性について検討した研究はまだみられない。しかし、聴覚障害児に、特定の課題と学習した教科内容との関係、また教師がその課題で求めている目標について、よく考えさせることは、彼らが、適切な認知やメタ認知の方略をよりうまく発達させることにつながるだろう。本書では指導方法や教材を、聴覚障害児と聴児との認知的な違いに合わせて調整し、適応させることの必要性を指摘してきたが、そこでの指導方法の改善とはまさにこのことを指している。

これまでの議論が意味すること

　聴覚障害児と聴児の間には、一般的な知的能力の違いはないにもかかわらず、行動の順序づけや他者の視点に立つ能力などの、さまざまな認知プロセスにおける違いが就学前の早い段階から報告されている。これらの違いは、言語能力の違いや、家庭での早期経験の違いと関連する可能性がある。他方では、これらの違いが、聴覚的処理の代わりに視覚的処理に主に依存する聴覚障害児と聴児との間の認知的違いの本質的な側面を示しているのかもしれない。

例えば、周辺視野の変化に敏感であるといった、聴覚障害児の視覚への依存に関連した違いなどは、彼らの適応機能の現れとして考えられる。しかし、中心視野における選択的注意や持続的注意の減少や、注意散漫の増加は、視覚的注意を持続的に必要とする課題や教室での学習を難しくする可能性もある。同様に、聴覚障害児は、聴児に比べて、特に情報が系列的に提示されるときは、言語と非言語課題の両方において、記憶の成績が低い傾向がある。対照的に、手話を母語とするろう者では、視空間記憶は、聴者と同様か、それ以上の成績を示すことが報告されている。しかし残念なことに、教室で学ぶ聴覚障害児の学習を改善するための、聴覚障害児の記憶の特徴に合わせたり、記憶の長所を活かしたりする指導方法に関する報告はなされていないようだ。我々は聴覚障害児の認知的違いに気づいており、教師は教室でさまざまな調整を行っているであろう。しかし、エビデンスベースの実践（第1章参照）が叫ばれるこの時代だからこそ、そのような調整に成功した、あるいは失敗した事例を文献として広く公表していくことが必要である。

　日本の研究においても、聴覚障害児における聴児と同様の知的潜在力を前提としながら、認知課題における視覚的処理方略の違い（林・前川・鄭, 2017）、記憶方略の違い（大澤・茂木・鄭, 2016）、認知的処理方略の違い（阿部, 2003; Kim & Chung, 2016）などが指摘されており、これらの違いは、内的言語の活用の差（住, 1985）や一般的経験や言語的経験の差（鄭, 2003; 吉野, 1982, 1996）によりもたらされることが示唆されている。また知能検査は、知的潜在力を示すものでなく、知的能力の運用を示すものであるといった指摘（村井, 1972）もある。今後の研究では、これらの先行研究で示唆されている言語能力や経験の要因を考慮した、多様な対象児の知的運用の状況を明らかにする研究が必要であろう。

　一方、聴覚障害児は、授業の中で問題解決や認知的な思考方略を身につけていくときに、聴児の行動やニーズとはその程度や内容において異なる特別なニーズをもっていることを認識する必要がある。したがって教師には、聴覚障害児の教科学習上のニーズを的確に捉え、それに対して適切に対応するための調整能力が求められており、そのためには、専門的な研修が必要である。聴覚障害児に教育的介入の効果をもたらすためには、彼らの認知能力や言語能力を十分に理解する必要があり、それが達成されなければ、特殊教育は決して、その子供にとって「特別」な教育であるとは言えないだろう

（Detterman & Thompson, 1997）。他方で、教育に携わる者は、子供に対する過保護、過干渉、先回りしたお膳立てが、その子を虚弱でたくましさに欠け、神経質でこらえ性のない子供にしてしまう可能性のあることを知るとき、聴覚障害児の知的・認知発達のありようを今一度深く考えてみる必要があろう（吉野, 1996）。

第7章　社会性・情緒の発達と学習

　多くの人々が、学力向上を学校の最重要課題と捉えている。しかしながら、社会性や情緒の発達こそが注意を払うべき重要な課題であると考えられる。事実、10代までの子供たちの社会性や情緒の発達の程度は、学業成績に直接的な影響を与えており、第3章で示されているように、早期からの社会性や情緒発達への家族からの働きかけが最も重要である。社会性や情緒への働きかけは、聴覚障害児と家族の効果的なコミュニケーションの確立を通して、間接的に、また自然にも起こるが、直接的には早期介入プログラムによってもたらされる。日本でも、特別支援学校の乳幼児教育相談や療育施設で聴覚障害幼児への早期介入を行っている。庄司・齋藤・松本・原田（2011）は、特別支援学校乳幼児教育相談担当者を対象に全国調査を行った結果、支援内容として保護者支援が最も重視されていることを明らかにした。親と子の初期コミュニケーションを成立させるための早期介入は、養育者の心理的安定にもつながる重要なものである。ほとんどの場合、社会性と情緒の発達を支えるための、より多くの支援が学校に求められ、それは通常の学校でも特別支援学校でも、また低学年でも高学年においても同様でもある。

　学校では、同級生や上級生、成人との関わりがあり、社会性を学ぶための重要な環境となっている。子供は日々の生活の多くを学校で過ごし、特に聴覚障害児は聴児より長い時間を過ごす。したがって、学校生活は、社会性や情緒を育てる経験を質の面だけでなく量的にも増やし、その発達に大きな影響を与える。家庭での持続的なコミュニケーションの難しさや、難聴を引き起こす原因に付随する他の（神経心理学的または身体的な）障害によって、聴覚障害児は社会性や情緒の発達に関して少なからず危険にさらされているの

である。

　この章では、情緒や社会的能力と学力との関係を探り、聴覚障害児の社会性および情緒の発達に関する知見を提供する。最初に、リスク要因とリスクから守る要因について取り上げ、次いで情緒の発達、社会的スキル、そして友人関係を含む社会的受容に言及する。そして最後に、情緒や社会性の能力の発達を促すための、学校における方略やプログラムの概要を説明する。議論の全体を通して、聴覚障害児は早期から大きな個人差があることに心をとどめるのは大切なことである。個人差は他の能力と同様に社会性や情緒の発達においても存在している。

社会性、情緒、学力の間の関係

　子供の学業成績に社会性や情緒的スキルが果たす役割が大きいことを示す研究が増えている（Denham, 2006; Ladd, Birch & Buhs, 1999）。その関係は双方向的で、学校での友達関係が円満か否かと学業成績の高低は、心理的安定と円滑な認知処理の影響を受けている。そしてまた逆も言えるのである。Blair（2002）は、新入生が学校にどのように適応していくかを正確に理解するためには、情緒的能力と社会的能力の相互関係を考慮する必要があると主張した。したがって、学習に集中できたり、参加できるように気持ちを調整できることを、学校生活に向けた心の準備（スクールレディネス）とした。情緒的な状態に適切に対応することが「学習に必要な認知処理能力を活用する前提条件」（p. 119）になるのである。

　聴児の場合、低学年であっても、勉強ができることが、情緒のコントロールや注意力を高めることにつながることが知られている。情緒をコントロールできることが、学習に関連した会話を促し、最終的には成績の向上につながるのである。注意力もまた重要である。というのは、教材や話されている内容そして人に注意を向け、それらの間で注意を切り替える能力が、社会性や教科学習にも影響を与えるからである。情緒が健全に発達している子供は、ポジティブな気持ちで注意と集中を必要とするような作業に取り組むことができる。例えば、経済的に恵まれていない就学前の聴児 341 人を対象とした研究では、その段階での情緒的安定が後の学業成績と関連してい
こ

とが示されている（Rhoades, Warren, Domitrovich, Greenberg, 2011）。

　Oades-Sese, Kaliski, Esquivel, and Maniatis（2011）によれば、学校生活に慣れることは、低年齢の子供にとっては容易ではない。馴染みのない複数の同級生とやりとりしながら一緒に過ごさなければならず、これまでの経験とはまったく異なる方法で大人たちの期待にも応えていかなければならない。当然かもしれないが、社会性の高い子供は、スクールレディネスが整っていて、学校生活によりよく適応していく。一方、Mendez, Fantuzzo, and Cicchetti（2002）は、アフリカ系アメリカ人の子供を対象にヘッドスタート・プログラムを実施し、社会的な能力は言葉のスキル、情緒の抑制、新しい状況に気持ちを適応させる能力に関連していることを実証した。この研究に基づいて、Oades-Sese et al.（2011）は3〜5歳の264人の子供を対象として、米国の経済的に恵まれないラテン系のバイリンガル・スクールの就学前幼児の社会性と情緒の能力と学力との関係を研究した。この研究は、社会的に有能な子供たちのほうがポジティブな気質をもち、異なる状況でも自分の感情を適切に調整でき、適切なレベルの自律性を示すことを明らかにした。彼らは少なくとも1つの言語（英語またはスペイン語）は堪能で、もう1つの言語もある程度使うことができた。対照的に、最も脆弱な子供は、言語能力が低く、非言語的な認知能力も低く、相対的にネガティブな気質を示す子であった。男児と幼児は、女児や年上の子供に比べてあらゆる面でより脆弱で、その子供の13％が言語発達遅滞や特異的言語障害（SLI）があるように思われた。

　これに続くOades-sese et al.（2011）の第二研究（2011）は、最初の研究の対象から90人を抽出したもので、就学前の社会的能力が2年後の学業成績と関連していることを見出した。すなわち、幼稚園で社会性が高いとされた子供たちが、学業成績に関しても社会性の乏しい子供たちを上回ったのである。これらの調査結果は、幼稚園以前に健全な社会的、情緒的発達を示していた子供たちは学校でのQOLが高く、学業成績もよりよいというこれまでの研究の知見を支持している。

　社会性や情緒の調整に対する学習は、どのように学業成績を向上させるのだろうか？　Durlak, Weissberg, Dymnicki, Taylor, and Schellinger（2011）によれば、社会性や情緒を調整することの学びは、子供の自覚と自信を高めている。自己認識が高く自信をもっている子供は、徐々に挑戦の機会に恵まれる

ようになる。というのは、彼らがよりハードに努力し続けることができるからである。社会性や情緒を調整することの学びはまた、自己規律、モチベーション、ストレスマネジメント、組織の中での活動能力の向上をもたらし、全ての要因が学業成績にプラスの影響を与える。Greenberg（2006）は、社会的および情緒的な学習が、前頭前野の皮質領域における認知に影響を及ぼす調節機能の改善を通じて、プランニングや抑制といった実行機能に直接影響を及ぼす可能性があると主張した。

　聴覚障害児では、社会性、情緒、学力の関係はまだ研究されていない。一般的に、これらの関係は聴児とは異なると考える根拠はない。しかし、既に多くの聴覚障害児が家族内で重大なコミュニケーションの困難を経験しており、言語モダリティに関係なく言語能力に遅れがあり、聴児よりもいくつかのレベルで神経機能障害の合併の可能性が高いことが知られている。それゆえ、聴覚障害児が社会性や情緒の安定を習得していくには、社会的 - 情緒的な体験の不足、社会的スキルおよび情緒の未成熟などのリスクを伴う。また、これらの要因のいずれかまたは全てが、潜在的に学業成績にマイナスの影響を及ぼす可能性がある。そこで以下では、社会性と情緒の発達におけるリスク要因をより詳細に検討しよう。

社会性および情緒の発達に関するリスク要因

　青年期までの子供の社会性や情緒の発達にはさまざまなリスク要因が存在し（Coie et al., 1993）、小児期以降のメンタルヘルスの問題を引き起こすこともある。社会性や情緒に関わるリスク要因と、行動面や精神面の発達との間の関係は非線形かつ複雑である。しかし、個別の要因やその多様な組み合わせから、リスク要因は聴児よりも、聴覚障害児に多いと言えそうである。

　きこえないこと自体が社会性や情緒の発達に関する明白なリスク要因になる。例えば、親が聴者か否かが家庭内での効果的なコミュニケーションに影響を与える（第 3 章参照）。聴覚障害があることは、より年長の聴覚障害児にとっては、きこえないことは、文化的あるいは言語的な側面（手話を母語とするなど）の特徴からも捉えられるであろうが、基本的には、医学的状態から生じる障害とされる。特に髄膜炎やはしかなどの病気によって引き起こされる早期からの聴力の損失は、発達やメンタルヘルスに悪影響を及ぼす可能

性のある神経学的合併症の問題を伴うことがある。また、合併症や後遺症がない場合でも、早期の聴力の損失は、聴覚障害児が他者からの情報（社会的規範など）や環境からの情報を取得することを妨げ、また、新しい状況や解決困難な事柄に対処するための実行機能の獲得をも妨げるような困難をもたらす。したがって、社会的スキルの発達の遅れを第二のリスク要因とみなすことができる。聴覚障害児の多くは、社会的認知および認識の発達や理解力、感情の調整力において制約がある。このことは、心の理論を取り上げて示したが（第6章）、この章の後半でもさらに議論する。

　現実とかけ離れた、低い自己認識をもっていることは、聴覚障害児にとって第三のリスク要因である。コミュニケーションスキルや社会的経験に制限があるため、彼らの行動に対する他者の反応を十分理解できなかったり、正確な自己認識が不足すればするほど積極的に社会に関わることが少なくなり、そしておそらくは自尊感情も低下する。Marschark（1993; 第4章参照）は、これらが社会的自立性を低下させ、学校における対人関係の質に悪影響を及ぼすこと（友人数が少ないなど）があると示唆している。

　対人関係の問題は、聴覚障害児の社会性と情緒の発達における第四のリスク要因である。聴力の低下が、必ずしも人間関係の問題をもたらすわけでもないし、聴者だけの家族の中で、耳の不自由な子供として成長したり、通常の学校で教育を受けたりすることの全てが問題になるわけではない。しかしながら、聴覚障害児は、聴児よりも、無視、拒絶、孤立といった感情を多く経験していることが報告されている（Stinson, Whitmire, & Kluwin, 1996）。第1章では、特に初等教育段階の学校でのウェルビーイングにとって、聴覚障害児の対人関係が重要であることを論じたが、これらの関係性は、聴児と教師との場合よりも、聴覚障害児と教師との場合のほうがしばしば安全面でも満足度においても低いと指摘されている（Hermans, Wauters, Klerk, & Knoors, 2014; Wolters, Knoors, Cillessen, & Verhoeven, 2012）。

　聴覚障害児が経験した虐待やいじめは最近、いくつかの国の研究者の注目を集めている。Kent（2003）は、ニュージーランドの52人の難聴児（重度の聴覚障害児の対照として）と、通常の学校の11〜15歳の聴児470人を対象とした調査で、いじめに関しては、きこえの状態による有意差はみられないことを報告した。しかし、難聴児相互の比較では、自らの難聴を内緒にしている群よりも開示している群のほうがいじめが少なかった。Brunnberg,

Linden-Bostrom, and Berglund（2008）は、スウェーデンの通常の学校では聴児と比較して、聴覚障害児のほうがいじめの自己報告が多かったとしている。いじめの頻度は、複数の障害をもつ聴覚障害児で最も顕著であった。英国のろう学校または通常の中学校に通う人工内耳装用児 29 人のうち 5 人（17％）からいじめが報告された（Wheeler, Archbold, Gregory, & Skipp, 2007）。これらの研究から、初等教育から中等教育にかけての時期が、聴覚障害児にとって特に困難が生じやすいことが示唆された。

　Bauman and Pero（2011）は、年齢および民族が一致するように考慮された、米国の聴覚障害児 30 人と聴児 22 人との間で、いじめやネットいじめに関する自己報告に有意差がないことを報告している。Kouwenberg, Rieffe, Theunissen, and de Rooij（2013）は、聴覚障害児 94 人とオランダ、およびベルギーのオランダ語を話す地域の聴児 94 人を対象にした研究で、同様の結果を得ている。聴覚障害児はしばしばきこえる同級生たちと同じくらいの頻度でいじめを報告していたが、ろう学校の子供は通常の学校の子供よりも高い頻繁でいじめを報告した。彼らの研究では、難聴の程度、コミュニケーションの方法、人工内耳装用の有無と、いじめの頻度には関連性はみられなかったが、いじめに対する自己報告は聴覚障害児のほうが聴児より多いという興味深い結果が示された。例えば、聴覚障害児は聴児に比べて、パーティーへの招待が少なく、同級生から意地悪なことをより多く言われ、しばしば無視されるということであった。聴覚障害児へのきき取りで得られた「親が積極的に子供に関わる傾向が高いこと」や、親へのきき取りで得られた「親の子供へ期待が高いこと」は、いじめの頻度が低いことと関連していた。

　要約すると、聴覚障害児の虐待といじめの頻度の差異については、研究成果が分かれている。重複した障害があったり、ろう学校に在籍している聴覚障害児は、よりリスクが大きいように見受けられるが、一方でいじめの頻度が聴力レベルやコミュニケーションモード、人工内耳装用の有無といった個人の属性と直接関係しているというはっきりした証拠はない。さまざまな研究結果があるということは、聴覚障害児がいじめられたり、トラブルの被害者になったり、社会的に孤立したりすることと潜在的に関連している要因を見出すための、さらなる研究が必要であることを示している。親が積極的に子供に関わることや期待をもつことは、子供を守る要因となっているようで

ある。Marschark, Bull et al.（2012）は、例えば、5 ～ 11 歳の聴覚障害児の親は、子供たちが報告している以上に、学校ではずっと多くの友人と関わり、ポジティブな社会的関係を築いていると感じていると報告している。

　学業成績の低さは、就学年齢の子供のウェルビーイングやメンタルヘルスにとって第五のリスク要因である。聴覚障害児が同等レベルの能力の聴児に比べて、よりレベルの低い資格で修了したり、卒業できなかったりする可能性が高いという事実は、関連する困難にさらされるリスクが高いことを示している。自尊心、ウェルビーイング、メンタルヘルスは、成績や達成感、自尊感情に対する子供自身の認識と明らかに絡み合っており、これらの要因に関する調査をより困難なものとしている。聴覚障害児の社会性および情緒の発達に関連する第六のリスク要因として、彼らが育てられた家族環境の影響がある。この要因が加わることで、複雑さがさらに増すことになる。以前の章で、幼児の発達には、家族のコミュニケーションへの早期介入が重要であると述べた。聴覚障害児の場合、特に両親が聴者であると、両親とのコミュニケーションが問題になりやすい。そのような家族のコミュニケーションパターンは、使用されるコミュニケーションモード（例えば、手話か音声か）にかかわらず、混乱する可能性があり、聴覚障害児とその母親との間の初期のコミュニケーションにおける不一致は、後のメンタルヘルスの問題の大きな原因になる（Willis, Musselman, & MacKay, 2004）。

　聴覚障害児のいる家族がコミュニケーションに手間取ることも、間接的にメンタルヘルスの問題を引き起こす可能性がある。コミュニケーション問題の結果として、体罰が起こる可能性もある。 Sullivan and Knutson（2000）は、米国の家族における子供虐待の発生率を子供の障害の有無で比較し、障害児の家庭の 30％以上で虐待が起きていることを見出した（障害のない子供の家庭では 9％）。ネグレクトは最も頻繁に行われた虐待の一形態で、それに次いで身体的虐待、心理的虐待、性的虐待が続いた。聴覚障害児は、聴児よりも、心理的に虐待されたり、ネグレクトされたりした回数が 2 倍多く、身体的虐待は、聴児の 4 倍であった。

　少し前の研究であるが Schlesinger and Meadow（1972）は、聴覚障害児の母親は、聴児の母親に比べて、子供に手を上げる割合がほぼ 3 倍であることを報告している。Gregory（1976）も、母子コミュニケーションが十分でない母親は、子供に何がよくなかったのかを説明するよりも、すぐに手を

上げてしまうとしている。また、その後の研究である Knutson, Johnson, and Sullivan（2004）も、聴覚障害の母親には、同様な行動パターンがあることを見出している。Marschark（1993; 第 4 章参照）は、家庭での相互コミュニケーションの経験が十分でない場合、聴覚障害児はきこえるきょうだいよりも応答が少なく暴力的であるので、そのような状況では、母親の欲求不満が募り、そういった行動を引き起こすのではないかと示唆している。そして同時に、親が言葉で説明せずに体罰を行ってしまうことは、聴覚障害児における心の理論の発達の遅れをもたらす可能性もある。第 6 章でみたように、このような遅れは、親がろうであり、生まれたときから親子のコミュニケーションが円滑であるろう児ではほとんどみられない。

　性的虐待の被害については、聴覚障害児は聴児より大きなリスクにさらされていることがさまざまな研究によって示されている。Sullivan, Vernon, and Scanlan（1987）は、米国の寄宿制学校の青少年の 50％が性的虐待を受けたと報告している。Kvam（2004）は、ノルウェーの広範な回顧的研究で、聴覚障害の女性は聴者の 2 倍の頻度で性的虐待に直面し、聴覚障害の男性の場合は聴者の 3 倍の虐待を受けていた。聴覚障害者の、子供時代の性行為の発生率は、女性で聴者の 3 倍であり男性で 5 倍であった。さらに、聴覚障害者が対象となる全ての性的虐待の 50％が聴覚障害者によって行われ、全ての性的虐待の 50％がろう学校の中で行われていることを示している。また、性的虐待経験の有無で聴覚障害の成人を比較したところ、虐待経験者は、現在の生活でも友人が少なく、学校でいじめを受けた経験が多く、両親との関係も実質的にはあまり好ましい状態ではなかったことが示された。

　薬物の乱用は、聴覚障害者にとってしばしば報告されるもう 1 つの問題である。この分野におけるいくつかの研究（Moore & McAweeney, 2006/2007; Rendon, 1992）によると、ろうコミュニティにおける薬物乱用のあり様は、少なくとも聴者のコミュニティよりも重篤で、虐待に引けをとらない問題である。臨床研究では、社会的・経済的に困難な状況にある聴覚障害者、また、音声使用でも手話使用でもコミュニケーションが円滑に行われていない聴覚障害者のアルコールや薬物の乱用の頻度がかなり高いことが指摘されている（Reigh & Pollard, 2011）。しかし、聴覚障害者は聴者に比べ、ろうコミュニティの中では、アルコールや薬物の問題を恥ずかしいことだとか、いけないことだとか、タブーな問題であるという気持ちをもって報告することが少

なく、このことが、この問題をいっそう複雑なものにしてしまっている。

聴覚障害児の情動的発達

　子供自身が自らの情動を理解し調整すること、および他者の情動を理解できるようになることは、心身の健康のみならず、社会的発達や学力へも影響をもたらすという点において非常に重要なことである。社会的な、また教科の学習に関わる情動発達の影響は生後間もない時期からみられ、学校適応や社会適応、そして教科学習は就学前の情動的能力により影響を受ける。学齢期の聴覚障害児は情動の理解、調整、表出に困難が生じることが少なくない。情動の適切な発達を促すためには、情動を正しく認識し、言語化して正確に理解し、自身で情動を調整できる必要がある。これら全ての領域において、聴覚障害児は幼少期から青年期まで、聴児よりも遅れが生じてしまうことがある。

　情動は、音声や手話といった言語や、表情を含めた身体的な表出によって表現される。それゆえ、通常、情動の知覚には必然的に視覚・聴覚による知覚と処理が伴う。一般的に、聴力の損失の有無にかかわらず、人は聴覚的に表出された情動よりも視覚的に表出された情動のほうが受容しやすい。しかし、聴者は聴覚障害者に比べ、聴覚と視覚の手掛かりが組み合わされて表出された情動のほうが知覚しやすいとされている。情動を伝達する2つの手掛かりのうち、聴覚では発話における周波数や強度といった基本的特徴が含まれており、視覚では目（視線）や口の動きがそれにあたる。聴覚障害者は視覚的手掛かりをより有効に活用すると言われているが（Marchark & Hauser, 2012）、それを裏づける実験的エビデンスは十分ではない。

　Most and Aviner（2009）は、イスラエル人の聴覚障害青年30人と聴者10人に対し、ビデオ記録を用いた聴覚的、視覚的、聴覚－視覚的な情動知覚について実験を行っている。そこでは、「（私は）これから出かけて，後でまた戻ってきます」という中立文をプロの俳優により、6つの情動（恐れ、怒り、喜び、嫌悪、驚き、悲しみ）で、それぞれ6回ずつ提示した。対象とした聴覚障害者30人のうち、10人は6歳より前に人工内耳を装用し、10人はより高い年齢で装用した。残りの10人は補聴器装用であった。まず始めに情動

に関する知識について筆記検査を用いて評価した。その後に聴覚のみ、視覚のみ、聴覚 – 視覚併用の 3 つの異なる条件で、情動の聴覚的・視覚的知覚実験を実施した。俳優が表出した中立文に対して、対象者に指さしで回答を求めた。聴覚提示条件において、聴者はいずれの聴覚障害者よりも情動的知覚で優れていた。特徴的なこととして、人工内耳装用と補聴器装用の聴覚障害者とは、聴覚提示、聴覚 – 視覚提示条件のいずれにおいても情動的知覚に差はみられなかった。全体的な傾向として、情動の知覚は年齢と関連しており、発達や経験により向上すると考えられた。対象者数が少ないため、人工内耳の装用年齢による違いは明示されず、個人差も大きかったが、早期装用者の中でも、装用が比較的遅い聴覚障害者（2 歳以降）はより早い者に比べ、情動的知覚にわずかな遅れがみられた。いずれにおいても、人工内耳が聴覚的な情動的知覚に不可欠な音響的特徴の提供を、十分に保障するものではないと述べている。

　Hosie, Gray, Russell, Scott, and Hunter（1998）は喜び、悲しみ、恐れ、嫌悪、怒り、そして驚きを表す表情の写真を用いて、前言語期の聴覚障害児の情動発達について検討し、聴覚障害児と聴児の表情における情動の概念的知識は共通していると述べている。対象となる聴覚障害児に、表情とそれに対応する情動のマッチング課題、情動の表出と理解課題を実施したところ、第 6 章でも示したように 7 〜 12 歳の能力であった（Odom et al., 1973）。Hosie et al.（1998）の研究対象は 22 人の重度聴覚障害児であり、彼らは全てトータルコミュニケーションに基づく手話教育を行うろう学校に在籍していた。対象児を低年齢群（平均年齢 7 歳 6 か月）と高年齢群（同、10 歳 9 か月）に分け、対照群として同様に低年齢群・高年齢群に統制した聴児も対象とした。マッチング、ラベリング、理解課題において、聴覚障害児と聴児では非常に近似した結果を示した。有意な差がみられたのは恐怖と嫌悪のラベリングのみで、聴覚障害児は聴児と比べ恐怖のラベリングは優れていたが、嫌悪の情動については聴児よりも低い結果であった。

　情動の理解には表情表出と実際の感情が一致していない可能性があることを認識する必要がある。心の理論で示されるような他者の心情や情動を推し測る能力は、聴児の場合、言語や文化にかかわらず、3 〜 5 歳頃に獲得される（Wellman, Fang, & Peterson, 2011）。この年齢になると、子供は場面に応じて情動を表出したり抑制したりすることを理解し始め、このような低年齢段

階でも、既にこの機能を使用しうるが、その的確な使い方としての重要性の理解は、学齢期の初期段階の間まで発達し続ける。一方、近年では聴覚障害児の心の理論の発達に関する検討もみられる。藤野（2012）は「サリーとアン課題」に代表されるような心の理論課題を用いて聴覚障害児の心の理論の発達について検討を行った。聴児では5歳頃までに8割の子供が課題を通過するが、聴覚障害児では9～10歳で6割、小学校6年生にあたる12歳頃でも8割に達しないという結果であり、聴覚障害児の心の理論の発達は聴児よりも遅れる傾向があることを指摘した。

　情動をいつのタイミングで表出したり隠したりするかについては、「表示ルール（display rule）」が知られている。Hosie, Russell, Gray, et al.（2000）は聴覚障害児のこのルールの理解について、短い4つ物語を用いて検討した。物語はある人物が、下記のいずれかの情動調整を求められるような状況に遭遇するという内容であった。ここでの情動は、いずれの物語にもあてはまると考えられる、怒り、恐怖、喜びの3つであった。対象児は27人の重度および最重度の聴覚障害児であった。彼らは皆トータルコミュニケーションによる教育を受けており、うち2人は聴者の両親の家庭であった。彼らは、聴覚障害児は他者の感情を考慮して自身の情動を隠すということが困難であり、それは社会的認知の問題（心の理論など）と関連しているのではないかと述べている。Hosie et al.（2000）に基づくと、聴覚障害児には社会的関係性の理解に発達的な遅れがみられ、聴覚障害児の表示ルールの理解は、他者の情動よりも自身の感情を優先させるということにより強く関係しているものと考えられた（詳しくはMarschark, 1993; モラルの発達に関して考察した第4章参照）。以上のことから、聴覚障害児は物語の主人公がなぜそのような行動をとったのかという理由を説明することに困難があると考えられた。

　Rieffe, Meerum, Terwogt, and Smit（2003）は、聴覚障害児の基本的な情動の理解と、情動的な状態を引き起こすような、人や状況にどの程度まで注意を向けられるのかについて検討を行った。対象児に対して、落胆している状況の主人公の情動を予測、説明させた。その状況は悲しみや怒りを想起しうる状況であった。47人の重度および最重度の聴覚障害児と53人の聴児を対象としており、聴覚障害児の年齢は20人が9歳、27人が11歳で、ろう学校に在籍し教師とはオランダ対応手話でコミュニケーションを行っていた。6つの物語を課題として用い、ネガティブな情動を引き起こす状況が

設定されていた。物語を提示した後に、対象児に主要な登場人物の情動の予測を「悲しみ」か「怒り」で選ばせ、その理由を求めた。Rieffe らの予想通り、聴覚障害児は理由よりもネガティブな状況の結果に多くの注意を向けており、ネガティブな結果が導かれた出来事に関してはあまり注意を向けていなかった。聴児とは対照的に、聴覚障害児においては情動の予測や説明ができることと、彼らの生活年齢には相関は示されなかった。これを受け、Rieffe らは年齢に伴う変化がみられないのは情動的能力の発達的な停滞を示していると述べた。一般的に、聴覚障害児は状況に応じた適切な情動表出を行うための方略や柔軟性を十分に身に着けておらず、多くの場合、彼らは自分の要求を繰り返すのみであると言われている。Rieffe らはこのような反応パターンに対し 3 つの説明を提示した。すなわち、聴覚障害児の反応は、家庭での養育者とのやりとりにより獲得されたもの、聴覚障害児のコミュニケーションに関わる問題を反映したもの、あるいは、社会的認知に直接関連したものであるとした。家庭環境や両親の関わりについて、野中・越智・大森ら（2003）は、療育記録簿などに、他者とのコミュニケーション時に「顔を見ない」との記述が見られた聴覚障害児 4 人に対し、母親との自由遊び場面のビデオ記録を用いて、情動的発達と生育歴との関係について縦断的な検討を行った。対象児の療育開始年齢は 0 歳 11 か月〜 1 歳 10 か月であった。これらの対象児と「顔を見る」との記述のあった対照群とを比較した結果、「顔を見ない」群は「顔を見る」群よりも母親に働きかける回数ややりとりの成功率が少ないことが示された。また、母親の子供への関わり方について聴取・分析した結果、母親自身も「どう接してよいかわからない」と困り感を抱いていることが示された。このことから、彼らは幼児期における母子間の情緒的関わりが、後の情動的認知発達を促すので、そのための介入が重要であると述べている。

　また、Wiefferink, Rieffe, Ketelaar, and Frijins（2000）は、人工内耳装用児の情動調整について検討を行っている。1 歳 6 か月〜 5 歳の間に人工内耳手術を受けた子供と、67 人の聴児を対象に、情動調整を評価する課題を実施した。さらに、対象児の両親に対して子供の言語能力、社会的スキル、情動調整に関する質問紙調査を実施したところ、人工内耳により聴覚的な困難は改善されているにもかかわらず、聴覚障害児は聴児と比べ情動調整に関する能力や社会的能力が十分ではないことが示された。さらに、聴児とは異な

り、聴覚障害児では情動調整と社会的能力との関連はみられなかった。以上より、聴覚障害児は人工内耳によって聴覚的情報入力の困難が改善されながらも、他者との関係を構築・維持するような状況において、情動をうまく活用するスキルが十分ではないと考えられた。ここで興味深いことは、聴覚障害児の言語能力は情動調整の力を予測するものではないとする点である。この点に関して Wiefferink et al.（2000）は、聴覚障害児は情動的な行動に関する社会化が十分ではなく、おそらく彼らの両親が家庭でのインフォーマルな会話の中で、情動の認識や調整を十分に行っていないためではないかと考察している。

社会性の発達

　社会性の発達には、よい社会的関係を樹立することが特に大切であり、それが、クラスや他の場所での社会的参加、メンタルヘルス、QOL を高める。対人関係における振る舞い、仲間などの集団での位置づけ、自己効力感などは、社会的能力に影響を及ぼす。しかし、多くの聴覚障害児はコミュニケーションの障害から、社会的な活動に困難を感じている（Jambor & Elliot, 2005; Knutson, Boyd, Reid, Mayne, & Fetrow, 1997）。

　アイデンティティ、文化的対応、心理社会的発達の関係について、Hintermair（2008）は、アイデンティティには外的と内的の 2 次元があり、外的な次元を社会的関係性、内的な次元を自尊心や首尾一貫感覚など個人の資質とした。ドイツに住む 629 人の聴覚障害成人を対象とした研究により、聴者、文化的狭間、ろう者、バイカルチュラルの各アイデンティティの間に複雑な相互関係を見出したが、ろう者が確実にウェルビーイングに向かうには、聴者社会とろう者社会の双方に社会的関係性をもつことが最も確実だと考えた。

　一方、これとは異なる考えも示されている。Leigh, Maxwell-McCaw, Bat-Chava, and Christiansen（2009）は、聴覚障害成人を対象として、人工内耳装用の有無や社会的関係と、メンタルヘルスとの関係を検討した。人工内耳装用者は聴者社会に文化受容的態度をとり、非装用者は、ろうコミュニティに結びつきをもつ傾向が示されたが、装用者と非装用者ともメンタルヘルスで

の違いはみられなかった。Gerich and Fellinger（2012）は 107 人の聴覚障害成人を対象に社会ネットワークの調査を行ったが、バイカルチュラルネットワーク参加の QOL への積極的な貢献はみられなかった。重要なのはネットワークの構成員ではなく、ネットワークの規模であり、それが大きいほど、自己効力感やコミュニケーション能力などの個人資質に応じ、QOL に対してよい影響を与えるとしている。

　聴覚障害児の場合、複雑なネットワークに参加できるかが課題であるが、Piso, Knoors, and Vervloed（2009）は、13 ～ 19 歳のオランダ人の音声言語を主とする聴覚障害児と聴児、各 12 人を対象として、社会ネットワークの規模と質、友人関係の質がウェルビーイングに及ぼす影響について調査した。その結果、聴覚障害群のほうが友人関係での親密さ、仲間意識、相互の思いやりの点で評価が低かった。また聴覚障害児では大人との関係の影響が大きく、友人が果たすべき役割を、親や教師など親密な人が果たしており、賞賛、仲間意識、有益な手助けなどの支援を行っていた。このことが、仲間との友情の量や質がウェルビーイングに影響しない要因だと推察された。聴覚障害児にみられる、親への依存、通学距離、コミュニケーションや社会的スキルでの違い、また、早期の否定的な経験などが、聴児でみられる友人関係との違いをもたらしているのであろう。

　Kouwenberg（2013）も、オランダとベルギーの聴覚障害児 127 人と聴児を対象として縦断的な研究を行った。ここでも、聴児より聴覚障害児のほうが友人関係の質が低かったが、違いは年齢と共に減少した。興味深いことに、特殊教育環境にいる聴覚障害児は、統合教育の場にいる聴覚障害児より友人関係の質が低く、これは米国の調査結果とは対照的だった（Cappelli, Daniels, Durieux-Smith, McGrath, & Neuss, 1995; Stinson et al., 1996）。聴覚障害児にとって、友人が聴覚障害児か聴児かは、友人関係の質に影響せず、友人関係はどちらにおいても常に安定していた。

　学校が社会性の発達に重要な役割を担うことは明白である。Nunes, Pretzlik, and Olsson（2001）は、英国の統合教育の学校に在籍する 9 人の聴覚障害児を対象として、相互評価による社会性の調査を行った。聴覚障害児は仲間に嫌われてはいなかったが、無視されやすく、友達が少ないようだった。北米の通常の学級では、コ・エンロールメントプログラムを除けば、聴覚障害児の孤立感、孤独感が報告されている（Kluwin, Stinson, &

Colarossi, 2002; Musselman, Mootilal, & MacKay, 1996; Stinson & Antia, 1999; Stinson & Kluwin, 2003)。

　コ・エンロールメントプログラムは、統合教育の教師と聴覚障害教育の担当教師（通常は聴覚障害者）が一緒にクラスを担当し、聴児の中に必須となる数の聴覚障害児が参加するプログラムである。ここでは、聴覚障害児と聴児が相互に理解し、関わりをもつ機会を十分に提供できるよう工夫されている（Antia & Kreimeyer, 2003; Kirchner, 1994）。このプログラムでの社会的相互作用に関する研究では、1〜5学年の聴覚障害児と聴児で、仲間の受容や社会性での違いはなかったが、聴覚障害児は聴児より内向的であった（Wauters & Knoors, 2008）。

　Wolters, Knoors, Cillessen, and Verhoeven（2011）は、統合教育か特殊教育を受けている6〜8学年のオランダの聴覚障害児を対象に、受容度や人気に焦点をあてて大規模な縦断的コホート研究を行った。統合教育環境の聴覚障害男子は、きこえる男子よりも周囲からの受容度などが低く、また、ろう学校の子供よりも低かった。統合教育の聴覚障害女子はきこえる女子より人気が低かったが、受容度は低くなかった。統合教育の聴覚障害児は、聴児に比べてコミュニケーションスキル（会話のモニタ、アドリブ対応、会話の初発・維持）で発達の遅れを示したが、ろう学校の聴覚障害児よりも社会的に適応し、社会的でない行動や内向的な行為は少なかった。

　統合教育環境の女子は、会話の技術などにより比較的良好に受容されているが、ろう学校の聴覚障害男子は、向社会的な行動がとれないため、周囲の受容度が低いと考えられる。Wolters et al.（2012）は、初等から中等教育への移行期における、聴覚障害児相互、および聴覚障害児と担当教師との関係について聴児と比較し、学校場面でのウェルビーイングへの影響について調査を行った。横断的調査の対象は6年生と7年生の聴覚障害児191人と聴児1,599人で、縦断的調査は6年生から7年生への移行期の聴覚障害児と聴児合わせて105人が対象となった。聴児と特殊教育の場の聴覚障害児では、担任教諭との関係性が学校でのウェルビーイングの最有力予測因子だったが、通常学級の聴覚障害児では、6年生だけがこれに該当した。ろう学校の子供が教師との関係に満足していないのは、聴覚障害児や他の障害のある子供を対象とした別の研究と同様な結果だった（Knoors & Hermans, 2010; Murray & Greenberg, 2001）。Wolters et al.（2012）では、6年生の聴覚障害児や

聴児の場合、仲間からの受容や高い人気を得ることがウェルビーイングを予測する重要な因子であるとされた。7 年生では、重要性はやや減ってしまうが、このことは統合教育の場では全ての子供にとって重要である。他者からの受容度の重要性は、きこえる女子では低下し、きこえる男子ではなくなってしまうが、聴覚障害のある女子や男子ではなお重要な要因である。最後に、学校でのウェルビーイングは、聴児では初等から中等教育で変わらないが、統合教育の聴覚障害児では、その間の教育により、女子では低下し、男子では向上した。これは、特殊教育の環境にいる聴覚障害児とは逆の結果であった。

　しかし Wauters and Knoors（2008）と Wolters et al.（2011, 2012）の研究では、人工内耳装用の有無が区別されておらず、人工内耳の社会的関係への効果には言及できなかった。Wheeler, Archbold, Gregory and Skipp（2007）は、人工内耳装用によるコミュニケーションの改善を報告したが、Bat-Chava and Deignan（2001）は、人工内耳装用の効果が大きく得られた場合のみ、他者との相互作用が改善するとしている。また、Jambor and Elliot（2005）は、そのような場合でも、人工内耳装用で発音やきこえが聴児に十分に受け入れられる状態にまでは、ほとんど至らないとしている。Knutson et al.（1997）も、人工内耳装用が聴児と同様の社会的相互作用を生じさせるわけではないと述べた。

　Martin, Bat-Chava, Lalwani, and Waltzman（2010）は、人工内耳を装用した就学前の聴覚障害児の社会性の高さを検討するため、友達のやりとりの中に参加していくという課題を用いて、仲間関係の調査を行った。5 〜 6 歳の聴児 6 人と装用 1 年以上の聴覚障害児 10 人が参加した。聴覚障害児は聴児 1 人との 2 人ペア課題か、聴児 2 人との 3 人での課題のセッションに参加した。聴覚障害児はペア課題ではうまく社会的関係を築けたが、3 人の課題で、よく知らない 2 人の聴児の会話に入っていくのは困難だった。自尊心については、聴児も聴覚障害児も女子のほうが向社会的な行動が多かったが、自分の気持ちを説明する課題での評価では、聴覚障害と聴児の差はなかった。しかし、装用期間の長さや、聴児とのやりとりでみられる社会的能力の高さは、自尊心と強く関連していた。人工内耳装用児は一対一場面ではうまく対応できても、集団場面では、背景騒音の中で会話をきき取ったり、社会的な手掛かりを利用したりするのが難しく、これが社会参加を難しくしていた。

Marschark, Bul, Sapere et al.（2012）も、5 〜 11 歳の人工内耳装用・非装用児を対象に、社会 − 情緒的機能の自覚について比較した。学校での友情に関する自己評価は、聴児が聴覚障害児よりも高く、人工内耳による発話やきき取りの改善は、社会的機能を向上させるには不十分だった。親の子供に対する社会的機能の評価は、子供自身による評価よりも高かったが、人工内耳装用の有無での差はなかった。彼らは、多くの親は人工内耳による社会的能力の向上を指摘するが（Christiansen & Leigh, 2002; Watson, Hardie, Archbold, & Wheeler, 2008）、子供自身のデータを含むと結果は異なることを強調した。

Punch and Hyde（2011）は、オーストラリアの人工内耳装用の子供と成人、親、教師に、社会的機能、ウェルビーイング、社会参加に関するきき取り調査を行い、Martin et al.（2010）と同様に、特に、大きな集団の会話では、聴者の会話のモニタや理解、特に字幕の理解には大きな困難があると報告している（Most & Aviner, 2009）。また、聴覚障害児自身の特性も重要であり、自信と社会性をもち、友好的であれば、聴者からもより受け入れられ、社会的な関係もよりよいものになる。人工内耳装用児が青年期に至ると、アイデンティティや聴者との調和の困難さが増し、親の心配が増加するケースもしばしばみられ、抑鬱を感じる場合もある。Punch らはそのような問題を低減する手段として、人工内耳装用児も手話を活用して、聴覚障害児やろう者との関わりをもつことを提案している。実際、バイリンガリズムを推進する人工内耳センターもあるが、米国では、人工内耳装用に先立って、手話を用いないという同意を親に要求するセンターもある。

社会性に関する日本の研究としては、岩田（2009）が聴覚障害児の保護者にアンケート調査を行い、子供が聴児の話を理解できず、きこえる友人がいないか少ないと、保護者が感じているとしている。また、原田（2013）は、特別支援学校中学部 1 〜 3 年生 13 人を対象に、社会的スキル尺度中学生用（嶋田, 1999）や自尊感情尺度（渡辺・山本, 2003）を実施し、社会的スキルの学習によって、他者への働きかけ（話しかける、遊びの輪に加わるなど）への心理的抵抗が減り、友達関係を肯定的に受け止められるようになったとしている。吉田・村瀬（2008）も、特別支援学校の 6 年生 1 人を対象に新版 S-M社会生活能力検査を実施し、他児とのトラブルの減少や社会的スキルの向上による心理的安定の向上から、学習への取り組みが促進され、言葉の発達も促すことができたと報告している。このように、小学校や特別支援学校な

ど、教育の場にかかわらず、聴覚障害児は社会性の低さによる困難を抱えているが、社会性向上のための支援事例の報告はわずかであり、今後の実践的研究が求められる。

　また、上記の実践報告はいずれも聴児用の社会性評価尺度を聴覚障害児に用いているため、海外の聴覚障害児用尺度の日本語版を作成する試みもなされている。都築（2007）は Meadow-Kendall Social-Emotional Assessment Inventory（SEAI）を翻訳し（聴覚障害幼児用情緒・社会性検査）、聴覚障害幼児版を、また、一宮・相澤（2014）は、その児童・生徒版を作成している。これらは試案の段階であり、今後、日本語版としての適切性の検討もさらに必要とされるが、聴覚障害児の社会性の客観的評価や実践研究の向上に寄与するだろう。さらに、日本においても、通常の学級の聴児へのきき取り調査や、大規模な追跡調査など、聴覚障害児の社会性に関する包括的研究も必須である。聴覚障害児の社会性に関して、事例研究と共に多様な研究を積み上げていくことにより、新たな、また多くの知見が期待される。

メンタルヘルスと QOL

　聴覚障害のある若者は聴者よりもメンタルヘルス上の困難が大きくなるリスクが高い。Hindley（2005）によると、英国では、聴覚障害児がメンタルヘルス上の困難を抱える率は 40％で、聴児の 1.5 〜 2 倍である。さらに、聴覚障害青年の 15 〜 20％は、情緒的機能と行動問題に関連したメンタルヘルスの問題をもつ。過剰診断のようだが、学齢期の聴覚障害児では、自閉症スペクトラム障害や注意欠如・多動性障害が重複するリスクも高い。この知見は、他の国においても確認されている（Fellinger, Holzinger, & Pollard, 2012）。Van Eldik, Treffers, Veerman, and Verhulst（2004）は、オランダの重複障害のない聴覚障害児 238 人（男子 138 人、女子 100 人、4 〜 18 歳、平均 11 歳 2 か月）のメンタルヘルスに焦点をあてた研究を行った。対象児はほとんどが重度難聴で、約 75％はろう学校の子供、残りは難聴児のための学校に在籍していた。保護者が、子供の行動チェックリスト（Child Behavior Checklist: CBCL）を用いて評価したところ、聴覚障害児の 41％に情緒や行動上の問題があり、聴児の 2.6 倍であった。不安やうつといった内面的な問題は、比較的年長の

聴覚障害青年にみられ、同様の傾向は聴者にもみられた。

　Van Eldik（2005）は、自記式の行動チェックリスト（Youth Self Report: YSR）にある、行動問題に関する項目を用いて、オランダの聴覚障害児のメンタルヘルスを調査した。最重度と重度の聴覚障害児 202 人（男子 111 人、女子 91 人、11 〜 18 歳）が対象であった。対象のほぼ半数はろう学校、4 分の 1 は難聴児の学校、残りの 4 分の 1 は通常の学校で教育を受けており、約 37％は、ソーシャルワーカー、心理学者、もしくは心理療法士から専門的支援を受けていた。医療的観点から問題があったのは、男子の 39％、女子の 34％であった。男子の 30％と女子の 26％は外的な問題を抱え、男女とも 40％以上が、引きこもり行動、医学的原因によらない身体的愁訴、不安またはうつを含む内面的な問題を示した。Theunissen et al.（2011）は、平均年齢 11 歳の聴覚障害児 84 人が、聴児よりも高い確率でうつ症状を示したことを明らかにした。

　Van Gent, Goedhart, Hindley, and Treffers（2007）は、CBCL、教師による行動チェックリスト（Teacher's Report Form: TRF）、および子供と青年向け半構造化臨床面接調査（Semistructured Clinical Interview for Children and Adolescents: SCICA）を用いて、オランダのろう中等学校 1 校の生徒 70 人を対象に心理病理学的な問題の発生率とその関連について検討し、あわせて、聴覚障害のことを知る精神科医による専門的評価も行った。メンタルヘルス問題の発生状況は指標によって異なり、CBCL では 28％、TRF では 32％、SCICA では 49 〜 63％、精神科医の評価によると 49％であった。

　Fellinger, Holzinger, Sattel, Laucht, and Goldberg（2009）は、オーストリア北部における聴覚障害児のメンタルヘルスに関して、保護者と教師を対象とした構造化面接を実施した。聴覚障害児の保護者 95 人（57 人の子供は通常の学校、38 人は特殊学校）が対象であった。年齢は 6 歳 6 か月〜 16 歳で、25 人は人工内耳を装用していた。26.3％の子供がうつ症状、45.3％がメンタルヘルスの問題を報告した。なお、ドイツの聴児では、前者は 3.4％、後者は 18％であった。メンタルヘルス問題の出現率と聴力の損失程度との関連性は明らかにならなかったが、保護者の判断から、聴覚障害児が家族の理解を得るための能力との関連性がみられた。Hintermair（2007）も、バイエルン州の聴覚障害児 213 人の調査から、メンタルヘルス問題の発生率が高いことを明らかにした。

Dammeyer（2010）では、デンマークの聴覚障害児 334 人（半数は重度難聴）のメンタルヘルスの問題の発生率は聴児の 3.7 倍であった。重複障害の聴覚障害児は、重複障害のない聴覚障害児よりも、心理的問題の発生率が 3 倍高かった。

日本では、1993 〜 1997 年の 5 年度にわたって、聴覚障害学生、視覚障害学生、障害のない大学生を対象として、UPI 学生精神的健康調査（UNIVERSITY PERSONALITY INVENTORY: UPI）を用いた健康調査が行われた。聴覚障害学生群は、5 年度全体としては他群よりもストレスが低かったが、後半 2 年度では、その差はみられなかった（吉田・市川・石川・堀, 2001）。また、難聴および中途失聴の成人 181 人に対して GHQ 精神健康調査票（General Health Questionnaire）30 項目版（GHQ-30）を用いた研究においては、神経症傾向の可能性がある者は 53 ％であり、メンタルヘルスの状態はきこえの状態とは相関せず、随伴症状の有無と相関することが示唆された（高宮・藤田, 2005）。

メンタルヘルス上の困難はどこから来るのか？

聴覚障害児に深刻なメンタルヘルスの問題を引き起こす可能性のあるさまざまな要因が明らかとなっている。初期のコミュニケーションの困難は重要な要因であり、共通のコミュニケーションモードがなく、家族のコミュニケーションの質が不十分な聴覚障害児には、後に心理的問題の発生が予測される（Fellinger et al., 2009; Van Eldik et al., 2004; Van Gent, Goedhart, Knoors, Westenberg, & Treffers, 2012）。他の予測因子は、中枢神経系の障害や、他の重複する障害（Dammeyer, 2010; Hindley, 2005）、神経障害と関連する自尊心の低さ（Van Gent et al., 2007）、仲間との関係性の希薄さ（Fellinger et al., 2009）、社会経済的背景の悪さと家族の問題（Mejstad, Heiling, & Svedin, 2008/2009）、そして言語能力の低さである。Dammeyer（2010）は、聴覚障害児の手話や口話の能力が高い場合、心理的問題の発生率は標準の範囲内であることを明らかにした。また、きこえない親をもつ聴覚障害児のメンタルヘルス問題の発生率も彼らと類似していたため、心理社会的機能の発達には、バイリンガル・バイカルチュラルの家族の中で暮らすことよりも、言語に習熟することのほうが重要であると結論づけた。

聴覚障害青年のメンタルヘルスにジェンダーが影響しうるという確たる結論はない。聴覚障害の男児が女児よりメンタルヘルスの困難をもつと考える研究も (Van Eldik, 2005)、そうした結論に至らなかった研究もある (Dammeyer, 2010)。同様に、メンタルヘルスに聴力の程度の影響があるとする研究も (Van Eldik, 2005)、ないとする研究もある (Dammeyer, 2010; Theunissen et al., 2011)。対照的に、教育の場の違いは、メンタルヘルス問題の発生に関係がありそうである。特殊教育の場にいる聴覚障害児は、通常の学校の聴覚障害児 (Theunissen et al., 2011; Van Gent et al., 2012) よりも、多くのメンタルヘルス上の困難を経験している (身体的愁訴もみられる。Kouwenberg, Rieffe, Theunissen, & Oosterveld, 2012)。しかしこれは、教育の場の違いの影響よりも、入学時の子供の要因によると考えられる。すなわち、多くの国において、言語能力が高く、社会経済的背景がよく、心理的に問題のない聴覚障害児は通常の学校へ進み、社会的・情緒的問題も含め複数の問題がある聴覚障害児は、ろう学校で教育を受ける傾向にある。

Dammeyer (2010) は、人工内耳装用児と他の聴覚障害児の間に、心理社会的ウェルビーイングに差がないことを明らかにした。Theunissen et al. (2011) も、子供のうつについて人工内耳装用の有無による差がないとした。Leigh et al. (2009) も、米国の人工内耳装用者と非装用者 57 人の心理社会的機能に有意差は見出せなかった。したがって、子供たちが、ろう者社会、聴者社会、または両方への文化的対応、また、教育の場を通じて、社会で活躍できる力を育成することへの人工内耳の影響は間接的と言えよう。

Huber and Kipman (2011) は、人工内耳装用児 32 人と聴児 212 人 (平均15 歳) のメンタルヘルスについて調査した。保護者、教師、対象児自身への調査において、両群にメンタルヘルス上の有意差はなかったが、通常の学校の人工内耳装用児と比較すると、ろう学校の子供はメンタルヘルスの問題を抱えるリスクは高かった。Theunissen et al. (2012) は、人工内耳装用児 51 人と非装用児 32 人、聴児 127 人 (平均年齢 11 歳 9 か月) を対象に、社会不安障害について研究した。聴覚障害児の人工内耳装用は 1 歳 2 か月～ 10 歳8 か月で、平均 4 歳 6 か月であった。不安障害の程度については、人工内耳装用児と聴児は類似していたが、非装用の聴覚障害児は有意に高く、当該児の保護者も一般的な不安障害の発症率がより高かった。人工内耳装用児の不安障害の程度は、年齢、ジェンダーと関連がなかったが、人工内耳装用時期

の早さ、人工内耳の使用歴の長さが、社会不安障害の低減に関係していた。このことから Theunissen et al.（2012）は、人工内耳の装用自体は必ずしも不安障害の低減にはつながらず、また保護者の人工内耳への強い期待が、社会不安障害に関係するのではないかと考えた。赤松・廣田・尾形・山岨（2012）による成人の人工内耳装用前・後に焦点をあてた研究では、人工内耳の装用により、社会生活と活動の面は、音の検知の聴覚機能ほどではないが改善された。また、術後の幸福感は高く、長期的にストレスを感じている事例は少なかった。日本における聴覚障害小児の例の QOL 研究は始まったばかりであるが、今後、学齢・青年期の QOL について、個別事例の心理的側面の理解を図ることが有用である（赤松ら, 2012）。

QOL

　社会的、情緒的発達は QOL にも関係する。Fellinger, Holzinger, Sattel, and Laucht（2008）は、聴児 186 人（回答率 62.4％）と、聴覚障害児 99 人について検討した（平均 11 歳 1 か月、18 人は人工内耳を装用）。聴覚障害児と聴児自身の感じている全体的な QOL には違いがなかったが、聴覚障害児の保護者は聴児の保護者に比べて、家族、興味、レクリエーション活動、身体的健康において、わが子の QOL が高いと判断した。しかしこれは、保護者が子供のよいところをみたい、あるいは、期待を込めた見方である可能性がある。なぜなら、聴覚障害児は学校と家族には満足していたが、興味、レクリエーション活動、身体的健康への満足度は低かったからである。保護者は、わが子の社会的孤立や身体的健康に関する問題に気づいていないのであろう（Marschark, Bull et al., 2012）。

　Hintermair（2011）は、ドイツの通常の学校に在籍する聴覚障害児 212 人（6 ～ 19 歳、平均 11 歳 1 か月）を対象に、健康に関連した QOL について研究した。2 人を除き、対象児は口話を使用しており、彼らの QOL は、聴力の程度、ジェンダー、年齢、国籍、保護者の聴覚の状態、重複障害の有無とは関連がなかった。しかし、教室での活動への参加と QOL との間には、有意な正の相関がみられた。重度聴覚障害者と難聴者の間にも、わずかだが QOL に有意差がみられた。Hintermair は、この研究の対象は、通常の学校で教育を受けている聴覚障害児の 52％であり、特殊学校の子供は含まれな

かったので、ドイツを代表する結果ではないとした。

米国の聴覚障害児 230 人の QOL に関する研究は、Kushalnagar et al.（2011）によって行われた。対象は平均 14 歳 1 か月で、そのうち 40％は口話、24％はアメリカ手話（ASL）のみを使用し、36％は口話と手話を併用していた。保護者のコミュニケーションをほとんど、または全て理解していると報告した子供は、全体的な QOL がより高く、特に自己意識や対人関係に関連した点で、高い QOL にあると述べていた。また、これらの要因とコミュニケーションモードとの関連性はみられなかった（メンタルヘルスに関する類似した結果は、Van Gent et al., 2012 参照）。しかし、手話と口話を併用する子供は口話のみの子供に比して、聴力の損失に関わるスティグマをあまり感じていなかった。

生活上のステータス（教育、職業、家族などのステータス）、および生活満足度からみた QOL について、1987 ～ 1999 年の間に、15 歳未満で人工内耳手術を受けた聴覚障害青年を対象とする 2 つのコホート研究が行われた（L. J. Spencer, Tomblin, & Gantz, 2012）。対象のほとんどは口話と手話の両方を用いるプログラムに参加しており、そこでの手話は同時的手話か ASL であった。対象となった 61 人のうち 41 人が回答し、非常に高い生活満足度が報告され、ほとんどはバイカルチュラル・アイデンティティをもち、聴者と聴覚障害者の友人に親しさを感じていた。しかしこの結果が、現在の初等・中等教育段階の聴覚障害児に対してもあてはまるかどうかは定かではない。現在の聴覚障害児は、より質の高い人工内耳をより早期に装用しており、手話の使用は減少している。一方、人工内耳の早期からの装用率の高まりは、今日の人工内耳装用児の中には、以前は対象となることが少なかった、聴覚以外にも障害のある事例や、家庭が裕福でなかったり、親の学歴が高くない事例も多く含まれるようになったことが一因と考えられる。

聴覚障害児には、量的にも質的にも、情緒的な問題の増加や社会的関わりの減少するリスクがある。これらは、メンタルヘルスの問題にもつながり、学業成績にも悪影響を与えうる。これが特定の聴覚障害児に生じるかどうかは、その子供の家庭内での早期コミュニケーションの質や、付加的な神経学的問題や障害の有無、また個人の資質に大きく左右される。コミュニケーションモードも、人工内耳の使用も、直接的には、社会的・情緒的発達に影響しないと考えられる。むしろそれらの影響は、さまざまなライフステージ

において、聴覚障害児と、彼らにとって大切な人々との間で利用しうる流暢なコミュニケーションに対する影響を通じて、間接的に現れる。

予防要因の促進──子供・家族・学校

　成長期における社会 – 情緒面の問題がメンタルヘルス面に悪影響を及ぼすのを防ぐのに、予防要因が 3 つの領域で機能する（Greenberg, Domitrovic, & Bumbarger, 2001）。1 つ目は個人に関する領域で、認知的対応、社会的スキル、パーソナリティ特性である。2 つ目は、子供と親や家族との交流や人間関係にみられる愛着関係に関する領域である。3 つ目は学校に関する領域で、特に親、学校、教育の質との関係の強さがより重要な要因となっている。

　学校は本書において特に重要である。子供の学業成績を高めようとするため、学校への圧力がここ 20 年間でかなり強くなってきた。しかし、成績だけに目を向けすぎると、社会 – 情緒面の発達への注意がおろそかになる。西欧社会の多くの国々で、子供や青年の行動面で深刻な問題が生じる割合が増加している。そのため、教科指導だけではなく、社会 – 情緒面の発達を促進することも学校の重要な仕事であることが共通認識とされてきた。社会 – 情緒面の発達に注意を向けることは行動面の問題を少なくするだけでなく、教科学習への取り組みを積極的にさせる効果がある。そのためには、子供がウェルビーイングの状態であることが重要な前提条件である（Greenberg et al., 2003）。教科学習と同様に、聴覚障害児はメンタルヘルスに関わるリスクを抱えているから、教育プログラムは、社会 – 情緒面の発達に留意し、組織だった注意を払う必要がある。また介入プログラムは、教科の時間と社会 – 情緒面の問題に対処する時間のバランスにも留意しなければならない。Durlak, Weissberg, Dymnicki, Taylor, and Schellinger（2011）は、この考えを支持し、全ての子供が参加する社会的な学習への介入は、社会性や情緒的能力の改善をもたらすだけでなく、学力も向上させると主張した。彼らは社会 – 情緒面の学習に焦点をあてた、学校を基盤としたプログラムから得られたデータ（213 校）についてメタ分析を行った。また 27 万人以上の聴児の行動や学力に関するプログラムの効果を測定した。プログラムは社会 – 情緒面の学習を促進するもので、教師と学校スタッフにより異なる 2 つの教育的方

略によって実施された。1つの方略は子供に対する直接指導で社会行動上のスキルの扱いや活用の仕方を教えた。もう1つの方略は子供の学習環境を改善することであった。Durlak et al.（2011）の結果は、このプログラムは、社会情緒的能力の向上に有意な効果をもたらし、また全ての学年で学業成績を向上させた。学業成績は専門スタッフによらない指導であったが11％の改善を示した。プログラムは、SAFE（順序だっている、活動的、集中的、明確である：Sequenced, Active, Focused, and Explicit）基準に合致したデザインであり、よく計画され、また適切に実施されたときに最も効果を発揮した。

　Jones, Brown, and Aber（2011）は、社会－情緒面の学習やリテラシーの発達、またそれに関連する行動面、情緒面、学業面の機能に焦点をあて、一般的な介入の効果を検証する研究を行った。研究には無作為に抽出した米国の18の小学校の1,180人以上の子供が参加した。社会－情緒面の学習に関して、外部による介入に対応できる授業時間は限られているので、社会性に関係する内容と学業に関する内容を統合した介入計画案が採用された。いわゆる4Rs（読み、書く、尊敬、解決）計画は、幼稚園から5学年までの子供を対象に社会－情緒面の学習を言語技術のカリキュラムに統合したプログラムである。社会－情緒面とリテラシースキルの両方を指導するため、非常に質の高い児童文学作品が、これらの指導を結びつける重要な教材として用いられた。このカリキュラムを2年間用いたところ、伝統的指導による学校に比べて、攻撃的な行動が減少し、計画の最後には社会的能力や社会的認知力の向上がみられた。教師が、行動上最も大きな問題を抱えていると考えていた子が、社会的能力だけでなく算数と読みの成績においても改善をみせた。

　社会－情緒面の学習に関する、コミュニティベースの放課後プログラムでは、通常、自己認識、自己マネジメント、社会的認知、社会関係、意思決定の各面に焦点をあてている。5〜18歳の子供が参加した放課後プログラムのうち、75の優れたプログラムでメタ分析を実施したところ、社会－情緒面の学習と学業成績において、これらのプログラムの潜在的有効性が非常に高いことが示唆された（Durak, Weissberg, & Pachan, 2010）。また、最も効果的なプログラムは能動的学習を推進する指導で、工夫された順序で着実に進む学習方法を用いるSAFEの原理によるプログラムであった。このような放課後プログラムは、問題行動を著しく減少させると共に、情緒や態度面、行動上の適応や学業成績において好ましい変化を導いた。

　直接あるいは間接的に子供の問題行動の予防を意図した、学校を基盤としたプログラムの効果は限られている場合が多かった（Greenberg et al., 2003）。米国の初等教育段階の子供に行われた34の予防プログラムの効果に関する研究では、プログラムが成果を上げるには、早期から、好ましいのは幼稚園から開始し、数年間続ける必要があることを明らかにした（Greenberg et al., 2001）。また、理想的にはプログラムの内容が問題行動にだけに向けられるのではなく、予防要因を促進させ、危険要因の影響を少なくすることに向けられる必要がある。初期介入として、子供と親の両方をターゲットにした家族中心プログラムは、子供だけを対象としたプログラムよりも効果的である。

　聴覚障害児の社会 – 情緒面の発達を向上させ、メンタルヘルスの問題を減少させるには、かなり早期から家族間のコミュニケーションの質を向上させることが望ましい。また、コミュニケーションが効果的にできると、学級内の一員として認められ、聴児との仲間関係を促進させるだけでなく、教師との関係強化にもよい効果をもたらす。心理教育プログラムは、社会 – 情緒面での発達を支え、予防要因を強化させるもう1つの方法である。いくつかの方略がオランダで実施され、中には、聴覚障害児や親、教師向けのウェブサイトも作られている。例えば友情や人間関係、性差、性行動（http://www.weetal.nl）、また薬物やアルコールの乱用（http://www.alcoholendrugsinbeeld）、文化的アイデンティティ（http://www.sprongvooruit.nl）といったサイトを誕生させた。セクシュアリティと人間関係と名づけられたカリキュラムは、オランダのろう学校で開発され現在も使われている。ろう者としてのアイデンティティを向上させるプログラムも開発され、高い評価を得ている（De klerk, 1998）。

　Shick, De Villers, De Villers, and Hoffmeinster（2007）は、自他理解につながる心の理論に関する学習は、社会 – 情緒的機能によい影響をもたらすと指摘している。また、Hosie et al.（2000）は、聴覚障害児に情動表現を教えるために、顔の表情が他者の感情に影響することに気づかせる機会や状況を積極的に経験させる方略について言及している。またより構造化された物語教材の有効性も報告している。一方、Most and Aviner（2009）は、家でも、社会 – 情緒的状況や情緒的言葉に触れる機会を多くもつことが、他者の情動的状態を認識する学習支援になるとしている。

PATHS プログラムは、6 ～ 12 歳の聴覚障害児の、社会 - 情緒的能力を向上させるエビデンスベースプログラムとして最も詳細に記述されている（Calderon & Greenberg, 2011; Kusche & Greenberg, 1993）。PATHS は、自己コントロール、他者への感情伝達方法、社会問題解決スキルなどを教える、広範囲な総合的カリキュラムである。70 人の重度および高度難聴児が参加した 3 年間にわたる評価研究では、情緒的理解、問題解決、行動適応において著しい改善が示された。PATHS は、米国、オランダ、カナダ、オーストラリア、英国を含む数か国で行われている。

　最後に、メンタルヘルスの問題が重症化し、精神障害に至るような場合には、どのように対処したらよいだろうか。心理療法が、きこえる子供や青年に対して有効なことを示唆する有力な証拠があり（Zirelback & Reese, 2010）、実施面や経済面での理由から、またコミュニティに関連づけられる社会的なスティグマを回避するためにも、心理療法を実施するには、学校が理想的な環境であるように思われる。認知行動療法（cognitive-behavioral therapy: CBT）とは、うつ病や不安障害に対して治療効果が認められ、「ものの見方」や「現実の受け止め方」に対する認知の変容を目指す治療方法で、科学的に立証されていることからも薦められている。聴覚障害者の場合、メンタルヘルスに関係する他の心理療法も適切で有効かもしれないが、あまり研究はされていない（Leigh & Pollard, 2011）。日本では、メンタルヘルス医療における聴覚障害の患者に対する研究は少なく、医療従事者の中で手話のできる専門スタッフの不足や、治療上の言語面、非言語面への配慮などの課題が指摘されている（赤畑, 2014; 藤田, 1999）。

　心理療法が効果をもたらすには、患者とセラピストとの間に強力な協調関係が必要であり、特に、大人よりも子供や青少年にとって重要である。なぜならば、彼らは通常、治療が必要であるかどうかを決定できないからである（Zirkelback & Reese, 2010）。Cakear and Christensen（2010）は、聴児のうつ症状に対するプログラムの効果を検証する 42 の研究についてメタ分析を実施したところ、教師が行うプログラムは継続的に利用することができるが、メンタルヘルスの専門家が実施するプログラムのほうが効果が高いことが示唆された。Cakear らは、教師に対して集中的かつ効果的な研修を行うことが、子供に対する適切な治療提供を可能にするかもしれないが、指導と心理療法の役割が混在してしまうので、本来の役割を果たすことが難しくな

るかもしれないと指摘している。ほとんどのろう学校が学校心理士（school psychologists）を職員として配置し、子供のケアをうまく行っている。しかし、聴覚障害児に対する学校での心理療法あるいはプログラムの効果については研究がなされていない。

　社会性、忍耐力、自尊感情などの、社会－情緒的能力を獲得することは、今後の教育を考える上で重要な課題となっている。聴覚障害教育においても、家庭、学校、地域社会が協働して社会－情緒的能力を発達させることが期待されるが、日本において組織だって実践されたエビデンスは少ない。生活面の指導、障害認識、進路指導などに関係した実践報告はあるが、個人の一生を通じて影響を与える能力として、社会－情緒的能力を捉える点が、教育関係者に対する新たな視点と言えよう。とりわけ、今後、聴覚障害教育の課題となるであろうメンタルヘルスの問題への予防的対応として、この分野の取り組みの開発とエビデンスの蓄積が求められている。

ではそれについて私たちは何ができるのか？

　聴覚障害児は家庭でも学校でも、コミュニケーションに困難があるため、多くが社会性や情緒面で、メンタルヘルスの問題につながることが懸念される。日本では「聴覚障害者の精神保健福祉集会」が1992年から定期的に開催されるなど、聴覚障害者のメンタルヘルスに関心が高まっている（聴覚障害者情報文化センター, 2017）。その背景にはメンタルヘルスに問題を抱える聴覚障害者が決して少なくない現実があり、その予防的な取り組みとして、幼い頃からの対応や、聴覚障害と社会性－情緒面の発達との関係に目を向けた研究や実践がいっそう推進される必要がある。

　聴覚障害児の社会性や情緒面の発達には、親子関係のコミュニケーションをより適切なものにすることが効果的である。しかし、そのために人工内耳の装用や手話を早くから教えることが万能薬とは考えられない。社会性や情緒面の問題を回避する最良の方法は、聴覚障害児を対象とするエビデンスベースの長期プログラムの中で、問題への対処方法について指導することである。学校では、これまでの学力面とは異なる分野に時間やエネルギーを費やし、また新たな内容の教員研修の実施が求められる。これらは、聴覚障害

児にとって欠かすことができない取り組みである。予防的な観点からも、数多くある欧米のプログラム実践（OECD, 2015）にならって、家庭や教育の場において社会性や情緒面の発達に配慮した教育実践を推進することが課題となっている。

第**8**章

教科の成績と指導
——リテラシー

　この章と次の章では、聴覚障害児の学業成績について、既に知られていることや、その向上のためにはどのように考えればよいのかについて概観する。成績の向上は、聴覚障害教育に携わる全ての人にとって、当然のことと捉えられている。しかし、通常の学級に在籍している聴覚障害児は、人工内耳を装用したり、聴覚障害の親をもっていたりするが、学校ではうまくやっていると信じている人もいるであろう。そのような人は、ここで話題としている聴覚障害児は、特別の教育の場に在籍し、補聴器を装用し、きこえる親をもち、もしかしたら重複した障害がある子供たちだと思い込んでいるのであろう。本書では特定の文で「きこえない親」や「きこえる親」という言葉が用いられているが、これらは暗号的であり、それぞれ流暢な第一言語をもっているかいないかを思わせるし、「人工内耳」を装用すると手話言語より話し言葉を使うだろうと思わせる。しかし注意深い読者は、そのような属性は時にはあたっているかもしれないが、それらは大ざっぱで単純化しすぎていることに気づくであろう。

　人工内耳装用人口の増加と共に、例えば、親、教育者、研究者は、聴覚障害児の成績が、著しく向上することを期待してきている。かなりの向上がみられたことは認められているが、その成果にはまた極端な違いがあることを知る必要がある（Marschark, Sarchet, Rhoten, & Zupan, 2010; Pisoni, Conway, Kronenberger, Henning, & Anaya, 2010）。さらに、現在得られている限られた数の、長期にわたる研究知見が示すところによれば、人工内耳装用児は、幼いときには年齢対応の学習レベルを示すことが多いが、高校生になる頃には、教科成績はきこえる仲間よりも大きく遅れてしまう（Archbold et al., 2008;

Geers, Tobey, Moog, & Brenner, 2008; Stinson & Kluwin, 2011）。もっと一般的に言えば、通常の学級で学ぶ子供、人工内耳を装用した子供、聴覚障害の親をもつ子供は、しばしば学業に関連した領域で他の聴覚障害児よりもいくぶんか高いレベルに達することもあるが、グループとしてみると、きこえる仲間と同等の教科成績のレベルにはほとんど到達しない。この章や次の章では、このような議論を行い、「それはなぜなのか」また「そのことが、聴覚障害児の教育全体に対して何を示しているのか」という疑問について考える。最初に、聴覚障害児の教科成績とその不振の特徴を、一般的に、また特に文字のリテラシーに関して調べてみる。

　聴覚障害児の読み書き能力を直接検討する前に、学業不振は聴覚障害児自身の問題ではなく、聴覚障害児のための教育システムのせいであると論じている人がいることを知っておくべきである。このことはある程度は事実であろうが、教育システム改善の試みが足りなかったわけではない。聴覚障害児の教育者のほとんどは、次のことに気づいている。新しい指導方法は、ほぼ10年ごとに出現し、長い間探究されているろう教育の解決策としてもてはやされるが、通常、その成果はほとんどみられない。全ての状況にいる全ての聴覚障害児に役立つような「銀の弾丸」すなわち、難問への単純で保証された解決策は存在しない。したがって、本書の最初の目的は、聴覚障害児の多様な強みやニーズに合った教育実践に対するニーズを強調することである。この目標のため、本章では、聴覚障害児の学業成績について、どのような一般的な結論が何らかの確信をもって導き出せるか、また、そのような結論を、どの程度広く、あるいは狭く般化すべきなのかについて考える。それに続いて、読み書きという特定の分野の成績や、それをより改善する（あるいは低下させる）指導の側面について考察する。次の章では、国語、算数・数学、理科について、同様な議論を行う。しかし、理科教育でのいくつかの研究を除き、実質的には、聴覚障害に関する研究や介入研究の全てがリテラシーや数の扱いに焦点化されている。この状況は、一部はこれらの領域が学校や職場において重要であるからであり、また一部は、最も頻繁に標準化されたテストによって評価を受けている領域だからである。聴覚障害児はまた、歴史や地理といった科目に特有の困難があるようだが、これらの領域は経験的にも研究されてきていない。

聴覚障害児の成績の理解

　ろう学校に在籍している子供の成績が振るわないことは、長い間指摘されてきた（Pagliaro, 1998）。Qi and Mitchell（2012）は、スタンフォード学力検査（SAT）を用いた過去 40 年以上にわたる聴覚障害児の成績についてまとめている。Allen（1986）と Traxler（2000）では、聴覚障害児の各学年段階における SAT の読解、数学の下位検査の成績を聴児の水準と比較しており、これを基に「高等学校卒業段階の聴覚障害児の読み能力は、小学校 3、4 年生程度である」という一般的な結論が導き出されている（Gutierrez, 1994, p. 89）。一方、日本においても、聴覚障害児の読み能力について分析するため、読書力診断検査のように標準化された検査を用いた検討が行われており（長南・澤, 2007; 中野・佐藤, 1971）、いずれの研究結果も聴覚障害児の読書力が小学校中・高学年レベルで停滞することを示している。聴覚障害児の読解力について、新聞を題材としたテストを作成し検討を行った、澤・吉野・今井（1995）も、読解力テストの成績が小学校 5 年生程度にとどまることを報告した。

　Qi and Mitchell（2012）は、聴覚障害児のスタンフォード学力検査（SAT）の全米標準化サンプルに基づいて、年齢別（8 〜 18 歳）にみた「読解力」の対応学年（中央値による）を、1974 年から 2003 年にわたって求めている。これによれば、8 歳（3 学年）での得点は 1 〜 2 学年の間であり、その後、得点は漸増するが、16 〜 18 歳で 3 〜 4 学年レベルでの停滞状態となる。この様相について年度による違いは顕著ではなく、聴児と比べて 8 〜 10 学年の遅れとなっている。彼らは、教科教育のカリキュラム、手話の使用や科学技術を用いた教具の利用、通常学級への統合など、聴覚障害教育における著しい変化にもかかわらず、過去 40 年以上にわたって SAT の得点が有意に向上しないことを示している。同様な状況は、バイリンガル教育を実施しているスウェーデンでも（Hendar, 2009; Rydberg, Gellerstedt, & Danermark, 2009）、またノルウェーにおいても（Hendar, 2012; Swanwick et al., 2014 の中で引用）報告されている。一方、米国の多くの州では、SAT が他の学力検査で代用されつつあるが、今後、学力の経年的な変化を明らかにするアセスメントが用

いられる可能性については不明確である（Marschark, Shaver, Nagle, & Newman, 2013）。

　聴覚障害児の言語能力については、読解に限らず聴児と比して特有な点がみられる。例えば、語彙使用の観点からは、特定の文脈や対象に限定した動詞の産出に困難を示すことが報告され（左藤・四日市, 2004）、単語の表記については、同口形異音や濁音の弁別が難しく、語彙の正しい習得が課題として示唆されている（我妻, 1991; 茂木・澤・四日市, 2012）。また今西（1984）は、作文の内容分析から聴覚障害児の言語能力には個人差の大きいことを指摘しているが、我妻（2000）によれば、聴覚障害児は言葉の学習と自身の経験との結びつきが強く、しばしば言語能力に偏りが示される。したがって、聴覚障害児の成績を理解する上では、標準化された既存の検査による評価と共に、普段の指導場面から聴覚障害児1人ひとりの言語能力の特徴を捉えることが重要であろう。

　さて、Qi and Mitchell（2012）のデータでは、人工内耳の早期装用の影響や、学業成績に影響する多数の要因については検討されていない。それゆえ、言語発達の遅れと学業成績との関連について、両親がろう者であり、生まれたときから利用しやすい言語に接してきたろう児は、両親が聴者である聴覚障害児より高成績を示すといった主張がなされている。Meadow(1976)、Stuckless and Burch（1996）、Vernon and Koh（1970）などの初期の研究では、両親がきこえない聴覚障害児の読解力にわずかな優位性がみられたが、聴児に匹敵するほどではなく（Padden & Ramsey, 2000; Singleton, Supalla, Litchfield, & Schley, 1998）、他の研究ではそうした差異は見出されていない（Akamatsu, Musselman, & Zweibel, 2000; DeLana, Gentry, & Andrews, 2007; Wauters, van Bon, Tellings, & Van Leeuwe 2006; Niederberger, 2008 参照）。聴覚障害児の読み能力は早期の手話能力と結びついていることがわかっているが、早期の音声言語能力もまた読み能力と関連がある（Geers, 2002; Musselman & Szanto, 1998）。読み能力の習得においては、書記言語と話し言葉を構成する、音素との対応関係に注意を向けた音韻意識の形成が重要であると共に、意味のある言葉としての語彙を獲得することがその基礎となる（四日市, 2009）。聴覚障害児は聴覚の活用に困難があるが、構音あるいは文字による視覚的情報を手掛かりに音韻意識が形成されていくことが指摘され、文の理解と音韻分解能との関連性も示唆されている（斎藤, 1979）。一方、特別支援学校においては幼稚部段階

から手話を用いた指導が行われるようになり、子供の語彙獲得が促されたという報告もみられる（井坂, 2011）。それゆえ、学業成績や学習を支えるのは、聴覚障害の両親の存在そのものではなく、発達初期において、日常生活のさまざまな場面で言語にどのように触れるのか、またそのような機会をどう拡充していくのかが重要であろう。

　聴覚障害の両親をもつことは、動機づけやモデリングなどを通して学習に影響を与えうるが、これに関するエビデンスはまだ得られていない。一方、きこえる両親の優れた学業成績や高い教育水準が、聴覚障害児のモデルとして、彼らの成績や自信の向上をもたらすとも考えうるが、Marschark, Bull et al.（2012）によると、両親のきこえの違いが、5 〜 11 歳の聴覚障害児の、読み、算数、学業成績での違いをもたらしてはいない。

　要するに、エビデンスのある有益な知見からみると、過去数十年以上にわたる聴覚障害教育の変化にもかかわらず、聴覚障害児の成績には顕著な改善はみられておらず、聴児よりも遅れたままである。聴覚障害教育に携わる内外の多くの研究者が、教室内での手話を用いたコミュニケーションが学業成績の改善をもたらす重要な契機であると考えているが（Detterman & Thompson, 1997）、Qi and Mitchell（2012）や、この章の後半にある Marschark らの研究からは、米国ではそうした事例がなく、また長期のバイリンガル教育を行うスウェーデンやニュージーランドのデータも、成績の向上に限界のあることを示している。さらに Qi and Mitchell（2012）は、通常学級に在籍する聴覚障害児についても、学業成績に対するそこでの教育の効果が認められていないとしている。次章では、こうした状況についての理解を深めるために、聴覚障害児が直面している障壁や、それを低くする方法について、いくつかの教科を取り上げて考えてみたい。

読 み

　読み書きについて自明な点が 1 つあるとすれば、それは文字や単語が、音としてどのようにきこえるのかという知識に依拠している点である。実際、聴覚障害児では、良好な発話ときこえのスキルが、よりよい読み能力に関連している（Holt, 1993; Lichtenstein, 1998; Yoshinaga-Itano & Downey, 1996）。しか

し読み書きは音と綴りのみで成り立つのではなく、短期－長期記憶、メタ認知などのあらゆる認知プロセスを必要とする。読み書きは図 8.1 に描いたように、ボトムアップ処理とトップダウン処理の両方を含むものとして説明される。概念、語、文法、そしてさまざまな知識は、紙に印刷された言葉（コンピューター画面のテクストやモバイルフォンのメッセージ、ビデオの字幕など）をどのように処理し、どのように記す（書く）のかに影響を及ぼす。

　米国の 18 歳の聴覚障害学生におけるスタンフォード学力検査（SAT）の読解スコアは、過去 40 年間ほとんど伸びず、他の学業成績においてもきこえる学生より遅れている。この結果から、一般的に聴覚障害学生の学業困難は学年相応の読み能力の不足に起因しており（Rogers & Clarke, 1980; Luckner & Handley, 2008; Luckner, Sebald, Cooney, Young & Muir, 2005, 2006 のレビュー参照）、テクストよりも手話を通じてより多く学習していると広く信じられてきた（R. Johnson, Liddell, & Erting, 1989; Lang, McKee, & Conner, 1993 参照）。しかし、図 8.1 に示した読みのプロセスと構成要素は、音声と手話のいずれのコミュニケーションを使っていても同様である。聴覚障害児は学齢期以前にさまざまな困難に直面し、結果的に彼らの言語的な知識やスキルは聴者とは量的にも質的にも異なっている。それゆえ、聴覚障害児にとって、コミュニケーションを通した理解のほうが文字言語による理解よりも良好であるとは限らないことは、驚くことではない。

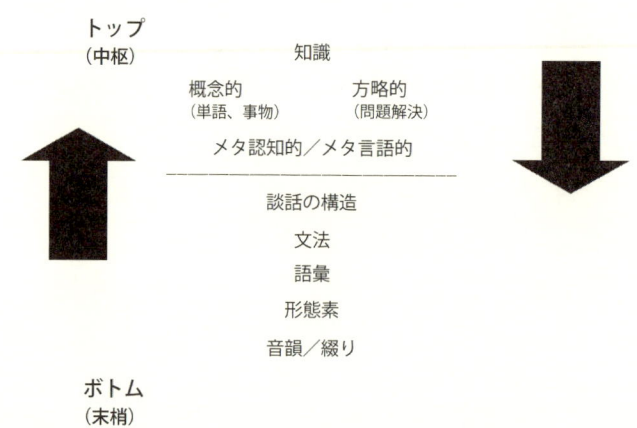

図 8.1　読みはトップダウンとボトムアップの両方の処理過程と関係する

　聴覚障害学生のテクストによる学習と手話による学習を直接比較した最初の研究の結果は（Marschark et al., 2006）、これまで繰り返されてきた結果とまったく同じであった（Borgna, Convertino, Marschark, Morrison, & Rozzolo, 2011; Marschark et al., 2009; Stinson, Elliot, Kelly, & Liu, 2009）。これらの研究は、12 ～ 24 歳の聴覚障害児が手話よりも読みを通じて、より多く学習していることを一貫して示している。本章では、まず初めに読みにおける「低次レベル」の処理がどういうもので、なぜそれが聴覚障害児にとって困難なのかについて考えていく。

読みの要素

　多くの人は、幼少期における読みの難しさを思い起こすことができる。第二言語における読みの学習にも同様の困難があるが、少なくとも青年や成人は多くの言語的知識やさまざまな知識、認知的な柔軟さ、そして第一言語を有している（第 5 章参照）。しかし多くの幼児にとっては、保育の質やきこえの状態にかかわらず、読みは複雑で困難な課題である。これまでのさまざまな研究から、聴覚障害児にとって特に困難を引き起こす読みの 3 つの要素として、単語のデコーディング（decoding）、語彙、そして文法が示されている。

単語の認識

　単語を全体として認識する能力や個々の文字や音を認識する能力は、通常、デコーディングと呼ばれる。いずれの場合も、読み手はテクストから単語を抽出してワーキングメモリに一時的に保存し、長期記憶の（通常は自動的な）情報検索によってその意味を理解する。この過程において、一連の単語や文の意味は図 8.1 に示したトップダウン処理とボトムアップ処理の相互作用を通じて、徐々に構築されていく。

　Albertini and Mayer（2011）は、読んでいるときに生じる誤りの分析（ミスキュー分析）から、単語の読みの困難が聴覚障害学生の読解における大きな障壁となることを見出した。音声や手話によって「音読」する際、学生は単語を省略したり、他の単語に誤ったりした（例えば、「蒸気機関〈steam engine〉」を「蒸気船〈steam boat〉」「交代する〈take over from〉」を「追い越す

〈overtake〉」と読むなど)。Albertini and Mayer の研究は、聴覚障害学生は聴者と比較して有意に語彙が乏しいという結果と共に、単語レベルであっても自分の理解(あるいは誤解)レベルを認識していないことを示唆している。また日本語では小学校段階から漢字の読み学習が開始されるが、音訓の違いや特殊な読み方などがあるため、聴覚障害児にとっては習得の難しさがある。茂木・鄭・四日市(2015)は聴覚障害中学生の漢字熟語の読みについて、多様な読み方が存在する漢字ほど読みにおける誤りが多いことを示した。また誤り方の特徴から、口形や字形が類似する読み誤りが多いのに対し、意味的な誤りは少ないことから、語彙同士の結びつきが弱いことを指摘している。

単語のデコーディングは通常、1つの文字や文字を組み合わせた音についての音韻的処理に基づくと仮定されている。このことは、補聴器や人工内耳による補償の有無にかかわらず、聴児のほうが良好な読みが可能であることの1つの根拠となっている。さらにこのことは、発音スキルが十分に育っている子供は、そうでない子供に比べて音韻に正確に対応した誤り(例えば、「ornge」)を産出しやすいことからも言える。Conrad(1972)は音声を用いる英国の聴覚障害児に対し、視覚的あるいは音の類似性の異なる子音の文字列や単語を呈示する短期記憶の研究を行った。その結果、聴児と比較して聴覚障害児は、彼らの有する音声言語のレベルに応じて同じようにきこえる単語を混同したり、さらには同じ形にみえる単語を混同したりすることを示した。

Gaustad and Kelly(2004)は、聴覚障害のある読み手の単語デコーディングは形態素の連なりをデコーディングすることに支えられると述べているが、複数の形態素からなる複雑な単語のデコーディングは、聴覚障害児の読み手、特に子供にとって困難である。Van Hoogoed, Verhoeven, Schreuder, and Knoors(2011)は、語尾変化に伴う複雑な単語処理について、オランダ人の聴覚障害児・者と聴児・者を比較している。その結果、聴覚障害児の処理能力は正確さと速さのいずれでもかなり劣っていたが、成人については聴覚障害者と聴者ともに成績が良好であった。同様の結果は派生語や複合語などでも認められ、複合語の処理のほうが容易なことや、聴覚障害成人の認識速度は聴者よりも遅く、処理の自動化が弱いことが示された(Van Hoogoed, Knoors, Schreuder & Verhoeven, 2013)。

聴覚障害のある優れた読み手は良好な音韻的スキルを有するにもかかわら

ず、多くの研究者はそのスキルが適切な読みにとって必要でないと論じている。Mayberry, del Giudice, and Lieberman（2011）のメタ分析による研究は、聴覚障害のある読み手の音韻的コード化や音韻意識が読み能力における分散の 11％のみしか説明せず、一方で言語能力は 35％もの説明力を有することを示した。このことから、音韻的処理は読みの全てではなく、きこえに依存するものでもないことは明らかであり、聴覚障害のある読み手がきこえる学生とは異なるデコーディング処理をしていると考えられる。Leybaert（1993）は、聴覚障害のある読み手は音韻表象を生成するために、聴覚によらない、読話、指文字、調音、そして正書法からの情報を用いることができると述べている。

　聴覚障害のある読み手の音韻的コード化を補助するために考案された 2 つの方法として、キュードスピーチとビジュアルフォニックスがある。キュードスピーチは聴覚障害児の音韻へのアクセスを容易にし、さらにリテラシースキルの習得を促すことも期待される。フランス語とスペイン語を学習する聴覚障害児の研究は、家庭や学校でのキュードスピーチの使用が単語のデコーディングや形態素の認識を助け、読みの基盤となるスキルを形成することを示している（レビューとして、Leybeart, Aparicio, & Alegria, 2011 参照）。しかし、今のところ英語の読みを助けるという証拠はない。これは英語がフランス語やスペイン語、イタリア語などと比べて、音と綴りの一致がきわめて弱いことによるのであろう。

　ビジュアルフォニックスは、音声言語と結びつく音素の多感覚的（聴覚的、視覚的、触覚的、そして運動的）な表象を与えるために作られた 46 個の手指記号（もしくは書記記号）を用いる。この点ではキュードスピーチと同様である（Trezek & Wang, 2006）が、ビジュアルフォニックスは、音声言語の補助というよりも、読むことを目的として特に学校環境で用いられ、その記号には音素を産出するときの構音の動きを連想させる画像的な要素が組み込まれている点でキュードスピーチとは異なっている。

　Trezek and Wang（2006）は、ビジュアルフォニックスを用いた 8 か月にわたる指導の結果、聴覚障害児の単語のデコーディングと読み成績が有意に向上したと報告している。しかし、Trezek, Wang, Woods, Gampp, and Paul（2007）は、ビジュアルフォニックスは聴覚障害児の読みスキルを向上させるものの、効果が長期間維持されないことを見出している。年齢が上がると

共にその効果が減少するという結果が、人工内耳装用児でもみられたことは（Geers et al., 2008; 第5章参照）、読みが音をきくことのみに関係するものではない点を改めて思い起こさせる。

日本語は一部の特殊音節を除いて仮名文字と音が一対一で対応するため、英語などのアルファベットとはデコーディングの様相が異なる。音韻分解・抽出課題を用いた研究では、人工内耳装用児が音のイメージに基づくデコーディングをしていること（長南・齋藤, 2007）、文字や指文字を手掛かりとする子供が相当数いること（渡部・濱田, 2015）などが報告されている。一方キュードスピーチについては、現在、使用している学校数は多くないが、単語の自然な発音を習得させる際の有効性が指摘されている（長南, 2008）。学校ないしは家庭で用いるコミュニケーション手段に応じて音の分解単位は異なるが、多くの研究で4〜7歳の間に音韻意識が形成されることが示されている。

語の意味の理解

多くの聴覚障害児は幼少期に流暢な言語に触れる十分な機会に乏しく、社会的な相互作用が不足している。その結果として生じる語彙発達（単語とその意味の学習）の遅れは、きこえる両親の聴覚障害児について長く報告されてきたが、きこえない両親の聴覚障害児も同様な遅れを示すことが明らかになっている（Knoors & Marschark, 2012）。原因にかかわらず、聴覚障害児の語彙スキルが読み能力と強く関連する点は（Coppens, Tellings, van der Velt, Schreuder, & Verhoeven, 2012; Hermans, Knoors, Ormel, & Verhoeven, 2008a; Kyle & Harris, 2006; Wauters et al., 2006）、聴児とまったく同様である（Aarnoutse & van Leeuwe, 2000; Qian, 2002; Shiotsu & Weir, 2007）。ここでの問題は、いくつ知っているかという言葉の量ではなく、知識の深さ（語や概念についてどれくらい知っているか）や広さ（他の語や概念とどのようにつながっているか）といった言葉の質である。例えば、流暢な言語に触れる機会が少なかったり遅れたりする聴覚障害児は、一般的に、抽象語よりも具体的な名詞や使用頻度の高い動作語の理解が優位になるだろう。音声や文字へのアクセスが制限されることで、聴覚障害児は（文字）単語の意味を学習する機会が聴児より少なく、他の単語との関連づけも弱いものになっている（Marschark, Convertino, McEvoy, & Masteller, 2004; McEvoy, Marschark, & Nelson, 1999）。

　第一言語以外の言語によって話をきく際に、話の中で次々に出てくる単語をかろうじて理解するものの、話の最後になって「まとまらず」に全体の意味がわからない、と感じたりすることがある。このような場面では、インプットの速さを調節できず、文脈内の単語の意味を十分に「精査」できなくなる。インプットの速度を遅くすることは、何らかの手助けになるかもしれないが、速度が遅すぎて話よりも個々の単語に意識が向くとワーキングメモリの負荷が高まってしまう。特に長期記憶における情報が、テクストの意味を構築するのに十分なほど自動的かつ迅速に活性化されない場合はなおさらである（Rawson & Kintsch, 2002）。

　聴覚障害児は、聴児に比べて多義的意味をもつ語にとりわけ困難があり、単語の最も一般的な意味のみを学習している（あるいは固定的に覚えてしまう）ことが多く、他の意味に気づきにくかったり、別の意味を想起できなかったりする。そのため、概念的な意味を表す比喩の理解（澤, 1999）や、目的に応じて語や概念の関係づけを組み替えてカテゴライズする操作に困難を要したりする（澤, 2007）。さらに適切な意味を判断するために限られた文脈に強く依存しなければならず（Kelly, 1996）、文法に困難を抱えている場合は深刻な問題となる（後述）。限られた文脈に着目してしまうことは、長いテクストを理解することの妨げにもなりうる（Banks, Gray, & Fyfe, 1990）。トップダウン処理が低減し、語彙の検索が遅くなることで、高次の読みができずに認知的リソースに大きな負荷がかかる。ワーキングメモリに過剰な負荷がかかると、結果的に文法的な処理が破綻する。それゆえ、Easterbrooks and Stephenson（2006）や Musselman（2000）、Paul（1996）はいずれも、聴覚障害児に新しい語彙を教えるには、単に学習用の語彙表を与えたり 1 つの意味に注目させるのではなく、多様な意味や状況に応じた使い方を示す必要があることを示唆している。

　語彙が非常に限られており、語や概念が長期記憶内でうまく結びついていないため、聴覚障害児は本の中で、コミュニケーションでは使ったことのない言葉に遭遇することが多い（Hermans, Knoors, Ormel, & Verhoeven, 2008b）。このことは手話を使う子供にとってより大きな障壁であるように思われるが、音声言語を使う子供でも同じである。しかし Hermans et al.（2008a）は、書き言葉の学習は子供が既にその概念を手話で知っているときのほうが容易であることを示し、長期記憶の役割を強調している。ある言葉が繰り返し

登場すると、単語と手話との結びつきが強化され、関連する概念とつながることで文脈に応じた意味（関連する語）が自動的に活性化されるようになる。この学習を通じた自動化は意図的な認知処理（意識的デコーディング）を軽減させ、読みがよりスムーズに進むようになる（Bebko, 1998; Hermans et al., 2008b）。一方で、語の意味を深め広げていく機会がないまま個々の語を学習すると、聴覚障害児は認知的能力の大部分をボトムアップ処理に費やし、正確な理解に至るためのトップダウン処理はほとんど使えないという状況に陥ってしまう。

Wauters, Tellings, van Bon, and Mak（2008）は、Paivio（1986）の二重符号化モデルに基づき、子供が語の意味を経験する経路（例えば、きく、見る、嗅ぐ、触る）を増やすことで、意味の活性が自動化されやすくなることを示した。彼らは、実際にはこのような教授方法は聴覚障害児よりも聴児にとって効果的であり、きこえの状態よりも単語や知識の広さ・深さに関連するだろうと述べている（Marschark, Convertino, et al., 2004）。しかし、聴者はしばしば同年齢の聴覚障害者をしのぐ視空間機能を示すことから（Marschark, Morrison, Lukomski, Borgna, & Convertino, 2013）、きくことに頼らない聴覚障害児が優れた「目による」学習者になるとは限らない。

語彙発達や文字と意味との結びつけは、聴覚障害児にとって特に困難な領域であり、それは言語発達や言語へのアクセスのしやすさと明らかに関連する。それゆえ、さまざまな研究において、聴覚障害児の語彙知識を高めるための取り組みが探求されてきた（Spencer & Marschark, 2010, 第6章参照）。例えば Padden and Ramsey（1998, 2000）は、手話に流暢なろう教師による「チェイニング」について述べている。チェイニングでは、教師が単語を文字、手話、そして指文字で呈示するため、単語は文字として2度呈示されることで視覚的に認知されやすくなり、さらに手話で意味の強調を繰り返す。Seal et al.（2005）は人工内耳装用児に対して、音声語にチェインを加えることの重要性を強調している。

文法——言語の規則

教師や研究者は、年少の聴覚障害児にとって文法構造や規則の習得がとりわけ困難であることを長い間認識してきた。文法の中で最もわかりやすいものは語順であるが、それ以外にも数や動詞の時制、前置詞、接続詞、冠詞と

いった文法形態素の使用も含まれ、特に聴覚障害児にとって厄介な文法構造として、否定、前置詞、接続詞、疑問詞、照応表現（代名詞）、補文構造、関係節、離接（選言的接続詞 disjunction: or）などがある（Trezek, Wang, & Paul, 2011）。このうち最初の 4 つの表現は話し言葉の中で強調されないため、聴覚障害児にとって難しく、きこえる中学生のほうが聴覚障害学生よりも文法的形態素や単語分割の理解に優れることが示されている（Gaustad & Kelly, 2004）。一方、自然手話言語では等位、否定、前置詞、そして接続詞は明確に産出されない（手指英語や他のシステムでは産出されるが）。それらは通常、独立した形態素ではなく、空間位置の使用という文字や音声言語とはまったく異なる形で表現される。

　読みスキルの低い者にとって、関係節や埋め込み文などの複雑な構文が難しい理由の 1 つは、単語のデコーディングや意味検索といった処理が同時進行して、ワーキングメモリに過剰な負荷を与えることにある。Kelly（2003）は、聴覚障害学生、特に読み能力の低い学生において複雑な構文の読みが顕著に遅いことを示し、文法力の低い学生は語彙知識が十分な助けにならず、逆に文法力が語彙知識の支えにもならないと結論している。Kelly（1996）は文の意味を表すビデオ映像を見せ、それに合致する文を選択させる多肢選択法を用いると複雑な構文の理解が向上することを示したが、教師がこのような方法を用いているかどうか、どのようなときに効果的なのかという点については明らかになっていない。

　日本語の場合、文法マーカーとしての格助詞の役割が大きく、格助詞の適切な理解が文理解の基礎となる。聴覚障害児の格助詞理解については、その困難が従来から指摘されており、語順や単語間の意味関係に基づく誤った理解をすることも少なくない（澤, 2015）。特にかき混ぜ文や、受動文、関係節構文などの複雑な文では、名詞間の格関係を正確に理解することが難しくなる。相澤・左藤・四日市（2007）は、聴覚障害児の文理解における意味情報の影響を検討し、関係節構文のような複文を理解する際に意味情報を利用していることを示した。一方で、語順情報を優位に活用している子供も存在すること（相澤ら, 2007）、反応時間などの処理速度を指標とした場合、意味的情報の活用が認められない傾向のあること（相澤・吉野, 1999, 2002）などから、それぞれの子供が文理解時に利用している情報や方略は異なることが考えられる。

我々は何をすべきなのか？

　聴覚障害児の読み能力の改善を図るための数多くの方法について、Easterbrooks and Beal-Alvarez（2013）と Easterbrooks and Stephenson（2006）は効果的な方法に関する優れた叙述をしており、Spencer and Marschark（2010）は成果に関する適切な証拠を評価している。これらの著述から、研究論文は増え続けているが他の方法を凌ぐような1つの方法を選択する根拠はほとんど存在しないという結論が得られている。

　強固な言語的基盤はリテラシーの発達にとって必要不可欠であり、それが多くの聴覚障害児にとって困難の要因となっている。一方、少なくとも聴児については、リテラシースキルが言語発達を促進しうるという、いくつかの証拠が示されており（Roberts, Jurgens, & Burchinal, 2005; Valdez-Maenchaco & Whitehurst, 1992; Yaden, Rowe, & MacGillivray, 1999）、Williams（2004）は聴覚障害児に関しても同様であると論じている。しかし、言語とリテラシーが相互に影響し合うためには、子供が言語に効果的にアクセスしなければならない。聴覚障害児が手話を知っているか、補聴器や人工内耳によって音声言語を理解しているか、という点には言及しない。彼らがどんなコミュニケーションモードや、教示での言語を好むとしても、大部分の聴覚障害児は十分なインプットを受けていない。音声言語獲得の観点からみると、人工内耳でさえも、聴覚障害児に対して、聴児が通常受け取っている音声情報の全てをもたらしているわけではない。確かに、人工内耳は補聴器に比べ、音声言語の受容の点ではるかにすぐれている。しかし、耳、聴神経、そして脳に到達する入力信号の処理は、「正常なきこえ」と同じではない（人工内耳による発話や音楽刺激のきき取りについては、http://www.hei.org/research/shannon/simulations/ が参考になる）。

　手話の観点からは、聴覚障害児が言語の流暢性を欠くことに対し、きこえる親や教師の手話スキルの乏しさが、その要因としてしばしば非難される。この点は確かにある程度妥当であり、大人に対して手話を教える方法の開発が進んでいないことを認めざるを得ない（Knoors & Marschark, 2012）。一方で、有効な指導プログラムがあったとしても、多くの大人は流暢な手話や新しい話し言葉を身につけるための十分な時間を確保できない。同時に、理由はさまざまだが、聴覚障害者の多くがその国の手話言語を十分に身につけていない。統計的には明確でないが、10代および大学生の聴覚障害者が、テクス

トによる学習に比して手話による教示からはほとんど学んでいないという事
実は、流暢な手話言語が身についていないことを明示している（Borgna et al.,
2011; Marschark, Leigh, et al., 2006; Stinson et al., 2009）。やっかいなことである
が、聴覚障害者自身が自らを流暢な手話言語使用者であると思っていること
は、学習において大きな問題を引き起こす。大学生であっても、聴覚障害学
生は教室において理解の困難に気づかないことがしばしばあり、気づいたと
しても全てのことを理解できると期待すべきではない（Napier & Barker, 2004;
第 6 章参照）。「1 つの言語で言いうることは他の言語でも言いうる」という
昔の格言が事実だとしても、自然手話言語の語彙が限られていることは、必
然的に、学習者の手話言語と読み書きを学習するための言語とが一対一に対
応していないことを意味している。このジレンマに対する 1 つの提案は、聴
覚障害者独自の手話言語とその国の言語に対応した手話言語を活用するバイ
リンガル教育である。

聴覚障害児へのバイリンガル教育

　聴覚障害児のバイリンガル教育、特に、この教育の学業成績への影響を明
確に示す根拠は示されておらず、議論が継続されている。きこえない親のも
とに生まれた聴覚障害児は、自然な手話言語でコミュニケーションを行うの
で、聴者の親のもとに生まれた聴覚障害児に比べて、好ましい言語環境で
生活しているため、バイリンガルになるには有利であると考えられる。そ
の一方で、手話言語の早期獲得は、聴者の親のもとに生まれた聴児の音声
言語の獲得に比べると、獲得の過程や結果において量的、質的に異なって
いる（Anderson & Reilly, 2002; Lederberg, Prezbindowski, & Spencer, 2000; Woolfe,
Herman, Roy, & Woll, 2010）。

　聴覚障害児の読みの能力を向上させるための重要な要因は、親からの恒常
的かつ豊富な言語的な入力であり（Harris & Beech, 1998）、手話を学習中の親
には提供できないものと考えられる（Hao, Su, & Chan, 2010 参照）。平均的に
は、きこえる親をもつ聴覚障害児の手話言語技能は、きこえない親をもつ
聴覚障害児よりもはるかに遅れている（Hermans, Knoors, & Verhoeven, 2009; C.
Mayer & Leigh, 2010）。しかし、親が手話を用いて早期の発達を促そうとする

場合、聴覚障害児は、言語的、社会的、学業成績での早期の発達に有利な様子はみられるが（Calderon & Greenberg, 1997）、バイモダルやバイリンガルによる、リテラシーなどの発達への影響は示されていない（Mayberry, 2010; Mayberry & Lock, 2003）。また、きこえない親をもつ聴覚障害児のほうが、きこえる親をもつ聴覚障害児に比べて、さまざまな心理的な適応がよいことは、聴覚障害教育関係者の間では経験的に知られていた。これは、きこえる親がわが子の障害を受容していくという心理的な負荷も一因として考えられるが、むしろ親子の間の豊かなコミュニケーションの有無によるところが大きいと考えられる（武居, 2009）。

　きこえる親をもつ聴覚障害児に比べて、きこえない親をもつ聴覚障害児のほうが読みの能力が高いことを示している研究がある（Chamberlain & Mayberry, 2000）。しかし親がろう者であるという環境での手話言語の円滑な使用ということ以外にも、読み能力に関係する多くの要因、例えば、どのような言語的活動を行うかといったことが重要となる。また、聴覚障害児がバイリンガルの環境で、言語への早期の接点をもっているようにみえるとしても、それが読みや教科学習の領域の発達を促すという十分な根拠は得られていない。例えば、読み能力に影響する活動として、「一緒に読む活動（shared reading）」（Schleper, 1997）が挙げられるが、これは、学齢前の聴児の読みのサブスキルの獲得を促し、音韻知識、語彙、読みの動機づけが向上することが示されている（Zevenbergen & Whitehurst, 2003）。また、聴覚障害児が親と一緒に絵本を見ながらやりとりし、子供の理解に合わせて絵を見せたり、考えさせたりすることによって、共感したり、物語を楽しんだり、好奇心や期待感も育まれる（今西, 1979; 陳・茂木・鄭, 2013）。ペープサートなどを補助的に用いることにより、語彙が増加し、思いを言葉や動作で表現できるようになることも報告されている（太田, 2008; 吉本, 2002）。

　しかし、「一緒に読む活動」は、多くの聴覚障害児に用いられているにもかかわらず、読み能力への影響を直接的に検討した研究はきわめて少なく、Easterbrooks and Stephenson（2006）や Spencer and Marschark（2010）は、この活動が学校で長期的に実践されることによって、効果が発揮されることを示唆している。

書くこと

　聴覚障害児の書く能力は、聴児と同様、一般的には読む能力より数量的な評価が難しい。そのような中でも、手話言語使用者対音声言語使用者や人工内耳使用者対非使用者などに焦点をあて、彼らの書記サンプルに基づいて、書記言語における長所と短所とを説明しようとする研究も行われている。そこでは、大きな個人差やこれらのグループ間の違いも報告されており、これらの研究の結果を考察する際には、個人や小サンプルに基づく結果の一般化が、書いた内容・表現の背景にある原因や他の要因との関連を曖昧にしてしまう危険性があるため、グループデータの解釈には十分留意すべきであると言える。

　評価の難しさがある一方で、書くことに関しても少しずつ研究的な蓄積も行われるようになってきた。近年の日本における関連文献の整理は、新海・澤（2016）によって進められており、聴覚障害児の書くことに関する研究の概要を把握することができる。新海・澤（2016）は、聴覚障害児の書くことに関する研究を、「文および文章産出の特徴」と「作文評価」という2つの切り口からレビューした。書くことの評価との関連で、この区分に即しながら言及すると、「文および文章産出の特徴」として取り上げられた研究は、検討する対象が、記述された語彙や文に絞られることが多い。しかし、評価の客観性が比較的担保されやすいため、聴覚障害児教育の分野では、古くから研究的な蓄積がなされていると言える。これらの研究は、今後も、人工内耳の使用や手話による教育の読み書きへの影響を知るための基礎研究として重要であろう。

　新海・澤（2016）による文献レビューの2つ目の切り口「作文評価」に関しては、聴児を対象とした研究を含め、文章の「何を」「どのように」評価するのかという点で、現在でも研究的な試行が続いていると言える。そのような現状の中で、日本においても、近年、研究的な場だけでなく、通常教育の場において、評価のあり方の見直しが積極的に行われてきており、評価規準の設定やルーブリック（田中, 2008）の作成が行われている。特に授業の中で記述した文章の評価では、子供の理解の仕方や理解した内容、対象に対

する思考の深め方を捉えようとしている。例えば、単元での評価の場合、設定された評価規準に沿って段階的な基準を作成する方法があるが、授業における書くことの評価に関わる実践的な取り組みとして、教師による今後の工夫の余地があると思われる。なお、聴覚障害児の文章評価に関わるルーブリックの作成に関しては、斎藤ら（1990）の経験についての作文の評価の研究から、その内容と方法とに関して示唆が得られるだろう。

　海外における聴覚障害児の書くことに関する近年の研究の知見としては、次のようなものが示されている。

　Yoshinaga-Itano and Snyder（1985）や Everhart and Marschark（1988）では、聴覚障害児の書いた文の多くが、具体的内容中心で、逐語的であり、短い文での固定的な文構造（英語の場合、単純動作、主語・動詞・目的語の順の肯定文）であることや、複雑な文での文法上の誤りの多さ（Yoshinaga-Itano, Snyder, & Mayberry, 1996）、機能語の省略や誤用（Marschark, Mouradian, & Halas, 1994）、談話構造の貧弱さ（Quigley & Paul, 1984）などの課題が示されている。しかし、Everhart and Marschark（1988）は、少なくとも、底流にある意味の流れ（物語文法）という観点での分析では、聴覚障害児は、聴児に匹敵する談話構造で物語を書いたことを見出した。一方、Musselman and Szanto（1998）や Yoshinaga-Itano et al.（1996）、Marschark et al.（1994）は、聴覚障害児の文章は、そこに含まれるスペルや文法、語の選択や省略での誤りによって、同年齢の聴児の文章よりも筋が通っていないようにみえるが、意味はしばしば保たれていると指摘している。同時に、聴覚障害児の文章は手話言語の構造の影響を受けているように思われ、それゆえ、省略された語は、手話では明確に表現されない部分に相当すると言える。そのような誤りは、表面的な内容に関わる場合もあれば、より意味のある情報に関わる場合もあるため、研究者は、聴覚障害児が書いた文章を、語彙や文法的な正しさという観点よりも、むしろ彼らが言いたいことは何かという枠組みの中で分析し始めている（聴児に関しては、Ferreiro, 1990 参照）。

　国内外を問わず、以上の研究は、主として文字を書き、文を書くという行為が成立した後のものと考えられる。それに先立ち、そもそも聴覚障害児の「書くこと」に関わる基本的研究課題として、文字習得の1条件と考えられる音韻意識が、どのようなプロセスで形成されていくのかという道筋を解明する必要がある。近年、その観点からキュードスピーチの使用に関わる実践

的な分析・検討が進められており、日本では、長南（2001）、脇中（2017）が
関連内容の整理、検討を行っている。音韻の視覚化という観点から言えば、
海外の研究の例でも、Trezek, Wang, Woods, and Gampp（2007）が、ビジュ
アルフォニックスの使用が聴覚障害児の読む力だけでなく、書くことの技量
も著しく改善させたことを報告している。さらに、発音・発語学習について
も、日本語習得の観点からの捉え直しも行われている（板橋, 2010）。一方、
天野（1988）は「表音文字での語の読み書き行為の中に、どの言語の場合で
も、音声コードから文字コードへ、また文字コードから音声コードへと、そ
のコードを変えるコード変換過程が含まれ、音韻分析によってこれらのコー
ド変換の準備が行われる」と述べている。このことから、日本手話をベース
として日本語の書き言葉を習得させる場合には、日本手話の音韻と日本語の
音韻とが異なるという点を考慮し、どのような方法がより効果的に日本語の
音韻表象の形成をもたらすかについて実証的な研究が必要であろう。さら
に、音韻レベルを超えたものとして、使用言語が人間の認識の仕方に与える
影響も考慮する必要があり、内容の適切な伝達のため、日本手話による認識
の特性に応じて書き言葉（日本語）を指導するという観点に立った研究も求
められる。

　また、近年の研究では、聴覚障害児が文を書くことに至るまでの過程につ
いても検討されるようになってきた。コミュニケーションモードの違いと書
き言葉の習得との関連性を検討する中で、対面でのコミュニケーションから
文章でのコミュニケーションにどのように変化していくのか、という観点か
らも研究が行われている。Mayer（2007）は、幼児の初期リテラシーの発達
に関して検討する中で、「書かれたテクストと対面での会話言語は、幼児の
学びに沿って、相互に意味を伴いながら、記号（symbol）による相互関係を
構築していかなければならない」（p. 12）と述べている。また、書くことは、
音声言語を使用する聴覚障害児より、手話を使用する聴覚障害児のほうが難
しく、どちらの場合も読み書きの習得にとっては、まず、習得の対象となる
言語（例えば、英語の読み書きの場合は英語）に接することが必要であると論
じている。自然手話言語は、形態学的、文法的、談話ルールなどで音声言語
とは異なるので、書く力の習得には、音声言語、同時的コミュニケーショ
ン、あるいは、音声言語に基づく手話を用いる子供のほうが、自然手話言
語を用いる子供より有利なようである（Burman, Nunes, & Evans, 2006）。また、

Singleton, Morgan, DeGallo, Wiles, and Rivers（2004）によれば、自然手話言語を使用するろう児は、言語能力が高いほど書き言葉への移行が容易であったが、英語を第二の音声言語として学ぶ聴児の書き言葉への移行よりは困難であった。学習の鍵は、書いたり読んだりすることの内容と、使用している音声言語や手話言語との詳細かつ明確な関係を理解させることであり、そのための有効な方法に関する研究は進められてはいるが、明確な知見はいまだ得られていない。

我々には何ができるのだろうか？

　Aram, Most, and Mayafit（2006）は、聴覚障害児に初期の書き言葉を指導するために、仲立ち支援による書き言葉の指導方法を示している。この指導では、子供と母親がストーリーのある、言葉は書かれていない絵本を見ながら、子供はその物語を話し、また書くよう促される。母親は、子供が書こうとするがよく知らない言葉を書いて示してあげることで、学習を促進させる。一緒に読み、書くという母親の積極的な関わりは、子供の言語と書き言葉との、それぞれの進歩に結びついていた。これと同様な視点による指導として、日本の特別支援学校では幼稚部の段階から、母親や教師と話し合うことを重視する絵日記指導が行われているが、その指導上の位置づけや価値を再認識し、より有効な指導方法としての積極的な活用が可能であろう。

　また、聴児の研究結果（内田, 1989）から、読み書きができることの道具的価値は、小学校入学以降であることが示されている。就学前の子供の読字・書字に対する意識は、読んだり書いたりできること自体が「うれしい」「楽しい」であり、時には「ママがほめてくれるから」といった理由も述べられる。しかし、小学校に入学すると、「字がたくさん書いてある本が読めるから」「自分で読んでも意味がわかるようになったから」面白いといった内容が記述されるようになり、道具的価値に気づくようになったとしている（内田, 1989）。Mayer（2007）は、聴児のリテラシー能力の促進について得られた知見を、聴覚障害児にとって適切な方法となるよう、彼らの特性に合わせて補足する必要があることを論じた。この論点から言えば、聴覚障害児においても、書くことの初期指導では、母親や教師など周囲の大人との文字を介した情動的な関わりが基本であると言えよう。内田（1989）の指摘のように、聴児は就学後に読み書きの道具的価値に気づくとすれば、聴覚障害児の

場合も、情動的認識から道具的価値の気づきへの橋渡しを、できるだけ自然な文脈の中で意図的に、そして丁寧に行う必要があろう。読み書きの指導、特にその入門期の指導については、日本の特別支援学校では、子供が幼児期に習得した言語能力に即したきめ細かな指導の経験があり、筑波大学附属聾学校小学部（2004）による指導実践事例などで詳しく紹介されている。

　小学校中学年以降、高校生段階まで、教科学習の中を含めて、書く活動は多様な形をとるようになっていく。Albertini, Meath-Lang, & Harris（1994）や Musselman & Szanto（1998）を踏まえると、高学年になるに従い、論理的で、目的をもった内容の作文を書かせることによって、創造的機能が育成される可能性がある。また、日記や家族へのメモ、友達やクラブの仲間で作るニュースレターは、気楽に取り組め、自分の経験、感想、意見を表す機会と捉えられる。Albertini and Shannon（1996）は、学校外でのインフォーマルで気楽な書きものも、聴覚障害児の間ではごく普通になされていることを見出した。つまり、目的をもって内容に集中して書くことは、書くことへのより積極的な取り組み過程を生み出すことが可能であると考えられる。それゆえ、子供の文章を添削し、形を整えていく指導は、子供が書くことへの不安が少なくなった後で行うようにしたい。Antia, Reed, and Kreimeyer（2005）も、教師が子供たちに対して、正確に書くことを重視しすぎると、子供たちの書くことへのモチベーションを低下させ、筋の通った、意味のあるテクストの作成を阻害する可能性があることを指摘している。Marschark, Lang, and Albertini（2002）は、書くことは、決まり切った文言の羅列というよりも、思考を伴う 1 つのプロセスとみるべきだとしている。この点からすると、聴覚障害児の書いた文章をいつも批判的に指導するよりも、彼らが何をどう書けばよいのかを自ら探求できるように指導すれば、書くことは、より個人に即したものとなり、その成果も大きくなりうる（Easterbrooks & Beal-Alvarez, 2013; 第 2 章参照）。

　このように、書くことの指導においても、自主的に考えるプロセスを重視し、年齢を追って書く活動の幅を拡げていくことが重要であろう。書くことの指導については、同様の考え方が、既に 1950 年代の自然法に基づく指導法（グロート・岡〈訳〉, 2016〈Groht, 1958〉）にもみられ、多様な活動例が紹介されている。児童期、思春期を通して書く活動を豊かにしていくために、現在の日本の教育環境の中でも有効に活かせる部分があると考えられる。

このような考え方の特徴は、書くことを教科学習とは別の活動と考えるのではなく、学校カリキュラム全体にわたって捉えようとするものである。学習の過程や課外活動に書く活動を導入することによって、子供が学習事項と書く活動とを結びつけ、それらの活動が相互に支え合うことが期待される（Lang & Albertini, 2001; Yore, 2000; 第 9 章参照）。

　まとめると、書く力が伸びていくには、言語モダリティ、早期から読みに接すること、子供の書くことへの積極的な取り組みの姿勢が重要な要因である。しかしこれに加えて、書くことに関連する重要な要因がある。例えばいくつかの研究では、成績のよい聴覚障害児を対象として教科成績の予測要因を検討している。そこでは、全ての教育段階での、保護者の関与と、高い期待感とが重要だとされている（Bodner-Johnson, 1986; DeLana et al., 2007; Toscano, McKee, & Lepoutre, 2002）。中でも Toscano et al.（2002）は、聴覚障害児のリテラシー能力は、読み書きに関する初期の集中的な経験、比較的狭い範囲の社会的関係、高い自己認識の保持、家族の中での効果的で幅広いコミュニケーションなどによって促進されるとしている（DeLana et al. は、手話言語よりも音声言語を使う家庭のほうが有利だとしていることにも注目したい）。書くことが読むことと、実際にどのように関連しているかの分析的研究は、今後の興味ある課題と考えられる。また、読み書き能力の形成を促進する情動的要因、環境的要因の存在は聴児と同様であり、それらは次章で取り上げる教科学習でも同様であろう。しかし、聴覚障害児の場合は、コミュニケーションの特性に関する検討を加えて、読み書き能力向上のための学習環境のあり方を探究していきたい。

教科学習と指導
——国語、算数・数学、理科の学習

　教科学習に影響する要因として、言語、認知発達、社会 – 情緒的機能、教育経験などが挙げられるが、聴覚障害児はこれらについて多様な課題を抱えている。本章では、国語、算数・数学、理科の教科に着目し、聴覚障害児のもつ特性との関連から、学習と指導について述べる。ここでは、これらの教科に関する基礎的、基本的な内容に加え、それらをより実践的な視点で理解できるよう、日本の特別支援学校における指導実践に基づく具体的な内容も取り上げている。

国語の指導

　読みの学習は、聴覚障害児にとって、情報受容や思考の展開上きわめて重要な学習となるが、聴覚障害児の読解力は聴児に比べ低いレベルで停滞することが指摘されており、その改善や向上を目指す読解指導のあり方が日本の聴覚障害教育の現場では大きな課題となっている。本節では、特別支援学校の国語科の指導の中から、小学部段階の児童を対象とした読解指導について述べる。

　聴覚障害児の読解指導では、教材文のあらましの読み取り、語句、漢字の扱いなどを通して、内容やそれに関する知識、語句の意味や用法などをあらかじめ捉えさせること、学習した事柄や知識・言語などを利用し、書かれている事柄を正しく、豊かに読み取らせることが大切である（馬場, 1988）。また、教材文選定の観点としては、聴覚障害児の興味や判断の範囲にあるこ

と、聴覚障害児が一読し、大まかな内容が読み取れること、様子や気持ちが文章表現からはっきり読み取れることなどが挙げられる。

　以上のことから、特別支援学校では、聴覚障害児の言語能力や知識の不十分さを補い、既に獲得した知識を十分に活用できるような環境を整えることが、読解指導上重要であると考えられる。

聴覚障害児の読みの特徴

　聴覚障害児の国語指導に関しては、従来、児童の統語論的側面の課題に目が向けられてきたが、統語の獲得を越えたより大きな単位を扱う、文章の理解に関する研究が行われつつある。そこでは、聴覚障害児が要旨や主題を捉えることに困難を示すこと（岡田, 1984）、心情理解や推論を要する理解に困難を示すこと（鄭・岡田, 1993; 深江, 2009）、言語レベルにより理解に差が認められること（鄭, 1996）などが指摘されている。一方では、文脈的制約により理解が高まる可能性があること（深江・鄭, 2016; 佐藤, 1988, 1990）、局所的な因果関係の理解については比較的高いパフォーマンスを示すこと（深江・鄭, 2016）が示唆されている。

　これらの知見から、聴覚障害児を対象とした読解指導は、限定された場面や段落（狭い範囲）において、テクスト内容の把握と既有知識・言語を活用した読解により、テクスト内容を含む幅広い知識の文脈（状況）に基づく豊かな表象（状況モデル）の形成を図ることの重要性が指摘される。

読みの指導の実際

教材・教具の利用や手立ての工夫

　特別支援学校の読解指導においては、児童の情報取得や認知活動を促すため、さまざまな教材・教具（絵や図、カードや短冊黒板など）を用いたり、手立て（動作化など）を講じたりすることが求められる。例えば、動作による表現活動である『動作化』は、児童が正しく様子や気持ちを読み取っているか、どのようなイメージを形成しているかなどの確認のために用いられるが、聴覚障害児自身が理解の程度を知る上での、理解のモニタリングとしても有効である（垣谷, 1988）。

発達段階や実態に応じた働きかけ

　小学部段階の読解指導では、子供の発達段階や言語能力などの実態により、効果的な働きかけが異なると考えられる。年齢相応の言語能力を有する聴覚障害児の文章理解に関する研究では（深江, 2009, 2012a）、聴覚障害児は 2 年生段階から事実関係の理解は高いレベルにあるが、推論を要する理解は聴児より低いレベルにあり、4 年生段階まで続くことが示唆された。しかし、誤りの傾向は発達段階によって異なり、2 年生では、設問意図の把握に課題がみられ、推論を要する理解においては、叙述に即した解釈上の誤りに加えて、自己の経験や関心を優先させる解釈や、叙述の一部から判断するといった解釈との混在がうかがわれた。一方、4 年生は、叙述に即した解釈上の誤りへと集約されることが示唆された。したがって、低学年段階の読解指導では、発問の意図を捉えやすくする工夫の他、動作化などによりどのようなイメージをもっているか、どのような理解をしているかを確かめるための働きかけを丁寧に行っていく必要があろう。中学年以降は、叙述に即した解釈へと発達的に変化することが考えられるが、読み誤りや不適切な解釈も起こるため、既に得た情報からどのような推論や統合が成り立つかということを意識させるような働きかけが必要であると思われる。

2 年生の読みの指導の実際

　2 年生を対象とした、読書力の異なる 2 人の 2 つのグループの指導場面（深江, 2012b; 深江・江口, 2013）を取り上げる。指導を担当する教師は、特別支援学校小学部の指導経験が 30 年以上の経験者であり、対象児の教研式読書力検査の偏差値と聴力閾値の平均は、読書力中群ではそれぞれ（46, 人工内耳／ 46, 98dB）であり、読書力高群では（62, 人工内耳／ 59, 101dB）である。

　教材文は物語「うしろのまきちゃん（矢崎節夫作）」（教育出版, 2002）の一部である。物語場面には、転校してきた女の子（まきちゃん）が学校を休んだので、主人公である男の子（たけし君）は心配となり、女の子の家を覗いたり、家に帰っておやつを食べてもおいしくないと感じたりすることが書かれている。主人公が女の子の家を覗いたり、おやつを食べてもおいしくないと感じたりした要因は、文章に明示されていないため、事実関係を基にした推論が必要となる。ここでは、推論に基づく、主人公の心情理解と状態（様子）の理解に関する各場面を基に、両群における教師の働きかけの効果につ

いて考える。

　図9.1のカテゴリーを基に、教師の働きかけと児童の反応を分析した結果、主人公の心情理解（心配な気持ちからおやつをおいしくないと感じた主人公の心情推論）の場面では、展開の仕方や働きかけの内容が群間で異なっていたが、両群とも主人公の心情の理解が確認された。読書力中群に対して教師は、事実把握レベルの確認の後、推論レベルの要求（どうしておやつがおいしくなかったのか）を行ったが、児童は誤反応（「お母さんがいじわるだから」「嫌いなおやつだから」）を示したため、実際におやつを見せたり、食べさせたりし

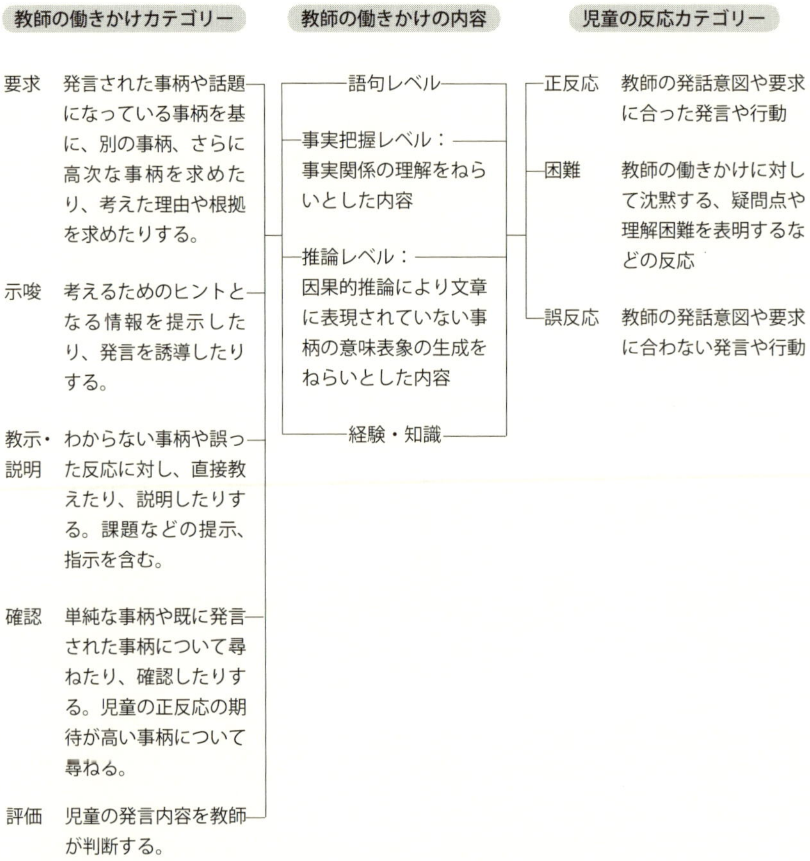

教師の働きかけカテゴリー	教師の働きかけの内容	児童の反応カテゴリー
要求　発言された事柄や話題になっている事柄を基に、別の事柄、さらに高次な事柄を求めたり、考えた理由や根拠を求めたりする。	語句レベル 事実把握レベル：事実関係の理解をねらいとした内容 推論レベル：因果的推論により文章に表現されていない事柄の意味表象の生成をねらいとした内容	正反応　教師の発話意図や要求に合った発言や行動
示唆　考えるためのヒントとなる情報を提示したり、発言を誘導したりする。		困難　教師の働きかけに対して沈黙する、疑問点や理解困難を表明するなどの反応
教示・説明　わからない事柄や誤った反応に対し、直接教えたり、説明したりする。課題などの提示、指示を含む。	経験・知識	誤反応　教師の発話意図や要求に合わない発言や行動
確認　単純な事柄や既に発言された事柄について尋ねたり、確認したりする。児童の正反応の期待が高い事柄について尋ねる。		
評価　児童の発言内容を教師が判断する。		

図9.1　教師の働きかけと児童の反応のカテゴリー（深江, 2012b; 深江・江口, 2013）

ながら経験・知識の確認を行った。この働きかけにより児童は多くの正反応を示し、教師 – 児童間の発話のつながりが認められたため、経験・知識の確認により理解が図られていったと判断できた。一方、読書力高群では、経験・知識の確認を基にした推論レベルの要求と示唆により理解が促され、その後、心配な気持ちになった自己の経験の想起とその確認、気持ちによって味が変わることの確認の順で展開された。これらのことから、2 年生段階の心情理解においては、読書力の違いに関わりなく、教師の経験・知識の確認による働きかけの効果が指摘できる。類似経験を想起し、自らのエピソードを材料とした類推によって、登場人物の気持ちの理解が促進されること（久保・無藤, 1984）から考えると、教師の働きかけが、児童にとって自己の経験や知識を利用しやすくするという効果をもち、推論を要する心情理解を推進したことが考えられる。しかし、推論生成が促されたと判断できる経験・知識の確認は読書力の違いによって異なり、読書力高群では、おやつをおいしくないと感じた経験の有無の確認によって、一方、読書力中群では具体的な経験内容によって推論が促された。

表 9.1　教師と読書力高群の児童とのやりとりの一部

$T_{Dに推論1}$：D ちゃんは、さっき、まきちゃんはどうしたと思ったの？

D_2：まきちゃんは 2 階建てのおうちだと思うから、2 階の自分のベッドで寝てると思う。

$T_{Cに推論3}$：C ちゃんはどう思う？

C_4：……。

$T_{推論5}$：じゃ、聞くけど、窓からとか、玄関のドアのところからのぞいたと言ったでしょう。

CD_6：うん。

$T_{推論7}$：どうして、おうちに行くのに「ピンポン」ってチャイムを押していかなかったの？

C_8：だって、「ピンポン」って押したら、まきちゃんが「誰かな」って思って、歩いていっちゃうから、熱を出しているから、ちょっと寝させたほうがいいかなって思う。

D_9：そっとのぞいただけだから。

$T_{Cに推論10}$：それは、「起こしたら悪い（板書）」「ゆっくり寝かせてあげよう（板

書)」と思ったわけ？

T推論11：それじゃ、まきちゃんはおうちでどうしているわけ？

C12：寝ている。

T推論13：あれ？　まきちゃんちはお母さんいないの？

D14：そうだね。

T推論15：まきちゃん1人で寝てるわけ？

C16：どこかに行っているんじゃないの。

D17：そう。

T推論18：えー。だって、まきちゃん学校休んだのに、お母さん出かけちゃうの？

C19：ちがう。まきちゃんを「だいじょうぶ」って、タオルをしぼっておでこにのせたり、世話している……。

D20：私は、（タオルをおでこに）あてないで、そのままにして、頭痛かなって思っているから。

TDに推論21：誰が？

D22：たけし君。

T指示23：今はお母さんはどうしているかというお話をしているから。

D24：お母さんは台所で料理をしているんじゃないかな。

T推論25：ちょっと。ここに「しいんとしずかだ」って書いてあるでしょう。台所でお料理してたら、何か音がきこえるじゃない。

C26：ちゃんと1階で寝ていて、しいんとしずかになっていた。

D27：2階に行っているんじゃ……。お母さんもいっしょに寝ている。

T：教師の発話、C：C児の発話、D：D児の発話、数字は発話順を示す

表9.2　教師と読書力中群の児童とのやりとりの一部

t推論1：どうして、玄関の戸を開けなかったの？　ピンポンすれば？

B2：まきちゃんのお母さんがリンゴの皮をむいていて、「あれ、宅急便かな？」と思う。

（中略）

t事実3：しいんとしずかで、「ぼくは何度ものぞいた」の。

t推論4：何度ものぞいたら見えたの？

AB5：……。

t推論6：まきちゃんは寝ていたかな？

228

B$_7$：すわっていた。

t$_{事実8}$：「しいん」というのはとっても静かということでしょう。

t$_{推論9}$：それはおうちの中に？

AB$_{10}$：……。

t$_{推論11}$：中に、まきちゃんやお母さんがいたら、何か音がきこえるでしょう。

t$_{推論12}$：でも、「しいんとしずか」っていうことはどういうこと？

B$_{13}$：めいわくだから。

t$_{推論14}$：おうちの中が静かっていうのは？

B$_{15}$：ばたばたしたら、熱がなおらないから。

A$_{16}$：何も声を出さないこと。

t$_{Aに推論17}$：お母さんやまきちゃんが静かにしているってこと？

t$_{推論18}$：先生は、「しいんとしずか」っていうのは、まきちゃんは寝ているかもしれないけど、もう1つ考えることがあるの。

B$_{19}$：えっ。

t$_{推論20}$：まきちゃんはおうちにいるかな？

A$_{21}$：いないと思うかな。

B$_{22}$：病院に行った。

t$_{事実23}$：だって、熱があるんでしょう。

t$_{推論24}$：だから、まきちゃんはお母さんと一緒に病院に行ったかもしれないよ。

t$_{推論25}$：そしたら。おうちの中は誰も？

AB$_{26}$：いない。

t$_{事実27}$：いないから、……静か。

t：教師の発話、A：A児の発話、B：B児の発話、数字は発話順を示す

　状態（様子）の理解場面（表9.1、9.2）では、教師は「なぜピンポンと（呼び鈴を）押さないのか」という働きかけ（推論レベルの示唆）を両群に行った（読書力高群：T$_7$、読書力中群：t$_1$）。これに対して、読書力高群の児童は、女の子は熱があり、学校を休んでいることを踏まえた、推論による理解の修正や確定（C$_8$・C$_{12}$）を読み取ることができた。しかし、読書力中群の、母親が驚くという発言（B$_2$）からは、女の子の状態を踏まえた推論の生成を読み取ることは難しい。読書力高群では、教師からの推論レベルの示唆（T$_{18}$・T$_{25}$）によって自己の理解を修正できることが、他の反応（C$_{19}$・C$_{26}$・D$_{27}$）

からもわかるが、読書力中群では、教師が事実把握レベルの確認をしたり（t3・t8）、推論レベルの示唆をしたり（t4・t6・t9）しながら、理解の修正や確定を求めても、その効果が現れていない。このように、教師が同じ働きかけを行っても児童によって理解が促される場合とそうでない場合があることがわかる。

読書力中群の児童は、その後、教師からの推論レベルの示唆（t18）をきっかけとして理解（B22）が図られることになったが、B児の驚きの反応（B19）は注目に値する。これは、モニタリング機能をもつ認知的不調和（稲垣・波多野, 2002）の1つと考えられ、児童の理解活動に結びつく可能性が指摘されている。B児の反応はその現れであろうと思われる。

実践の重要性

発達段階や言語能力などの実態に応じた働きかけの違いは、対象となる児童に既有知識を活用しやすくし、それに伴う感情を生起しやすくするための配慮であり、熟達した教師は、適応的な働きかけを行っていることが、本節の事例から推察される。情報を提示したり、詳しく説明したりすれば、聴覚障害児の理解が促進するとは限らず、聴覚障害児が既有知識を活用しながら、表象を形成していく過程を重視した指導が、聴覚障害児にとって深い理解につながるように思われる。聴覚障害児は、文章理解に必要とされる諸能力の低さ、例えば、言語能力、既有知識を活用する能力、ワーキングメモリ、メタ認知などの低さを、教師の働きかけを借りながら補い、その結果として理解が図られていくのであろう。教師は、そのことを認識して、聴覚障害児がこれらの諸能力の低さを補うことができるような働きかけを行うことが大切である。今後さらに、読解学習場面における聴覚障害児の理解過程を探る研究が進められる一方で、教師のもつ実践的知識を明らかにするような研究が求められるように思われる。

▎算数・数学の指導

聴覚障害児の算数・数学の学習は聴児よりも2〜6年遅れており、ま

た、大学生も問題解決で、聴者の大学生と同様な成績には至らないことが示されている（Allen, 1986; Qi & Mitchell, 2012; Swanwick, Oddy & Roper, 2005; Thoutenhoofd, 2006; Traxler, 2000; Wood, Wood & Howarth, 1983、　また Balatto-Vallee, Kelly, Gaustad, Porter & Fonzi, 2007; Frostad & Ahlberg, 1999; R.Kelly, Lang & Pagliaro, 2003; R.Kelly & Mousley, 2001; Marschark, Morrison, Lukomski, Borgna & Convertino, 2013 参照）。Qi and Mitchell（2012）は、聴覚障害児のスタンフォード学力検査第 9 版（SAT9）の全米標準化サンプルに基づいて、年齢別（8 ～ 18 歳）にみた「算数・数学の問題解決」の対応学年（中央値換算）を、1974 年から 2003 年にわたって求めている。これによっても、聴覚障害児は聴児よりも 8 歳で 1.5 学年程度遅れており、遅れは年齢が上がるにつれて次第に大きくなっていく。ほぼ 16 歳以降になると、年度が進むにつれて成績の向上もみられるが、18 歳の得点は 5 学年（10 ～ 11 歳）レベルで、12 歳レベルにわずかに届かず、年度によって聴児よりも 6 ～ 9 歳の幅の遅れになっている。これらの知見は、暗算や数の比較速度のような、基本的な能力での違いを部分的には反映している（Bull, Marschark & Blatto-Vallee, 2005; Davis & Kelly, 2003; Epstein, Hillegeist & Grafman, 1995）。

　聴覚障害児の学業成績で一般的にみられるように（Convertino, Marschark, Sapere, Sarchet & Zupan, 2009; Powers, 1999, 2003; Tymms, Brien, Merrell, Collins & Jones, 2003）、算数・数学の学力と、聴力閾値との関係はほとんどみられない（Marschark, Morrison et al., 2013; Nunes & Moreno（1998）; Wood et al., 1983）。親の期待、子供の教育歴、教師などの要因は全ての子供の学業成績に影響しており、また、聴覚障害児と聴児との間の、学習成績上の違いにも幅広く関係するであろう（Marschank, Lang & Albertini, 2002; Swanwick et al., 2005）。しかしこれらの要因が、どの程度、子供の認知、言語、算数・数学の能力と相互に関係しているのか、特に、聴覚障害児にとって算数・数学の能力の獲得がなぜ困難なのかについては、解明されていない。一方、学習困難の要因として、量の概念に関する初期経験の少なさ（Kritzer, 2009）、言語発達の遅れ（Gregory, 1998）、担当教師の指導専門性や研修の不足（Pagliaro, 1998）、また最近では、情報処理における感覚や言語での基礎的な違いなどが指摘されている（Marschark & Knoors, 2012; Marschank, Spencer, Adams & Sapere, 2011）。

　Pagliaro and Ansell（2012）は、アメリカ手話（ASL）理解力テストで、同年齢（5 ～ 9 歳）のネイティブ手話者以上の得点を得た 59 人の聴覚障害児の

算数・数学の問題解決方略を調べるため、加法、減法、乗法、除法に関する文章題9題をASLで提示した。全体的に、彼らはきこえの状態に関係なく、同様な問題解決方略を用いたが、同年齢の聴児に比べて、より高度な、モデリングまたは事実に基づいた方略ではなく、単純な、数える方略（前方または後方へ）を使用しがちであり、方略の違いは、彼らの言語スキルや教育的背景の違いを反映していると思われた。子供が問題の解決を進めるには、問題文の内容を理解し、何が問題であるのかを把握しなければならない。実際、対象児のASL能力は、問題に応じた解決方略を利用した頻度と強く関係していた。聴覚障害児が、文章題を解き、さまざまな、また、よりよい解決方法を身につけていくためには、経験を増すことが大切だとされている（Kelly et al., 2003）。森本（1998）は、聴覚障害学生が使う数学的問題解決方略の困難性として、問題文に示された事実を的確に把握し、問題場面を想定すること、および再度問題場面に戻り、よりよく問題を理解し、事象を反省的に考察すること、の2つを挙げている。そして、はじめは、問題場面を、子供にとってより具体的で、より親しみのもてる表現や内容で提示するような工夫や、事象を反省的に考察することの大切さを認識できる機会を提供することの必要性を挙げている。

　コミュニケーションや言語も、聴覚障害児の算数・数学の成績に関係する重要な要因である（Barham & Bishop, 1991; Pargliaro & Ansell, 2002; Swanwick et al., 2005）。Kidd, Madsen and Lamb（1993）は、聴覚障害児にとって、語の多様な意味、数学的諸概念に関する多様な名称、数学的記号や略記への馴染みのなさといった要因が、学習の困難さに影響するとしている。授業での音声言語／文字言語から手話言語への通訳もまた、問題の難しさに影響する。手話が潜在的にもたらす図像的な手掛かりは、問題をより容易にしてしまう可能性や（Ansell & Pagliaro, 2001）、問題の質を変えることにもつながり、聴覚障害児は聴児とは違った（時には、より容易に）問題の解釈をしてしまう。さらに、Ansell and Pagliaro（2006）では、教師の予想に反して、聴覚障害児は、手話による問題の視空間的な特徴を、視覚的な問題解決にうまく利用できなかった。特に、解決が困難な子供は、問題文の表す場面に注視せず文中の数字にのみ着目するため、問題文の流れと解決との関係を認識できなかった。その結果、潜在的に問題解決の手掛かりとなる言語的な指標を利用できなかった。日本でも聴覚障害児の算数・数学の授業において、文章題に困難

があることが指摘されており、脇中（2013）は、聴覚障害児の文章題の解決において、問題文全体に注意を払わず、文脈に関係なく、出てきた数字を組み合わせて式を考えて答える傾向があると述べている。

Blatto-Vallee et al.（2007）は、中学生から大学生までの聴覚障害者を対象として同様な知見を得た。彼らは聴者に比べて、文章題の解決に重要な、量的、概念的な手掛かり、また空間との関係に関する表象を活用せず、問題解決にとって表面的な関連しかない単なる「絵としての」情報に依存していた（Hegarty & Kozhevnikov, 1999）。Marschark, Morrison et al.（2013）は、聴覚障害学生の視空間能力が、図式を含む文章題の解決にどの程度役立つのかに着目して検討した。Blatto-Vallee et al.（2007）の知見と同様に、きこえる学生は、聴覚障害学生より、一般的により高い視空間能力を示し、提示した7つの視空間課題のうち5つでは両群に違いはなかったが、2つの課題では聴覚障害学生を凌いだ。2課題のうちの1つは、繰り返して提示されるパターンをできるだけ早く探し出す課題で、視空間能力、実行機能、注意の維持に関係した。2つ目は、複雑な図形が描かれている背景の中から、形を見分ける課題だった。興味深いことに、聴覚障害学生の算数・数学の成績は、きこえる学生に比べて、より多くの種類の視空間能力と関連していた。また、早期から手話を用いた聴覚障害学生と、遅れて手話を用いた学生との間で、視空間課題と算数・数学の成績での違いはなかった。これらの知見は、聴覚障害学生は視覚的な学習者であるという一般的な仮定や、手話を用いる学習者は、視覚利用の点で特に熟練しているという考えと対照的である。

これらの研究は、たとえ聴覚障害学生がきこえる学生より優れた視空間能力をもっていないとしても、彼らの算数・数学の問題解決を支えるような特有の視空間能力が、学習によって強化しうることを示唆している。彼らのもつ高い視空間能力は、特に指導しなくても「自然に」利用されるだろうと考えられており、そのような指導は、聴覚障害児に対して、ほとんど行われなかった。その中でNunes and Moreno（2002）は、聴児が、主として偶発的な学びを通してインフォーマルに学ぶ数学の中核的な概念と、学校でフォーマルな形で学ぶ数学的な概念との間の関係をより明確に認識させるため、聴覚障害児向けの指導プログラムを開発した。彼らは、聴覚障害児が図を単なる絵として見るのではなく、数学的表象や概念に基づいて、解決の鍵となる情報を図から取り出すような指導によって、問題解決における図の活用への認

識を深めることが重要だとした（Blatto-Vallee et al., 2007; Marschark, Morrison et al., 2013）。彼らは、加法での数の合成（どんな数も、異なる数の和とみなせる）に焦点をあて、聴覚障害児が現実の状況での算数・数学の問題解決に、視空間方略を素早く応用できることを示した。このような能力は、そのような指導を受けなかったグループよりも、算数・数学の能力を大きく向上させた。

聴覚障害児の視空間能力に着目した、手話による指導の研究は、教科の事前学習やメタ認知の要因が、彼らの学習成績に重要であることを示唆した。特に、事前の知識、方略、スキルを活用できないことが、算数・数学や理科の学習における大きな困難であることを示した（Borgna, Convertino, Marschark, Morrison & Rizzolo, 2011; Marschark, Spere, Convertino & Seewagen, 2005）。Nunes and Moreno（2002）も、偶発的な学習が少ないことは、習得した数学的概念を、特定の状況に応用するときの推論能力の向上をもたらさないことがあると考えた。

Mousley and Kelly（1998）では、聴覚障害児は、「ハノイの塔」課題で、問題の理解と解決までの思考過程の説明を求められた。子供は、問題解決に用いたさまざまな下位目標や方略について説明し、その後、ハノイの塔と同等な文章題を解いた。この課題を通して、子供が自分の方略について説明することは、数学の問題の理解と解決に大きな効果があることがわかった。別の実験では、教師が、聴覚障害児に文章題を解くモデルを用いて思考過程を説明しながら彼らを解決へと導いた。この指導を受けた子供は、その後、同様な問題を解くときに、解決方法を一般化させることができた。また、指導に際しては、子供が問題解決を視覚化するための時間を積極的にとるといった構造的な指導が算数・数学の力を強めることが示唆された。

Martin and Jonas（1986）は、長期にわたる多様な活動プログラム（Feuerstein, 1980）を利用して、算数・数学における、聴覚障害児のメタ認知の効果を高めようとした。指導グループの子供は2年間にわたり、部分−全体の比較、視覚的な関係の予測、空間的な関係の発見、方向の追従、階層的分離システムの構築といった活動を行った。対照グループは通常の指導を受けたが、2年間の指導で、指導グループは、読むことと算数・数学の計算や概念での向上を示した。この指導の基になる要因の一部はその教科特有であったが、多くは一般的なものであることが示唆された。

Nunes and Moreno（2002）や Martin and Jonas（1986）が行った指導を、比

較的長期間行えば、子供の思考や教師の姿勢にも影響を及ぼすであろう。Martin and Jonas の継続調査では、教師は子供に、より高レベルの認知機能を必要とする質問をするようになり、また、子供は授業に集中し、メタ認知への意識を表す語彙をより多く使用するようになったと報告された。文化的、社会的 - 動機づけの論点には、聴覚障害児と聴児のパフォーマンスにみられる違いが関係するという知見もある（Karchmer & Mitchell, 2003; Stinson & Kluwin, 2011; Stinson & Walter, 1997）。この点は、2003 年の数学・理科における国際動向調査（Trends in International Mathematics and Science Survey: TIMSS）で、聴児に関する国際的傾向として示されたが、聴覚障害児に関しては、まだ調べられていない。

　算数・数学の教科書で使用される言語が、算数・数学の能力の獲得にどのように影響しているかということへの関心が高まっている（Hyde, Zevenbergen, & Power, 2003; R. Kelly & Gaustad, 2007; Kidd & Lamb, 1993; Serrano Pau, 1995 参照）。比較的最近では、聴覚障害児の算数・数学や一般的な教科学習における、認知的な基礎や成績に対するより深い理解が必要とされている。例えば、聴覚障害児は同年齢の聴児に比べて、一般的に言語・非言語の短期・長期記憶課題で、特に一時的また連続した保持を必要とする場合には劣り、Moreno（2000）は、一時的な情報が活用できないと、加法や乗法の理解が困難になることを示した。

　Kluwin and Moores（1985, 1989）は、聴覚障害児の成績の少なくとも 50% の違いは、指導が原因ではないかと考えたが、ごく最近の研究によって、これは、聴覚障害児と聴児との間の認知的な相違や、聴覚障害児に対する教師の指導経験の多寡に伴う指導の違いによるものであるとされた（Hauser, Lukomski & Hillman, 2008; Marschark & Knoors, 2012; Marschark, Richardson, Sapere & Sarchet, 2010）。

では、我々に何ができるだろうか？

　聴覚障害児と聴児との間には、認知や学習スタイルの違いがあり、彼らの教科学習を支えるためには、それぞれの学習の仕方に合った教育的アプローチが必要となる。ほとんどの聴覚障害児に対して、フォーマルな、またインフォーマルな場で提供される算数・数学の問題解決型学習は、学年対応の成

果を生み出すには、その頻度や内容が十分なものではない（Hyde et al., 2003; Kluwin & Moores, 1989; Kritzer, 2009; Pagliaro & Kritzer, 2005 など）。Bull（2008）は、聴覚障害児にみられる測定や割合に関する数学概念の発達の遅れの一因は、そのような基礎レベルの技能であっても、練習する機会が少ないためであり、授業でドリルや練習をしないことが、基礎的内容を自動的に処理できるような学習への移行を妨げているのであろうとしている。また Bull et al.（2011）は、聴覚障害学生は数直線上で、数の位置を推定する課題の正確さが、きこえる学生に比べて著しく低いことを示した。発達初期に言語を十分に利用できた学生（例えば、両親ろうや人工内耳装用）は、教科での問題解決能力の発達に有利である。初期の言語を通して、実際の世界での相互作用を数多く経験することにより、関係処理や知識の統合がなされるからである（Kritzer, 2008, 2009）。聴覚障害児は、個々の事項の情報に注目してしまい、事柄相互の関係に着目しない傾向がある（Blatto-Vallee et al., 2007; Roald, 2002）。この傾向は、彼らが記憶や問題解決で、普通に行っていることなのである（例えば、Marschark & Everhart, 1999; Ottem, 1980）。

　これを解決する優れた活動の 1 つが、聴覚障害教育（Dietz, 1995）と一般の教育（全米数学教員協議会；National Council of Teachers of Mathematics, 2000）で行われている。この活動では初期の学年段階で、言語による推論能力への焦点化や、文章題の形での問題解決活動が多く行われる。Pagliaro and Ansell（2002）は、このような活動は聴覚障害児の授業ではほとんど行われず、1 ～ 3 年生に毎日、文章題を課している教師は 5 分の 1 以下でしかないとしている。このような学習経験はきこえる親をもつ聴覚障害児には、特に重要であり、Kritzer（2008）も、そのような聴覚障害児のほとんどが、仲間の聴児や、ろうの親をもつ聴覚障害児に比べて、就学前段階で、ほとんど量概念に接していないとしている。

　しかし、Pagliaro and Kritzer（2005）の報告では、米国の小・中学校の聴覚障害児の教師は、現在推奨されている活動を授業でほとんど行っていない。学校管理職が非常に優れた教師であると認めた約 300 人の算数・数学の教師に対する調査の結果では、実世界の問題解決に関する時間はほとんどとられていなかった。その理由の 1 つは教師の考え方に起因し、聴覚障害児には、そういった内容は難しすぎるから、まず基礎をできるだけ理解させることが必要だと考えていた。算数・数学では、基礎の理解に加え、聴覚障害

児の学ぶ意欲や数学的な思考力・判断力・表現力をはぐくむことが重要であり、そのためには、身近な問題場面の解決を取り入れること、コミュニケーションの創発過程を促進すること、思考過程を振り返ることなどの数学的活動を授業に活かすことが、重要だと指摘されている（加藤・中村・森本, 2013; 森本, 1991; 中村・森本・米山, 2012）。

　一方、教師の算数・数学に関する研修の制約という課題がある（Kelly et al., 2003; Kluwin & Moores, 1989; Pagliaro, 1998）。多くの国では、メインストリームの中学校の教員免許状を取得するには、専門別の学位が求められているが、米国では最近まで、聴覚障害児のための特別クラスやセンターの算数・数学教師に対して、聴覚障害教育の専門性の習得は求められたが、算数・数学の免許状の保有は求められなかった。そのため、大多数の聴覚障害児を教育する現在の教師は、聴覚障害児のもつ特定の強み（Marschark, Morrison, et al., 2013）やニーズ（Nunes & Moreno, 2002）には、ほとんど気づいていないと思われる。この点では、日本の場合も、通常の学校の教員には、免許状取得の際に聴覚障害のごく基礎的な内容の学習が必要とされてはいるが、特別支援教育の教員免許状保有は義務づけられていない。聴覚障害児の指導の専門性については、聴覚障害児を担当する教員の現職研修に委ねられているのが実情である。各国や地域の制度によって研修のあり方に工夫が求められる。

　最後に、Wood et al.（1983）が示すように聴覚障害児の約15%は聴児の平均かそれ以上であるし、Qi and Mitchell（2012）は、算数・数学の成績が高い位置にいる聴覚障害児が少数だが存在することを示している。しかし残念なことに、成績のよい子供を決定づける要因や、彼らが成績の低い子供とどのように異なっているのかを探究する試みは始まったばかりである（Blatto-Vallee et al., 2007; Marschark, Morrison, et al., 2013）。また、Nunes and Moreno（2002）が行った指導は、実際の授業場面よりも学術文献で多くの注目を集め続けている。

算数・数学指導の実際

　ここでは、算数・数学の指導に際して、聴覚障害児の認知特性を十分に理解することの重要性について、脇中の行った一連の実践研究を基に解説する。

聴覚障害児は、特別支援学校の高等部段階でも、その段階の計算問題はできるのに、小学校段階の文章題が解けない例が数多くみられる。その原因として、日本語を十分に理解していないことや、彼らに特有な情報処理や認知の仕方などが考えられる。以下では、高等部の生徒に対する文章題の指導過程を取り上げ、聴覚障害児の認知的な特徴、特に、視覚情報の有効かつ的確な活用に焦点をあてることによって、彼らの認知や思考を円滑に展開させる指導方法について説明したい。まず、言葉で認知活動を促す指導事例について、次に、視覚情報を的確に活用して認知活動を促進する事例について、最後に、文章題の指導時間の確保と生徒相互の意見交流の重要性について述べる。

言葉による認知活動の促進

手話と日本語を活用した正確な表現の工夫

　「右から8個」と「右から8個目」、「食費を6割抑えた」と「食費を6割に抑えた」などを短い手話で区別して表すことは難しい（脇中、2007など）。これには手話と口話の活用と工夫が必要である。また、手話だとヒントを与えてしまう場合があるので、文章題はあらかじめ紙に写しておくとよい。これは、板書の時間の節約や試験前にその紙をランダムに見せることによる復習（聴覚障害児は出てくる順番や位置を手掛かりにして解法や答えを覚える場合がある）につながる。また、授業中に別の問題との混同に気づいたときはすぐに対置させられる。

新出語の説明方法の工夫

　授業場面で「サイコロで何かを決めよう」と提案し、立方体でない直方体のサイコロを出して、生徒の「ずるい！」から「それぞれの目が出る確率が異なる」という表現を引き出し、それと結びつけて「同様に確からしい」の意味を教えるというように、「概念をつかませてから新出語を提示する」ことを大事にすると、生徒は理解しやすくなる。その一方で、「新出語を先に提示して説明する」ほうがよい場合も多い。

子供の発言を掘り下げて本質に迫らせる発問技術

　解答方略を選んだ理由を生徒に説明させると、直感的に「反対だから」と

答える場合が多い。例えば「逆数」の考え方を学習した子供は、「① 10 の 2 倍は（　）」と「②（　）の 2 倍は 10」に正答するようになったが、「③（　）は 10 の 2 倍」に対して「①と反対だから、×の反対の÷を使う」と答えた例がかなりみられた（脇中、1998a）。直感的な把握にとどまる子供は、「反対だから」で思考停止しがちなので、「本質的な『反対』」と「見かけの『反対』」を区別させるためにも、教師は発問技術を磨き、状況の本質に迫るよう生徒を導く必要がある。

視覚情報の的確な活用による認知活動の促進

身体を使った思考の活用

　両手の手指を使って「基本量」と「比較量（小数、分数、百分率など）」の関係をつかませた後、「〜は〜の 3 分の 2」のような文章題を解かせると、すらすら解けるようになった例（図 9.2：脇中、2009）や、右と左を使い分ける手話で文章題を読むと正答率が上昇した例（脇中、1998b）がみられた。

直観的・目に見えやすいものの利用

　「A は 3 時間で 9km、B は 2 時間で 8km 走る。どちらが速いか」と「A はコップ 3 杯の水に角砂糖 9 個を、B はコップ 2 杯の水に 8 個の角砂糖を溶かす。どちらが甘いか」は数量的には同じ構造である。聴児は前者の理解が後者の理解に先行するというが、聴覚障害児の場合は逆であった（脇中、

ある学年の3分の2が女子で、男子は30人。この学年の女子は何人か？（この学年は何人か？）

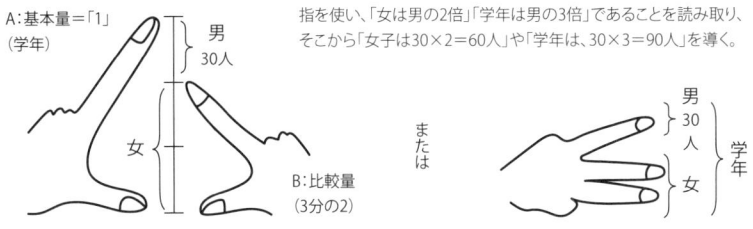

図 9.2　指を使って答えを考える

2003)。単位あたり量の指導では、直観的で目に見えやすい「混み具合」や「濃度」の問題から入ると、子供は理解しやすい。

認知特性（視覚優位型・同時処理型）への配慮

　聴覚障害児に多い「視覚優位型・同時処理型」の子供には、「部分から全体へ」より「全体から部分へ」の教え方が効果的である。「全体」が見えないと「部分」を説明されても積み上がらない。教師に手引きされてゴールしても、自分の足取りがわからない例が多い。そこで、授業では、山場を早く越え、その後の振り返りを丁寧に行うことや、少ない事例を通して多くを説明するよりも、多くの事例を通して直観に訴えることをねらった授業構成が大切である。各単元では、らせん状の進め方（1巡目は類題を見て解かせる。2巡目は、問題だけを見て解かせる中で、公式を選ぶポイントを整理したり重要語を教えたりして肉づけしていく）がよい。また、「展開、因数分解、2次方程式を解く、2次関数の頂点の座標を求める」などの解法の混乱がみられるので、過去の単元も大事にしながら進めるほうがよい。「因数分解はどんな問題？　どんな形で答えるか？　2次関数の頂点を求めるときは？」などと尋ね、全体が見渡せる一覧表を作ると、幅広い問題にも太刀打ちできるようになる。文章による理解が苦手なので、難しいと思ったときはあっさり答えを見せ、直観で把握した内容の言語化と肉づけを丁寧に進めるほうが効率的な場合も多い（脇中, 2012参照）。

発達段階や認知特性に応じた図式使用の促し

　高等部では、「絵の使用を促す読み」より「図式の使用を促す読み」が効果的な場合が多い。文章を丁寧に読ませるより、不必要な語を線で消し、残った語から数字と求める答えの関係を図式的に考えさせるほうがよい場合も多い。また、「作図法」と「立式法」があり、高等部では、前者は使えないままだが、後者で解けるようになった例が多いので、小学部段階では、文章題は解けなくても計算だけは学年相応で進めることが重要である。

文章題指導への焦点化と意見交流

計算問題と文章題の指導に費やす時間のバランス

　特別支援学校では、文章題に苦手意識をもつ子供が多いことや、文章題の指導は長い説明が多くなることから、文章題に割く時間が少なくなる傾向を感じている。しかし、文章題に代えて計算の学習を増やすのではなく、子供の関心を引き出したり直観に訴えたりするなど工夫しながら文章題を解く経験を増やすことが、子供の思考力を高める上で重要である。

集団での意見交流

　集団の人数の減少は、意見交流の機会の減少につながる。同じ内容でも教師から言われるより同級生から言われるほうが、思考の深まりにつながる場合が多い。例えば、「『合わせて』があるから『＋』を使う」という発言に対して、「『AとBを合わせると7個。Aは3個。Bは何個か』では『＋』を使わない」という反論が出されると、「＋」を使うのはどのようなときかを深く考えることにつながるだろう。また、フローチャートを作る力やアナロジーの力が弱い（脇中, 2005）ので、集団の力の利用が大切になる。集団の人数が少ない場合は、教師からの働きかけ方に工夫が求められる。

理科の指導

　理科教育の重要性は、内容理解に加え推理や問題解決の能力の陶冶や、学習者が自然や物の性質について考えることであり、培われた能力は、自己確立や日常生活、将来の社会生活でも活かされる。

　聴覚障害者は歴史的に科学技術に貢献してきたが（Lang, 1994; Lang & Meath-Lang, 1995）、理科の学力は聴児に比べて低く（McIntosh, Sulzen, Reeder, & Kidd, 1994; Roald & Mikalsen, 2000）、言語依存度の低い体験的活動による場合でも同様であった（Boyd & George, 1973; Grant, Rosenstein, & Knight, 1975）。これは理科の知識獲得には、リテラシーや算数・数学が不可欠な道具だという認識を反映していよう。しかし一方で、理科の学習がもたらす好奇心や興味は、リテラシーや算数・数学の向上を支援するであろう。

聴覚障害児の理科教育におけるバリア

　認知、メタ認知、知識での聴覚障害児と聴児との差異は、理科の指導方法や教材の量と質での、異なった対応を必要とする（McIntosh et al., 1994; Redden, Davis, & Brown, 1978; Roald & Mikalsen, 2000）。特に統合教育の場で学ぶ聴覚障害児は、理科の知識不足や応用困難が指摘され、授業や教科書などから得た科学、技術、工学、数学（science, technology, engineering, and mathematics: STEM）に関する情報の統合が聴児よりも困難な場合もある（Richardson, McLeod-Gallinger, McKee, & Long, 2000）。これにより、彼らは理科の本質を学べず、誤った概念理解に導かれてしまう（Hammer, 1996; Redish, Saul, & Steinberg, 1998）。

　学習困難に関係するもう1つの要因は、聴覚障害児の教育歴や指導・学習方法の多様さであり、これらは、概念や知識だけでなく、認識論的態度での違いももたらす（Hammer, 1996）。Kritzer（2008）は、聴覚障害のある就学前児は、特に両親が聴者の場合、言語を通して数的概念に接する機会が少ないため、算数の基礎概念の獲得が遅れることを示した。Pagliaro and Ansell（2002）も、算数・数学の教師は、聴覚障害児は難しい問題解決に必要な知識・技術が足りないと信じ込んでおり、難しい問題を課さないことを示した。親も教師も、理科に関わる複雑な言語や概念を、聴覚障害児が対応できる言葉をもっていたとしても学ばせようとしないようである。

　McIntosh et al.（1994）は聴覚障害児の理科学習に影響する要因として、①偶発学習が生起する自由な遊びの機会がほとんどない、②自ら問題を解決せず、他者の援助を期待し求めがちである（Marschark et al., 2002）、ことを挙げている。聴覚障害児は「発見学習」や自発的な知識習得、経験的な試みなどを行わない傾向があり、事象相互間の共通性推論が難しく、情報を断片として捉える傾向がある。算数・数学学習の困難点である、数学的処理と現実世界の状況との関連づけの難しさや、問題に書かれた図表を単なる絵と見てしまうことなどは（Ansell and Pagliaro, 2006; Blatto-Vallee et al., 2007）、理科学習でも同様に生じるであろう。

　リテラシーについては、Geers, Tobey, Moog, and Brenner（2008）が、年少の聴覚障害児の読み能力は全体的に低いが、理科の初歩的概念の理解に必要な読み能力の質的・量的な特徴は明らかでないとしている。Roald and

Mikalsen（2000）は、科学的現象に関して、年少の聴覚障害児と聴児は同様な概念をもっているが、高校段階では知識と学力での違いは大きくなることを明らかにしている。

　この状況は聴覚障害に関連するさまざまな要因によって生じうる。それらは、①リテラシー能力の低さが、理科学習での読みや情報取得の困難を生み出す、②周囲の会話から偶発的に学ぶ機会が少なく、理科関係の諸概念に接する機会が減る（科学に関連するいろいろな概念は、フォーマルまたインフォーマルな形で、理科の知識や推論の基礎を形成する）、③理科で使う語彙の理解が不十分であることなどである。また、手話通訳者が理科の用語や説明を単純化してしまうということも議論されている（Harrington, 2000; Lang et al., 2006）。Lang et al.（2006）は米国の理科教育のレビューから、重要単語の約60％に手話表現がないことを示したが、理科の共通手話を定めること、また、類似した概念に対応した異なる手話を子供が使用することの難しさも指摘した。日本では、早くから教科で使用する手話の必要性が検討されてきた。こうした手話をフラッシュカードなどと共に実際の場面で積極的に活用し、重要語句を使いこなすことが大切である。

　Marschark らの研究は（Marschark, Sapere, et al., 2005; Marschark, Sapere, Convertino, & Pelz, 2008）、STEM の授業において、教師が聴覚障害者か聴者か、また教師自身が手話を使うか手話通訳者を介するかにかかわらず、聴覚障害学生が聴者の仲間より一貫して学びが少ないことを示した。

　学びを妨げる別の潜在的要因は、手話や口話でのやりとりをみながら、同時に教師の説明や視覚情報を取得することの難しさである。STEM 授業での視覚的技術の多用は、学習にもう１つの困難さを与えている。マルチメディアツールの活用や、STEM 授業での視覚と言語の情報結合は聴児にとって有効であり（Gellevij, van der Meij, Jong, & Pieters, 2002; 第10章参照）、視覚教材が聴覚障害児に役立つことも強調されてきた（Moores, 2001）。しかし教師は、聴覚障害児が、授業で視覚的な提示と手話言語（あるいは文字通訳や他者の口の動き）に、同時に注意を向けられないという事実に向き合っていない。もしこの問題が解決できれば、視覚テクノロジーは、通訳の効率を高め、STEM の授業に利益をもたらすであろう。

では、我々には何ができるだろうか？

　科学技術によって、聴覚障害児が「同時に複数のものや人を見る」ことができれば（第6、10章参照）、それは学習に大きく貢献する。Barman and Stockton（2002）は、聴覚障害生徒のための、複数分野の専門家が開発した理科カリキュラム（科学、観察、報告に関する高校カリキュラム〈The Science, Observation, and Reporting-High School Program: SOAR-High〉）に言及している。このカリキュラムでは、構造化されたオンライン授業を通して、文字教材、図、体験活動が提示され、オンラインガイドは、科学的方法論、すなわち、観察、推論、予測、コミュニケーション、測定、分類、データの解釈、仮説の組立、そして最終的には、自分自身による実験計画の立案を促進して、学習者を導くように作られている。さらに、教材の提供だけでなく、コンピューター検索、ビデオ会議、生徒自身によるウェブページ作成によって、技術を自ら利用できるように導く。生徒が作成する電子ポートフォリオにより、自分のアイデアを友達と共有でき、また教師は、継続的評価のための情報を利用できる。この学習で最もよい点は科学技術の活用だが、一方で、教師とのやりとりの深化や文字教材の難しさなども指摘されている。また、生徒が観察記録を読んで自分の仮説を作ることの困難さは解消されなかったとしている。この原因が、教材の困難さなのか、聴児とは質的に異なるニーズが存在するためなのかは解明されていない。

　日本でも教科学習には力が注がれてきたが、多くの学校では1～2年学年遅れの内容の学習が長い間行われてきた。しかし、時代の趨勢と共に学年対応に変わっていった。これは、進路選択の拡大など、保護者や社会の要求の高まりと無縁ではなかったと思う。一方で、子供の実態とかけ離れたところでそうした事態が進み、いっそう困難さが増したという面もあった。こうした状況を克服するためには、理科の重点項目は何かを明らかにし、思いきった内容の精選を図ることが肝要である。重要事項をきちんと学ぶことが次の学習につながるので、教科書をそのまま教えるのではなく、聴覚障害児の実態や学習環境を考えたカリキュラムの精選と工夫が不可欠である。

　聴覚障害児の理科指導では、教師は言語的負荷の低い活動に着目するが（Boyd & George, 1973; Grant et al., 1975）、それによって、子供が基礎的概念を理解し、知識を一般化しうるレベルまで到達できるかは明らかでない。それ

ゆえ、リテラシーの困難さはあっても、書くことが、聴覚障害児の理科教育を支援しうるとも考えられる。Yore（2000）は「まず活動し、その後に、読んだり書いたりする」方法を推奨し、指導の中心となる体験活動後の書く活動によって、再考し、着想の統合や、発見した関係性への着目が促されるとしている。この方法は、子供が書いた内容や概念構造に着目するもので、テンプレートや概念マップを利用し、基本的な情報を確認する学習を最初に行うことを提案している。また自分のレポートを、子供相互で批判し合うときに意図や理解のやりとりが効果的にできるよう、内容を確認し、改善するのにも役立つ。Akamatsu, Mayer, and Hardy-Braz（2011）は、教育一般での同様な方法の活用効果を示唆している。

　日本の聴覚障害教育においても、まず最初に実験や観察を行い、次に発見や感動を書かせることは非常に大切だと考えられている。「書くこと」は、「もう一人の自分」が内面を見つめ直す「自己の客観視」につながり、少年期から青年期への発達に欠かせない。これによって、曖昧な事象の理解が深まり概念化していくきっかけとなる。「書いたもの」を集団で検討し評価することもその動機となる。それは、表現の稚拙さや文章の誤りとあまり関連しない。リテラシーに困難さがあっても、観察画やイラスト表現に強みを発揮する例がよく見受けられる。そのため、授業後の協働での壁新聞や個人新聞作り、日記や授業ノート、漫画やイラストなど、個に合った多様な表現方法を工夫すべきである。観察画やスケッチは、単に絵を描くことではない。それが科学的に評価されるためには、映像を一度科学的概念で捉え直して整理する必要がある。「書くこと」を「描くこと」と拡大して捉えることもできる。そのためにも教師は、感動を与えるような教材を常に用意しておく必要があり、自然科学の本質に迫る不断の研修が必要である。

　Yore（2000）の提案に沿って、Lang and Albertini（2001）は、12 〜 17 歳の生徒の理科の授業に関する教師と生徒の記録を質的に分析した。生徒は授業でクッキーの消化過程をイメージするよう求められ、また、学習での自分の予測、観察、結論を記録し、学習結果をまとめた。断片的なイメージの集まりが詳細記録となり、生徒に理解しやすい形で知識が表現され、また、指導の下で書かれた「実験報告書」は、翻って、生徒の論理的思考や活動から意味を構築する能力を表す情報を教師に提供した。教師が授業の重要な内容に焦点化し強調する能力は、研修と関連しており、より多くの研修や背景知

識は、生徒の成績向上と関連していた（Kluwin & Moores, 1985, 1989; Pagliaro, 1998）。

　一方、教材への興味が学習を促進するという点については、筆者の1人である黒田は、パン作りに強い動機づけをもった生徒が、課題に含まれる自然科学の要素を見出しながら、自発的な学習を展開したという体験をしたことがある。

　　　ろう重複のT君が本校に転入してきたのは中学部も終わり頃であった。当初彼は、口話も手話もわからず、コミュニケーションに大変苦労していた。彼と授業で「電気パン」作りをした。これは、戦後何もなかった頃、100vの電気を家庭に引いて2枚の極板の間でパンを焼くという「庶民の知恵」である。このパン焼きに彼は夢中になった。大好きな先生に大きなパンを食べてもらいたいという動機から、いろいろ工夫し改良した。素材が電気を通すことや電極が平行でないと危ないことなど、実際に詳細にみることで理解した。これらの行動から、私は、コミュニケーションに難はあるが発達段階に相応しい力をもつ生徒だと確信し、いつかは中学部段階の教材に取り組ませたいと考えた。この活動を、私が身振り手振りやイラストを交えて「きき書き」し、さらにそれを彼が写してレポートを発表し、褒められることによってまた次の段階へと進んだ。こうした学習は、より正確な手話を身につけたい、中学生らしい学習がしたいという彼の欲求へのエネルギーとなり、その後大きく変貌していくきっかけとなった。卒業前に、彼が初めてゾウリムシらしきスケッチを描いたときは、私も仲間と共に大きな感動を覚えた。

Roald（2002）は、ろう学校のろう者の理科教師にきき取り調査をし、教師の理科の知識が効果的な指導に重要であり、子供には効果的なコミュニケーションが重要であることを強調した。また協働学習の重要性にも着目し、効果的な展開には、少人数クラスで、教師が丁寧に授業を構成し、問題や概念の議論が、実験室の活動や読みと連携するような展開が大切であるとした。子供に、教科書の内容や言語の理解に困難があるときは、子供の活動を書いて示すことや事象の相互関係のイラスト化が、学習内容の理解、組織

化、記憶に有効であるとした。

　これらの研究知見が、どの程度教師の指導法や教材を変えていくか、ま
た、聴覚障害児にどう影響するかはまだ検証されていない。聴覚障害児
の教師と聴児の教師とは、指導の姿勢、目的、方略が異なり（Marschark,
Richardson, et al., 2010）、指導の状況や教師の教育的背景が、教師の期待や指
導方法に影響するだろう。教師、状況、子供の特性が、それぞれの組み合わ
せの中で成績にどう影響するかは複雑で未解明である。一方、聴覚障害児の
能力、強み、ニーズなどの要因や、これらが学習や聴児との経験を通して多
様化していることを、教師が敏感に受け取れることが、聴覚障害児の強みに
基づいた学習を支援し、ニーズに対応するために必須である。これらの要因
の、学習への潜在的な影響を理解するには、要因自体の検討に加えて、授業
での学習関連要因について検討する必要がある。指導と学習が、聴覚障害児
の言語や認知的能力とどう関連しているのかを検討すること、また、聴覚障
害教育の複雑性を十分認識することによってのみ、この教育を改善する要因
の特定が期待できる。

　最後に、黒田（2006）に掲載した、仲間との授業研究を通して整理した、
授業での課題に関する2つの図、図9.3「授業の構造」と図9.4「授業のコ
ミュニケーション」を紹介する。いずれの図も、授業を構成する重要な要因

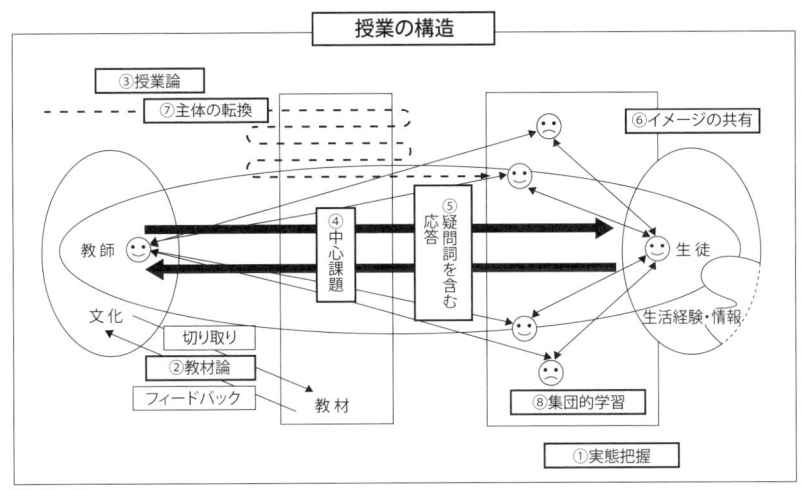

図9.3　授業の構造

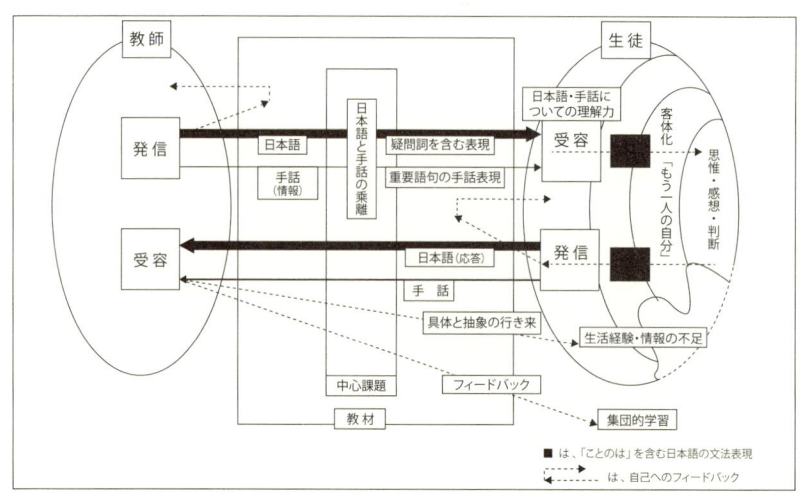

図 9.4　授業のコミュニケーション

「ことのは」とは、形容名詞「〜（する）こと」や準体助詞「〜（する）のは」
「〜（する）のを」「〜（する）のが」などの体言（名詞）と同様な働きをする言葉を指す。

である「教師」「生徒」「教材」を中心に、その要因内に含まれる重要な要素とそれらの間の主要な関係を抽出し、整理したものである。「授業の構造」は、要因間で働く教師と生徒の認知的な働きを中心に描き、「授業とコミュニケーション」は、要因間でのコミュニケーションの機能を中心に描いたものである。現在、学習に現れている矛盾やバリアはどんな要因からなるのか、図を通してそれらの関係を的確に捉え、それへの対応方法が考えやすくなるよう工夫した。教師集団によるさらなる検討と評価によって、これらの図は新たな授業図となって聴覚障害教育の改善に寄与するであろう。

　特に着目して欲しい第一点は、図 9.3 の「授業の構造」に関する問題である。「イメージの共有」（⑥）という言葉は、「今、何を中心課題としているか」など、子供と教師との間での内容の共有性の問題である。会話では確認できても、実際には内容理解ができてないことが多々あるので、常によく吟味することが必要である。聴覚障害児には生活経験の不足やコミュニケーションなどで多くのバリアがあり、互いのイメージが異なったまま授業が進むことが多い。その結果、授業そのものが成り立たなくなる。また、「主体の転換」（⑦）が重要である。聴覚障害児は問題解決の際に、中学生や高校

生の段階でも他者の援助を求めがちである。自然科学の学習では、自然やものに直接働きかけることによって初めてその素晴らしい法則性や多様性がみえてくる。学習目的の達成には、教師主導ではなく子供主体の学習を考える必要がある。教師はよい教材を準備し、さまざまな働きかけを通してよく考えさせ、子供が動き出した瞬間を捉えて離さず、主体の転換を図ることが肝要である。

　第二点目は「授業のコミュニケーション」の問題である。図 9.3 を子供と教師のコミュニケーションの面からより詳細に分析したのが図 9.4 である。聴覚障害児と教師の間に存在するバリアの問題は、教師側か子供側か、伝達手段か、受容と発信のどのチャンネルなのかを、きちんと分析する必要がある。さらに、主体的な授業参加を促すためにも、疑問詞を含む応答を多くすることが重要である。図中の「客体化」は、「描くこと」を通して内面で感じたことを、もう一度頭の中で整理し表現することを意味している。こうした作業の積み重ねが、単なる事象の連なりから自然法則の理解、知識の獲得へと導いていく。イリーン・セガール著の『人間の歴史』は、ヒトが森から離れ直立二足歩行となり、手が自由になって道具や言葉を獲得し自然の束縛から自由になったと述べている。そうした歴史を考えると、自然科学教育は、それ自体が知恵や言葉の獲得を内包している。理科教育において、自然やものを真ん中に据え、子供たちと会話を通して学ぶことは、その成長や発達に必ず大きな影響を与えることと信じている。

第10章

コンピューター活用によるマルチメディア学習

　聴児と同様に聴覚障害児にとって、教師の指導や協働学習は、教室のみならず遠隔教育においても、コンピューターを活用したマルチメディアの学習ツールによって徐々に補完されているだけでなく、置き換えられつつある。マルチメディアは、聴覚障害教育の劇的かつ確実な発展に貢献している。本章では、これらのトピックについて詳述する。

デジタル革命

　音声や文字による言語情報に写真やアニメーションや動画などの視覚情報を組み合わせることで、学習者の記憶に2種の符号が提供されて、「より深い学び」をもたらすことは、広く共通した考え方である（Ginns, 2005; Mayer & Moreno, 1998; Moreno & Mayer, 2002; Paivio, 1986）。聴児の教育では音声だけで提示する場合でも、聴覚障害教育では全ての情報を視覚でも提示することが、古くからの指導上の基礎・基本としてしばしばみられる。例えば、教える内容にあわせて、視覚的表現（写真やアニメーション）や、手話表現の写真やビデオクリップを組み合わせて提示する。このように複数の表現で構成された情報は、マルチメディアと呼ばれている。マルチメディア化された教材によって、学習者は少なくとも2種の異なるフォーマットの情報（例えば、言語情報と図形的な情報）を受け取る（Mayer, 2003）。

　マルチメディア情報は種々の媒体でみられる。コンピューターをはじめとした情報通信技術（Information and Communication Technology: ICT）によって、

学習に組み込み可能なマルチメディア情報の選択肢が広がりつつある。ICT
は、アニメーションの制作や利用を容易にするだけでなく、指導での学習者
の制御、双方向学習、遠隔学習の可能性を強化した。Collins and Halverson
(2010)などの研究は、産業革命後にみられた、見習いによる訓練から学校
での学習への転換に匹敵するような教育的な革命が、ICTによって導かれた
とまで極言している。少なく見積もっても、ICTは個人や集団での知識構築
を促進したのは明らかである。そしてICTの利用は、教育の組み立て方に
影響を与える可能性を有している。広域からのアクセスと有用性をもった
ウェブベースの形態を使えば、よりいっそうその可能性が広がる。デジタル
革命は、教師と学習者の関係や、教えることと学ぶことの関係を根本から変
えるであろう(Kuiper, Volman, & Terwel, 2005)。

ろうコミュニティにおける革命

　ICTの影響は聴児に限った話ではない。関連の研究は少ないものの、聴覚
障害児においてもICTは広範囲で利用されている。米国における聴覚障害
成人を対象とした研究では、調査対象者の60%以上がコンピューターを使っ
ていると回答した(Zazove et al., 2004)。米国全体のコンピューター利用率は
約70%である一方、障害者のコンピューター利用率は50%であった。聴覚
障害のあるコンピューター使用者の18%が自宅にコンピューターがあり、
年齢が若く、教育レベルが高く、そして家族の収入が多いほどコンピュー
ターを多く使っていたが、学校でコンピューターの使い方を習った者はわず
か27%であった。全体として、コンピューターを使用していると回答した
聴覚障害者は、重要な機能として、主に聴覚障害者とのコミュニケーション
にコンピューターを利用していると回答したものの、実際には主に娯楽のた
めにコンピューターを使っていたようだ。回答者の38%が、コンピューター
の利用目的を情報収集であると回答した。Power, Power, and Horstmanshof
(2007)のオーストラリアでの調査研究でも類似した結果が得られた。ICT
機器は聴覚障害者の間でも普及していて、ウェブサイトの閲覧などと同じく
らい、eメールやチャットによるコミュニケーションに利用されていた。こ
れらの調査研究には、主に手話を使う聴覚障害者も対象に含まれていて、彼
らは聴覚障害者や聴者の友人や親族とのやりとりという社会的な理由でコン

ピューターや携帯電話を利用していた。一方、日本における 2012 年時点での聴覚障害者のコンピューター利用率は 89％という高い値であった（総務省, 2012）。

Power et al.（2006）は、ろうコミュニティが徐々に仮想コミュニティになりつつあることを示唆した。Valentine and Skelton（2008）による英国のろう成人を対象としたきき取り調査研究でも、インターネットがろうコミュニティを広げつつあることを示した上で、同じ結論を述べた。インターネット以前の時代には、ろう者同士の情報交換には対面でのコミュニケーションが必要であったために、時間や場所の制約がかなりあった（ろう者のクラブなど）。オンラインのソーシャルネットワーク（SNS など）が聴覚障害者の社会参加を拡大して、他者との接触や情報収集も広がり、旅行もずっとしやすくなった。しかしながら、このような技術がコミュニケーションの障壁や社会的障壁を取り除く可能性があるにもかかわらず、聴覚障害者と聴者との融合を促進させたという証拠はいまだないことを、Valentine and Skelton は記している。日本においても、コンピューターを利用した聴覚障害者の社会参加やインターネットによる聴覚障害者同士のコミュニティについて、事例が報告されている（総務省, 2006）。

ウェブや DVD などによるマルチメディアは、聴覚障害児の情報アクセス手段として利用されつつある。ますます関心が高まっているのは、公共の場におけるマルチメディア技術の使用である。例えば聴覚障害児が美術館を訪れた際に利用できる、マルチメディアの携帯情報端末（Personal Digital Assistants: PDA）などである（Ruiz, Pajares, Utray, & Moreno, 2011）。Proctor（2005）はカナダの博物館において、手話をディスプレイで提示するガイドの利用について評価研究をしたところ、この手話ガイドの導入から 2 年後には、手話ガイドを使った聴覚障害児の 78％が、博物館での見学がより充実し、より多くを学べたと回答し、6％が手話ガイドの有無での違いはなく、否定的な回答をしたのは 1％だけだった。

聴覚障害教育における革命

ICT は聴覚障害教育の場にも浸透しつつあり、特に大きな進歩は遠隔教育の実現である（Belcastro, 2004; Stredler-Brown, 2012）。聴覚障害児を対象としたオンライン授業が徐々に一般的になってきたが、これを評価した研究はい

まだ少ない。

　Stinson（2010）は、聴覚障害教育の教室における ICT の広がりについて言及した。例えば、電子黒板は触れることで文字や画像の情報を創作・修正・保存できる。電子黒板はまた、オンラインでの情報アクセスも可能にし、教室で複雑なマルチメディアを創作できる。電子黒板の利用率には幅があり、米国では 12％（ろう学校はこれに含まれていないが、これよりは率が高い）、英国では 60％である。日本では他の障害種も含めた特別支援学校という集計方法ではあるものの、英国と近似した電子黒板の普及率（60％）であった（文部科学省, 2016）。また、テクノロジーの双方向的な利用に関する記述があるものの、聴覚障害教育での効果に関する明確な研究結果が不足している。Stinson は、聴覚障害児の教室での、iPad などのタブレット PC の利用が増えている点についても言及した。タブレット PC はノートよりも小さくて、さまざまな環境で容易に使える。多くのタブレット PC が WiFi もしくは携帯電話経由でインターネットにアクセスできる。数は少ないものの、タブレット PC がコミュニケーションを促進したりクラスメイトとの協働的な学習を支援したりすることによって、聴覚障害児の学びを広げている可能性が示唆されている（Liu, Chou, Liu, & Chang, 2006 参照）。日本では、先述と同様に他の障害種も含めた特別支援学校という集計方法ではあるものの、タブレット PC1 台あたりの児童・生徒数は 11.3 人であり、他の学校種（小学校・中学校・高等学校など）では 50 人程度であるのに比して、圧倒的にタブレット PC の数が充実している（文部科学省, 2016）。携帯電話・スマートフォンなどの情報端末が障害児の生活や学習支援に貢献することを目標に、2006 年から展開されている「魔法のプロジェクト」では、タブレット PC の活用事例が多数紹介されている（https://maho-prj.org/）。

マルチメディア学習

　デジタル（マルチ）メディアが聴覚障害児の指導や学習の改善に資するよう、彼らに有利な学習環境を、どのようにデザインすればよいのかを探ることが重要である（Verhoeven & Graesser, 2008; Verhoeven, Schnotz, & Paas, 2009）。学習者が、双方向的な学習環境から知識を構築するためには、いくつかの基

本的なプロセスが必要である。まず、学習すべきトピックを特定しなければならない。トピックは、学習者の参照の枠組みとして機能し、アンカー形式がよく使われる。アンカーは、ステップ化された幅広い枠組みであり、まず最初に、導入ビデオや動機づけのテクストによって問題が提示される形で、1つのトピックが導入される。続いて学習者は、課題や指示によって誘導されながら、関連情報を検索していく。情報がオンラインで利用可能な場合、学習者はそこから情報を取得し、さらに、情報の課題との関連性の理解や評価を行い、最も適切な内容を選択し、それを既にもっている知識と統合する必要がある。

　インターネットを介して利用できる膨大な量の情報は、認知的過負荷を引き起こす可能性がある。特に聴覚障害児は、膨大な量の情報を処理できるメタ認知スキルが限られているので、その可能性が高い（第6章参照）。したがって、インターネットを学習に利用するためには、そのためのデジタルリテラシースキルの獲得が有効である。このスキルは、試行錯誤による学習よりも、指導によってより迅速かつ効率的に習得される。例えば、説明的なフィードバックを伴うガイダンスは、学習者、特にコンピューターの初心者に有益だろう。そのようなスキルの学習には、聴覚障害児が膨大な量の文章を扱う際のニーズも考慮に入れなければならない。一部の教師や図書館員は、聴覚障害児がテクストよりも絵の情報を探す傾向があると指摘しているが、そのような方略は、その後ずっと有効性を発揮しない。最終的に、学習者はオンラインでみつけた情報の意味を理解しなければならないので、情報の統合と推論に求められる上位レベルの実行機能に加えて、第8章で説明した、読解のための全ての技術やそこでの困難が関係してくる。それらは、正書法（綴り）、音韻、構文、意味知識などに関するものである。後で議論するように、画像やアニメーションは文章の理解を支援できるが、知識の統合や文書化に必要なスキルの多くは、学校では教えられていないか、十分に教えられていない（Verhoeven & Graesser, 2008）。

　インタラクティブな知識の構築を通して聴覚障害児の学習を改善するためには、モチベーション、心的な集中の調整、事前知識といった学習者の特質や、相互交流や協働学習の機会などの環境要因と共に、ワーキングメモリでの制約を考慮する必要がある（Verhoeven et al., 2009）。聴覚障害児の読みの理解と新旧の知識の統合における困難さを前提に考えると、聴児以上に、聴覚

障害児にとっては、デジタルリテラシースキルに関する特別な指導がより重要になるだろう。特に、彼らが、マルチメディアの利点をより有効に活用できるようにするためには、彼らに適した形での教示や指導が、どうしても必要となる。

　少なくとも、聴児では、言葉と絵の組み合わせが学習を深めるという十分な証拠がある（Mayer, 2003）。これはマルチメディアやモダリティの効果と呼ばれる。それは、心理学実験だけでなく、学校の理科室や宿題のような場面でも起こる（Eilam & Poyas, 2008）。有意義かつ効率的な学習の強化によって、宿題を仕上げるのに有益な効果がみられるであろうが、学習の仲立ちとなるモチベーションの増加は、教室での学習に関しても必要となる。Iding（2000, p. 405）は、教師が言葉の説明に加えて、動的な視覚的表示を使用することは、学習において「科学的原理や科学的プロセスが理解されるためには、それらを視覚化すべきである」ということと基本的に関連していることを示唆した。

　Mayer（1989）と Mayer and Morena（1998）はさらに、学習する内容に関連する知識が少ない学習者は、言語的な教材と視覚的な教材を組み合わせることにより、より高い学習効果を得ることを強調した。対照的に、言語的な教材と視覚的な教材を逐次提示すると、不必要に認知負荷を増加させ、実験室でも教室でも視覚的な提示の有用性が阻害される（Iding, 2000; Mousavi, Low, & Sweller, 1995）。言葉での記述と、その視覚的な指示対象に注視が分割されることによる混乱は、視覚言語に依存する聴覚障害児にとって、明らかに問題である。

　マルチメディア教室で聴覚障害児をサポートするために提案された 1 つの選択肢は、リアルタイムの字幕や、スクリーンに提示される文字である。これは実施可能な方法のようにみえるかもしれないが、補足テクストは、読みが得意な聴覚障害児にだけ有効であることが証明されている（Hertzog, Stinson, & Keiffer, 1989）。読解レベルを統制して検証した場合でも、聴覚障害児は聴児に比べてスクリーン上のテクストから多くを学べない。おそらくは、背景知識の違いによるのだろう（Jelinek Lewis & Jackson, 2001）。いずれにしても、マルチメディア学習では、テクスト素材は聴覚音声プレゼンテーションよりも効果が低く、情報統合の重大な障害となっていることが、Mayer and Morena（1998）によって示されている。Mayer, Heiser, and Lonn

（2001）はさらに、聴児に対して視覚的な注意を分散させようとすると、同時に提示された文字が視覚的な教材を「圧倒」して、両方の入力源の利用率を低下させることを示した。Mousavi et al.（1995）は同様に、視覚情報と言語情報とを組み合わせて提示した場合には、言語的な情報が聴覚的に提示された場合にのみ認知負荷を減少させ、聴児は両方のモードを利用できることを明らかにした。彼らは、図と言葉を同時に利用できることがワーキングメモリへの負荷を軽減し、また、図に関連する情報を探す必要がなくなったことを明らかにした。一方で鈴木・中村（2017）は図と言葉の同時提示とワーキングメモリとの関係について聴児を対象に実験し、学習者のワーキングメモリの個人差が認知的負荷に大きく影響することを示している。

聴覚障害児に関するこの種の教育研究はまだみられないが、視覚的な提示を伴う場合の授業のペース（速さ・テンポ）は、聴覚障害児にとって潜在的な困難をもたらすと推察できる。Tiene（2000）は、聴児が、言語情報と視覚情報とによる冗長な情報によって利益を得るのは、それらが異なるモダリティで同時に提示された場合に限られることを示した。Gellevij, van der Meij, Jong, and Pieters（2002）は、コンピュータープログラミングを含む実験において同様の知見を得た。彼らは、学習者は、言葉や視覚、聴覚情報など、複数の種類の感覚による情報（マルチモーダルな情報）を得ることによって、ソフトウェアの機能や能力のもたらす、統合されたよりよいメンタルモデルを発展させることができることを示した。したがって、Presno（1997）は、教室や実験室でのデモンストレーションでのコンピューターディスプレイの使用は、同時に提示される言語情報をよりよく学習者に理解させられると主張したが、このような知見は、聴児ないしはそれに近い学習者においてのみ言えるようである。聴覚障害児にとってこのオプションは有効ではなく、このようなマルチモーダルな技術の中に、視覚情報への注視と教師の言語（音声や手話）への視覚的注視とを、どのように統合していけばよいのかに関する検討は、いまだなされていない。

前述の議論は、マルチメディアの利用が自動的にポジティブな貢献をするわけではないことを明確にした。マルチメディア教材を使って学ぶためには、学習者は、別々のチャンネルからの情報に基づいて、能動的に意味を構築しなければならない。映像は視覚チャンネルで処理され、音声言語は聴覚チャンネルで処理される（Clark & Paivio, 1991）。書かれた単語は、言語的な

表象に変換される必要がある。全ての言語素材が整合性のある心的表象とし
て構築される必要があり、言語のチャンネルと映像のチャンネルとの間の連
結と、現在の情報と先行する知識との間の連結を成立させる必要がある。言
い換えれば、実際にマルチメディアから学ぶためには、学習者は、第 6 章
（Mayer, 2003）で論じられた全てのレベルの認知処理を用いて情報を選択、
整理、統合しなければならない。

　複数チャンネルからの情報を処理することは、かなりの認知的な努力を必
要とする。1 つの情報を処理して意味を付加する間、ワーキングメモリ内に
それに関わる言語と映像の情報を保持しておくことは、ワーキングメモリの
限られた容量を容易に超過させてしまう。これは、認知的過負荷の可能性に
関する 1 つの焦点である（Baddeley, 2007; Mayer, 2003; 第 1 章も参照）。短期間
で処理する必要のある情報の量だけでも、学習者は圧倒されてしまう可能性
がある。したがって、マルチメディアのデザインとそれを使った授業設計
での試みは、これらの落とし穴を避けながら、学習者を能動的な学習へと導
き、適切な心的表象を構築できるような方法を見出すことである。

マルチメディア学習に影響する学習者の特質

　マルチメディアでの指導のサポートを考える際、学習者の特徴のいくつ
かが重要となる。これらの大部分は、ワーキングメモリの容量や記憶の方
略のような、ワーキングメモリに関する特徴に関連する（Seufert, Schütze, &
Brüncken, 2009）。聴覚障害児について考えると、複数の視覚情報が同時に提
示されることは困難さが付加されることとなる。

　ワーキングメモリの容量が比較的小さい学習者にとって、構造の整ったテ
クストが有益であることは広く知られている。これらのテクストがハイパー
メディア形式であれば、わかりやすく構造されていることは、さらに重要と
なる。ハイパーメディアは、文章や画像、音声などの情報が相互に連結して
いる文書で、インターネットのホームページのように、そこに表示された画
像や言葉をクリックすると、関連する情報をさらに検索できるような構造に
なっている、リンクされたドキュメントの集まりである。学習を始めるとき
には、これから学習する内容をまず概念的な知識として導入しておくと、後

に学習する知識が整理されて定着しやすくなる。このように事前に導入しておく概念的な知識は「先行オーガナイザー」と呼ばれる。ハイパーメディア形式のテクストにおいても、先行オーガナイザーを軸としてテクストを構成すると、学習者の積極的な利用につながる（Thiede, Anderson, & Therriault, 2003）。しかし、Borgna, Convertino, Marschark, Morrison, and Rizzolo（2011）は、聴覚障害学生にとって、先行オーガナイザーの存在が、学習に必ずしも有益ではないと主張している。ハイパーテキストを相互に連結しているノードのトピック文を目立たせることは、聴覚障害児の理解に役立つが、その一方で、複雑さが増すと、年少児にとってはハイパーテキストの特徴が制限されてしまいかねない。年長児は自身の学習を構造化しやすいので、おそらくハイパーテキスト学習をよりうまく扱えるだろう。ハイパーテキスト学習の効果には、学習者の認知的な個人差が大きいことは、倉橋（2004）による聴児を対象とした研究でも指摘されている。

　学習者がコントロールされるような状況では、ハイパーテキストでの学習に学習者の特質が最も影響する傾向がある（Scheiter, Gerjets, Vollmann, & Catrambone, 2009）。学習者が高いレベルの先行知識をもっている場合、年少者であっても年長者であっても、ハイパーメディアからの学習はサポートを必要とせず、結果も良好であった（Kuiper et al., 2005）。優れた自己調整スキル（実行機能）がハイパーメディアでの学習にも役立ち、指導を受けるモチベーションやオンラインでの学習への前向きな態度に反映される。このような心理的な特質は、学習者が具体例を効果的に利用する能力や、彼らの全般的な課題解決能力に影響する。このような知見は、聴覚障害児も聴児と同様であろうと考えるものの、関連するエビデンスはまだ確立されていない。

効果的なマルチメディア指導計画

画像とアニメーション

　静止した画像とは対照的に、アニメーションは動的である。画像もアニメーションも、オンラインのハイパーメディアでますます使われるようになっている。いずれにしても、学習者は、絵を理解するためには、文脈を活

用しなければならないことを学ぶ必要がある（Kuiper et al. 2005）。静止画像には空間的な情報しか含まれないのに対し、アニメーションには時間的な情報も含まれている。したがって、アニメーションを処理するのは画像を処理するよりも複雑である。聴覚障害児は、時系列に沿った連続的な情報に対するワーキングメモリの能力がより限られているため、聴児よりも、負荷が大きい可能性がある（Hall & Bavelier, 2010）。同時に、マルチメディア教材では、動的で視覚的な題材（アニメーションやビデオ）のときには確かな効果が得られるが、静止画像の使用は必ずしも効果的であるとは限らない。Paivio（1986）の二重符号化説による予測に反しているが、画像とテクストとの同時提供が生み出す冗長性は、実際のところ、特に熟達した学習者の学習を阻害する可能性もある（Chandler & Sweller, 1996）。画像の付加は、付随するテクストの表面的な理解につながる可能性もある。また、きこえる学生を対象とした研究で、Rasch and Schotz（2009）は、科学に関する内容のテクストに画像を加えても、学習を強化することも阻害することもないことを明らかにした。しかし、画像が使われると、処理時間は顕著に長くなった。具体的な題材を扱った双方向的なアニメーションの場合、学習者は、動きの方向や速さといったアニメーションの側面を操作することができ、おそらくより興味を起こさせるものである。一方、静止図形のような視覚情報は、ハイパーテキストによる学習には貢献するであろうが、そのような情報がわかりやすく処理しやすい場合に限られる（DeStefano & LeFevre, 2007）。

情報の視覚提示

　情報の視覚的な提示は、個々の学習者にとって多かれ少なかれ効果をもたらす可能性がある。論理的整合性があり、空間的な条件を満たし、個人にあった形で情報が提示されるときに、視覚的情報は学習に最も貢献する（Mayer, 2003）。無関係な情報の提示は、系統的な情報提示と対立する。情報に集中させるためには、無関係な題材は避けられるべきである。このコヒーレンス（論理的整合性）効果は、紙媒体でもデジタル媒体でもあてはまる。さらに、言語的な情報と絵での情報は離れた位置で提示されるよりも、互いに近いところで提示された場合により効果的である。そのため、異なるページでなく、同じページ内で提示されることが好ましい。このような空間接近

効果は、印刷様式でもデジタル様式でも有効である。言語的な情報と絵での情報とが空間的に近い場所に提示されると、ワーキングメモリ内に言葉と画像を保持することが相対的に容易になるためである。さらに、情報提示においては、パーソナライズ（個に合わせた）効果を考慮する必要がある。例えば、言葉が形式張った文体で提示されるよりも、会話調で提示されるほうが、学習者は題材をより深く学習できる。もちろん、使われる言語にも注意する必要がある。情報を検索する場合、情報を探すための質問は文章形式では受けつけられないことが多いので、学習者は文や文章での質問を、特定のキーワードを使った質問や、さらに難しいことだが、キーワードの組み合わせを使った質問に言い換える必要がある（Kuiper et al., 2005）。

　日本語に関しても類似した示唆がみられる。筑波大学附属聴覚特別支援学校中学部（2010）は、4コマ漫画のふき出しを考える学習やことわざカードを作って説明する学習を経て、自然言語に近い会話調での提示がより有効であることと、空間接近効果の利点についても実践的に示している。

ハイパーメディア

　ウェブ上の情報は、ハイパーメディアの形式で最も頻繁に提示される。これはリンクされたドキュメントの集まりであり、そのリンクを通じて読み手は、ひとまとまりのテクストから他のまとまりへと移動することができる（DeStefano & LeFevre, 2007）。ハイパーメディアが効果を発揮するには、学習者が、ウェブ上で情報検索をする方法に精通する必要がある。学習者は、どのリンクを使い、どのリンクは使わないのかを決めなければならない。テクストを他のテクストと結びつけて正確かつ完全に解釈するためには、個々のハイパーメディアテクストの意味を理解しなければならない。そのためには、テクスト、画像、アニメーションなどの多くの情報を大きなまとまりに分けたり、情報を結合したりするスキルが必要となる（Verhoeven et al., 2009）。このような結合のプロセスには、相当のワーキングメモリ資源が必要であり、読む力の弱い学習者、テクストの内容に関する知識が乏しい学習者にとっては特に、認知的過負荷につながりやすい可能性がある。聴覚障害児の読みの能力と、連続的な情報の記憶力に配慮して、認知的過負荷になる可能性を最小限に抑えるために、ハイパーメディアの素材や関連する教授法

のデザインを考える必要がある。

　DeStefano and LeFevre（2007）によると、ハイパーテキストの読みにおいては、新たな認知的能力が必要となる。ハイパーテキストは、通常のテクストを読む場合より認知的負荷が大きく、また、埋め込まれている複数のリンクを考慮した意思決定が必要となるため、特にリンクされたテクストの認知的な理解が困難な場合には、ハイパーテキストを読み続けていくことが困難になる可能性がある。より少ないリンクが使われるとき、ハイパーテキストからの学びは増加する。これはおそらく、より少ないリンクにより、視覚的な探索が効果的になされるからであろう。階層的ハイパーテキストを読むことは、固有の階層的順序をもたないネットワークハイパーテキストよりも認知的負荷が少ない。なぜなら、ネットワークテクストと比べ、階層的テクストでは、ナビゲーションが効率的であるため、情報を見つけやすいからである。認知的過負荷はナビゲーションの選択肢の数を制限すること、すなわち意思決定する回数を減らすことによって防ぐこともできる。これは特に、特定の課題に関する予備的知識が比較的限られている学習者にとって重要である。したがって、ハイパーテキストの読みは、そこに含まれる素材を効果的に活用できるように導く、予備的知識と実行機能能力のある学習者にとって役立つと考えられる。すなわち、そのような「熟達した」学習者であれば、新しい情報を、既に長期記憶の中に存在する知識の構造に結びつけることができる（Rawson & Kintsch, 2002）。その一方、聴覚障害児の多くは、学習内容に関して既にもっている知識や自動的な実行機能の両方が、聴児と比べて少なく、ハイパーテキストの読みにおいて、より多くの指導が必要となる（Knoors & Hermans, 2010; Marschark, Sapere, Convertino, & Pelz, 2008）。

　また、ハイパーメディアの構成については、テクストの内容に含まれる構造の量にも注意する必要がある。つまり、より多くの構造があれば、既存の知識基盤に関連性が少ない場合にそれを補うのに役立つ。情報の内容が構造的であり、ポップアップウィンドウがテクスト情報を強調したりできれば、情報の検索が容易になり、情報の理解が促進される。しかしながら、これらの効果は、実際の操作が認知的負荷の軽いものでなければ、実現されないであろう。

　聴覚障害児にとって、アクセスしやすく、読みやすさの向上が期待できるハイパーメディアデザインのもう 1 つの特徴は、手話リンクの使用である。

ビデオの中にハイパーリンクを構築する新しいテクノロジーが生まれ、手話を基礎としながらテクストを任意選択できるようなウェブ環境が作られるようになった（Fels, Richards, Hardman, & Lee, 2006）。テクストリンクと比べ、手話リンクはかなり複雑である。それには、ビデオインディケーター、リンクバー、サムネイル画像が含まれ、また、関連資料につなげたりサムネイル画像の意味の曖昧さを解消したりする機能や、任意のテキストボックスといった、複数のパーツが含まれている。アメリカ手話（ASL）を使う高校生以上のろう者を対象に、手話リンクの有効性を調べた Fels et al.（2006）による研究では、手話リンクのあるウェブページでの学習のしやすさと使いやすさを評価した。対象者のウェブ使用のビデオ記録に加え、使用中に感じたことを発話した内容の記録、質問紙、コメントなどの分析から、手話リンクのあるウェブページは、特別な専門知識のない聴覚障害者でもうまく操作できたが、インターフェースデザインには、さらなる配慮が必要なことがわかった。

ナビゲーション

　ウェブ操作や情報検索の方法としては、キーワードを使う、サイトを閲覧する、特定の URL（Uniform Resource Locator; ウェブサイトのアドレス）を入力する、リンクを使用するなどがある。これらの方法の効果は、探している情報の種類、学習者の予備的知識、ウェブ構造に関する知識、そして検索技術力によって決まる。キーワードを使って検索することは、幼児にとってはとても難しい。年長の学習者は、検索エンジンやキーワードを使うことができるが、サイト上の情報を注意深く読むのにほとんど時間をかけないことが多い（Kuiper et al., 2005）。結果として、彼らは、サイトやその内容の有用性や適合性を判断できないだろう。それゆえ、かなりのサポートを受けない限り、彼らの検索はかなり直感的で非体系的となる傾向がある。検索のプロセス自体が難しいので、低年齢の学習者は、求める答えを含んだ文の形で探すことが多い（例えば、「大人の象の体重はどれくらいか？」）。彼らはおそらく、最も馴染みのある、限られたわずかのサイトを訪れるだけで、他のサイトを調べることはほとんどなく、頻繁に複数のサイト間を行き来したりちょっと覗いたりする。特に男子にはこの傾向がみられやすく、検索が所定の限られ

た範囲内であれば、非常によく学習する（Segers & Verhoeven, 2009）。ウェブをみる経験によって異なるが、ほとんどの学習者は、提示される情報量に対処しきれない。

　ウェブ上のテクストを避けるのは聴覚障害児だけではない。一般的に学習者は、多量のテクストを含むウェブサイトにうんざりし、すぐに他のサイトに進んでしまう。低年齢の学習者を引きつけるのは、特にウェブのマルチメディア性であり、彼らは比較的速く簡単にできる検索を好む（Kuiper et al., 2005）。子供のウェブサイト選択にとって最も重要な基準は、内容が子供の求める課題に関係していそうかどうかということのようだ。しかし、情報の信頼性と妥当性はめったに評価されない。たとえ評価されるとしても、しばしば誤った基準が適用される。それゆえ、力不足の学習者は、適切な情報を探して課題を組み立てる際に、指導と支援を必要とする。そして、聴覚障害児が自分の理解や知識を判断する際に経験する困難さ（Borgna et al., 2011）により、彼らに特有の非効率的で表面的な情報検索を行う危険性がある。小学 6 年生の聴児 33 人を対象としたハイパーテキストナビゲーションに関するスペインの研究は、効果的なナビゲーション方略を用いて論理性のある意味の構築を行うことは、子供たちの読み能力に直接関係することを明らかにした（Salmerón & García, 2011）。ウェブの探索方略は、電子媒体の読み能力の基本的なリテラシーと言える。また、Kuiper et al.（2005）は、子供たちのウェブ情報の効果的な使用に関する文献を要約し、子供たちはキーワードによって検索を行うより、いろいろなサイトを閲覧することを好むことを明らかにした。適切なキーワードを定めること自体が難しいのである。結果として、彼らの検索はしばしば、組織化されておらず、事実に関する知識を集めるだけになり、1 つの正解を追い求めることに終始してしまう。その結果、情報を注意深く読み取ることには、ほとんど注意が払われない。

　学習者がインターネットを効果的かつ安全に活用するには、情報検索のスキルの他に情報モラルを身につけることも求められる。情報モラル教育に関して、内野（2016）は聴覚障害の特性を踏まえた自己学習教材の開発を行った。聴覚障害児を対象とする合理的配慮の内容やコミュニケーション手段の状況などを参考に、手話つきの説明動画、PowerPoint による提示資料、字幕などを組み合わせて、ウェブブラウザで動作するマルチメディアコンテンツを作成して活用した。情報を適切に判断できるには、道徳的な知識と ICT

の知識の両方が必要であり、これらを活用して、適切な判断に近づけるための考え方を把握させることを目指した。このような教材と指導は今後も必要性が高い。

教育的支援

　学習者が探究型の学習を進める際には、インターネット利用の有無にかかわらず、デジタルマルチメディアの情報を用いることが多い。探究型の学習は学習者中心の学習であり、教師は学習者が現実世界の物事を調べるのを支援しながら展開する。探究型の学習では、学習者自身の興味・関心を重視して、学習者が情報を見つけ、分析し、事前の課題や予想とどのように関連するのかを考え、解決の方法を工夫し、その考えや理解状況を発表することが求められる。日本では、「総合的な学習の時間」において特に探究的な学習が重視されており、体験活動の充実、探究を支える言語活動の実施、そして教師の単元構想力や継続的な評価が求められる。教科書がない開かれた環境での学習は、新たな学習デザインが求められる。しかし、認知的な能力が特に求められるため、いつも探究型の学習がうまくいくというわけではない。学習を達成するためには、教師による支援が不可欠である。そのようなサポートを有効に提供する1つの方法は、調べ学習の手順をうまく構造化することである。16〜19歳の学習者108人を対象として、CSCL（Computer-Supported Collaborative Learning; コンピューター支援の協調学習）における調べ学習の手順の効果を研究したMäkitalo-Siegl, Kohnle, and Fischer（2011）によれば、少なくとも認知的な力が比較的低い学習者には、うまく構造化された手順（スクリプト）の効果が高かった。De Jong（2006）による探究型の学習モデルでは、効果的な調べ学習の手順として、オリエンテーション・仮説生成・情報収集・結論・評価の段階を設定している。Mäkitalo-Siegl et al.（2011）の研究におけるスクリプトの使用が、学習者からの支援依頼を減少させ、学習者は情報の検索方法に苦心するよりも、むしろ内容の理解に集中できると考えられた。探究型の学習に関する日本の事例では、駒見・筑波大学附属聴覚特別支援学校中学部（2016）による「博学連携」を重視した地域学習がある。生徒の疑問を基に、博物館から学校への出前授業や、土器な

どの実物にさわる体験、グループによる調査、保護者を招いた発表などが行われた。効果的な調べ学習を進めるには、テーマを設定する段階と考えをまとめる段階での教育的支援が重要であった。また有友（2015）は、国際交流学習における伝統文化紹介ツールの活用事例を紹介した。フランスのろう学校の子供たちに、日本の伝統文化を紹介する際に、調べ学習を経て箏の演奏・浴衣の着装・点茶などのプレゼンテーションをタブレット PC で作成し、良好な事後評価を得た。

　また、コンピューターマルチメディアラーニングにおいて、教師が学習者を支援するには、情報の信頼性と妥当性に関するアセスメントや効果的な情報検索スキル、どのように読んで理解するのかなどについての教示が含まれる（Kuiper et al., 2005）。ウェブ探索などの構造化された学習環境の使用は、特に男子生徒にとっては学習に有益である（Segers & Verhoeven, 2009）。日本の聴覚障害児の場合も、デジタルマルチメディアに対する興味・関心が高く、中学生以上ではスマートフォンの所持率も高い。学校における情報教育の進展に伴って生徒の情報検索スキルは年々向上してきており、学校の授業でも実際の展開の中に、ウェブの活用や学習成果の表現・発表が組み込まれるようになってきた。一方、保育園児や幼稚園児向けの、読み指導に関するコンピューター支援プログラムの効果に関する研究は、幼児側の要因だけではなく、学習支援者のスキルの習熟度を反映した、プログラムのステップに応じた手掛かりの提供が、大きな学習成果をもたらすことを示した（Johnson, Perry, & Shamir, 2010）。Savage et al.（2010）は、小学校 1 年生を対象としたウェブベースのリテラシーに関するプログラムの効果を検討した。この研究では、毎日の指導でのコンピューター活用能力によって教師を分類した。ウェブに関するテクノロジーを教育に導入する際、コンピューター利用能力が入門レベルの教師は、コンピューターの操作そのものに時間を費やしてしまい、苛立ってさらに多くの誤りを生じ、時にはテクノロジーの導入をやめてしまうことにつながることもあった。これに対して、コンピューター利用に習熟した教師は、最小の経験を通して系統的にコンピューターテクノロジーを活用して、指導方法を変容させることができた。教師が、コンピューターを用いた指導方法を従来の方法と広く統合できるならば、小学校 1 年生の成績への効果は、典型的な紙媒体のプログラムを用いた場合よりも大きいことがわかった。コンピューターの指導への導入は、学習者の学びに対する

教育的支援のあり方にも深く関わるものである。

聴覚障害児へのマルチメディア、コンピューター支援学習の効果

プログラムの例

　初めに紹介する「没入型学習環境での理科と算数（Science and Math in an Immersive Learning Environment: SMILE）」は、5 〜 10 歳の子供たちを対象としたゲームである（Adamo-Villani & Wright, 2007）。これは想像上の町、スマイルヴィルを中心としたもので、この町には 3D のキャラクターたちが住んでいる。キャラクターたちはアメリカ手話（ASL）と音声英語で子供たちとコミュニケーションをとる。このゲームは、幼稚園から高校卒業までの算数・数学と理科の教育のために開発された。ゲームには、共通のストーリー場面、複数のレベル、ご褒美、解き方のヒントが用意され、子供たちが熱中し、学習意欲をもって、楽しみながら探究を進めるよう設計されていた。ゲームには 2 つのレベルの遊び方、すなわち、子供たちが算数・数学と理科のスキルを獲得するためのレベルと、スキルを使うことで知識の強化を図るレベルが用意されていた。Adam-Villani and Wright による SMILE の最初の評価には、6 〜 10 歳の 21 人の聴覚障害児（うち 7 人はアメリカ手話〈ASL〉を使用）が参加した。このゲームに参加した子供たちは、期待以上に楽しく、手応えがあり、使いやすいと感じた。聴覚障害児の日本語の読み書きを促進するためのマルチメディア教材として、金子・廣瀬・渡邊（2008）による作文修正に関する教材がある。特別支援学校中学部生徒 52 人を対象に電子黒板を活用した学習を展開して、生徒自身が作文の修正方法を説明するための字幕つき映像を作成した結果、生徒の高い関心を得ることができ、この教材の有用性が示唆された。

　次にウェブベースの教材として、「問題解決プロジェクト（Project Solve）」（Kelly, 2003）は国立聾工科大学が手がけ、2004 年に終了したプロジェクトである。ウェブベースで、数学の文章問題の解き方の教示と指導を伴った解答の練習を提供した。このプロジェクトではウェブサイトも作成され、学習者は、分析的思考スキルを学習しそれを向上させるように設計された、個

別の課題を入手することができた。さらに、「イタリアの聴覚障害児のための論理に基づくウェブツール（LOgic-based web tool for Italian DEaf children: LODE）」と呼ばれる聴覚障害児用のウェブツールは、ウェブ小説を使って広範囲にわたる論理的思考を促進しようとするもので（Gennari & Mich, 2008）、手話を使うキャラクターにより映像へのアクセスの向上を意図していた（Elliott, Glauert, Kennaway, Marshall & Safar, 2008）。さらに、TERENCE プロジェクト（http://www.terenceproject.eu）は、物語の読み能力の低い子供の推論的思考を助け、理解の促進を目指した学習システムである。予備段階での結果では、聴覚障害児と聴児の理解度が有意に向上した。学習者は TERENCE の物語に積極的に取り組み、時間内に読み終わらなかった場合は、続きを読むためにパスワードを要求してくることが頻繁にあった。日本でのウェブベース教材の活用事例として、新谷（2014）による数学の自作ウェブ教材「動かしてわかる計算方法」がみられる。ウェブ教材を個人ごとのタブレット PC で利用させ、子供が学習中に気づいた点を言葉で表現させた結果、教科学習の理解につながる実践が可能であった。

プログラムの効果

　Loeterman, Paul, and Donahue（2002）は、聴覚障害児の読解力に関するコンピューター支援マルチメディア学習の効果を報告した。このアプローチは、文字提示された語の同定、語の知識、物語の理解に焦点をあて、物語の提示方法として、音声英語、アメリカ手話（ASL）、サインシステム（第 4 章参照）という異なる選択肢が用意された。子供たちは物語を読み、それについての話し合いを 1 日 2 時間ずつ 6 日間行った。その評価は、8 人の教師と 6 ～ 12 歳の聴覚障害児 32 人からなる 6 つのクラスで、プレテスト - ポストテスト方式により行われた。その結果、全員にターゲットとした単語の知識に関する向上がみられ、評価対象ではなかった単語も学習されていた。Mueller and Hurtig（2009）は、2 歳 0 か月～ 4 歳 10 か月までの 4 人の聴覚障害児とその母親が参加した、親子で一緒に絵本を読むプロジェクトで、電子書籍の効果を調べた。使われた 25 冊の電子書籍は、子供向け絵本が基になっていた。物語を読み上げるナレーション、コメント、質問などで、適切なフィードバックを提供できるインタラクティブなマルチメディアが組み込

まれていた。電子書籍の使用時間と頻度を、手話の語彙獲得と合わせて、プレテスト−ポストテスト方式を用いて評価した。多くの例では効果が小さく、手話ナレーションの追加は手話語彙の獲得には効果がみられなかった。Gentry, Chinn, and Moulton（2004/2005）は、マルチメディアを使った物語の読みが、聴覚障害児に言葉の情報を伝達するのに効果的かどうかを調べた。文章だけの提示に比べ、文章に画像を追加したもの、文章にデジタル手話ビデオを追加したもの、文章に画像とデジタル手話ビデオの両方を追加したものの効果を比較した。調査対象は9 〜 18歳までの25人の聴覚障害児であった。小学校3年生レベルの読解力が必要な物語が使用され、物語を語り直す活動（リテリング）によって効果を測定した。その結果、読み教材をマルチメディアで示した場合、文章の理解と学習は、文章提示だけの場合よりも効果的であり、画像やビデオを追加することにより有意に向上することが示された。しかし、文字に手話ビデオを付け加えた場合に比べ、画像を付け加えたほうが、有意ではないがわずかに高い効果がみられた。ここで問題になるのは、聴覚障害児が、文章や画像、手話などを、どのように探索しながら情報を読み取るのか、といったことである。

　一般的にこれらの知見は、Marschark et al.（2006）による以下の3つの実験報告により裏づけられている。最初の実験は聴覚障害学生を対象にしたもので、リアルタイムテクスト（C-Print）を組み込んだ授業は、手話通訳だけ、または字幕と手話通訳の両方をつけた授業よりも、情報の伝達に効果的であった。2番目の実験は、オランダの聴覚障害生徒の中等学校を舞台にした実験で、テレビ番組に字幕と手話通訳の両方をつけても、字幕だけの場合よりも学習での成果が増える結果にはつながらなかった。3番目の実験は、オーストラリアの中学生と手話を第一言語とするろうの教師を対象としたもので、地理の授業をオーストラリア手話で行った場合、C-Printを用いた場合、テクストと手話を一緒に提示した場合での効果は同程度であった。しかし、Stinson, Elliot, Kelly, and Liu（2009）は、聴覚障害の中学生においては、C-Printを使ったほうが手話通訳によるよりも学習度が高くなったものの、聴覚障害学生においては両者に違いはみられなかった。したがって、この議論には、さらなる研究による検討が必要とされている。

　Reitsma（2008）は、聴覚障害児が読み書きを学ぶためのコンピューター　プログラムでは、複数の視覚刺激に注意を払う必要があることを示した。研

究で用いたマルチメディアプログラムは、2 種類の練習問題から構成されていた。最初の課題は、単語の意味を表す画像または手話ビデオが画面上に表示され、子供たちは 3 つの選択肢の中から綴りが正しい単語を選択するよう求められた。2 番目の課題は、文字で書かれた単語が画面上に表示され、子供たちはその言葉に対応する意味を画像または手話ビデオから選ぶものであった。対象は、話し言葉と手話の両方が使われているろう学校に通っている、平均年齢 7 歳 10 か月の 11 人の児童（1 人を除いて全員が補聴器を装用）であった。2 回のセッションで、未知の 20 単語の練習を行った。その結果、平均で 20 単語中 12 単語を読んで理解できるようになり、学習後は全単語の 20％を正確に綴れるようになった。読解においては、画像と手話ビデオの両方で変化がみられなかったが、綴りでは手話ビデオよりも画像を用いたほうが優れていた。また、Dowaliby and Lang（1999）は、人間の目に関する授業内容に含まれる事項を即座に想起するための実験を行った。対象は、読解力によって 3 グループに分けられた 144 人の聴覚障害学生であった。実験条件は、文章を読んでその内容の動画を見ること、文章を読んでその手話通訳を見ること、文章を読んでその文章に関連する質問に答えること、およびその全ての条件を合わせたものであった。結果は、文章を読んで質問に答える条件の場合、事実を思い出す割合が対照条件に比べて有意に高くなった。それは、読解力が低いグループで顕著であり、手話通訳はどのグループにおいても事実を想起する上で有意な向上はみられなかった。

　Lang and Steely（2003）による、ウェブベースの理科教育の効果に関する一連の研究では、聴覚障害児にとってマルチメディアによる指導が効果を発揮するには、教材や学習の進め方を聴覚障害児の特性に合わせて調整することの必要性が指摘されている。その 1 つは、多くの聴覚障害児にみられる限定された読解力への対応である。ウェブベースのマルチメディア教育では、聴覚による情報は、逐語的な字幕または編集された字幕によって置き換えられるが、字幕の内容を読むことは多くの聴覚障害児にとって困難すぎたり、教材の情報を理解するには、字幕に書かれた情報だけでは不十分な場合があった。もう 1 つの問題は、コンピューター支援学習が遠隔学習として提供される場合、聴覚障害児は通常の学習サポート、例えば、教師に質問したり、同級生に支援を受けたりすることができなくなってしまう。Lang and Steely は以下の 3 つの実験を行うために、オレゴン応用科学センターのガイ

ドラインに基づく「幅広い概念に基づく（big idea）」アプローチを使って、基礎となっている概念ネットワークを明確に教えることに焦点を絞った、マルチメディアのコンピュータープログラムを作成した。もし学習者が、このアプローチによる内容を理解すれば、関連する事実と概念を全体的な構造として統合することができる。この統合こそが、聴覚障害児がつまずく内容（第6章参照）になっていることが多い。プログラムの中で、概念は連続して導入され、1つの学習課題の中で部分的に展開された概念が、それに続く課題の中でさらに強化された。テクストの文章はかなり短く抑えてあり、比較的単純な構成になっていた。前に学んだ重要な内容を把握する助けになるよう、図を用いて内容を整理する機能が活かされ、重要な概念を強化するためにアニメーションが組み込まれた。プログラムの至るところに質問が設定されているが、各課題の終了時点にもクイズやテスト問題がおかれていた。各課題は短い文章の表示に始まり、その後関連したアニメーション、そして最後に文章のアメリカ手話（ASL）翻訳という3つ組の連続から成り立っていた。最初の実験で、Lang and Steely は地球科学を題材とした72の学習課題からなるマルチメディアプログラムを、3つの学校の6つのクラスに在籍する小学校6～8学年（小6～中2）の子供、49人に対して用いた。テスト前と比較したテスト後の進歩は、マルチメディアを使用したほうが大きかったものの、実験群と対照群の間で有意差は認められなかった。2番目の実験では、重力を題材とした6課題のマルチメディアプログラムを、3つの中学・高校の37人の聴覚障害生徒に用いた。対照群を設けたプレテスト-ポストテスト方式を用い、無作為に抽出した2人の聴覚障害生徒の読解力とアメリカ手話の理解度を比較した。実験群のテスト後の点数は対照群の点数よりも有意に高かった。最後の実験では、化学（原子構造）を題材とした6課題のウェブ上のマルチメディアプログラムを、3つの学校の聴覚障害の中学生と高校生を対象として、同様にテストした。テスト後の点数はウェブベースのカリキュラムを受けた群のほうが有意に高かった。これらから、インタラクティブなマルチメディアとウェブベースのカリキュラム教材を使えば，従来の学習に比べて有意に大きな進歩が得られると考えられた。

　日本の教育実践においても、聴覚障害児を対象としたインタラクティブなマルチメディア教材の有用性が指摘されている。よくデザインされたマルチメディア教材は学習者の興味を高め、視覚的な情報処理における認知的負荷

の軽減に役立ち、学習者が試行錯誤しながら学習を進められる。ウェブベースの教材活用は特別支援教育の中でも実践報告が増えつつあり、各学校では授業の目的に応じてアプリを選び、学習者の個別の状況に応じた工夫がみられる。学校行事を題材としたタブレット PC 活用では、記録のための写真撮影や学習者によるスケジュールの管理、コメントの入力などでも役立っており、身近な学習と結びつくようになっている。また、対面による協働活動を中心とした学習では、新聞づくり・レポート作成・パンフレット作りや調べ学習などで、学習者がメディアを活用して表現する学習も行われている。金子・板橋・藻利ら（2015）は、日本語の発音を題材として、聴覚障害児を対象とした「発音・発語指導の器具を説明する学習」を行った。この学習では、生徒はグループ別にタブレット PC を用いて質問用の映像資料を作成し、教師グループは映像を中心とした解説用コンテンツを自作した。その上で、対面の授業で質疑応答と練習が行われた。言わば、自作の 2 種類の映像メディアを媒介にした対話形式の学習であり、生徒による事後評価は良好であった。金子（2016）は特別支援学校中学部生徒を対象とした ICT 活用事例のうち自作教材を活用した 28 事例（対象生徒：延べ 770 人）の評価結果を比較した。生徒による自己評価と教師による他者評価のいずれもが高かったのは、探究型の学習であり、タブレット PC を活用してメディアの構成や表現を伴う事例であった。教育現場では、聴覚障害児による主体的なメディア活用や多様な学習デザインによる実践の工夫が求められている。

聴覚障害児へのマルチメディア指導の未来

　聴覚障害児がデジタルメディアを頻繁に使用して、社会的関係を確立していくとき、インターネットが重要な役割を果たすことは間違いない。聴覚障害児によるデジタルマルチメディアの使用と学習に関する研究は、見通しが明るい。聴児にとって聴覚情報と視覚情報の組み合わせが、視覚情報だけの 2 つの情報源の組み合わせよりも、よりよい学習に結びつくことはよく知られている。これに対して、聴覚障害児は、2 つ以上の視覚情報を統合して意味を理解する必要がある。そのためには、学習環境の慎重なデザインが必要である（第 6 章参照）。その原則は、十分に配慮された文章の使用、資料の提

示位置を近接させること、過剰すぎる視覚情報提示の回避である。インターネットによる学習の際にこのような配慮がなされることによって、情報の洪水の中で聴覚障害児がとまどわないような学習環境が構築されるであろう。ウェブの効果的な活用が教育の中に取り入れられ、指導方法に統合されると、デジタルマルチメディアによる学習はより実り多いものになる。ますます多くの人々が、さまざまな情報端末を用いてインターネットにアクセスするのに従って、教育でのインターネット活用も浸透してきた。テレビ、ラジオ、およびコンピューター・ハードウェアはますます統合され、多くの人々がインターネットを介して日々刻々グローバルに接続している。したがって、いろいろな情報端末をどのように用い、アクセスし、活用して、デジタル情報の価値を評価するのかは、重要な問題である。誰もがデジタルリテラシーを身につける必要がある。

　情報化社会への世界的な趨勢は日本でも同様で、学習指導要領においても情報機器を障害の補助具としてだけでなく、指導の効果を高めるためのツールとして位置づけている。同時に、情報機器利用やインターネット利用の低年齢化も急速に進み、情報モラルを含むデジタルリテラシーの指導と獲得が、聴覚障害教育を含む教育全般における喫緊の課題となっている。

第11章 学習と環境

　学習は生涯にわたる過程であり、環境や出来事の流れの中で生じる。聴児に比べて聴覚障害児の特性は、①個人差がより多様で大きく、質的にも異なっている。②社会的、言語的、認知的な特性での違いがある。③心理学的、神経心理学的、身体的な特徴が、聴力の損失と関連する場合が多く、それは、学習に潜在的に影響している。このような特性から、本書では、聴覚障害児は、聴児から聴力だけを取り除いた存在ではないことを強調してきた。それゆえ、聴覚障害児は、聴児に一般的に提供されている教育支援よりも、幅広い多くの支援、指導方法、学校などの学習の場での学びを必要としており、そこから利益を得ることができる。本章では、教育環境に関わる諸特性が、学習にどう影響し、それらが、聴覚障害児の学習や教師の指導にどんな示唆を与えうるのかを考察する。

就学の場の理解

　聴覚障害児の教育の場の違い、すなわち、通常の学級、聴覚障害児だけの特別な学級、あるいはそれらの中間的な形態が、彼らの言語や教科の学習と成績、社会的な機能にどう影響するかを調べた研究がある（Allen, 1992; Allen & Osborn, 1984; Marschark, Nagle, Shaver, & Newman, 2013; Stinson & Foster, 2000; Wauters & Knoors, 2008; Wolters, Knoors, Cillessen, & Verhoeven, 2011, 2012）。重要なのは、どんな場で指導を受けるにせよ、社会的な環境は多くの要因を含んでいるということである。ろう学校と通常の学級のそれぞれは、その中では

同様な環境だと思われるが、実際、個々の学級は多くの点で異なっており、通常の学級に聴覚障害児が加われば、さらに異質なものとなる。聴覚障害児は、言語や認知能力の異なる、多様な聴児や聴覚障害児の仲間に囲まれており、また、授業や選択するコースによって仲間は入れ替わる。

学校や教師は、聴覚障害児のニーズや支援サービスの面でも多様となる。子供の成績への教師の期待は、指導経験や、特殊教育やインクルーシブ教育の経験、聴覚障害教育や聴覚障害児に対する考え方によっても変わる。ろう学校の教師は子供の基礎的な能力が不十分だと考え、困難な問題を子供に課さないことがある。一方、通常学級の教師は、聴覚障害児の問題解決能力を実際より高く捉え、難しい問題を課しがちで、彼らの言語能力の問題を十分に認識できていないことなどが報告されている（Pagliaro and Ansell, 2002; Kelly, Lang, & Pagliaro, 2003）。一方、Vermeulen, Denessen, and Knoors（2012）は、オランダの一般的な中等教育学校の教師は、聴覚障害児が、態度がよく、静かであれば受け入れていることを示唆している。

通常の学級やろう学校での就学に関する一般的な先入観は、親、教師、教育行政官が最もよいと考える教育状況を反映している（Shaver, Marschark, Newman, and Marder, 2013）。例えば、人工内耳装用児は聴力や音声の能力が改善されているので、よりよい場である通常の学級で成功できると信じられがちである（Allen & Anderson, 2010）。しかし、個々の人工内耳装用児にとって、通常の学級が適切かどうかは、音声や聴力以外の多くの要因、例えば、学校が提供しうる特別な支援や友人関係などを考慮する必要がある（Marschark, Sarchet, Rhoten, & Zupan, 2010）。

もう1つの先入観は、ろう学校には、重複障害児が多いというものである（Allen, 1992; Mitchell & Karchmer 2011; Theunissen et al., 2011）。しかし、そのような学校は、子供の複雑なニーズに対応できるよう整備されているとも捉えられる。また、聴覚障害児や聴児の親は、わが子とそういった子供が一緒に教育を受けると学習が遅れると考え、否定的に捉えることもある。単語の読み学習（Coppens, Tellings, van der Veld, Schreuder, & Verhoeven, 2012）、情緒的なウェルビーイング（Kouwenberg, Rieffe, Theunissen, & Oosterveld, 2012; Theunissen et al., 2011）に関するオランダの研究は、ろう学校の聴覚障害児は、通常の学級の子供より複雑なニーズがあることを示唆している。一方、全米の調査では、人工内耳装用児や重複した障害のある聴覚障害児が、特定

の学校に就学するといった傾向はない（National Longitudinal Transition Study 2: NLTS2; Shaver et al., 2013）。教育文化の違いが、こういった違いの原因なのかもしれない。しかし、人工内耳の装用や重複した障害のある聴覚障害児の存在が、他の子供に及ぼす影響に関する資料はみられない。聴覚障害児の就学の場に関するさまざまな先入観を実証するにはさらなる研究が必要である。

　教育の場とそこでの指導に用いられる言語についても、いくつかの先入観がある。例えば、手話言語はろう学校で、音声言語は通常の学級の聴覚障害児の指導に用いられると考えられがちである（Allen & Anderson, 2010）。しかし、米国や他の国々でも、手話言語は通常の学級でもしばしば用いられ（手話通訳や訪問指導教師の支援で）、また、多くのろう学校は、音声言語で指導するクラスを設置している（手話言語併用の有無がある）。

　クラスでのコミュニケーションと結びついた先入観は、ろう学校は、主に聴力が重く、音声言語が使えない子供のためのものであるというものである。この考え方は、国によってはあてはまり、オランダのように、数十年間、教育関連の法律によって、重度の聴覚障害児と難聴児とが別々の学級で指導されていたのがその例である。Antia, Reed, and Kreimeyer（2008）によれば、音声言語を用いる米国の聴覚障害児は、平均的に軽度から中等度の聴力レベルであり、教科指導での支援ニーズが少なく、通常の学級への就学がより適切なことが多いと思われている。しかし、Marschark, Nagle, et al.（2013）は、軽度の聴力レベルの聴覚障害児の読みや算数・数学の能力は、聴力が中等度の子供よりも、重度の子供に近いことを見出している。また、難聴児は重度の聴覚障害児よりも少ない支援しか必要としないという思い込みがあるため、難聴児は、教室でしばしば「見落とされたり、無視されたり」してしまい（Marschark & Hauser, 2012, 第 2 章）、聴力レベルから期待されるような高い成果を挙げられずにいるとしている。難聴児には、重度の聴覚障害児や聴児とは異なる支援を必要としているということを見落としている可能性がある。

　聴力レベルが軽度の場合は、通常の学級に在籍することが多いが、特に、注意、言語の面で苦戦を強いられており、その結果として読み能力の獲得で困難を示している（Goldberg and Richburg, 2004; Moeller, Tomblin, Yoshinaga-Itano, Connor, & Jerger, 2007）。したがって、教育の場の選択や、聴力の学業成績への影響に関して、一般化した扱いをすることには危険が伴う。Mitchell and Karchmer（2011）は、「重度の聴覚障害児は、より聴力の軽い難聴児よりも、一貫して成績が低い」ということを、Karchmer, Milone, and Wolk（1979）、Holt（1993）、Blackorby and Knokey（2006）といった論文を引用して主張している。また、聴力が重度に至らない（71dB より軽い）子供は、重度から最重度の聴力レベルの子供よりも優位であるとしている。しかし、スタンフォード学力検査（SAT）の下位検査である「読解」での差は、0.25 ～ 1.0 学年レベルよりも少なく、SAT の「計算」での違いも、あるかないかであった。重要なことは、Karchmer et al.（1979）の資料は、幅広い聴覚障害児の年次調査（Annual Survey of Deaf and Hard-of-Hearing Children and Youth）からの引用であり（成績の資料は、おそらく SAT 第 6 版からの引用）、ギャロデット大学によって実施され、ろう学校の聴力の重い子供に強いウエイトがおかれたものである（Allen, 1992; Allen & Osborn, 1984; Schildroth & Hotto, 1991; Shaver et al., 2013 のレビューも参照）。

　SAT 第 8 版の基準データを用いて、Holt（1993）は、Karchmer et al.（1979）と同じ 3 グループでの成績得点について検討したところ、聴力レベルは学業成績と複雑に関係しており、聴力レベルの軽い子供は通常の学級に統合されがちで、全体的には、通常の学級の子供は、ろう学校の子供よりかなり高い得点を得ていた。Mitchell and Karchmer（2011）の主張とは対照的に、Blackorby and Knokey（2006）は、彼らの一般化した結果を支持しなかった。特殊教育小学校縦断研究（Special Education Elementary Longitudinal Study: SEELS）による全米調査の結果をまとめる際に、Blackorby and Knokey は、初等・中等学校の聴覚障害児の学業成績の指標として、得点よりも学年段階を用いた。対象児は重度から最重度の聴力レベルで、統合教育かろう学校に在籍していたが、彼らは、聴力のより軽い子供よりもよいか、あるいは低くはない成績を得ていた。統合教育で学ぶ子供の能力を、ウッドコック－ジョンソンⅢ・文章理解と算数・数学検査（Woodcock-Johnson III Passage Comprehension and Mathematics tests）によって評価したところ、重度から最重度の聴力レベルの子供は、一般的に、聴力レベルが中等度の子供よりも成績がよかった（中等教育学校の生徒に関しては、Marschark, Nagle, et al., 2013 参照）。

　他の調査や研究でも、聴力の厳しさの程度は、それ以外の要因を統制した場合、一般的に、学業成績や授業での学習を予測しないということが見出されている。それらは、SAT 第 7 版のデータを用いた Allen（1986）、全

英の学校の試験データを用いた Powers（1999, 2003）、英国の小学校成績指標（Performance Indicators in Primary Schools: PIPS）のデータを用いた Tymms, Brien, Merrell, Collins, and Jones（2003）、メインストリーム環境の大学生の学習に関する Convertino, Marschark, Sapere, Sarchet, and Zupan（2009）などである。これらの研究成果を総合して考えると、このような多様な結果は、さまざまな教育の場は、そこに含まれる多くの要因に基づいた多様な状況を含んでおり、そこで学ぶ聴覚障害児が達成しうる学習や成績について予測的に理解することの困難さを反映していると言える。

就学の場と学業成績

　Stinson and Kluwin（2011, p. 51）は、聴覚障害児の、さまざまな学習の場への配置の効果を、その成果の観点から判断することは困難だとしている。それまでの学習成績や家庭での言語の使用状況といった就学の場以外の違いに言及せずに、教育の場と成績との関係性を見出すことは困難である。Stinson and Kluwin は、聴覚障害児の教育の場は、その後の成績の変動要因の 5％以下しか占めておらず、これはおそらく、配置当初の違いであり、教育の場の特性の影響による違いによるものではないとした。Powers（1999）は、聴覚障害児の、中等教育一般修了資格（General Certificate of Secondary Education）試験の得点を検討し、ろう学校の生徒は、メインストリームの学校にいる聴覚障害児よりも成績が低いことを見出した。しかし、彼はこの結果を教育の場の違いの影響ではなく、就学の場が決定されたときの最初の能力レベルによる違いだとした。

　Stinson and Kluwin（2011）は、聴覚障害児の成績の約 25％は、年齢、障害、言語スキルなどの個人の特性（Allen & Osborn, 1984; Powers, 1999）によって説明しうるが、変動要因は、ほとんど説明できないとした。また、他の研究（Kluwin & Moores, 1985, 1989; Marschark, Lang, & Albertini, 2002）では、教師や指導という要因は、聴覚障害児の成績の 50％以上を説明するであろうとされる。教師や指導方法が学習に影響することは疑いもないことであり、優れた教師の指導を受けることによって、聴覚障害児も聴児の仲間と同じように学ぶことができるのである（Marschark, Sapere, Convertino & Pelz, 2008;

Marschark, Bull, Sapere & Lee, 2013 など)。

聴覚障害児と認知スタイル

　一部の聴覚障害児の成績は、神経心理学的な問題や、Stinson and Kluwin (2011) の指摘した特性によって説明しうる。しかしそれ以外にも、これまでの学習に関する研究 (Hauser, Lukomski, & Hillman, 2008; Pisoni, Conway, Kronenberger, Henning, & Anaya, 2010; 第6章参照) では考察されていない聴覚障害児と聴児の認知的な相違が存在する。かつて、通常の学級の教師は、この相違を「聴覚障害に関連した」障害と考えてしまい、注意すべき焦点を見誤り、困難に対応することができなかった。しかし、近年の研究では、これらの認知的な相違のいくつかの原因は、聴覚障害児が視覚的処理に依存していること、幼少期に偶発的な学習や言語に接する機会が少なかったこと、さまざまな言語的また認知的な処理過程での自動化の程度が低いことであるとされている (Marschark & Knoors, 2012)。これらの特性は、欠陥というよりも、認知スタイルであり、聴覚障害教育の経験が豊富な教師であればよく知っていると考えたほうがよい。

　認知スタイルとは、個人が情報を処理する方法を指しており、知覚、思考、記憶、学習での情報処理に関係する。「学習スタイル」という用語は、教育の場での認知スタイルを指すときに時々用いられる。認知スタイルは、文化によって異なっており、個人的な環境やそこでの相互作用に影響を受ける。行動での熟慮性 (reflectivity) – 衝動性 (impulsivity)、視覚的 – 言語的学習、場への依存性 – 非依存性などの認知的なプロフィールの次元は、認知的モザイクの部分であり、それらは、その人がどのように情報、人間、対象物を扱うのかに影響する。聴覚障害児は、どちらかと言えば聴覚よりも視覚を利用して、全体的には類似した方法で情報処理や問題解決を行う。一方、彼らには、それまでの認知的、社会的、言語的な経験において1人ひとり違いがあることも知られている。また、こうした認知スタイルは、個々の聴覚障害児が、情報を取り入れ、組織化し、取り出す方法に影響することから、聴覚情報（音声会話を含む）を完全に取得できないことは、認知の発達に重要な影響をもたらしうる。このように、聴覚障害児の認知スタイルは、視覚言語や聴覚 – 音声言語の利用方法での違いとは別に、発達に影響を及ぼす。こ

のことについては後でまた触れるが、我々は、聴覚障害児の教育の場を考えるときに、彼らの言語の流暢性や聴能の状態だけではなく、これまでの学習の経験や経緯と、今後の方向性をも考慮しなければならない。

過去から未来を予測する

　Tymms et al.（2003）は、入学時の能力が同レベルだった英国の聴覚障害児と聴児が、最初の1年の後に、読解力や計算において同じ教育効果があったことを示した。対象とした子供の聴力は広い範囲に及んでいたが、68％以上が軽度難聴（mild loss）で、最重度難聴（profound loss）はわずか4.5％だった。その点で、まず、彼らの研究は、米国で行われた、主として最重度難聴を対象とした年次調査など、さまざまな調査とは異なっている。

　また、Tymms らの検討には、2つの問題がある。第一に、この研究には、4～6歳児が含まれており、読解力と計算のスキルの潜在的な遅れを明示するには無理がある。前述のように、人工内耳装用児が、8～9歳のときは学年相応の読解力レベルであっても、10代になると約2年の遅れを示すという結果が得られている（Geers, Tobey, Moog, & Brenner, 2008）。これは、読解力は、8～9歳頃よりも、10歳代で遅れが顕著になるということである。第二に、Tymms らが、絶対的な達成レベルではなく、彼らが「付加価値」と捉え、検討したことに注意する必要がある（Marschark, Sapere, Convertino, & Seewagen, 2005 参照）。標準学力検査は、特定領域における子供の知識と関連スキルの合計得点が測定されるため、それぞれのサブテストの結果よりもよく表れる傾向がある。Adelman（2006）は、きこえる学生に関する検討ではあるが、高等学校の教育課程における評価が、大学入試の得点よりも、大学卒業時の成績予測因子として優れていたことを示した。Salder and Tai（2001）も、大学の専門コースでの成功を予測する上では、高等学校の課程での充実度が重要だということを強調した。

　それでも、Sadler らは、入学時に知識の量が少なかった学生は、より多くの知識をもって入学した学生と比べて、その後の知識の獲得量が少ない可能性が高いと結論づけている。「成功が成功を生む」ということは、事実に関する知識の学習についても、また、授業や読書、またインフォーマルな学習で必要な認知的、科学的スキルについても言えることである。

子供の数の多い通常の学校では、多くの場合、聴覚障害児がより高度な
コースを受講する機会が増えるが、子供の数の少ないろう学校においては、
そのような高度なコースに適した子供が少なく、教育資源も少ないことが多
い。能力レベルに応じてグループ分けすることによって、より低い学年の有
望な子供が、より上の学年の難しいコースを受講することも可能だが、高等
部の段階になるとそのような機会は少なくなる。

　既にみたように、聴覚障害児は、学習の基礎において、また幼稚園から
大学までの全てのカリキュラムにおいて、聴児よりも遅れている（Kritzer,
2009、Marschark, Leigh et al., 2006）。これは、聴覚障害児が、知識や学習、成
績において聴児とはスタート地点が異なっていることを意味している。
Marschark らのいくつかの研究は、聴覚障害学生がかつて通常の学級で学
んでいたとき、さまざまな領域で聴児の同級生よりも知識の量が少なかっ
たことを示している（Borgna, Convertino, Marschark, Morrison, & Rizzolo, 2011;
Marschark, Sapere, Convertino, Seewagen, & Maltzan, 2004; Marschark, Sapere et al.,
2005）。ただ、この知見は、授業の後に指導者がテストで評価した量的な違
いであり、学習した内容の質的な違いについては明らかにされていない。

　学力の問題については、日本では「9歳の壁」または「9歳の峠」という
言葉がよく使用される。これは、東京教育大学（現筑波大学）の教授で附属
聾学校（現筑波大学附属聴覚特別支援学校）の校長であった萩原浅五郎が論文
などで示したものである（萩原, 1964; 萩原, 1967）。坂本（2009）は、特別支
援学校の子供の学力について小・中学校と比較し、聴覚障害児は「平均し
て小学部3年生の段階を過ぎる頃から、その伸び方の傾斜が低く」なると
し、「9歳の峠」を説明した。また、脇中（2013）は、言語機能の発達の問題
と関連づけ、学力だけではなく、認識、パーソナリティ・社会・情緒に関わ
る発達にも影響を与えるとした。標準学力検査による教科内容の習熟度の検
討（國末・藤本・須藤, 2012）では、国語科においては小学部3年以降、観点
別成績のばらつきが大きくなること、また、国語科と算数科では、小学部4
年以降で、実際の学年よりも低い学年の教科書を使用している児童が増加す
ることが示されている。日本の聴覚障害教育の実践では、従来から、小学部
段階で伸び悩む子供たちの存在が課題となっており、教科学習を支える基礎
的言語能力（齋藤, 1986）をどう身につけるかが議論されてきた。

誰が教えているか？

　先行研究で一貫して示されているのは、通常の学級で教育を受けた聴覚障害児が、そこで習得した知識の内容において、聴児よりやや遅れがみられることである。しかし、再度述べるが、彼らは、通常の学級で、聴児を教えている指導者によって、また聴児を指導し学習させる方法によって、指導を受けていたのである。先に述べたように、Marschark et al.（2008）と Marschark, Bull et al.（2013）の研究は、聴覚障害教育に熟練した教師が聴覚障害学生を教えた場合、彼らはきこえる学生と同様な学習を進めることができることを示している。それでも、これらの研究では、聴覚障害学生は、授業後に行われたテストで、きこえる学生よりも明らかに低い成績を示していた。しかし、学習内容別の事前テストの得点を基に、その後新たに獲得した知識量について比較した場合は、聴覚障害学生ときこえる学生は同じ量を学んだという結果が示された。こうした結果は、教師が聴覚障害者であるか聴者であるか、学生が手話を使っているか音声言語を使っているか、人工内耳を装用しているか否か、また、教師が直接学生とコミュニケーションをしているか通訳（あるいはリアルタイム文字提示）を介しているか、といったこととは関係していない。

　Marschark et al.（2008）によると、聴覚障害学生の、アメリカ手話（ASL）や音声との同時的手話、手指英語などの手話による情報受容に対する自己評価は、彼らの成績とは無関係であり、情報提示の方法にかかわらず、等しくよい得点を得ていた。Convertino et al.（2009）は、通常の学級の聴覚障害児の学習に関する 10 の実験を再分析して同様の結果を得た。彼らは、家族、コミュニケーション、聴能、そして学習の要因が統制されたとき、同時的な手話によるコミュニケーション受容スキルが、聴覚障害児の学習を予測する唯一のコミュニケーション変数であるとした。ここで最も興味深いのは、いずれの実験においても、担当する教師が同時的なコミュニケーション手段を使用していたのではなく、熟練した手話通訳者によって支援されていたことである。彼らは、その結果が、聴覚障害児の同時的な方法それ自体を使用する能力ではなく、手指と音声で表される言語を扱う上での、彼らの言語の柔軟性を反映しているとした。

　中学校以降の聴覚障害児が、読みと手話から同程度の内容を学んでいるこ

とを示した先の研究（Borgna et al., 2011; Marschark, Leigh et al., 2006; Marschark et al., 2009; Stinson, Elliot, Kelly, & Liu, 2009）とあわせて、前述の知見は、聴覚障害児を教える教師が、子供の認知能力について知っていれば、彼らの学びの場が、通常の学級でも、聴覚障害児だけの学校であっても、あるいはクラスのコミュニケーションモードが違っていても、学習にとってそれほど重要ではないことを示している。

　さらに検討が必要だが、この結果はまた、教師が、聴覚障害児の認知スタイルに合わせて指導方法や教材をどのように調整しているかが重要なことも示している。つまり、聴覚障害児の成績は、指導法によって大きく変わるという考え方が支持されている。また、Kluwin and Moores（1989）は、理科と数学における聴覚障害児の成績が、教師がその領域に関してもっている専門性と明らかに関連することを示している（Marschark, Bull et al., 2013 の、通訳者の教育的な背景に関する研究を参照）。これは、他の知見（Kelly et al., 2003; Pagliaro & Ansell, 2002 ; Pagliaro & Kritzer, 2005）をさらに説明するものであり、通常の学級の教師は、聴覚障害児が、同年齢の聴児と比較して、認知や知識の基礎に違いがあることに気づいておらず、一方、聴覚障害教育の教師は、教科領域における指導内容の背景や専門性に関する指導力が低いという可能性がある。

　通常の学級の教師は、聴覚障害児の学力、知識、認知能力の低さ、また社会性の発達の問題について知らないので、衝撃さえ受けることがしばしばある。第6章と第7章において、これらの困難の多くが、聴覚障害児の実行機能の不十分さを反映していることを示したが、そのことを理解していない教師や同級生の対応によって、聴覚障害児はより悪い状態に陥ってしまうことが多くある。Mejstad, Heiling, and Svedin（2008/2009）は、聴覚障害児を指導する教師は、彼らの社会的能力をより低く捉える傾向があるとしたが、第7章では、クラスの聴児も、聴覚障害児を同様に捉えることが多いことを示した。聴児を対象にした研究では、仲間に拒否されたり、受け入れられなかったりする子供には、攻撃的行動（Doll, Murphy, & Song, 2003）と社会的孤立（Doll, 1993; Rubin, Hymel, LeMare, & Rowden, 1989）の両面のリスクが生じることがわかっている。通常の学級にいる聴覚障害児は、こうしたリスクに直面する可能性がある。教師は、教室での子供の様子を中心に見ているため、教室以外での子供相互の関係や行動の実態が正確に把握できない場合もある。

学級運営

　学級での活動において、子供は教師からだけでなく仲間の子供たちからも多くを学ぶ。教師は、指導を行うための効果的な学習環境を作り、維持するため（Brophy, 1988, 1996）、教室の環境を整備し、学級での規則や手続きを決めて、子供たちに注目し、関わっていく方法を工夫する。このような学級運営を通して、子供たちの発達の状態や興味・関心に応じて、指導時間を工夫し、教師と子供との豊かな対話を創出する。このような活動を通して、教師は聴覚障害児の言葉や思考を深化させ、個々の子供に対する期待を維持しながら、教育効果を高めようとする。その基礎として、教師と子供、また保護者との良好な関係作りや（第 1、7 章参照）、教室の活動全体にわたる管理運営が必要となる（Marzano, 2003; Emmer & Stough, 2010; Wang, Haetel, & Walberg, 1997）。

発　達

　学級運営において教師が押さえるべき重要事項として、子供の発達があり、適正な学級運営には、発達段階を踏まえることが欠かせない。発達とは、人間の身体や心の構造や働きにおける連続的な変化をいう。発達の基本的な特徴としては、①個体と環境の相互作用の影響を受ける、②未分化な状態から分化し、分化した状態が統合される過程である、③急ではなく徐々に、連続的に進む、④一定の順序で展開する、⑤一定の方向性をもつ、⑥領域によって異なる速度で進む、⑦個人差がある、⑧臨界期がある、といったことが挙げられる。また、幼児の指導の初期段階では、特に、子供と保護者との関係が学級活動に大きく影響する。性差への配慮も必要であり、女児は男児よりも教師との関係が身近になりやすい（Jerome, Hamre, & Pianta, 2009）。そして、これらの特徴は、聴覚障害児でも同様にみられることを踏まえておくことが重要である。

教師と子供との関係

　教師と子供との関係は、幼児の学校適応（Pienta & Steinberg, 1992）や、児童・生徒の学業成績に影響する（Hamre & Pianta, 2001）。小学生段階の児童は教師との葛藤を経験しやすいが、学年が進むと学業成績に焦点があてられるため、教師との親密さは低下し、また、個人的な相互関係への依存度も低くなる（Jerome, et al., 2009）。特に中学生以降では、生徒が、教師–生徒の関係をどう捉えているのかが影響する。教師は生徒に対し、親切で友好的であると同時に、時として、生徒に意識や意欲を集中・喚起させることによって、指導の方向性や権威といったリーダーシップを発揮する。生徒が教師への見方を変えると、その結果として、指導が高い教育効果を生むことになる（Wubels & Brekelmans, 2005; Wubbels & Levy, 1991）。

　教師は学級において、できるだけ多くの意識を子供に向け、共に活動することが大切である。経験豊かな教師は、教室で起こっている活動や話題に常に注意を払い、その理由や結果を子供と共有することで、円滑な指導を行うことができる。それは、子供に生じうる混乱を防ぐことにつながる。聴覚障害児は、きき落としやきき漏らしが頻繁に発出しているため、教師には、必要に応じて繰り返し話したり、個別に話す場合と全体に話す場合とで話す量や内容、質を工夫することが求められる。聴覚障害児は、発達のどの段階においても、コミュニケーションや集団参加に課題があり、これが彼らの精神保健上の問題のリスクであることを押さえておく必要がある。教師と子供との信頼関係に基づく、積極的・肯定的な相互関係の構築と、子供へのサポートは、社会・行動問題の出現に対する保護要因として働く。

　他方、教師と子供との関係は彼らのウェルビーイングに関係するが、それは障害の有無によって異なる（Murray & Pianta, 2007; Murray & Greenberg, 2001）。軽度の行動問題、知的障害、学習障害のある子供の中には、教師との関係が、障害のない子供と比べて質的にポジティブではない場合がある（Hamre & Pianta, 2001; Eisenhower, Baker,& Blacher, 2007; Lapointe, Legault, & Batiste, 2005）。

　聴覚障害児に関する、教師と子供との関係については資料がみられないが、Lang, McKee, and Conner（1993）は、米国の聴覚障害学生が高く評価する教師は、教材に関する知識が豊富で、視覚教材を活用し、教示が明確で組

織だっており、同時に、温かく、友好的で、気遣いがあるということを示している。Knoors and Hermans（2013）は、オランダの小学校 2 ～ 6 年生の聴覚障害児は、聴児と比較して、きこえる教師からの情報支援と情動的支援を低く評価しており、聴児よりも教師との関係を肯定的に捉えていないことを示した（Hermans, Wauters, de Klerk, & Knoors, 2014）。また、情動面の支援での、きこえる教師との関係は、ろう学校の子供のほうが統合教育の場の子供よりもよいが、聴児よりも低いことが示された。幼稚園児と小学校 1 年生についても、子供と教師との関係は、聴覚障害児のほうが聴児よりも低く評価された。

　Wolters, Knoors, Cillessen, and Verhoeven（2012）は、小学 6 年生と中学 1 年生の聴覚障害児を対象に、友達と教師との関係について Smits and Vorst（2008）の開発した質問紙を用いて測定した。その結果、全ての子供で、教師の支援に対する評価は学年進行と共に高まった。しかし、支援が子供のウェルビーイングに及ぼす効果については、通常の学級の聴覚障害児では小学 6 年生のみでみられたが、ろう学校の聴覚障害児では、小・中学校段階の両方でみられた。このことから、特に、ろう学校の学級運営においては、子供の課題に適切に対応し、支援や指導の時間を十分にとることの重要性が示唆された（Qi & Mitchell, 2012）。

読書時間

　Limbrick, McNaughton, and Clay（1992）は、ニュージーランドのろう学校と特殊学級の、5 ～ 10 歳の聴覚障害児の読書時間の量を調べた。聴覚障害児の読書時間は、通常の学級の聴児よりも大幅に少なく、読書力の高い聴覚障害児は低い子供よりも読書時間が長かった（Donne & Zigmond, 2008）。また、授業で読みを扱う時間も、通常の学級のほうが長かった。一方、Marschark, Sarchet, et al.（2012）は、聴覚障害学生は、きこえる学生よりも読書に多くの時間を費やしていることを報告したが、彼らは、より多くの読書材を読んでいるのではなく、読むこと自体により多くの時間を費やしてしまうことを明らかにした。聴覚障害児にとって、読書は、それに費やす時間だけではなく、その質への配慮が重要である。単に読むというだけでなく、どの程度集中して読書に取り組めるかも大きな課題である。幼児段階では聴覚障害児と聴児とで、集中度の違いはなかったが（Knoors & Renting,

2000)、小学校段階では通常の学級の聴覚障害児のほうがろう学校の聴覚障害児よりも集中度が高く、聴児よりもわずかに低いレベルであった（Knoors & Hermans, 2010）。ろう学校では、読書しながら発音するということがあるが、そのような活動が読みそのものへの集中度を低下させる要因だと推察された（Hermans et al., 2014）。

教室環境の整備

　Guardino and Antia（2012）は、米国のろう学校で、教室整備の影響を検討した。教室整備の条件としては、座席の配置、照明、活動に応じた教室の組織的利用、視覚的妨害要因の軽減、教室内のパーティションの配置などが取り上げられた。その結果、教師が適切かつ慎重な教室配置を工夫することにより、気が散りやすく集中できないといった子供の行動が減り、学業成績を向上させることが可能となると考えられた（Guardino & Antina, 2012）。

　したがって、ろう学校の聴覚障害児の成績が聴児より低いのは、教師の指導の質や、聴児とは異なる認知スタイルなど、子供の多様な実態が背景にあると考えられる。これらを考慮し、学級運営の方法や教室環境を再検討することによって、聴覚障害児の学習活動が向上し、学業成績の向上が期待しうる。

教育の場と今後の指導の方向性

　日本においてもインクルーシブ教育が推進される中で、障害児教育における教育の場の設定に関して、「最小制約環境」という考え方が広がっている。しかし、聴覚障害児の学びに影響する、認知やコミュニケーションでの違いを認識すれば、特別支援学校は「最小制約環境ではなく、最も有効な環境」でもある。聴覚障害児の読解レベルや社会－情緒的能力などでの多様な実態をみると、個々の子供の特性に応じて、特別支援学校や通常の学級といったさまざまな教育の場を選択していくことが重要である。いずれの教育の場にあっても、教師は指導方法や教材を聴覚障害児のニーズに合わせて設計し、適切な学級経営の下で実施することが大切である。さらに教師は、子供たちが将来の雇用や社会生活において、自らの力で自己実現できることを目指し、日々の実践の中で、子供との信頼関係を重視し、聴覚障害児と聴児との

違いを考慮しながら、高い指導技術を発揮することの重要性を再認識する必要がある。また現代では、聴覚障害教育に携わる全ての教師が、ICT 機器の活用を含めた環境整備や教材の管理・活用について熟知し、関連教材については、聴覚障害児の多様な実態や指導目標に的確に対応するため、「円滑に共有かつ利用できる校内体制づくり」に向けて努力することが重要となる。

　特に、通常の学級を担当する教師にあっては、聴覚障害児への対応の機会が、今後さらに拡大することが予想される。したがって、学級運営においては、聴覚障害児の特性を理解し、また、聴児集団の中での彼らの存在を前提とした指導方法を理解し、実践する必要がある。

授業の要点

　学級運営の要は授業であり、自他共に生きる人間関係の保持の仕方を身につけ、発達に即した基本的な知識、技能の基礎を培う場でもある。このため、教師は、子供の気持ちをつかむことを第一義とし、指導の質と効果を高めることを目指し、個々の聴覚障害児を「わからないことが気にならない子供にさせない」という信念をもち、丁寧な関わりを積み重ねることが肝要である。授業で重要なのは、子供が主体的に学習するように課題を設定し（焦点化）、自力解決のための思考の手掛かりをもたせ（共通化）、板書を工夫して、思考の流れがみえるようにする（視覚化）ことである。学習形態として、ペア学習やグループ学習があるが、教師は、自己理解や他者理解を促す互恵的な相互依存関係を構築し、これらの学習での目標や個々の子供の役割を明確にすることが大切である。

個に応じた指導

　従来、聴覚障害児に対しては、主としてコミュニケーション、言語能力、教科成績の向上を目指した指導がなされてきた。近年は、これらに加え、障害の認識や社会生活上のマナーなど、実用的な知識や技能の向上がより強く要請されている。そして、1 人ひとりに対応した指導の充実という点において、複数の「眼」による評価が検討される必要がある。このことはまた、特別支援教育における学級経営の重要な視点である。

　具体的には、軽度・中等度難聴児や一側性難聴児に対しては、個々に即応した適切な聴覚管理や手話などの指導が求められる。また、人工内耳装用児

には、施術時期やリハビリテーション状況などの要因から、聴覚活用状態には多様性が認められ、手話などの配慮を必要とする子供も多い。さらに、重複障害児に対しては、指導方針や指導形態の他、コミュニケーション、視覚教材など、個々の実態の多様性を踏まえた指導内容の充実が求められる。

保護者支援

　教師は学級経営において、特に幼児・児童の段階では保護者の役割を意識することが重要である。子供自身に向けた、種々の困難の軽減や改善のための指導をはじめ、心理的適応や行動改善、社会参加や自立の基盤づくりといった、直接・間接的な指導や発達援助がある。これに加えて、保護者・家族に対する個別の支援が重要であり、障害の状態を改善するための養育法や環境調整の仕方、両親、家族の心理的疲弊に対するケアなどが挙げられる。その際教師は、難解な言葉を極力使わず、専門用語は平易な言葉に噛み砕き、略語や横文字を避け、相手の理解を確かめながら、確実に意図を伝えることが大切である。

インクルーシブ教育システムにおける聴覚障害教育

　インクルーシブ教育システムとは「障害者の機能等の最大限度の発達と社会への効果的な参加を可能とすることを目的として、障害のあるものとないものがともに学ぶ仕組み」（障害者の権利に関する条約：2006 年）とされており、一般的な教育制度から排除されないこと、個人に必要な「合理的配慮」が提供されることが必要とされている。聴覚障害児にはさまざまな教育の場が設定されているが、特別支援学校と通常の学級との連携に関しては、教師はそれぞれの教育環境の違いを認識し、そこでの指導の仕方も異なっていることをおさえる必要がある。そして、双方の場の教師は、聴覚障害児が、友達との会話や他者理解、コミュニケーションをはじめ、思考力や記憶力など学習場面での困難点を見落としていないかを常に点検し、必要な改善のための情報を共有し、解決に努めることが大切である。

　インクルーシブ教育システムの構築に際して、特別支援学校と通常の学級との連携において、教師に求められる学級運営上の専門性としては、①聴覚障害についての知識と、生じる困難に対処できる技術をもつ（コミュニケーションや学習場面で必要な改善の実施）、②通常の学級に在籍する聴覚障害児

の発達やニーズが把握できる（友達との会話の理解、思考力、他者理解、社会ルール）、③通常の学級での指導を理解し、それとの関連性を重んじた指導が特別支援学校で実施できる、④聴覚障害児の教育環境を整備し、通常の学級との適切な連携の方策を考え、実践できる、⑤通常の学級の教師と何をどこまで共有しているかを把握できる、などが挙げられる。

では、我々はそれに対して何ができるだろうか？

　Stinson and Kluwin（2011）の述べた、個々の聴覚障害児に適した就学先の決定は、就学の場のみから評価するものではない、という指摘に戻って考えてみよう。この考えは、就学先の決定は、個々の子供にとって最適と思える物理的な条件について評価するだけではなく、その子供の強み、ニーズ、認知スタイルに最もよく適合する、一連のサービスに基づいて決定するというものである。

　したがって、「比較的よくできる」あるいは「頭のよい」聴覚障害児は、メインストリームのクラスに就学し、より学習が困難な聴覚障害児は、ろう学校や聴覚障害児のプログラムがよりよい就学の場と考えてしまうことには注意が必要である。また、メインストリーム環境が適切ではないと思われる場合でも、そこへの就学が決定される場合も多く、聴児の仲間よりずっと遅れてしまった場合にのみ、ろう学校教育のプログラムに移されることもある。それゆえ、一般の人からみると、ろう学校での成績の低さは、学業に困難があったり、重複障害のある子供が在籍しているためではなく、ろう学校での指導が不適切なためだと思われがちである。実態として、通常の学級で成績の振るわない子供がろう学校に移ったり、ろう学校の「優秀な」子供がメインストリームの学級に移ることもありうる。

　我々は、聴覚障害児のもつ、聴児とは異なる認知スタイル、知識、認知能力について認識し、それに的確に対応することによって、彼らの学業成績を伸ばすための新たな可能性を提供できる。しかし、聴覚障害児の指導方法に関する議論を進めるには、教科成績や就学先決定に対する予測因子を明らかにしうる方法についても、再検討する必要があろう。

　米国の学校管轄機関は財政的困難に直面し、聴覚障害児はメインストリー

ムの学級で適切に教育することが可能であるという考え方を明確にし、ろう学校への予算を減らす傾向にある。このような管理者や立法者は、米国の法律にある、聴覚障害児や障害のある子供たちは「最小制約環境」で教育を受けられるよう、教育の場の選択機会を提供されなければならないということに適切に対応していないように思われる。通常の学級は、聴覚障害児にとって必ずしも最も制約が少なく、可能性を高めるような環境ではない。聴覚障害児はきこえない聴児ではなく、聴覚障害児と聴児には認知面での違いがあることを認めなければならない。したがって、学習の場の選択的な配置に対する米国の法律は、少なくとも、子供によっては、ろう学校のような教育の場が必要であることを明示していると考えられる。最小制約環境は一律に決められるものではなく、個々の子供の診断・評価に基づいて決定されるものである。就学の場の決定は、管理的な都合によるのではなく、有資格者で、聴覚障害児と円滑に対話のできる専門家により、総合的な観点からなされる必要がある。

　米国のメインストリーム教育が始まって四半世紀が経つが、聴覚障害児の平均的な読書力は小学校4年生レベルにとどまっていることから（第8章参照）、聴覚障害児をメインストリーミング環境に送ることは解決策とは言えないであろう。一方、ろう学校や、何らかの折衷的な教育の場が適切な解決策であるという証拠も得られてはいない。通常の教育の場の教師のほとんどは、聴覚障害児と聴児の違いに気づいてさえいない。聴覚障害児のために工夫された教育プログラムでは、他の教育の場では実施できない方法で、彼らの強みやニーズに指導方法や教材を合わせることができる。ろう学校が適切な教育の場となる聴覚障害児がいることは確かだが、全ての聴覚障害児にとってろう学校が適切な場となるわけではない。聴覚障害児が、学校生活やその後の職場や社会的な生活をうまく送ることができ、公共の支援や慈善にのみ頼ることがないことを望むのであれば、我々は、彼らの個々の違いを無視することはできない。聴覚障害児をある観点で都合のよい場におくことは効果的なように思われるが、それが経済的、また学習という点で利益をもたらすかどうかに関する証拠はない。教育の場に関する全ての可能な選択肢は、同等に考慮されなければならないし、最終的な決定は、課題の分析の結果に基づいてなされるべきであり、最も容易であるという理由でなされるべきではない。

　もし、ほとんどの聴覚障害児を通常の学級で教育し続けようとするのであ
れば、前章で強調したように、聴覚障害児と聴児との言語や認知での違いを
克服できるような環境の調整が必要であることを認識することが重要であ
る。学級運営や子供と教師との関係、聴覚障害児と聴児との、社会－情緒的
機能や実行機能での違いへの認識が重要であるとすれば、教科だけでなく、
それ以外の場でも求められる幅広い調整能力を備えた、より優れた教師の育
成が必要となる。教師が子供の混乱を最小限に抑え、学習に費やす時間を増
加させ、子供との積極的な関係を構築し維持するための明確な指導の技術を
獲得することは、ろう学校の教師だけでなく、メインストリームの場で、数
名の聴覚障害児のいるクラスを担当する教師にも必要なことである。メイン
ストリームの教師の多くは、担当するクラスの特別なニーズのある子供に対
して、どのような調整が必要なのかをほとんど理解していない。このような
メインストリームの状況は、なお継続し、増加しつつあるようで、早急な対
応が必要である。聴覚障害児のニーズに対応できない教師が担当する通常の
学級に聴覚障害児を在籍させることは、聴覚障害児、その教師、聴児の仲間
たちにとってマイナスの影響を与えるだけである。一方、聴覚障害児をろう
学校に在籍させても、その教師が指導法、話し方、学級運営に関して、最新
の技術を習得していなければ、聴覚障害児にとって同様にマイナスとなる。
長期にわたって生じる損失は、適切な就学に要する当初の経費よりも、確実
に大きくなる。

　ここで示された多くの指摘は、日本の特別支援学校、特別支援学級、通級
指導教室、そして通常の学校についても同様に言えることであろう。一方、
日本には、このように複数の異なる学びの場が存在する。これらの学びの場
を、より有機的また円滑に連携することによって、子供にとって、より活動
しやすく学びやすい環境が、また教師にとって、より研修しやすい環境が構
築されるであろう。

^第**12**^章 これからの方向性

聴覚障害児の指導をより効果的でエビデンスベースのものにするために
は、教師が、そのためには何が重要なのかを理解し、その実現を目指して教
育に取り組む姿勢をもつことが重要である。また、聴覚障害児は自ら学び育
つということを認識し、そのための学習環境の整備も大切である。教育に関
わる研究者も、教師をはじめ、聴覚障害教育に携わる人々と、共通の目的に
沿って協働を進め、聴覚障害児を中心に捉えながら、関係者相互にとって意
義のある仕事を進めることが求められる。最終章では、このような点を論じ
ると共に、この教育における研究と実践とのギャップを橋渡しするための可
能な方法について論じる。

聴覚障害児の指導に関わる4つの要因

既に述べたように、聴覚障害児の指導に関連する4つの要因として、①聴
覚障害児自身の要因（生得的特性と育成環境から生じる個人の特性）、②環境に
関する要因（フォーマルまたインフォーマルな学習が生じる、家庭、遊び場、学
校など）、③教師の役割の要因（子供の学習内容の理解の促進、言語や認知発達
の強化、社会−情緒的発達の促進）、そして、④方法・教材・科学技術の要因
（教育成果の向上を確実にしうる方法の採用）などについて論じた。また、全体
を通して、以下に示す3つの中心となる考え方を強調してきた。

聴覚障害教育の中心となる3つの考え方

　第一の考えは、発達と学習の全てにわたる、コミュニケーションと言語の重要性である。聴児の指導や学習について論じる場合、言語が取り上げられることはほとんどない。もし話題となるとすれば、子供に特別な教育的なニーズがあったり、家族が特別な状況にある場合（学校での指導の言語と家庭での言語が異なるときなど）、地域の環境に特別な事情がある場合（バイリンガルやマルチリンガル、その他の言語に関連した要因など）などである。一方、聴覚障害教育では、多くの場合、言語が問題の中心となる。主な困難は、彼らのほとんどが、周囲で交わされている言語の理解が非常に限られており、そのために言語の円滑な獲得ができないまま成長することである。このような状況は、直接的な指導をはじめ、偶発的な学習、社会 – 情緒的な能力、認知的な発達などの可能性に大きな影響を及ぼす。

　本書全体を貫く第二の中心的な考えは、聴覚障害児と聴児との間には、知識、認知能力、認知スタイルにおいて、捉えにくい違いが存在している。しかしこれはまた、聴児と比較して聴覚障害児の強みやニーズの違いを示すだけではなく、両児には相違点よりも類似点が多いことを強調するものでもある。また、彼らの間には、学習の仕方や、適切な学習の時期や場所の条件に影響するような違いが存在している。聴覚障害児は聴児に比べて、言語的、社会的、教育的な背景が多様であるため、より大きな個人差がある。このことが、どんな指導方法や教材を用い、どんな学習者に対して、どんな環境や状況で効果があるのかについて、明確かつ迅速な判断を困難にしている。一方、個人や環境に関する多くの特性が研究によって見出されており、それらは、聴覚障害児相互で、また聴児との間でも異なっている。したがって、聴覚障害児を、あたかもきこえる子供から聴覚の機能を取り除いただけの子供とみなして指導することはできない。

　このことは本書の第三の考え方を導く。すなわち、障害があり、また、言語的 – 文化的マイノリティの一員でもありうるという、2つの特性をもつ子供に役立つ教育を目指すならば、注意深く客観的なアセスメント、教育的評価、適切な教育的配置に関する議論が求められる。言語的 – 文化的マイノリティは、ろうの両親をもつ約5％のろう児だけに関係することではない。そのようなろう児は、ろうアイデンティティをもち、ろうコミュニティの一員

として、手話言語を主たるコミュニケーションモードとし、それをろう者集団のシンボルとして育つ。しかし現実的には、聴覚障害者と聴者の世界は、さほど明確には区別されていない。多くの聴覚障害者は、程度に違いはあれ手話言語と音声言語とを用いるので、バイカルチュラル・アイデンティティが最も受け入れやすいと考えられる。しかし、ろう者、聴者、バイカルチュラルの、それぞれにアイデンティティをもつ人の数を知ることは、方法論的にも文化的な配慮の点からも、困難である。ほとんどではないにせよ多くの聴覚障害者は、聴覚障害者の世界と聴者の世界とを、状況に応じて行き来することに心やすさを感じているようである。

またこの議論は、聴覚障害教育や、個々の子供にとって真の最小制約環境を見出す努力の中でのみ行われるべきであろう。そのような環境を見出すために、親、教師、種々の専門職が、年齢が低く自己決定ができない子供に代わって、最も適切な決定をすることができる。一方、1つの方法を、子供の特性にかかわらず、全ての子供に適用するという考え方、すなわち、通常の学級は音声言語（人工内耳など装用による）で、ろう学校は手話言語（あるいはバイリンガル・バイカルチュラルプログラム）で、という考え方には賛同できない。同様に、聴覚障害児の教育に関する決定や情報提供の立場にあるのは、聴覚障害児の親、聴覚障害児の教師、また、聴覚障害の研究者のみであるとする議論も重視できない。一方、聴覚障害児の指導に関連する現実として以下のことが指摘できる。まず、聴覚障害児の約95％の親は聴者であり、親は、自分の子供に対して、法的にも道徳的にも、最良の決定を行うことができ、その責任がある。また、教育分野で活動している聴覚障害者の数は必ずしも十分ではない。そして、20世紀から21世紀にかけて、聴覚障害者の雇用の機会や範囲が大きく広がったにもかかわらず、教育に関する研究に従事している聴覚障害者はきわめて少ないことである。

聴覚障害教育とエビデンス

聴覚障害児への指導やそこで用いる言語の採用に関する議論で目につくのは、証拠がないまま、多くの主張がなされていることであろう。Easterbrooks and Stephenson（2006）と Spencer and Marschark（2010）の研究レビューは、現在の聴覚障害教育で用いられている考え方や方法の多くは、

仮定に基づくものであり、その妥当性を示す明確な証拠が存在していないことを示している。このことは、それらが虚偽や誤りであるということではなく、聴覚障害児の指導に用いられている教材教具や技術の多くは、伝統や直観に基づいたものであり、いつ、どこで、誰が、なぜ、用いるかに関して、十分に了解されたものではないということを言っているだけである。また、このような議論に対して反論を受けることもある。この分野の一部の人々にとっては、哲学的あるいは研究での純粋性が、個々の子供の強みやニーズに指導や研究の方法を合わせる、ということへの関心に勝っているようである。

　このような課題には、教育者や研究者が日常的に出会っているが、これに対してこの分野のさまざまな専門家と共に議論しながら対応していくこと、そして、保護者に対して彼らのなしうる選択肢を提示し、理解してもらうことが重要である。しかし実際には、我々が聴覚障害児の就学、指導、教育成果に貢献しうる程度は、非常に制限されていることも事実である（Knoors, 2007; Marschark & Bebko, 1997; Swanwick & Marschark, 2010）。

研究と実践とのギャップを意識する

ギャップを埋めるための 3 つの困難

　教育に対する、教師の姿勢や態度、経験、技能に関する研究情報を統合することは思うほど簡単ではない。この点に関しては 3 つの困難がある。第一の困難は、最も優れた研究情報を教師がよく知っている必要があるということである。もし教師に対して、指導に関連する現在、および今後の研究や介入の成果を利用するよう期待するならば、聴覚障害児の特性やニーズに関する研究情報を教師が容易に見つけ、それを読んで理解し、自らの指導環境での適切な応用方法を考えられるような状況を準備しておく必要がある。一般的には、そのような研究などの資料を見たり、利用したりすることは難しく、このことが、研究と実践との間に存在するギャップの原因でありまた結果でもある。

　このギャップを埋めるための第二の困難は、教師の専門性の多くが明確

化されていないことである。指導に関して教師がもっている知識のほとんどは、指導という行為そのものによって得られている。すなわち多くの場合、それらは潜在的な知識であり、それに対する内省は、できたりできなかったりする。教師が専門的な知識について真剣に考えることができるためには、指導の専門性が明らかにされていなければならない。しかし、教師の間での知識の伝達や共有は容易ではない。経験ある教師の知識を明確に記述し、それを他の教師が読んでも、経験の少ない教師が同レベルの実践を行えるわけではない。第三の困難点は、聴覚障害児と聴児が、同じ教室で同じように学習できる方法や技術が明らかになったとしても（Marschark, Sapere, Convertino, & Pelz, 2008; Marschark, Bull, Sapere, & Lee, 2013）、教師は、既に身につけている、自動化され、意識せずに生じる行動を抑えて、新しい知識を意識的に適用しながら指導していくことは容易ではない。そのためには、指導への動機づけ、実践、支援、そして何より時間が必要となる。

研究と実践とのギャップ

研究と実践との間に存在するギャップの原因は何だろうか。Burns and Ysseldycke（2009）は、その要因として、多くの研究が教師の実践に基づくものではなく科学的な方法で行われていること、また、その成果は、教師にとって存在すら知らないような科学専門誌に掲載されていることを挙げている。また多くの研究は、パターン、効果、相互関係などを示してはいるが、研究自体が原因を的確に推定できるように計画されていないため、原因に関する記述がなされていない。このことは、研究者の観点からは、研究結果を注意深く扱うことにつながっているが、教師の視点からは多くの疑問が残されたままになる（Kennedy, 1997）。ギャップを生み出す最後の要因は、1つの研究の中で、また他の研究との間で相互に矛盾する結果が示される場合があるということである。教師は、このような現象を生み出す、研究の背後にある要因、例えば、研究での対象の細分化、課題や研究方法での違い、対象者の違いなどについて十分理解できないことから、研究者の主張をそのまま理解し信頼することができないことも多い（Boardman, Arguelles, Vaughn, Hughes, & Klingner, 2005）。新たな研究が新たな結果を示し、研究によって支持された教育実践が、どんどん変わっていくようにみえてしまうことも、教育研究

への教師の信頼を生み出さないことにつながる（Boardman et al., 2005）。

研究と実践とのギャップは一般の教育でも、障害児教育（Burns & Ysseldycke, 2009）や聴覚障害教育（Spencer & Marschark, 2010; Swanwick & Marschark, 2010）でも存在している。障害児の教育に携わる多くの教師が、研究に支持されていない指導実践を行ったり、エビデンスベースの実践が無視されたりすることも多い（Cook, Landrum, Tankersley, & Kaufmann, 2003; Knoors & Hermans, 2010）。

エビデンスベース教育が進まない理由

Swanwick and Marschark（2010）は、聴覚障害教育におけるその理由に関して、教師の観点から以下のことを指摘している。

- 研究（例えば、心の理論の研究）から実践への応用方法が必ずしも明確ではない。
- 関連研究のほとんどは複数の専門領域に関わっており、認知科学や他の分野との関連で説明されているため、多くの教師はこれらの内容を十分に理解できない。
- 聴覚障害教育の研究は対立的な概念を含む状態にあり、ほぼ全ての立場（音声言語対手話言語、統合教育対聴覚障害児のみの集団での教育など）の主張に対して支持がなされている。
- 聴覚障害児の個人差が非常に大きいため、研究では結論が出せなかったり、結果での一般性が欠けたりする場合も多い。
- 聴覚障害児の個人差は学級間でも非常に大きいので、背景や状況と個人特性との関連性が明らかでないことが多い。
- 多くの研究が明らかにするのは、聴覚障害児ができることや、そのために必要な支援ではなく、彼らがしないことやできないことである。
- 研究の基になる疑問の多くは、教師自身ではなく研究者の興味によるものなので、多くの研究が提供するのは教師が既に「答え」を知っている内容である。
- 理論や狭い範囲の研究知見が、さらなる研究の発展を妨げている。

また、研究者としての視点からは、以下の重要な点を挙げている。

- 聴覚障害のような出現率の低い障害児に適用できる、適切な研究デザインを設定するのが難しい。
- 聴覚障害児の中での異質性・不均一性（聴力閾値、言語能力など）が非常に大きいため、研究の実施が困難、あるいは不可能になっている。
- 研究を実施する時点で、聴覚障害児のほとんどが最終的に示す複合的な困難さが明らかになっていない。
- 研究者の研究的な疑問は、教育以外の分野、例えば、言語学、オージオロジー、心理学などのような分野からも生じうる。
- 聴覚障害教育では言語に大きな力点がおかれ、特に、手話言語対音声言語論争は「熱くなりすぎており」、表面化していないが考えなければならない重要な課題への「取り組みを妨げている」。
- ほとんどの研究者は、教師があまり読まない、学術的な専門雑誌に論文を掲載することへの必要性に直面している。

今後の研究発展への方向性

Swanwick and Marschark（2010）は、このような課題の解決に向けて、思いのある教師や研究者をはじめ、実践家、親や聴覚障害児が参加し、共通した協働的な研究課題や研究の方法論を発展させることを提案している。特に、介入の効果に関する研究が必要とされているが、聴覚障害児の読みやその指導の分野でさえ、介入研究はなされてきていない（Wauters, De Klerk, van der Eijk, & Knoors, 2008）。その実現への課題として、教師の時間や能力（また、親の承認）の十分な確保、基礎的研究に携わる研究者が、応用研究の推進に時間や能力を提供できるかといった点を挙げている。一方。このような研究に対しては、基礎研究や応用研究に資金提供する機関の優先度が低い。それゆえ我々は、この機会を、我々自身による変化へのロードマップとして捉えたい。

教員養成と研修——エビデンスベースの指導に向けて

教員養成段階での学びと教職の始まり

　研究と教育実践とのギャップを埋めていくためには、教師が指導を始める前と、指導を始めてからの学びについて焦点化して議論する必要がある。まず、教員養成段階での集中的で適切な学習が重要であることは言うまでもない。教員養成をうまく終えることができ、指導する分野の内容について十分な資質を身につけることができれば、新任の教師は教職に対する準備がうまくできていると感じるであろう（Boe, Sin, & Cook, 2007）。米国や英国では、聴覚障害教育に携わる教師の多くが、教職に就く前に聴覚障害教育の教員養成を受ける。しかしこれは、西洋諸国では標準的な状況ではない。例えばオランダでは、聴覚障害児の教師のほとんどは、最初に一般教育の教師としての養成を受け、ろう学校での仕事を始めた後に、数年にわたってフォーマルな研修を受け（現職研修や在職する職場での研修）、聴覚障害児の教師になる。最近は、このパターンの例外として、手話言語の教師として養成を受け、ろう学校に配置される場合もある。

　初期の教員養成の内容がうまく構成されていたとしても、多くの教師はそこで学んだことを教職に就いてから数か月でほとんど忘れてしまうようにみえる（Wideen, Mayer-Smith, & Moon, 1998）。教師は、自分自身が実際に指導された方法で子供の指導を行い、指導法として学んだ方法を使った指導は行わないと言われる。これについて Korthagen（2010）は、職場での強力な社会化の影響を挙げている。新任教師は、彼らの学校で優勢な指導文化や、最も権威のある同僚をまねがちである。彼らは数か月で、その文化の中での実践を自らの指導に取り込むが、それが、教員養成で学んだものと同じかどうかには関わりがない。また、職を維持するためにも、そのような行動が必要となるのかもしれない。したがって、教職に就いた直後からの、聴覚障害児の教師としての個人的また専門的な成長の促進が、最優先課題になるような仕組みが必要となる。

現職研修の実際

　新任教師の現職養成には初年度が最も重要で、メンター教師による指導が必要である。メンター教師の適任者とは、優れた指導技術をもち、エビデンスベースの指導実践を応用しようとする者であり、また、それらの方略をうまく利用し、コミュニケーションができる教師である。自らの指導に対する内省は、教師が個として成長する土台となり、新任の教師には特に重要である。しかし、指導は教師の実践行為なので、指導をしながら自らの行為を内省することはできない。指導に関わる行為の多くは潜在意識的に行われるので、内省には、教師の指導をビデオ録画し、メンターと共に検討することが必要となる。教師が、実行、内省、書物などの知識によって、実質的な実践知を習得したときにのみ、教育や心理学の理論的な学習が役に立つであろう。教師は、そこで初めて、自らの知識をより効果的な方法で構成し直すために理論を役立てることができ、より多くの、また新たな学習を進めるためのゆとりを生み出せる。これは、教師が子供と共に立つ、ある種の足場となる。このような学習は、子供たちが、認知的な技能や学習方略を学び、内化して身につけ、学習の中で応用していくときのプロセスと同様である。指導や教員養成の歴史からもわかるように、指導実践に関するさまざまな観点を習得するためには、論文や本を読むだけではうまくいかない。研究の情報が、知識として身につき、それを指導行為として応用できるようになるには、さらなる実践が必要となる。

　このような過程は、新任教師が養成段階で習得した指導方法を維持するような動機づけ、また、ベテラン教師が指導法を状況に応じてよりうまく適用できるよう働きかけることによって展開する。情報提供と共に、効果的な指導例、励まし、強化を与えることによって、新たな指導方法を試みてみたいと思うだろう。しかし、管理職から、新しい指導方法の導入のみが指示されれば（Fuchs & Fuchs, 1997; Stanovic & Stanovic, 1997）、教師は指導を始める重要な時期に、支援もフィードバックもない状況で実践を進めざるを得ない。一方、新たな指導の試みが、教師と研究者との共同研究に基づく指導方法で、学校、教師、子供のニーズに合っていれば、教師はその実践を進んで適用していく（Abbott, Walton, Tapia, & Greenwood, 1999）。それには、日々の活動において、子供のニーズと指導とが適合している必要がある。指導実践は

現実に基盤をおくものであり（Gersten, Woodward, & Morvant, 1992; Boardman et al., 2005）、教師が子供の強みとニーズを正確に理解していることが必要である。しかし、特に統合教育の場で聴覚障害児を指導する教師にとっては、このことは明らかな、また大きな困難となっている。

　教師が新たな指導を始めるときには、実際に教育を行う環境や状況にその教師の指導の仕方を合わせる必要があり、個々の教師の発達の最近接領域（zone of proximal development; Vygotsky, 1993）の範囲内で行われなければならない。そのためには、教師の学習能力や実際の指導状況に関する注意深いアセスメントが基礎となる。また参照される研究情報は、実際の指導行為として理解できるように変換されねばならない。例えば、優れた指導実践や自身の実践を、実際にまたビデオ映像などで視覚的に見ることによって、指導で必要とされる行動に向けて、教師自身が自らを方向づけていけるような形で提供されなければならない。さらに、多くの教師はその提示がいかに優れていたとしても、単にそれを見るだけでは、指導行動を内在化することはできないであろう。教師はそれらの行動を模倣して実践し、その結果を検討することにより、習得しようとしている知識が、指導実践にどの程度うまく応用され、教示を変化させているかを再検討しなければならない。指導方法を確実に理解するためには「他者の指導を見て、それをまねて行い、自ら考えて教えてみる」ことである。これには、集中的な実践、ビデオに基づく注意深い観察、十分なモデリングが必要とされ、それによって、教師の技能を高め、批判的な見方を培い、自己を振り返ることのできるような実践者を育成しようとするものである。

実践を踏まえた研修の例

　盲ろう児指導の成功例（Rødbroe & Janssen, 2006）を基に、Wauters et al.（2008）は、オランダのろう学校で、エビデンスベースの読み指導方法の効果を検討した。まず、聴覚障害児の読み過程に関する文献、さらに、聴覚障害教育と一般の教育でのエビデンスベースの指導方法に関する文献をレビューし、その結果に基づいて聴覚障害教育に応用できる DVD を作成した。それには学校での多くの実践例も録画された（Wauters et al., 2008; Wauters & De Klerk, 2010）。その DVD は、教員養成の教材として研修の最初に用いら

れ、聴覚障害児の読みの指導に関するエビデンスベースの多くの内容を提供した。その後、教師はビデオによる指導を受けながら、新たな指導方法の実践について4か月の研修を受け、対象群と比べて75％の向上を示し、その成果は、4か月後の指導でも維持されていた（Wauters & De Klerk, 2014）。

　実践の指導場面において行われる、集団でのインフォーマルな学習や、より系統的・継続的な支援・指導などを通して、教師の内省を強化することは、教師が新たな指導技術を応用していく基盤となる。このような状況での教師の学びは、知識や情報の効率的な伝達による学びよりも幅広いもので、まさに子供の学習に関して強調されてきたことと同様である。Hoekstra and Korthagen（2011）によれば、指導の進め方で重要な変化をもたらすには、教師の内省による強い意識化の過程（メタ認知）が必要となる。これによって、教師は、指導の意味の追求に向けた内省を行うようになり、指導場面でどう教えるか、何が効果的かを考えるだけでなく、なぜ、困難やジレンマを含む指導の状況が、指導の実践と共に変化し、広がっていくのかを理解しようとするようになる。

　教師が積極的に学習するという姿勢や、ロールモデルとなる優秀な教師を配置することは、教育への効果をもたらす。この事実は、研究と実践とのギャップを埋め、聴覚障害教育に利益をもたらそうと考える者にとって、将来への期待をもたらす。そのために、今、我々がすべきことは、指導者と研究者とが最初の一歩を踏み出すよう説得することである。

日本の聴覚障害教育の課題

　本章では、本書全体にわたって強調された聴覚障害児に対する基本的な捉え方や指導について、要約的に示されている。それは、聴覚障害児の指導における、エビデンスベースの効果的な指導の必要性であり、そのために教師が知っておくべきこと、すなわち、聴覚障害児の特質、学習の生じる環境、指導方法などであった。またその中で、音声言語や手話言語、またコミュニケーションが、認知的機能の発達と交錯しながら、子供たちの発達にどのような役割を果たすのかを述べている。さらに指導に際しては、全ての子供に役立つ唯一の方法はなく、また、どの子供にも役立たない指導法もない、と

いうことを原則として、いつ、どこで、どんな子供に、どのような指導が、なぜ必要なのかを考えることの重要性を指摘している。指導においては、先入観や経験のみによる指導ではなく、得られているエビデンスを活かし、その効果を実現するため、教師が自らの指導を内省しながら工夫を重ねていくことの必要性を述べている。

　聴覚障害教育に関する基本的な事柄は、日本においても同様に重要である。以下では、これらの事項を基礎におきながら、日本の聴覚障害教育の現状や将来に向けて、いくつかの課題を取り上げて検討を加えてみたい。

日本の聴覚障害教育の現状

　近年の手話の早期導入、また、新生児聴覚スクリーニング検査と人工内耳装用の普及は、聴覚障害教育に多様な可能性をもたらす一方で、初期の言語の指導においては、難しさももたらしている。また現代社会では、聴覚障害者が多様な場で活躍する機会も増え、職業選択の幅も広がってきているが、それと共に、教育成果に対する期待はいっそう高くなり、その基礎となる言語や教科指導のより高い成果が求められてきている。しかし一方では、聴覚障害教育における専門性の維持・発展が、近年の大きな課題として着目されており、両者は相矛盾する方向性をもつとも言えよう。

　このような複雑かつ多様な状況に的確に対応できる指導方法は、単純でないことは明らかであり、1つの方法で全ての子供に最大限の成果がもたらされるとは考えにくい。これは、本書全体を通して主張されている考え方である。子供1人ひとりに対して、その将来を見据え、その特質をきちんと捉えながら日々の指導を積み重ねていくことが、これまで以上に求められている。これらの点を踏まえながら、ここでは、特に、子供の成長への多様な見方、エビデンスベースの指導の方向性、教師の生涯にわたる養成と研究との融合について述べる。

子供の成長への多様な見方

　聴覚障害者の社会的活動が広がる中で、聴覚障害児の職業選択も徐々に多様化しつつある。専門性を活かす機会はかつてより増えたが、手作業を活か

す職業は減少しつつある。このような環境の中で、それぞれの子供が、自分のもつ多様な能力を発揮し、社会での評価を得て、個性豊かに、充実した人生を送れるためには、子供1人ひとりの特性に着目し、それを活かし、社会で自分にふさわしい力を発揮できるよう支援する必要がある。そのために、学校は何ができるかを改めて問い直すことも必要であろう。学校教育の場では、言語や学力に代表されるような、個としての能力の充実が重要なことは言うまでもない。しかしこれと共に、社会的・協働的な活動が豊かに行えるような能力の育成が、現代社会で活躍するにはいっそう重要となる。しかし、特別支援学校は少子化や統合教育の進展により、集団の確保自体が困難になりつつある。一方、通常の学級では、集団での円滑かつ内容豊かなコミュニケーションの確保が難しく、どちらの教育の場でも、集団を基盤とした協働的な学習を通して、豊かな社会性を育成する指導の展開が非常に難しくなってきている。子供たちの多様な特質を、集団の中でどう発揮させ、評価し、どう伸ばしていけばよいのか、それによって、子供たちの自尊感情や生きていく上での自信をどうもたせていくのかが、現在、そしてこれからの大きな課題である。

教師の指導力の向上と実践的学び

　もう1つの課題は、教師の専門性の獲得、維持、発展である。通常の学級では、教育の場としての、役割の分業による専門性の確保が、差し迫った大きな課題である。特別支援学校、特別支援学級、通級指導教室を軸として、地域の関連機関が緊密に連携して指導を行えるような組織体制の実現が、喫緊の課題である。また、いずれの教育の場においても、子供の障害の多様化とそれに伴う課題の広がり、教師が処理しなければならない業務や課題の多量・多様化、教員異動などによる、研修の場としての教師集団の変化なども大きな課題である。

　本書でも繰り返し述べられているように、教育や指導の専門性は、本や講義から得られる知識だけではなく、それらの知識を教師が実際の指導で応用しながら、反復的な内省によってその意味を納得し、理解し、実践知として深めることによって、初めて自分の指導に活用できる生きた知識となる。日本の特別支援学校では、歴史的に先輩教師が後輩教師を日々の実践の中で、

繰り返し指導するということが行われた。それは、学習指導だけでなく、子供や教育に対する基本的な考え方、学校での業務全体に関わる事柄にわたって行われてきた。しかし、人事異動やベテラン教師の減少から、経験に裏づけられた実践知を、経験を通して学び、体得する機会は少なくなってきている。定評のある決まった方法や考え方に沿って指導をすることは大切ではあるが、より幅広い指導の方法や指導に対する考え方の中から、今、自分の目の前にいる 1 人ひとりの子供にとって最適と思われる指導方法を見出し、実践を試みるのは、教師の役割であり、教師にはそのための能力が求められる。教師は、自らの教育や指導のあり方・方法について常に悩み、学び、新たな方法を問い続けることを、専門職として期待されている。

実践的研究の必要性とエビデンス

　日本の学校で行われている「授業研究会」は、優れた研修方法の場として有効であろう。多様なメンバーでうまく構成され自主的で自由な雰囲気で運営される研究会では、ベテラン教師も経験の浅い教師も、それぞれの力量に沿った主体的な研修が可能となり、教師としての力量をさらに高めていくことができる。研修をより深めるには、それぞれの教師が、エビデンスベースの指導のあり方に対する意識を、研修を通していっそう深めていくことであろう。それには、教育研究者の協力も欠かせない。教師の実践知と研究者の研究的な視点の協働が、優れた指導を生み出す基となる。このような協働により、長期にわたって個々の子供の事例を通して、系統的な方向性をもった事例研究・実践研究を積み重ねていくことにより、一般的、個別的な教育課題に対応できる成果が期待される。また、聴覚障害教育におけるエビデンスとは何であるのかについても、さらに検討し、明らかにしていくことがきわめて重要である。教育でのエビデンスは、医学や科学一般のエビデンスとは異なる側面がある。教育では子供全体を、過去、現在、未来にわたる発達的な見通しの中で、発達、学習、認知、情動などに関わるさまざまな要因を考慮して総合的に捉えようとするため、捉えるべき要因はきわめて多様かつ複雑である。また、子供への教育的な働きかけの成果が明らかになるまでには、長い時間を要し、その間にも上記の多くの要因の状態は変化していく。しかし、このような状況であっても、現代では、教育者や保護者が納得でき

るエビデンスとは何かを探り、明確化を求めて検討していくことが望まれる。全体的な傾向を明らかにする研究だけでなく、長期にわたる丁寧な事例研究の積み重ねも重要であろう。教育の実践者、研究者、またそれを支える人々が、それぞれの専門性を尊重し、科学的な知見と実践的な知見とを融合させながら、指導実践のあらゆる面での「なぜ」を考え続け、指導法を改善していくことが望まれる。基礎的な研究と応用的な研究との融合が実りある発展につながるであろう。

教員養成と現職研修の制度化への期待

　教師の専門性向上には、そのための研修の機会の確保が前提となる。教師の育成については、学部あるいは大学院修士課程での、基礎知識や教育への姿勢を理解する初期の養成に加え、教職経験を重ねながらの、実践的な研修の機会の確保が不可欠である。このような研修の安定的な継続や充実化を実現するためには、現職研修の充実と明確な制度化が必要である。さらに、指導実践力に応じた専門資格の付与なども検討される必要があろう。研修の場として、全国の特定の特別支援学校に高度教育研修機能を付置するなどして、研究者とベテラン実践者との連携により、高度な実践的研修を提供することは1つのあり方と思われる。また、既に述べられたように、指導に関わる実践知を、研究者と協働して的確に取り出し、検討・整理することによって、具体的な研修に資するプログラムとして作成する必要がある。このようなプログラムの継続的な改善と、養成を裏づける制度との両輪によって、聴覚障害教育の専門性が安定的に高められていくことが期待される。そしてその成果は、特別支援学校や通常の学級や学校で学ぶ聴覚障害児に対して、幅広く活かされるであろう。

文献 (英語)

Aarnoutse, C., & Van Leeuwe, J. (2000). Development of poor and better readers during the elementary school. *Educational Research and Evaluation, 6*, 251–278.

Abbott, M., Walton, C., Tapia, Y., & Greenwood, C. R. (1999). Research to practice: A "blueprint" for closing the gap in local schools. *Exceptional Children, 65, 3*, 339–352.

Abrahamsen, A., Cavallo, M.M., & McCluer, J.A. (1985). Is the sign advantage a robust phenomenon? From gesture to language in two modalities. *Merrill-Palmer Quarterly, 31*, 177–209.

Adamo-Villani, N., & Wright, K. (2007). *SMILE: an immersive learning game for deaf and hearing children. ACM Proceedings SIGGRAPH 2007- Educators, 5–10* August 2007, San Diego. New York: ACM Publications.

Adelman, C. (2006). *The toolbox revisited: Paths to degree completion from high school through college.* Washington, DC: United States Department of Education.

Admiraal, R.J.C., (2000). *Hearing impairment and associated handicaps.* An aetiological study. PhD dissertation. Nijmegen: Radboud University.

Adrian, J.E., Clemente, R.A., Villanueva, L. & Rieffe, C. J. (2005). Parent–child picture book reading, mothers' mental state language and children's theory of mind. *Journal of Child Language (2005)*, 32, 673–686.

Ainsworth, M.D.S. (1973). The development of infant-mother attachment. In B. Caldwell & H. Ricciuti (Eds.). *Review of child development research, vol.3, 1–94.* Chicago: University of Chicago Press.

Akamatsu, C. T., Mayer, C., Hardy-Braz, S. (2008). Why considerations of verbal aptitude are important in educating deaf and hard-of-hearing students. In M. Marschark & P. Hauser (Eds.), *Deaf cognition: Foundations and outcomes* (pp. 131–169). New York: Oxford University Press.

Albertini, J.A., & Mayer, C. (2011). Using miscue analysis to assess comprehension in deaf college readers. *Journal of Deaf Studies and Deaf Education, 16*, 35–46.

Alexander, P.A., Schallert, D.L. & Reynolds, R.E. (2009). What is learning anyway? A topographical perspective considered. *Educational Psychologist 44, 3*, 176–192.

Allen, T.E. (1986). Patterns of academic achievement among hearing impaired students: 1974 and 1983. In A.N. Shildroth & M. A. Karchmer (Eds.), *Deaf children in America 161–206).* San Diego, CA: College-Hill Press.

Allen, T.E (1992). Subgroup differences in educational placement for deaf and hard of hearing students. *American Annals of the Deaf, 137*, 381–388.

Allen, T.E., & Anderson, M.L. (2010). Deaf students and their classroom communication: an evaluation of higher order categorical interactions among school and background characteristics. *Journal of Deaf Studies and Deaf Education, 15*, 334–347.

Allen, T.E. & Osborn, T. (1984) Academic integration of hearing-impaired students: Demographic, handicapping, and achievement factors. *American Annals of the Deaf, 129*,

100–113.

American Speech and Hearing Association (2003). *Guidelines for addressing acoustics in educational settings.* http://www.asha.org/docs/html/GL2005-00023.html (retrieved 8 February, 2013).

Anderson, J. & Reilly, J. (2002). The MacArthur Communicative Development Inventory: The normative data from American Sign Language. *Journal of Deaf Studies and Deaf Education, 7*, 83 – 106.

Anderson, K.L., Goldstein, H., Colodzin, L. & Iglehart, F. (2005). Benefit of S/N enhancing devices to speech perception of children listening in a typical classroom with hearing aids or a cochlear implant. *Journal of Educational Audiology 12*, 16–30.

Andrews, J., & Mason, J. (1991). Strategy usage among deaf and hearing readers. *Exceptional Children, 57*, 536–546.

Angeli, S., Lin, X., & Liu, X.Z. 2012. Genetics of Hearing and Deafness. *The Anatomical Record, 295*, 1812–1829.

Ansell, E., & Pagliaro, C. M. (2006). The relative difficulty of signed arithmetic story problems for primary level deaf and hard-of-hearing students. *Journal of Deaf Studies and Deaf Education, 11*, 153–170.

Antia, S., & Kreimeyer, K. (2003). Peer interactions of deaf and hard-of-hearing children. In M. Marschark & E. Spencer. (Eds.), *The Oxford handbook of deaf studies, language and education, volume 1*, (pp. 164–176). New York: Oxford University Press.

Antia, S., Kreimeyer, K., Metz, K., & Spolsky, S. (2011). Peer interactions of deaf and hard-of-hearing children. In M. Marschark & P. Spencer (Eds.), *The Oxford handbook of deaf studies, language, and education, volume 1, second edition* (pp. 173–187). New York: Oxford University Press.

Antia, S., Reed, S., & Kreimeyer, K. (2005). Written language of deaf and hard-of-hearing students in public schools. *Journal of Deaf Studies and Deaf Education, 10*, 244–255.

Antia, S., Reed, S., & Kreimeyer, K. (2008). Academic status of deaf and hard-of-hearing students in public school: Student, home, and service facilitators and detractors. *Journal of Deaf Studies and Deaf Education, 13*, 485–502.

Aram, D., Most, T., & Mayafit, H. (2006). Contributions of mother-child storybook telling and joint writing to literacy development in kindergartners with hearing loss. *Language, Speech, and Hearing Services in Schools, 37*, 209–223.

Archbold, S.M., Harris, M., O'Donoghue, G.M., Nikolopoulos, T. P., White, A., & Richmond, H. L. (2008). Reading abilities after cochlear implantation: The effect of age at implantation on outcomes at five on seven years after implantation. *International Journal of Pediatric Otorhinolaryngology, 72*, 1471–1478.

Arnos, K. S., & Pandya, A. (2003). Advances in the genetics of deafness. In M. Marschark & P. Spencer (Eds.), *The Oxford handbook of deaf studies, language, and education, volume 1, second edition* (pp. 412–424). New York: Oxford University Press.

Astington, J.W., & Jenkins, J.M. (1999) A longitudinal study of the relation between language and theory-of-mind development. *Developmental psychology, 35, 5*, 1311–1320.

Baddeley, A. (1992). *Working memory. Science 255, 5044*, 556–559.

Baddeley, A. (1997). *Working memory, thought, and action.* Oxford: Oxford University Press.

Bahrick, L.E., & Lickliter, R. (2000). Intersensory redundancy guides attentional selectivity and perceptual learning in infancy. *Developmental Psychology 36, 2*, 190–201.

Baker, A., Van den Bogaerde, B., Pfau, R. & Schermer, T. (2008). *Gebarentaalwetenschap. Een inleiding.* [Sign language studies. An introduction] Deventer: Van Tricht.

Baker, A. E. & Woll, B. (eds) (2008). *Sign language acquisition.* Amsterdam: John Benjamins Publishers.

Banks, J., Gray, C., & Fyfe, R. (1990). The written recall of printed stories by severely deaf children. *British Journal of Educational Psychology, 60,* 192–206.

Banner, A., & Wang, Y. (2011). An analysis of the reading strategies used by adult and student deaf readers. *Journal of Deaf Studies and Deaf Education, 16*, 2–23.

Barak, A., & Sadovsky, Y. (2008). Internet use and personal empowerment of hearing impaired adolescents. *Computers in Human Behavior 24*, 1802–1815.

Bat-Chava Y., & Deignan, E. (2001). Peer relationships of children with cochlear implants. *Journal of Deaf Studies and Deaf Education, 6*, 186–199.

Bates, E., & Goodman, J. C. (1997). On the inseparability of grammar and the lexicon: Evidence from acquisition, aphasia, and real-time processing. *Language & Cognitive Processes, 12*, 507–584.

Bauman, H-D. L., & Murray, J.J. (2010). Deaf Studies in the 21st century: "Deaf-gain" and the future of human diversity. In M. Marschark & P.E. Spencer (Eds.). *The Oxford handbook of deaf studies, language, and education, volume 2*, (pp. 210–225). New York - Oxford: Oxford University Press.

Bauman, S., & Pero, H. (2011). Bullying and cyberbullying among deaf students and their hearing peers: An exploratory study. *Journal of Deaf Studies and Deaf Education 16, 2*, 236–253.

Bavelier, D., Brozinsky, C., Tomann, A., Mitchell, T., Neville, H., & Liu, G. (2001). Impact of early deafness and early exposure to sign language on the cerebral organization for motion processing. *The Journal of Neuroscience, 21, 22*, 8931–8942.

Bavelier, D., Newport, E. L., Hall, M. L., Supalla, T., & Boutla, M. (2008). Ordered short-term memory differs in signers and speakers: Implications for models of short-term memory. *Cognition, 107, 2*, 433–459.

Bavelier, D., Tomann, A., Hutton, C., Mitchell, T., Corina, D., Liu, G., & Neville, H. (2000). Visual attention to the periphery is enhanced in congenitally deaf individuals. *The Journal of Neuroscience, 20 (17)*, RC93, 1–6.

Bebko , J. (1998). Learning, language, memory, and reading: The role of language automatization and its impact on complex cognitive activities. *Journal of Deaf Studies and Deaf Education, 3*, 4–14.

Belcastro, F.P. (2004). Rural gifted students who are deaf or hard of hearing: How electronic technology can Help. *American Annals of the Deaf 149, 4*, 309–313.

Bellugi, U., O'Grady, L., Lillo-Martin, D., O'Grady, M., van Hoek, K., & Corina, D. (1990). Enhancement of spatial cognition in deaf children. In V. Volterra and C. Erting (Eds.), *From gesture to language in hearing and deaf children* (pp. 278–298). New York: Springer-Verlag.

Ben-Zeev, S. (1977). The influence of bilingualism on cognitive strategy and cognitive development. *Child Development, 48*, 1009–1018.

Berent, G.P., Kelly, R. R., Aldersley, S., Schmitz, K., Khalsa, B., Panara, J., & Keenan, S. (2007). Focus-on form instructional methods promote deaf college students' improvement in English grammar. *Journal of Deaf Studies and Deaf Education, 12, 1*, 8–24.

Bergeson, T. R., Pisoni, D. B., & Davis, R. O. A. (2005). Development of audiovisual comprehension skills in prelingually deaf children with cochlear implants. *Ear and Hearing, 26*, 149–164.

Bergin, C. & Bergin, D. (2009). Attachment in the classroom. *Educational Psychological Review 21*, 141–170.

Berman, R.A. (2004). Between emergence and mastery: The long developmental route of language acquisition. In R.A. Berman (ed). *Language development across childhood and adolescence, 9–34*. Amsterdam: John Benjamins B.V.

Bettger, J.G., Emmorey, K., McCullough, S.H., & Bellugi, U. (1997). Enhanced facial discrimination: Effects of experience with American Sign Language. *Journal of Deaf Studies and Deaf Education, 2*, 223–233.

Bialystok, E., & Craik, F. I. M. (2010). Cognitive and linguistic processing in the bilingual mind. Current Directions in Psychological Science, 19, 19–23.

Bialystok, E., Craik, F. I. M., Green, D. W., & Gollan, T. H. (2009). Bilingual minds. *Psychological Science in the Public Interest, 10*, 89–129.

Birch, S.H. & Ladd, G.W. (1997). The teacher-child relationship and children's early school adjustment. *Journal of School Psychology, 35*, 1–17.

Blackorby, J., & Knokey, A.-M. (2006, November). *A national profile of students with hearing impairments in elementary and middle school: A special topic report from the Special Education Elementary Longitudinal Study.* Menlo Park, CA: SRI International.

Blackwell, P. M., Engen, E., Fischgrund, J., & Zarcadoolas, C. (1978). *Sentences and other systems: A language and learning curriculum for hearing-impaired children.* Washington, DC: Alexander Graham Bell Association for the Deaf.

Blair, C. (2002). School readiness: Integrating cognition and emotion in a neurobiological conceptualization of child functioning at school entry. *American Psychologist, 57*, 111–127.

Blamey, B, & Sarant, J. (2010). *Development of spoken language by deaf children.* In M. Marschark & P.E. Spencer (Eds.). The Oxford handbook of deaf studies, language, and education, volume1, 2nd edition (pp. 241–257). New York - Oxford: Oxford University Press.

Blamey, P. J., Sarant, J. Z., Paatsch, L. E., Barry, J. G., Bow, C. P., Wales, R. J., & Tooher, R. (2001). Relationships among speech perception, production, language, hearing loss, and age in children with impaired hearing. *Journal of Speech Language and Hearing Research,44,2,* 264–285.

Blatto-Vallee, Kelly, R., Gaustad, M., Porter, J., & Fonzi, J. (2007). Visual-spatial representation in mathematical problem solving by deaf and hearing students. *Journal of Deaf Studies and Deaf Education, 12*, 432–448.

Blumenthal, M. (2009). *Meertalige ontwikkeling. Adviezen over meertalige opvoeding bijeen auditief/ communicatieve beperking*. [Multilingual development. Advice about multilingual education in case of auditory/communicative disabilities]. Leuven: ACCO (pp. 184).

Boardman, A.G., Argüelles, M.E., & Vaughn, S. (2005). Special Education Teachers' Views of Research-Based Practices. *The Journal of Special Education, 39, 3*, 168–180.

Boe, E.E., Shin, S., & Cook, L.H. (2007). Does teacher preparation matter for beginning teachers in either special or general education? *The Journal of Special Education, 41, 3*, 158–170.

Bonvillian, J.D., Orlansky, M.D. and Novack, L.L. (1983) Development milestones: Sign language acquisition and motor development. *Child Development, 54, 6*, 1435–1445.

Boons, T., Brokx, J. P. L., Frijns, J. H. M., Peeraer, L., Philips, B., Vermeulen, A., & van Wieringen, A. (2012). Effect of Pediatric Bilateral Cochlear Implantation on Language Development. *Archives of Pediatrics & Adolescent Medicine, 166, 1*, 28–34.

Borgna, G., Convertino, C., Marschark, M., Morrison, C., & Rizzolo, K. (2011), Enhancing deaf students' learning from sign language and text: Metacognition, modality, and the effectiveness of content scaffolding. *Journal of Deaf Studies and Deaf Education, 16*, 79–100.

Boudreault, P., & Mayberry, R.I. (2006). Grammatical processing in American Sign Language: Age of first-language acquisition effects in relation to syntactic structure. *Language and Cognitive Processes, 21,5*, 608–635.

Boyes Braem, P. (1990) Acquisition of the handshape in American Sign Language: Preliminary analysis. In Volterra, V. and Erting, C. J. (eds.), *From gesture to language in hearing and deaf children*. Berlin: Spring-Verlag, 107–127.

Bowlby, J. (1969). *Attachment and loss, volume1 attachment*. New York: Basic Books.

Bracken, B. A., & McCallum, S. (1998). *Universal Nonverbal Intelligence Test*. Chicago: Riverside Publishing.

Braden, J.P. (1984). The factorial similarity of the WISCR performance scale in deaf and hearing samples. *Personality and Individual Differences, 5*, 403–409.

Braden, J.P. (1985). The structure of nonverbal intelligence in deaf and hearing subjects. *American Annals of the Deaf, 130*, 496–501.

Braden, J.P., Kostrubala, C., & Reed, J. (1994). Why do deaf children score differently on performance v. motor-reduced nonverbal intelligence tests. *Journal of Psychoeducational Assessment, 12*, 250–265.

Bradham, T., & Jones, J. (2008). Cochlear implant candidacy in the United States: Prevalence in children 12 months to 6 years of age. *International Journal of Pediatric*

Otorhinolaryngology 72, 1023–1028.

Branford, J., Vye, N., Stevels, R., Kuhl, P., Schwartz, D., Bell, Ph., Metzoff, A., Barron, B., Pea, R., Reevs, B., Roschelle, J. & Sabelli, N. (2010). Learning theories and education: toward a decade of synergy. In P. Alexander & P. Winne (Eds). *Handbook of Educational Psychology*, 209–244. Mahwah, NJ: Lawrence Erlbaum Associates.

Broersen, S., (2010). Cochleair implantaat opent de wereld. [Cochlear implant opens the world]. *Medisch Contact 65*, 528–531.

Brok, P., Tartwijk, J., Wubbels, T., & Veldman, I. (2010). The differential effect of the teacher–student interpersonal relationship on student outcomes for students with different ethnic backgrounds. *British Journal of Educational Psychology, 80(2)*, 199–221.

Bronfenbrenner , U. (1979). *The ecology of human development: Experiments by nature and design*. Cambridge Mass; Harvard University Press

Brophy, J. (1988). Educating teachers about managing classrooms and students. *Teaching & Teacher Education, 4, 1*, 1–18.

Brophy, J. (1996). *Teaching problems students*. New York: Guilford Press.

Brown, P. M., Rickards, F., & Bortoli, A. (2001). Structures underpinning pretend play and word production in young hearing children and children with hearing loss. *Journal of Deaf Studies and Deaf Education, 6*, 15–31.

Bruner, J. (1973). *Beyond the information given: Studies in the psychology of knowing*. New York: Norton, 1973.

Brunnberg, E., Lindén Boström, M., & Berglund, M. (2008). Self-rated mental health, school adjustment, and substance use in Hard-of-Hearing Adolescents. *Journal of Deaf Studies and Deaf Education 13, 3*, 324–335

Bull, R., Blatto-Vallee, G., & Fabich, M. (2006). Subitizing, magnitude representation and magnitude retrieval in deaf and hearing adults. *Journal of Deaf Studies and Deaf Education, 11*, 289–302.

Bull, R., Marschark, M., & Blatto-Vallee, G. (2005). SNARC hunting: Examining number representation in deaf students. *Learning and Individual Differences, 15*, 223–236.

Burman, D., Nunes, T., & Evans, D. (2006). Writing profiles of deaf children taught through British Sign Language. *Deafness & Education International, 9*, 2–23.

Burns, M.K., & Ysseldycke, J.E. (2009). Reported Prevalence of Evidence-Based Instructional Practices in Special Education. *The Journal of Special Education 43,1*, 3–11.

Caccamise, F., Blaisdell, R., & Meath-Lang, B. (1977). Hearing impaired persons' simultaneous reception of information under live and two visual motion media conditions. *American Annals of the Deaf, 122*, 339–343.

Calderon, R. & Greenberg, M. (2011). Social and emotional development of deaf children: Family, school, and program effects. In M. Marschark & P. E. Spencer (Eds.), *The Oxford handbook of deaf studies, language, and education, volume 1, 2nd edition*, (pp. 188–199). New York, NY: Oxford University Press.

Calear, A.I., & Christensen, H. (2010). Systematic review of school-based prevention and early intervention programs for depression. *Journal of Adolescence 33*, 429–438.

Campbell, R., Dodd, B., & Burnham, D. (Eds.) (1998). *Hearing by eye II: Advances in the psychology of speechreading and auditory-visual speech.* Hove, U.K.: Psychology Press.

Campbell Library (2013). Retrieved January 9th, 2013, from http://www.campbellcollaboration. org/library.php

Cannon, J.E., Easterbrooks, S.R., Gagne, P., & Beal-Alvarez, J. (2011). Improving DHH students' grammar through an individualized software program. *Journal of Deaf Studies and Deaf Education 16, 4,* 437–457.

Cappelli, M., Daniels, T., Durieux-Smith, A., McGrath, P. J., & Neuss, D. (1995). Social development of children with hearing impairments who are integrated into general education classrooms. *The Volta Review, 97,* 197–208.

Cawthon, S. (2011). Test item linguistic complexity and assessments for deaf students. *American Annals of the Deaf 156, 3,* 255–269.

Chomsky, N. (1959). Review of Verbal Behavior, by B.F. Skinner. *Language 35, 1,* 26–57.

Chomsky, N. (1968). *Language and Mind.* New York: Harcourt Brace & World, Inc.

Chandler, P., & Sweller, J. (1996). Cognitive load while learning to use a computer program. *Applied Cognitive Psychology 10, 2,* 151–170.

Cheung, H., Hsuan-Chih, C., Creed, N., Ng, L., Wang, S. P., & Mo, L. (2004). Relative roles of general and complementation language in theory-of-mind development: Evidence from Cantonese and English. *Child Development, 75,* 1155–1170.

Christiansen, J., & Leigh, I. (2002). *Cochlear implants in children: Ethics and choices.* Washington, DC: Gallaudet University Press.

Chung, I. & Kakizawa, T. (2002) Intra-Individual Variations in Reading at Different Levels of Interest: Analysis of Eye Movements of Children Who Are Hearing-Impaired. *The Japanese Journal of Special Education, 39, 6,* 31–39.

Chute, P.M., & Nevins, M.E. (2003). Educational challenges for children with cochlear implants. *Topics in Language Disorders, 23,1,* 57–67.

Clark, J.M., & Paivio, A. (1991). Dual coding theory and education. *Educational Psychology Review 3,3,* 149–210.

Cobb, P. (1994). Where is the mind? Constructivist and sociocultural perspectives on mathematical development. *Educational Researcher, 23, 7,* 13–20.

Cochrane Reviews (2013). Retrieved January 9th, 2013, from http://www.cochrane.org/ cochrane-reviews.

Cohen M.M., & Gorlin R.J. (1995). Epidemiology, aetiology and genetic patterns. In Gorlin R.J., Toriello H.V. & Cohen M.M.J. (Eds.). *Hereditary hearing loss and its syndromes.* New York: Oxford University Press. 9–21.

Coie, J.D., Watt, N.F., West, G.S., Hawkins, J.D., Asarnow, J.R., Markman, H.J., Ramey, S.L., Shure, M.B., & Long, B. (1993) . The science of prevention: A conceptual framework and some directions for a national research program. *American Psychologist 48, 10,* 1013–22.

Cokely, D. (1990). The effectiveness of three means of communication in the college classroom. *Sign Language Studies, 69*, 415–439.

Collins, A., & Halverson, R. (2010). The second educational revolution: rethinking education in the age of technology. *Journal of Computer Assisted Learning 26,* 18–27.

Conboy, B. T., & Thal, D. J. (2006). Ties between the lexicon and grammar: Cross-sectional and longitudinal studies of bilingual toddlers. *Child Development, 77*, 712–735.

Convertino, C.M., Marschark, M., Sapere, P., Sarchet, T., & Zupan, M. (2009). Predicting academic success among deaf college students. *Journal of Deaf Studies and Deaf Education, 14*, 324–343.

Conway, C. M., Karpicke, J., Anaya, E. M., Henning, S. C., Kronenberger, W. G., & Pisoni, D. B. (2011). Nonverbal cognition in deaf children following cochlear implantation: Motor sequencing disturbances mediate language delays. *Developmental Neuropsychology, 36, 2*, 237–254.

Cook, B. G., Landrum, T. J., Tankersley, M. & Kauffman, J. M. (2003). Bringing research to bear on practice: Effecting evidence-based instruction for students with emotional or behavioral disorders. *Education and Treatment of Children, 26, 4*, 345–361.

Cook, B. G., Tankersley, M., Cook, L., & Landrum, T. J. (2008). Evidence-based practices in special education: Some practical considerations. *Intervention in School and Clinic, 44*, 69–75.

Coppens, K. , Tellings, A., van der Veld, W, Schreuder, R., & Verhoeven, L. (2012). Vocabulary development in children with hearing loss: The role of child, family, and eductional variables. *Research in developmental disabilities 33, 1*, 119–128.

Corina, D. P., Kritchevsky, M., & Bellugi, U. (1992). Linguistic permeability of unilateral neglect: Evidence from American Sign Language. In *Proceedings of the Cognitive Science Conference* (pp. 384–389). Hillside, NY: Erlbaum.

Cormier, K., Schembri, A., Vinson, D., & Orfanidou, E. (2012). First language acquisition differs from second language acquisition in prelingually deaf signers: Evidence from sensitivity to grammaticality judgement in British Sign Language. *Cognition, 124,1*, 50–65.

Cornelius, G., & Hornett, D. (1990). The play behavior of hearing impaired kindergarten children. *American Annals of the Deaf, 135*, 316–321.

Cornelius-White, J. (2007). Learner-centered teacher-student relationships are effective: a meta-analysis. *Review of Educational Research, 77, 1*, 113–143.

Crandell, C.C., & Smaldino, J.J. (2000). Classroom acoustics for children with normal hearing and with hearing impairment. Language, S*peech, and Hearing Services in Schools, 31*, 362–370.

Cromdal, J. (1999). Childhood bilingualism and metalinguistic skills: Analysis & control in young Swedish-English bilinguals. *Applied Psycholinguistics, 20*, 1–20.

Cummins, J. (1981). *Bilingualism and Minority Language Children*. Ontario, Canada: Ontario Institute for Studies in Education.

Dammeyer, J. (2010). Psychosocial development in a Danish population of children with cochlear implants and deaf and hard-of-hearing children. *Journal of Deaf Studies and Deaf*

Education, 15,1, 50–58.

Data Accountability Center (2008). *IDEA Part B Educational Environment (Table 2-2)*. Retrieved from: http://www.ideadata.org/arc_toc10.asp#partbLRE, 12 November 2012.

De Jong, T. (2006). Scaffolds for scientific discovery learning. In, Elen, J., & Clark, R.E. (Eds.). *Handling complexity in learning environments. Theory and research*, 107–128. Oxford-Amsterdam: Elsevier.

De Klerk, A. (1998). Deaf identity in Adolescence. The Rotterdam Deaf Awareness program. In Weisel, A. (Ed). *Issues Unresolved. New perspectives on language and deaf education*. Gallaudet University Press. Washington D.C.

De Villiers Rader, N. & Zukow-Goldring, P. (2012). Caregivers' gestures direct infant attention during early word learning: the importance of dynamic synchrony. *Language Sciences 34, 5*, 559–568.

DeCasper, A.J., & Fifer, W.P. (1980). Of human bonding: Newborns prefer their mothers' voices. *Science, 208*, 1174–1176.

DeCasper, A.J. & Spence, M.J. (1986). Prenatal maternal speech influences newborns' perception of speech sounds. *Infant Behavior and Development, 9*, 133–150.

Dehaene, S. (1997). *The number sense: How the mind creates mathematics*. New York: Oxford University Press.

Dehaene, S. & Dehaene-Lambertz, G. (2009). Cognitive neuro-imaging: phylogenesis and ontogenesis. *Bulletin de l'Académie Nationale de Médecine 193, 4*, 883–9.

DeLana, M., Gentry, M., & Andrews, J. (2007). The efficacy of ASL/English bilingual education: Considering public schools. *American Annals of the Deaf, 152*, 73–87.

Denham, S. A. (2006). Social-emotional competence as support for school readiness: What is it and how do we assess it? *Early Education and Development, Special Issue: Measurement of School Readiness 17*, 57–89.

DeStefano, D., & LeFevre, J- A. (2007). Cognitive load in hypertext reading: A review. *Computers in Human Behavior 23*,1616–1641.

Detterman, D.K., & Thompson, L.A. (1997). What is so special about special education? *American Psychologist, 52*, 1082–1090.

Diamond, A. (2012). Activities and programs that improve children's executive functions. *Current Directions in Psychological Science, 21*, 335–341.

Dickinson, D.K., & Tabors, P.O. (2002). Fostering language and literacy in classrooms and homes. *Young Children, 57, 2*,10–18.

Dockrell, J.E., & Shield, B.M. (2006). Acoustic barriers in classrooms: the impact of noise on performance in the classroom. *British Educational Research Journal, 32, 3*, 509–525

Dockrell, J.E. & Shield, B. (2012). The impact of sound field systems on learning and attention in elementary school classrooms. *Journal of Speech, Language, and Hearing Research 55*, 1163–1176.

Doll, B (1993). Evaluating parental concerns about children's friendships. *Journal of School Psychology, 31*, 431–447.

Doll, B., Murphy, P., Song, S.Y. (2003). The relationship between children's self-reported recess problems, and peer acceptance and friendships. *Journal of School Psychology, 41*, 113–130.

Donne, V., & Zigmond, N. (2008). An observational study of reading instruction for students who are deaf/hard of hearing in public schools. *American Annals of the Deaf, 153, 3*, 294–303.

Doran, J. & Anderson, A. (2003). Inferencing skills of adolescent readers who are hearing impaired. *Journal of Research and Reading, 26*, 256–266.

Dowalby, F.J., & Lang, H.G. (1999). Adjunct aids in instructional prose: A multimedia study with deaf college students. *Journal of Deaf Studies and Deaf Education 4*, 270–282.

Drotar, D., Baskiewicz, A., Irvin, N., Kennell, J., & Klaus, M. (1975) The adaptation of parents to the birth of an infant with a congenital malformation: A hypothetical model. *Pediatrics, 56, 5*, 710–717.

Durlak, J.A., Weissberg, R.P., Dymnicki, A.B., Taylor, R.D. & Schellinger, K.B. (2011). The impact of enhancing students' social and emotional learning: a meta-analysis of school-based universal interventions. *Child Development 82, 1*, 405–432.

Durlak, J.A., Weisbberg, R.P. & Pachan, M. (2010). A meta-analysis of after-school programs that seek to promote personal and social skills in children and adolescents. *American Journal of Community Psychology 45*, 294–309.

Dye, P., Hauser, P., & Bavelier, D. (2008). Visual attention in deaf children and adults: Implications for learning environments. In M. Marschark & P. Hauser (Eds.), *Deaf Cognition* (pp. 250–263). New York: Oxford University Press.

Easterbrooks, S. R.(2010). Evidence-based curricula and practices that support development of reading skills. In M. Marschark & P. E. Spencer (Eds.), *The Oxford handbook of deaf studies, language, and education, vol 2* (pp. 111–126). New York: Oxford: Oxford University Press.

Easterbrooks, S. R. & Beal-Alvarez, J. (2013). *Literacy instruction for students who are deaf and hard of hearing*. New York: Oxford University Press.

Easterbrooks, S. R., & Stephenson, B. (2006). An examination of twenty literacy, science, and mathematics practices used to educate students who are deaf or hard of hearing. *American Annals of the Deaf, 151*, 385–399.

Edmondson, W. (1983). A story chain: sign language communication skills. In Kyle, J. & Woll, B. (eds). *Language in sign*, 225–240. Beckenham, UK: Croom Helm.

Eilam, B., & Poyas, Y. (2008). Learning with multiple representations: Extending multimedia learning beyond the lab. *Learning and Instruction 18*, 368–378.

Eisenhower, A.S., Baker, B.L., & Blacher, J. (2007). Early student–teacher relationships of children with and without intellectual disability: Contributions of behavioral, social, and self-regulatory competence. *Journal of School Psychology, 45*, 363–383.

Elliott, R., Glauert, J.R.W., Kennaway, J.R., Marshall, I. & Safar, E. (2008). Linguistic modeling and language-processing technologies for Avatar-based sign language presentation. *Universal Access in the Information Society 6,4*, 375–391.

Emmer, E.T., & Stough, L.M. (2010). Classroom management: A critical part of educational psychology, with implications for teacher education. *Educational Psychologist, 36, 2*, 103–112.

Emmorey, K. (2002). *Language, cognition, and the brain: Insights from Sign Language research*. Mahwah, NJ: Lawrence Erlbaum Associates.

Emmorey, K. (2011). The neural systems underlying sign language. In, M. Marschark & P. E. Spencer (Eds.), *The Oxford handbook of deaf studies, language, and education, volume1, 2nd edition*, (pp. 380–398). New York - Oxford: Oxford University Press.

Emmorey, K., Petrich, J.A.F., & Gollan, T.H. (2012). Bilingual processing of ASL–English code-blends: The consequences of accessing two lexical representations simultaneously. *Journal of Memory and Language, 67,1*, 199–210.

Engen, E. & Engen, T. (1984). *Rhode Island Test of Language Structure*. Baltimore: University Park Press.

Erber, N., (1982). *Auditory Training*. Washington DC: Alexander Graham Bell Association.

Evans, C. (2004). Literacy development in deaf students: Case studies in bilingual teaching and learning. *American Annals of the Deaf, 149*, 17–26.

Evans, G.W. (2006). Child development and the physical environment. *Annual Review of Psychology 57*, 423–451.

Fagan, M. K., Pisoni, D.B., Horn, D.L., & Dillon, C.M. (2007). Neuropsychological correlates of vocabulary, reading, and working memory in deaf children with cochlear implants. *Journal of Deaf Studies and Deaf Education, 12*, 461–471.

Feldon, D.F. (2007). Cognitive load and classroom teaching: the double-edged sword of automaticity. *Educational psychologist 42, 3*, 123–137.

Fellinger, J., Holzinger, D., & Pollard, R. (2012). Mental health of deaf people. *Lancet, 379, 9820*, 1037–1044.

Fellinger, J., Holzinger, D., Sattel, H., & Laucht, M. (2008). Mental health and quality of life in deaf pupils. *European Child & Adolescent Psychiatry, 17(7)*, 414–423.

Fellinger, J., Holzinger, D., Sattel, H., Laucht, M., & Goldberg (2009). Correlates of mental health disorders among children with hearing impairments. *Developmental Medicine & Child Neurology 51*, 635–641.

Fels, D.I., Richards, J., Hardman, J. & Lee, D.G. (2006). Sign language web pages. *American Annals of the Deaf 151, 4*, 423–433.

Fernandes, J. K., & Myers, S. S. (2010). Inclusive deaf studies: Barriers and pathways. *Journal of Deaf Studies and Deaf Education, 15*, 17–29.

Ferreiro, E. (1990). Literacy development: Psychogenesis. In Y. Goodman (Ed.), *How children construct literacy* (pp. 12–25). Newark, DE: International Reading Association.

Feuerstein, R. (1980). *Instrumental enrichment*. Baltimore, MD: University Park Press.

Feyereisen, P. (2006) How could gesture facilitate lexical access? *Advances in Speech-Language Pathology, 8*, 128–133.

Fish, M.C. (2002). Best practices in collaborating with parents of children with disabilities. In A. Thomas & J. Grimes (Eds.), *Best practices in school psychology IV, volume 1* (pp.

363–376). Bethesda, Maryland: The National Association of School Psychologists.

Fitz-Gibbon, C. T. (1996). *Monitoring education: Indicators, quality and effectiveness*. London: Cassell.

Friederici, A.D. (2011). The brain basis of language processing: from structure to function. *Physiological Reviews 91*, 1357–1392.

Fuchs, D. & Fuchs, L.S. (1994). Inclusive Schools Movement and the Radicalization of Special Education Reform. *Exceptional Children 60, 4*, 294–302.

Galambos, S.J., & Hakuta, K. (1988). Subject-specific and task-specific characteristics of metalinguistic awareness in bilingual children. *Applied Psycholinguistics 9*, 141–162.

Gallaudet, E.M., (1881). The Milan Convention, *American Annals of the Deaf, XXVI., 1, January 1881*, 1–16.

Gardner, R.A., & Gardner, B.T. (1975). Early signs of language in child and chimpanzee. *Science, 187*, 752–753.

Gathercole, S.E., & Alloway, T.P. (2008). *Working memory and learning: A practical guide for teachers*. London: Sage Publications.

Gaustad, M., & Kelly, R. (2004). The relationship between reading achievement and morphological word analysis in deaf and hearing students matched for reading level. *Journal of Deaf Studies and Deaf Education, 9*, 269–285.

Geary, D.C. (2008). An evolutionary informed education science. *Educational Psychologist, 43*, 279–295.

Geary, D.C. (2009). The WHY of learning. *Educational Psychologist 44, 3*, 198–220.

Geers, A. (2006). Spoken language in children with cochlear implants. In P. Spencer & M. Marschark (Eds.), *Advances in the spoken language development of deaf and hard-of-hearing children* (pp. 244–270). New York: Oxford University Press.

Geers, A., & Moog, J. (1989). Factors predictive of the development of literacy in profoundly hearing-impaired adolescents. *Volta Review, 91*, 69–86.

Geers, A., Tobey, E., Moog, J., & Brenner, C. (2008). Long-term outcomes of cochlear implantation in the preschool years: From elementary grades to high school. *International Journal of Audiology, 47* (Supplement 2), S21–S30.

Gelfand, S.T., (2009). *Essentials of audiology, 3rd edition*. New York: Thieme Medical Publishers.

Gellevij, M., van der Meij, H., Jong, T.D., & Pieters, J. (2002). Multimodal versus unimodal instruction in a complex learning context. *Journal of Experimental Education, 70*, 215–239.

Gennari, R., & Mich, O. (2008). *Global temporal reasoning on stories with LODE: a logic based e-tool for deaf children*. Retrieved February 3, 2011 from https://www.inf.unibz.it/krdb/pub/TR/KRDB08-4.pdf.

Gentry, M., Chinn, K.M. & Moulton, R.D. (2004/2005). The effectiveness of multimedia reading materials when used with children who are deaf. *American Annals of the Deaf 149, 5*, 394–403.

Gerich, J., & Fellinger, J. (2012). Effects of social networks on the quality of life in an elder and middle-aged deaf community sample. *Journal of Deaf Studies and Deaf Education 17,1*, 102–115.

Gibbins, S. (1989). The provision of school psychological assessment services for the hearing impaired: A national survey. *Volta Review, 91*, 95–103.

Gibbs, K.W. (1989). Individual differences in cognitive skills related to reading ability in the deaf. *American Annals of the Deaf, 134*, 214–218.

Giezen, M. R. (2011). *Speech and sign perception in deaf children with cochlear implants* (PhD dissertation). University of Amsterdam. LOT Dissertational Series 275. Retrieved from http://www.lotpublications.nl.

Ginns, P. (2005). Meta-analysis of the modality effect. *Learning and Instruction 15,4*, 313–331.

Goldberg, L. R., & Richburg, C. M. (2004). Minimal hearing impairment: Major myths with more than minimal implications. *Communication Disorders Quarterly, 25*, 152–160.

Gopnik, A. (2010). How babies think. *Scientific American 303, 1*, 76–81.

Goldin-Meadow, S. and Morford, M. (1985) Gesture in early child language. Studies of deaf and hearing children. *Merrill-Palmer Quarterly, 31, 2*, 145–176.

Gopnik, A., Slaughter, V., & Meltzoff, A.N. (1994). Changing your views: How understanding visual perception can lead to a new theory of the mind. In C. Lewis & P. Mitchell (Eds.), *Origins of a theory of mind* (pp. 157–181). New Jersey: Erlbaum.

Gopnik, A., & Tenenbaum, J.B. (2007). Bayesian networks, Bayesian learning and cognitive development. *Developmental Science, 10, 3*, 281–287.

Greenberg, M. T. (2006). Promoting resilience in children and youth - Preventive interventions and their interface with neuroscience. *Resilience in Children, 1094*, 139–150.

Greenberg, M. T., Domitrovich, C., & Bumbarger, B. (2001). Preventing mental disorder in school-aged children: Current state of the field. *Prevention & Treatment 4*, 1–64.

Greenberg, M. T., & Kusché, C. A. (1987). Cognitive, personal, and social development of deaf children and adolescents (pp. 95–129). In M.C. Wang, M.C. Reynolds, & H.J. Walberg (Eds.), *Handbook of special education: Research and practice. Vol. 3: Low incidence conditions*. New York: Pergamon Press.

Greenberg, M. T., Weissberg, R. P., O'Brien, M. U., Zins, J. E., Fredericks, L., Resnik, H., & Elias, M. J. (2003). Enhancing school-based prevention and youth development through coordinated social, emotional, and academic learning. *American Psychologist, 58(6–7)*, 466–474.

Gregory, S. (1976). *The deaf child and his family*. New York: Halsted Press.

Guardino, C., & Antia, S.D. (2012). Modifying the classroom environment to increase engagement and decrease disruption with students who are deaf or hard of hearing. *Journal of Deaf Studies and Deaf Education, 17,4*, 518–533

Gurland, S.T. & Grolnick, W.S. (2003). Children's expectancies and perceptions of adults: Effects on rapport. *Child Development, 74, 4*, 1212–1224.

Gutiérrez, P. (1994). A preliminary study of deaf educational policy. *Bilingual Research*

Journal, 18, 85–113.

Guy, R., Nicholson, J., Pannu, S.S., Holden, R. (2003). A clinical evaluation of ophthalmic assessment in children with sensorineural deafness. *Child: Care, Health and Development, 29*, 377–384.

Habets, B., Kita, S., Shao, Z., Özyürek, A. & Hagoort, P. (2011). The role of synchronicity and ambiguity in speech-gesture integration during comprehension. *Journal of Cognitive Neuroscience 23, 8*, 1845–1854.

Hall, M.L. & Bavelier, D. (2010). Working memory, deafness, and sign language. In M. Marschark & P. E. Spencer, *The Oxford handbook of deaf studies, language, and education, volume 2* (pp. 458–471). New York: Oxford University Press.

Hammer, A. (2010). *The acquisition of verbal morphology in cochlear-implanted and specific language impaired children*. (PhD dissertation). Leiden University. LOT Dissertational Series 255. Retrieved from http://www.lotpublications.nl.

Hammer, D. (1996). More than misconceptions: Multiple perspectives on student knowledge and reasoning, and an appropriate role for education research. *American Journal of Physics, 64*, 1316–1325.

Hammill, D. D., Pearson, N. A., & Wiederholt, J. L. (1997). *Comprehensive Test of Nonverbal Intelligence*. Austin, TX: PRO-ED.

Hamre, B.K. & Pianta, R.C. (2001). Early teacher-child relationships and the trajectory of children's school outcomes through eight grade. *Child Development, 72, 2*, 625–638.

Hamre, B. K., Pianta, R. C., Burchinal, M., Field, S., LoCasale-Crouch, J., Downer, J. T., Howes, C., LaParo, K., & Scott-Little, C. (2012). A Course on Effective Teacher-Child Interactions : Effects on Teacher Beliefs, Knowledge, and Observed Practice. *American Educational Research Journal 49*, 88.

Hao, J., Su, Y., & Chan, R.C.K. (2010). Do deaf adults with limited language have advanced theory of mind? *Research in Developmental Disabilities, 31*, 1491–1501.

Harkins, J. E., & Bakke, M. (2010). Technologies for communication: status and trends. In M. Marschark & P.E. Spencer (Eds.). *The Oxford handbook of deaf studies, language, and education, volume 1, 2nd edition* (pp. 425–438). New York - Oxford: Oxford University Press.

Harrington, F. (2000). Sign language interpreters and access for deaf students to university curricula: The ideal and the reality. In R.P. Roberts, S.E. Carr, D. Abraham, & A. Dufour (Eds.), *The critical link 2: Interpreters in the community*. Amsterdam: John Benjamins.

Harris, M., & Chasin, J. (2005). Visual attention in deaf and hearing infants: The role of auditory cues. *Journal of Child Psychology and Psychiatry, 46*, 1116–1123.

Harris, M., & Mohay, H. (1997). Learning to look in the right place: A comparison of attentional behavior in deaf children with deaf and hearing mothers. *Journal of Deaf Studies and Deaf Education, 2*, 96–102.

Hart, B., & Risley, T. (1995). *Meaningful differences in the everyday experience of young American children*. Baltimore, MD: Paul H. Brookes.

Hauser, P. & Marschark, M. (2008). What we know and what we don't know about cognition and deaf learners. In, Marschark, M. & Hauser, P.C., (Eds). *Deaf cognition: Foundations and outcomes*. New York: Oxford University Press.

Hawker, K., Ramirez-Inscoe, J., Bishop, D. V. M., Twomey, T., O'Donoghue, G. M., & Moore, D. R. (2008). Disproportionate language impairment in children using cochlear implants. *Ear and Hearing, 29, 3*, 467–471.

Hegarty, M., & Just, M.A. (1989). Understanding machines from text and diagrams. In H. Mandl & J.R. Stevens (Eds.), *Knowledge acquisition from text and pictures* (pp. 171–195). North Holland: Elsevier.

Hegarty, M., & Kozhevnikov, M. (1999). Types of visual-spatial representation and mathematical problem solving. *Journal of Educational Psychology, 91*, 684–689.

Hendar, O. (2009). *Goal fulfillment in school for the deaf and hearing impaired*. Härnösand, Sweden: The National Agency for Special Needs Education and Schools.

Herman, R., Holmes, S. & Woll, B. (1999). *Assessing British Sign Language Development: Receptive Skills Test*. Forest Bookshop. Gloucestershire, UK.

Hermans, D., Knoors, H., Ormel, E., & Verhoeven, L. (2008a). Modeling reading vocabulary learning in deaf children in bilingual education programs. *Journal of Deaf Studies and Deaf Education, 13*, 155–174.

Hermans, D., Knoors, H., Ormel, E., & Verhoeven, L. (2008b). The relationship between the reading and signing skills of deaf children in bilingual education programs. *Journal of Deaf Studies and Deaf Education, 13*, 518–530.

Hermans, D., Knoors, H., & Verhoeven, L. (2009). Assessment of Sign Language Development: The case of deaf children in the Netherlands. *Journal of Deaf Studies and Deaf Education, 15, 2*, 107–119.

Hermans, D., Ormel, E., & Knoors, H. (2010). On the relation between the signing and reading skills of deaf bilinguals. *International Journal of Bilingual Education and Bilingualism, 13*, 187–199.

Hijzen, D., Boekaerts, M. & Vedder, P. (2006). The relationship between quality of cooperative learning, students' goal preferences, and the perceptions of contextual factors in the classroom. *Scandinavian Journal of Psychology 47*, 9–21.

Hindley, P. (2005) Mental health problems in deaf children. *Current Pediatrics 15*, 114–119.

Hintermair, M. (2007). Prevalence of socio-emotional problems in deaf and hard of hearing children in Germany. *American Annals of the Deaf, 152(3)*, 320–330.

Hintermair, M. (2008). Self-esteem and satisfaction with life of deaf and hard-of-hearing people - A resource-oriented approach to identity work. *Journal of Deaf Studies and Deaf Education 13, 2*, 278–300.

Hintermair, M. (2011). Health-related quality of life and classroom participation of deaf and hard-of-hearing students in general schools. *Journal of Deaf Studies and Deaf Education 16, 2*, 254–271.

Hirsh-Pasek, K., Golinkoff, R.M., Berk, L.E. & D.G. Singer (2009). *A mandate for playful learning in preschool. Presenting the evidence.* New York-London, Oxford University Press.

Hirsh-Pasek, K., & Treiman, R. (1982). Doggerel: Motherese in a new context. *Journal of Child Language, 9*, 229–237.

Hoekstra, A., & Korthagen, F. (2011). Teacher learning in a context of educational change: Informal learning versus systematically supported learning. *Journal of Teacher Education 62, 1*, 76–92.

Hoffmeister, R., deVilliers, P., Engen, E., & Topol, D. (1997) English reading achievement in ASL skills in Deaf students. In Hughes, E., Hughes, M., & Greenhill, A., (eds.) *Proceedings of the 21st Annual Boston University Conference on Language Development*, Cascadilla Press, Somerville, MA.

Holcomb, T. K. (2013). *An introduction to American deaf culture.* New York: Oxford University Press.

Holt, J. (1993). Stanford Achievement Test – 8th edition: Reading comprehension subgroup results. *American Annals of the Deaf, 138*, 172–175.

Hosie, J.A., Gray, C.T., Russell, P.A., Scott, C., & Hunter, N. (1998). The matching of facial expressions by deaf and hearing children and their production and comprehension of emotion labels. *Motivation and Emotion 22, 4*, 1998, 293–313.

Hosie, J.A., Russell, P.A., Gray, C.T., Scott, C., Hunter, N., Banks, J.S., & Macaulay, M.C. (2000). Knowledge of Display Rules in Prelingually Deaf and Hearing Children. *Journal of Child Psychology and Psychiatry, 41, 3*, 389–398.

Huber, M., & Kipman, U. (2011). The mental health of deaf adolescents with cochlear implants compared to their hearing peers. *International Journal of Audiology 50*, 146–154.

Humphries, T., Kushalnagar, P., Mathur, G., Napoli, D.J., Padden, C., Rathmann, C. & Smith, C.R. (2012). Language acquisition for deaf children: Reducing the harms of zero tolerance to the use of alternative approaches. *Harm Reduction Journal, 2012*, 9–16.

Iding, M.K. (2000). Is seeing believing? Features of effective multimedia for learning science. *International Journal of Instructional Media, 27*, 403–415.

Jackson, A.L. (2001) Language facility and theory of mind development in deaf children. *Journal of Deaf Studies and Deaf Education, 6, 3*, 161–176.

Jambor, E., & Elliott, M. (2005). Self-esteem and coping strategies among deaf students. *Journal of Deaf Studies and Deaf Education, 10*, 63–81.

Jamet, E., Gavota, M. & Quaireau, C. (2008). Attention guiding in multimedia learning. *Learning and Instruction 18,2*, 135–145.

Jamieson, J.R. (2010). Children and youth who are hard of hearing: hearing accessibility, acoustical context, and development. In, M. Marschark & P. E. Spencer (Eds.), *The Oxford handbook of deaf studies, language, and education, volume 2*, (pp. 376–389). New York - Oxford: Oxford University Press.

Jamieson, J.R., & Simmons, N.R. (2011) Formal and informal approaches to the language assessment of deaf children. In, M. Marschark & P. E. Spencer (Eds.), *The Oxford handbook of deaf studies, language, and education, volume1, 2nd edition* (pp. 290–305). New York -

Oxford: Oxford University Press.

Jelinek Lewis, M.S. & Jackson, D.W. (2001). Television literacy: Comprehension of program content using closed-captions for the deaf. *Journal of Deaf Studies and Deaf Education, 6*, 43–53.

Jennings, B.A. & Greenberg, M.T. (2009). The prosocial classroom: Teacher social and emotional competence in relation to student and classroom outcomes. *Review of Education Research, 79, 1*, 491–525.

Jerome, E., Hamre, B., & Pianta, R. (2008). Teacher–child relationships from kindergarten to sixth grade: Early childhood predictors of teacher-perceived conflict and closeness. *Social Development, 18*, 915–945.

Jimenez, M.S., Pino, M.J. & Herruzo, J. (2009). A comparative study of speech development between deaf children with cochlear implants who have been educated with spoken or spoken + sign language. *International Journal of Pediatric Otorhinolaryngology 73*, 109–114.

Johnson, E.P., Perry, J. & Shamir, H. (2010). Variability in reading ability gains as a function of computer-assisted instruction method of presentation. *Computers & Education, 55*, 209–217.

Johnson, M.H. & Munakata, Y. (2005). Processes of change in brain and cognitive development. *Trends in Cognitive Sciences, 9, 3*, 152–158.

Johnson, R. & Johnson, D.W. (1981). Building friendships between handicapped and non-handicapped students: Effects of cooperative and individualistic instruction. *American Education Research Journal, 116*, 211–219.

Johnson, R., Liddell, S., & Erting, C. (1989). *Unlocking the curriculum: Principles for achieving access in deaf education*. Gallaudet Research Institute Working Paper 89–3. Washington, DC: Gallaudet University.

Johnston, T. (2004). W(h)ither the deaf community? Population, genetics, and the future of Australian sign language. *American Annals of the Deaf, 148*, 358–375.

Johnston, T., & Schembri, A. (2007). *Australian Sign Language. An introduction to sign language linguistics*. Cambridge, Mass.: Cambridge University Press.

Jones, S.M., Brown, J.L., & Aber, J.L. (2011). Two-year impacts of a universal school-based social-emotional and literacy intervention: an experiment in translational developmental research. *Child Development, 82, 2*, 533–554

Justice, L.M., Mashburn, A., Hamre, B., & Pianta, R. (2008). Quality of language and literacy instruction in preschool classrooms serving at-risk pupils. *Early Childhood Research Quarterly, 23, 1*, 51–68.

Kaakinen, J.K., & Hyönä, J. (2007) Strategy use in the reading span test: An analysis of eye movements and reported encoding strategies. *Memory, 15*, 634–646.

Karchmer, M. A., Milone, M. N., & Wolk, S. (1979). Educational significance of hearing loss at three levels of severity. *American Annals of the Deaf, 124*, 97–109.

Karmiloff-Smith, A. (2009). Preaching to the converted? From constructivism to neuroconstructivism. *Child Development Perspectives, 3, 2*, 99–102.

Kaufman, A., & Kaufman, N. (1983). *Kaufman Assessment Battery for Children*. Circle Pines,

MN: American Guidance Service.

Kelly, L. (1996). The interaction of syntactic competence and vocabulary during reading by deaf students. *Journal of Deaf Studies and Deaf Education, 1*, 75–90.

Kelly, L. (2003a). Considerations for designing practice for deaf readers. *Journal of Deaf Studies and Deaf Education, 8*, 171–186.

Kelly, L. (2003b). The importance of processing automaticity and temporary storage capacity to the differences in comprehension between skilled and less skilled college-age deaf readers. *Journal of Deaf Studies and Deaf Education, 8*, 230–249.

Kelly, R., Lang, H., & Pagliaro, C. (2003). Mathematics word problem solving for deaf students: A survey of practices in grades 6–12. *Journal of Deaf Studies and Deaf Education, 8*, 104–119.

Kelly, R.R. (2003). Using technology to meet the development needs of deaf students to improve their mathematical word problem solving skills. *Mathematics and Computer Education, 37,1*, 8–15.

Kelly, R. R., Albertini, J. A., & Shannon, N. B. (2001). Deaf college students' reading comprehension and strategy use. *American Annals of the Deaf, 146*, 385–400.

Kelly, R. R., & Gaustad, M. G. (2007). Deaf college students' mathematical skills relative to morphological knowledge, reading level, and language proficiency. *Journal of Deaf Studies and Deaf Education, 12*, 25–37.

Kelly, R. R., & Mousley, K. (2001). Solving word problems: More than reading issues for deaf students. *American Annals of the Deaf, 146*, 253–264.

Kelly, S.D., & Lee, A.L. (2012). When actions speak too much louder than words: Handgestures disrupt word learning when phonetic demands are high. *Language and Cognitive Processes 27, 6*, 793–807.

Kelly, S.D., Özyürek, A., & Maris, E. (2010). Two sides of the same coin: speech and gesture mutually interact to enhance comprehension. *Psychological Science 21, 2*, 260–267.

Kennedy, M. M. (1997). The connection between research and practice. *Educational Researcher, 26(7)*, 4–12.

Kent, B.A. (2003). Identity issues for hard-of-hearing adolescents aged 11, 13, and 15 in mainstream settings. *Journal of Deaf Studies and Deaf Education 8, 3*, 315–324.

Kent, R.D., (2004). *The MIT encyclopedia of communication disorders*. Cambridge, Mass.: Massachusettes Institute of Technology.

Ketelaar, L., Rieffe, C., Wiefferink, C.H. & Frijns, J.H.M. (2012). Does hearing lead to understanding? Theory of mind in toddlers and preschoolers with cochlear implants. *Journal of Pediatric Psychology, 37*, 1041–1050.

Kim, E. (2017) Developmental Characteristics of Affective Perspective-Taking in Deaf Children: Differences in Reading Ability. *Journal of Special Child Education, 19, 4*, 168–185.

Kim, E. & Chung, I. (2016) Developmental Characteristics of Cognitive Perspective-Taking in Deaf Children: Differences in Reading Ability. *Journal of Special Children Education, 18, 2*,

1–18.

Kirchner, C.J. (1994). Co-enrollment as an inclusion model. *American Annals of the Deaf 139, 2*, 163–164.

Kirschner, F., Paas, F. & Kirschner, P.A. (2009) A cognitive load approach to collaborative learning: unites brains for complex tasks. *Educational Psychology Review 21*, 31–42.

Kirschner, P.A., Sweller, J. & Clark, R.E. (2006). Why minimal guidance during instruction does not work: An analysis of the failure of constructivist, discovery, problem-based, experiential, and inquiry-based teaching. *Educational Psychologist, 41,2* 75–86.

Klingberg, T., Fernell, E., Olesen, P. J., Johnson, M., Gustafsson, P., Dahlstrom, K. Gillberg, C.G., Forssberg, H., & Westerberg, H. (2005). Computerized training of working memory in children with ADHD - A randomized, controlled trial. *Journal of the American Academy of Child and Adolescent Psychiatry, 44*, 177–186.

Kluwin, T. N., Stinson, M. S., & Colarossi, G. M. (2002). Social processes and outcomes of in- school contact between deaf and hearing peers. *Journal of Deaf Studies and Deaf Education, 7*, 200–213.

Knoors,, H. (1994). School Sign Language of the Netherlands: the language of Dutch nonnative signing deaf children. I. Ahlgren, B. Bergman & M. Brennan (eds.) *Perspectives on Sign Language Usage, volume 2.* (pp. 333–344). Proceedings of the 5th Symposium on Sign Language Research, Salamanca, Spain, 1992.

Knoors, H. (2007). Educational responses to varying objectives of parents of deaf children: A dutch perspective. *Journal of Deaf Studies and Deaf Education, 12(2)*, 243–253.

Knoors, H. (2008). Cochleaire implantatie bij dove kinderen: Effecten op de ontwikkeling en mogelijke gevolgen voor pedagogisch beleid. [Cochlear implantation of deaf children: Effects on development and possible consequences for pedagogical policy]. In G. J. van der Lem & G. W. G. Spaai (Eds.), *Effecten van cochleaire implantatie bij kinderen. Een breed perspectief.* Deventer, The Netherlands: Van Tricht.

Knoors, H. & C. Fortgens (1995). Het Rotterdamse tweetaligheidsproject: twee talen voor dove kleuters. [The Rotterdam Bilingual Project: two languages for deaf toddlers]. *Van Horen Zeggen, 35, 1*, 4–11

Knoors, H., & Hermans, D. (2010). Effective instruction for deaf and hard-of-hearing students: Teaching strategies, school settings, and student characteristics. In M. Marschark & P. E. Spencer (Eds.), *The Oxford handbook of deaf studies, language, and education volume2*, (pp. 57–71). New York: Oxford University Press.

Knoors, H., & Hermans, D. (2013). *Teacher-student relationships in deaf education.* Manuscript in preparation.

Knoors, H., & Marschark, M. (2012). Language planning for the 21st Century: Revisiting bilingual language policy for deaf children. *Journal of Deaf Studies and Deaf Education, 17(3)*, 291–305.

Knoors, H. & Renting, B. (2000). Measuring quality of education: the involvement of bilingually educated deaf children. *American Annals of the Deaf, 145, 3*, 268–274.

Knoors, H. & Vervloed, M.P.J. (2011). Educational programming for deaf children with multiple disabilities: Accommodating special needs. In M. Marschark & P. Spencer, (Eds.), *The Oxford handbook of deaf studies, language, and education, volume 1, 2nd edition* (pp. 82–96). New York: Oxford University Press.

Knutson, J. F., Johnson, C.R., & Sullivan, P.M. (2004). Disciplinary choices of mothers of deaf children and mothers of normally hearing children. *Child Abuse & Neglect 28, 9*, 925–937.

Knutson, J. R., Boyd, R. C., Reid, J. B., Mayne, R., & Fetrow, R. (1997). Observational assessments of the interaction of implant recipients with family and peers: Preliminary findings. *Otolaryngology-Head and Neck Surgery, 117*, 196–207.

Koester, L.S., Papoušek, H., & Smith-Gray, S. (2000). Intuitive parenting, communication, and interaction with deaf infants. In P. Spencer, C. Erting, & M. Marschark (Eds.), *Development in context: The deaf children in the family and at school* (pp. 55–71). Mahwah, NJ: LEA.

Korthagen, F. (2010). Situated learning theory and the pedagogy of teacher education: Towards an integrative view of teacher behavior and teacher learning. *Teaching and Teaching Education 26*, 98–106.

Kounin, J. (1970). *Discipline and group management in classrooms*. New York: Holt, Rinehard & Winston.

Kouwenberg, M., Rieffe, C., Theunissen, S.C.P.M., & de Rooij, M. (2013). Peer victimization experienced by children and adolescents who are deaf or hard of hearing. *PLoS ONE 7, e52174*.

Kouwenberg, M., Rieffe, C., Theunissen, S.C.P.M., de Rooij, M., & Frijns, J.H.M. (in press). *Deaf or hard of hearing youth and their friends: A longitudinal exploration of best friendships*.

Kouwenberg, M., Rieffe, C., Theunissen, S.C.P.M. & Oosterveld, P. (2012). Pathways underlying somatic complaints in children and adolescents who are deaf or hard of hearing. *Journal of Deaf Studies and Deaf Education, 17*, 319–332.

Kovacs, A. M., & Mehler, J. (2009). Flexible learning of multiple speech structures in bilingual infants. *Science, 325*, 611–612.

Kral, A., & Sharma, A. (2011). Developmental neuroplasticity after cochlear implantation. *Trends in Neurosciences, 35, 2*, 111–222.

Kreimeyer, K., Crooke, P., Drye, C., Egbert, V., & Klein, B. (2000). Academic benefits of a co-enrollment model of inclusive education for deaf and hard-of-hearing children. *Journal of Deaf studies and Deaf education 5, 2*, 174–185.

Kritzer, K. L. (2009). Barely started and already left behind: A descriptive analysis of the mathematics ability demonstrated by young deaf children. *Journal of Deaf Studies and Deaf Education, 14*, 409–421.

Kronenberger, W.G., Pisoni, D.B., Henning, S.C., Colson, B.G., & Hazzard, L.M. (2011). Working memory training for children with cochlear implants: A pilot study. *Journal of Speech, Language, and Hearing Research, 54*, 1182–1196.

Kruger, J., & Dunning, D. (1999). Unskilled and unaware of it: How difficulties in recognizing one's own incompetence lead to inflated self-assessment. *Journal of Personality and Social Psychology, 77*, 1121–1134.

Kuhl, P. (2010). Brain mechanisms in early language acquisition. *Neuron 67*, 713–727.

Kuhl, P. K. (2004). Early language acquisition: cracking the speech code. *Nature Reviews Neuroscience 5*, 831–843.

Kuhl, P., & Rivera-Gaxiola, M. (2008). Neural substrates of language acquisition. *Annual Review of Neuroscience, 31*, 511–534.

Kuhl P. K., Movelan, J. & Sejnowski, T.J. (2009). Foundations for a new science of learning. *Science, 325,* 284–288.

Kuiper, E., Volman, M., & Terwel, J. (2005). The web as an information resource in K-12 education: Strategies for supporting students in searching and processing information. *Review of Educational Research, 75 (3)* 285–328.

Kusché, C.A., & Greenberg, M.T. (1993). *The PATHS curriculum.* Seattle, WA: Developmental Research and Programs.

Kusché, C.A., Greenberg, M.T., & Garfield, T. S. (1983). Nonverbal intelligence and verbal achievement in deaf adolescents: An examination of heredity and environment. *American Annals of the Deaf, 128*, 458–466.

Kushalnagar, P., Topolski, T.D., Schick, B., Edwards, T.C., Skalicky, A.M., & Patrick, D.L. (2011). Mode of communication, perceived level of understanding, and perceived quality of life in youth who are deaf or hard of hearing. *Journal of Deaf Studies and Deaf Education 16, 4,* 512–523.

Kutash, K., Duchnowski, A. J., & Lynn, N. (2009). The use of evidence-based instructional strategies in special education settings in secondary schools: Development, implementation and outcomes. *Teaching and Teacher Education, 25, 6,* 917–923.

Kvam, M.H. (2004). Sexual abuse of deaf children. A retrospective analysis of the prevalence and characteristics of childhood sexual abuse among deaf adults in Norway. *Child Abuse & Neglect 28, 3,* 241–251.

Kyle, F., & Harris, M. (2006). Concurrent correlates and predictors of reading and spelling achievement in deaf and hearing school children. *Journal of Deaf Studies and Deaf Education, 11*, 273–288.

Kyle, J. & Woll, B. (1985). *The study of deaf people and their language.* Cambridge, UK: Cambridge University Press.

Ladd, G. W., Birch, S. H., & Buhs, E. S. (1999). Children's social and scholastic lives in kindergarten: Related spheres of influence? *Child Development 70, 6,* 1373–1400.

Lane, H. (1984). *When the mind hears: A history of the deaf.* New York: Random House.

Lang, H. (2011). Perspectives on the history of deaf education. In M. Marschark & P. Spencer, (Eds.), *The Oxford handbook of deaf studies, language, and education, volume 1, 2nd edition* (pp. 7–17). New York: Oxford University Press.

Lang, H., & Albertini, J. (2001). Construction of meaning in the authentic science writing of deaf students. *Journal of Deaf Studies and Deaf Education, 6*, 258–284.

Lang, H., McKee, B., & Conner, K. (1993). Characteristics of effective teachers: A descriptive study of perception of faculty and deaf college students. *American Annals of the Deaf, 138,* 252–259.

Lang, H., & Steely, D. (2003) Web-based science instruction for deaf students: What research says to the teacher. *Instructional Science, 31,* 277–298.

Lapointe, J.M., Legault, F., & Batiste S.J. (2005). Teacher interpersonal behavior and adolescents' motivation in mathematics: A comparison of learning disabled, average, and talented students. *International Journal of Educational Research, 43, 3,* 39–54

Lauro, L.J.R., Crespi, M., Papagno, C., & Cecchetto, C. (2014) Making Sense of an Unexpected Detrimental Effect of Sign Language Use in a Visual Task. *Journal of Deaf Studies and Deaf Education, 19,* 358–365.

Lave, J. & Wenger, E. (1991). *Situated learning: legitimate peripherical participation.* Cambridge: Cambridge University Press.

Lecciso, F., Petrocchi, S., & Marchetti, A. (2012). Hearing mothers and oral deaf children: an atypical relational context for theory of mind. *European Journal of Psychology and Education 1–20,* August 2012.

Lederberg, A., & Beal-Alvarez, J.S. (2011). Expressing meaning: From prelinguistic communication to building vocabulary. In M. Marschark & P. Spencer (Eds.) *The Oxford handbook of deaf studies, language, and education, Vol. 1, 2nd edition* (pp. 258–275). New York: Oxford University Press.

Lederberg, A., & Prezbindowski, A. (2000). Impact of child deafness on mother-toddler interaction: Strengths and weaknesses. In P. Spencer, C. Erting, & M. Marschark (Eds.), *The deaf child in the family and at school* (pp. 73–92). Mahwah NJ: Lawrence Erlbaum.

Lederberg, A., Prezbindowski, A., & Spencer, P. (2000). Word learning skills of deaf preschoolers: The development of novel mapping and rapid word learning strategies. *Child Development, 71,* 1571–1585.

Lederberg, A. R., Schick, B. & Spencer, P.E. (2013). Language and literacy development of deaf and hard-of-hearing children: Successes and challenges. *Developmental Psychology 49, 1,* 15–30.

Leigh, G., Newall, J. P., & Newall, A. T. (2010). Newborn screening and earlier intervention with deaf children: Issues for the developing world. In M. Marschark & P. Spencer (Eds.), *The Oxford handbook of deaf studies, language, and education, volume2* (pp. 345–359). New York: Oxford University Press.

Leigh, I. & Pollard, R.Q., Jr. (2011). Mental health and deaf adults. In M. Marschark & P. E. Spencer (Eds.), *Oxford Handbook of Deaf Studies, Language, and Education, Volume 1, second edition* (pp. 214–226). New York: Oxford University Press.

Leigh, I.W., Maxwell-McCaw, D., Bat-Chava, Y., & Christiansen, J.B. (2009). Correlates of psychosocial adjustment in deaf adolescents with and without cochlear implants: A preliminary investigation. *Journal of Deaf Studies and Deaf Education 14, 2,* 244–259.

Lewis, M. P. (Ed.), 2009. *Ethnologue: Languages of the World. Sixteenth edition.* Dallas, Tex.:

SIL International.

Leybaert, J., Aparicio, M., & Alegria, J. (2011). The role of cued speech and language development of deaf children. In M. Marschark and P. Spencer (Eds.) *The Oxford handbook of deaf studies, language, and education, volvolume. 1, 2nd edition* (pp. 276–289). New York: Oxford University Press.

Liben, L.S. (1979). Free recall by deaf and hearing children: Semantic clustering and recall in trained and untrained groups. *Journal of Experimental Child Psychology, 27*, 105–119.

Lichtenstein, E. (1998). The relationships between reading processes and English skills of deaf college students. *Journal of Deaf Studies and Deaf Education, 3*, 80–134.

Limbrick, E.A., McNaughton, S., & Clay, M.M. (1992). Time engaged in reading. A critical factor in reading achievement. *American Annals of the Deaf 137, 4*, 309–314.

Liu, C., Chou, C., Liu B.J., & Chang, Y. (2006). Improving Mathematics Teaching and Learning Experiences for Hard of Hearing Students With Wireless Technology-Enhanced Classrooms. *American Annals of the Deaf, 151, 3*, 345–355.

Livingston, S. (1983). Levels of development in the language of deaf children. *Sign Language Studies 40*, 193–285.

Loeterman, M., Paul, P.V., & Donahue, S. (2002). Reading and Deaf children. *ReadingOnline, 5, 6*. Retrieved January 27, 2011 from http://www.readingonline.org/articles/art_index.asp?HREF=loeterman/index.html.

Loke, W. H. & Song, S. (1991). Central and peripheral visual processing in hearing and nonhearing individuals. *Bulletin of the Psychonomic Society, 29*, 437–440.

Long, G., Marchetti, C., & Fasse, R. (2011). The importance of interaction for academic success in online courses with hearing, deaf, and hard-of-hearing students. *The International Review of Research in Open and Distance Learning 12, 6*, 1–19.

Lucas, C., & Valli, C.(1992). *Language contact in the American deaf community*. San Diego: Academic Press.

Luckner, J., & Handley, C. M. (2008). A summary of the reading comprehension research undertaken with students who are deaf or hard of hearing. *American Annals of the Deaf, 153*, 6–36.

Luckner, J.L. & Cooke, C. (2010). A summary of the vocabulary research with students who are deaf or hard of hearing. *American Annals of the Deaf, 155, 1*, 38–67.

Luckner, J.L., Sebald, A.M., Cooney, J., Young III, J. & Muir S.G. (2005/2006). An examination of the evidence-based literacy research in deaf education. *American Annals of the Deaf, 150*, 443–456.

Ludlow, A., Heaton, P., Rosset, D., Hills, P., & Deruelle, C. (2010). Emotion recognition in children with profound and severe deafness: do they have a deficit in perceptual processing? *Journal of Clinical and Experimental Neuropsychology 32, 9*, 923–928

MacWhinney, B. (2005). A unified model of language acquisition. In J. F. Kroll & A. M. B. de Groot (Eds.), *Handbook of bilingualism: Psycholinguistic approaches*, 49–67. New York: Oxford University Press.

Madell, J.R., & Flexer, C. (2008). *Pediatric audiology: Diagnosis, technology, and management.* New York: Thieme Medical Publishers.

Mäkitalo-Siegl, K., Kohnle, C., & Fischer, F. (2011). Computer-supported collaborative inquiry learning and classroom scripts: Effects on help seeking processes and learning outcomes. *Learning and Instruction, 21, 2,* 257–266.

Maller, S. J., & Braden, J. P. (1993). The construct and criterion-related validity of the WISC-III with deaf adolescents. *Journal of Psychoeducational Assessment, WISC-III Monograph Series: WISC-III,* 105–113.

Maller, S. J., & Braden, J. P. (2011). Intellectual assessment of deaf people: A critical review of core concepts and issues. In M. Marschark & P. Spencer (Eds.), *The Oxford handbook of deaf studies, language, and education, Volume 2* (pp. 473–485). New York: Oxford University Press.

Maller, S.J., Singleton, J.L., Supalla, S.J., & Wix, T. (1999). The development and psychometric properties of the American Sign Language Proficiency Assessment (ASL-PA). *Journal of Deaf Studies and Deaf Education 4,4,* 249–269.

Mann, W., & Marshall, C. R. (2010). Building an assessment use instrument for sign language: the BSL Nonsense Sign Repetition Test. *International Journal of Bilingual Education and Bilingualism, 13, 2,* 243–258.

Markman, T. M., Quittner, A. L., Eisenberg, L. S., Tobey, E. A., Thal, D., Niparko, J. K., & Wang, N.Y. (2011). Language development after cochlear implantation: an epigenetic model. *Journal of Neurodevelopmental Disorders, 3, 4,* 388–404.

Marmor, G., & Pettito, L. (1979). Simultaneous Communication in the classroom: How well is English grammar represented? *Sign Language Studies, 23,* 99–136.

Marschark, M. (1993). *Psychological development of deaf children.* New York: Oxford University Press.

Marschark, M. (2005). Metaphor in sign language and sign language users: A window into relations of language and thought. In H. Colston & A.N. Katz (Eds.) *Figurative language comprehension: Social and cultural influences (pp. 309–334).* Mahwah, NJ: Lawrence Erlbaum Associates.

Marschark, M. (2009). Educating deaf students: Is literacy really the issue? In E. Pisula & P. Tomaszewski (Eds.), *New ideas in studying and supporting the development of exceptional people* (pp. 151–159). Warsaw: University of Warsaw Press.

Marschark, M. (2011). *Evidence-based information on raising and educating deaf and hard-of-hearing children.* Utrecht, Netherlands: Faculty of Education, Hogeschool Utrecht.

Marschark, M. & Bebko, J. (1997) Memory and information processing: A bridge from basic research to educational application. *Journal of Deaf Studies and Deaf Education* 2 (3): 119–120.

Marschark, M., Bull, R., Sapere, P., & Lee, C. (2013). *Supporting deaf students' mathematics learning in the college classroom.* Manuscript in preparation.

Marschark, M., Bull, R., Sapere, P., Nordmann, E., Skene, W., Lukomski, J., & Lumsden, S.

(2012). Do you see what I see? School perspectives of deaf children, hearing children, and their parents. *European Journal of Special Needs Education, 14*, 483–497.

Marschark, M., & Clark, M. D., Editors, (1993). *Psychological perspectives on deafness*. Hillsdale, N.J.: Lawrence Erlbaum Associates.

Marschark, M., Convertino, C., McEvoy, C., & Masteller, A. (2004). Organization and use of the mental lexicon by deaf and hearing individuals. *American Annals of the Deaf, 149*, 51–61.

Marschark, M., De Beni, R., Polazzo, M. G., & Cornoldi, C. (1993). Deaf and hearing-impaired adolescents' memory for concrete and abstract prose: Effects of relational and distinctive information. *American Annals of the Deaf, 138*, 31–39.

Marschark, M. & Everhart, V.S. (1999). Problem solving by deaf and hearing children: Twenty questions. *Deafness and Education International, 1*, 63–79.

Marschark, M., Everhart, V.S., & Dempsey, P. (1991). Nonliteral content in language productions of deaf, hearing, and native-signing hearing mothers. *Merrill-Palmer Quarterly, 37*, 305–323.

Marschark, M., Everhart, V.S., Martin, J., & West, S.A. (1987). Identifying linguistic creativity in deaf and hearing children. *Metaphor and Symbolic Activity, 2*, 281–306.

Marschark, M., Green, V., Hindmarsh, G., & Walker, S. (2000). Understanding theory of mind in children who are deaf. *Journal of Child Psychology and Psychiatry, 41, 8*, 1067–1073.

Marschark, M., & Hauser, P. C. (2012). *How deaf children learn*. New York: Oxford University Press.

Marschark, M., & Knoors, H. (2012). Educating deaf children: Language, cognition, and learning. *Deafness and Education International, 14*, 137–161.

Marschark, M., Lang, H.G., and Albertini, J.A. (2002). *Educating deaf students: From research to practice*. New York: Oxford University Press.

Marschark, M., Leigh, G., Sapere, P., Brunham, D., Convertino, C., Stinson, M., Knoors, H., Vervloed, M.P.J., & Noble, W. (2006). Benefits of sign language interpreting and text alternatives for deaf students' classroom learning. *Journal of Deaf Studies and Deaf Education, 11, 4*, 421–437.

Marschark, M., Morrison, C., Lukomski, J., Borgna, G., & Convertino, C. (2013). Are deaf students visual learners? *Learning and Individual Differences*.

Marschark, M., Pelz, J., Convertino, C., Sapere, P., Arndt, M. E., & Seewagen, R. (2005). Classroom interpreting and visual information processing in mainstream education for deaf students: Live or Memorex?[®] *American Educational Research Journal, 42*, 727–762.

Marschark, M., Richardson, J.T.E., Sapere, P., & Sarchet, T. (2010). Approaches to teaching in mainstream and separate postsecondary classrooms. *American Annals of the Deaf, 155*, 481–487.

Marschark, M., Sapere, P., Convertino, C., Mayer, C., Wauters, L. & Sarchet, T. (2009). Are deaf students' reading challenges really about reading? *American Annals of the Deaf, 154*, 357–370.

Marschark, M., Sapere, P., Convertino, C., & Pelz, J. (2008). Learning via direct and mediated instruction by deaf students. *Journal of Deaf Studies and Deaf Education, 13*, 446–461.

Marschark, M., Sapere, P., Convertino, C., & Seewagen, R. (2005). Access to postsecondary education through sign language interpreting. *Journal of Deaf Studies and Deaf Education, 10*, 38–50.

Marschark, M., Sapere, P., Convertino, C., Seewagen, R. & Maltzan, H. (2004). Comprehension of sign language interpreting: Deciphering a complex task situation. *Sign Language Studies, 4*, 345–368.

Marschark, M., Sarchet, T., Convertino, C. M., Borgna, G., Morrison, C., & Remelt, S. (2012). Print exposure, reading habits, and reading ability among deaf and hearing college students. *Journal of Deaf Studies and Deaf Education, 17*, 61–74.

Marschark, M., Sarchet, T., Rhoten, C. & Zupan, M. (2010). Will cochlear implants close the gap in reading achievement for deaf students? In M. Marschark and P. Spencer (Eds.) *The Oxford Handbook of Deaf Studies, Language, and Education, volume 2* (pp. 127–143). New York: Oxford University Press.

Marschark, M., Shaver, D., Nagle & Newman, L. (2013). *Academic achievement of deaf and hard-of hearing secondary students.* Manuscript submitted for publication.

Marschark, M., Spencer, P.E., Adams, J. & Sapere, P. (2011). Evidence-based practice in educating deaf and hard-of-hearing children: teaching to their cognitive strengths and needs. *European Journal of Special Needs Education, 26, 1*, 3–16.

Marschark, M. & Wauters, L. (2011). Cognitive functioning in deaf adults and children. In M. Marschark & P. E. Spencer (Eds.), *Oxford handbook of deaf studies, language, and education, volume 1, second edition* (pp. 486–499). New York: Oxford University Press.

Marshall, C. R., Rowley, K., Mason, K., Herman, R., & Morgan, G. (2013). Lexical organisation in deaf children who use British Sign Language: Evidence from a semantic fluency task. *Journal of Child Language, 40*, 193–220.

Martin, D., Bat-Chava, Y., Lalwani, A. & Waltzman, S.B. (2010). Peer relationships of deaf children with cochlear implants: predictors of peer entry and peer interaction success. *Journal of* Deaf Studies and Deaf Education 16, 1, 108–120.

Martin, D., Craft, A., & Sheng, Z. N. (2001). The impact of cognitive strategy instruction on deaf learners: An international comparative study. *American Annals of the Deaf, 146*, 366–378.

Martin, D., & Jonas, B. (1986). *Cognitive modifiability in the deaf adolescent.* Washington DC: Gallaudet University. (ERIC Document Reproduction Service No. ED 276 159)

Marzano, R.J. (2003). *What works in schools. Translating research into action.* Alexandria: ASCD.

Mason, K., Rowley, K., Marshall, C. R., Atkinson, J. R., Herman, R., Woll, B., & Morgan, G. (2010). Identifying specific language impairment in deaf children acquiring British Sign Language: Implications for theory and practice. *British Journal of Developmental Psychology, 28,1*, 33–49.

Mather, S. (1987). Eye gaze and communication in a Deaf classroom. *Sign Language Studies 54*, 11–30.

Mathews, T.J., & Reich, C.F. (1993). Constraints on communication in classrooms for the deaf. *American Annals of the Deaf 138, 1,* 14–18.

May, C. P., & Hasher, L. (1998). Synchrony effects in inhibitory control over thought and action. *Journal of Experimental Psychology: Human Perception and Performance, 24,* 363–379.

Mayberry, R. I. (2010). Early language acquisition and adult language ability: What sign language reveals about the critical period for language. In M. Marschark & P. Spencer (Eds.), *The Oxford handbook of deaf studies, language, and education, volume 2*, (pp. 281–291). New York: Oxford University Press.

Mayberry, R. I., Del Giudice, A. A., & Lieberman, A. M. (2011). Reading achievement in relation to phonological coding and awareness in deaf readers: A meta-analysis. *Journal of Deaf Studies and Deaf Education, 16,* 164–188.

Mayberry, R. I., & Lock, E. (2003). Age constraints on first versus second language acquisition: Evidence for linguistic plasticity and epigenesis. *Brain and Language, 87,* 369–383.

Mayer, C. (2007). What really matters in the early literacy development of deaf children. *Journal of Deaf Studies and Deaf Education, 12,* 411–431.

Mayer, C., & Akamatsu, C. T. (1999). Bilingual-bicultural models of literacy education for deaf students: Considering the claims. *Journal of Deaf Studies and Deaf Education, 4,* 1–8.

Mayer, C., & Akamatsu, C. T. (2011). Bilingualism and literacy. In M. Marschark & P. Spencer (Eds.), *The Oxford handbook of deaf studies, language, and education, volume 1, 2nd edition*, (pp 144–155). New York: Oxford University Press.

Mayer, C., Akamatsu, C.T., & Stewart, D. (2002). A model for effective practice: dialogue inquiry with students who are deaf. *Exceptional Children 68, 4,* 485–502.

Mayer, C., & Leigh, G. (2010). The changing context for sign bilingual education programs: Issues in language and the development of literacy. *International Journal of Bilingual Education and Bilingualism, 13,* 175–186.

Mayer, C., & Wells, G. (1997). Can the linguistic interdependence theory support a bilingual-bicultural model of literacy education for deaf students? *Journal of Deaf Studies and Deaf Education 1, 2,* 93–107.

Mayer, R.E. (1989). Systematic thinking fostered by illustrations in scientific text. *Journal of Educational Psychology, 81,* 240–246.

Mayer, R.E. (2003). The promise of multimedia learning: using the same instructional design methods across different media. *Learning and Instruction 13,* 125–139.

Mayer, R.E. (2008). Applying the science of learning: evidence based principles for the design of multimedia instruction. *American Psychologist,* 760–769.

Mayer, R.E., & Moreno, R. (1998). A split-attention effect in multimedia learning: Evidence for dual processing systems in working memory. *Journal of Educational Psychology 90, 2,* 312–320.

Mayer, R.E., Heiser, J., & Lonn, S. (2001). Cognitive constraints on multimedia learning: When presenting more material results in less understanding. *Journal of Educational Psychology, 93*, 187–198.

McEvoy, C., Marschark, M., & Nelson, D. L. (1999). Comparing the mental lexicons of deaf and hearing individuals. *Journal of Educational Psychology, 91*, 1–9.

McGurk, H., & McDonald, J. (1976). Hearing lips and seeing voices. *Nature, 264*, 746–748.

McNeill, D. (1996). *Hand and mind: What gestures reveal about thought.* chicago: University of Chicago Press.

McNeill, D. (2005). *Gesture and thought.* Chicago: University of Chicago Press.

Meadow, K.P. (1976). Personality and social development of deaf people. *Journal of Rehabilitation of the Deaf, 9*, 112.

Meadow-Orlans, K., Spencer, P., & Koester, L. (2004). *The world of deaf infants: A longitudinal study.* New York: Oxford University Press.

Mejstad, L., Heiling, K. & Svedin, C.G. (2008/2009). Mental health and self-image among deaf and hard of hearing children. *American Annals of the Deaf, 153*, 504–515.

Meltzoff , A.N., Kuhl, P.K., Movellan, J., & Sejnowski, T.J. (2009). Foundations for a new science of learning. *Science 325*, 284–288.

Mendez, J.L., Fantuzzo, J., & Cicchetti, D. (2002). Profiles of social competence among low–income African American preschool children. *Child Development 73, 4*, 1085–1100.

Miller, J., & Ulrich, R. (2003). Simple reaction time and statistical facilitation: A parallel grains model. *Cognitive Psychology, 46, 2*, 101–151.

Mitchell, R. E., & Karchmer, M. A. (2004). When parents are deaf versus hard of hearing: Patterns of sign use and school placement of deaf and hard-of-hearing children. *Journal of Deaf Studies and Deaf Education, 9*, 133–152.

Mitchell, R. & Karchmer, M. (2011). Demographic and achievement characteristics of deaf and hard-of-hearing students. In M. Marschark & P. Spencer (Eds.), *TheOxford handbook of deaf studies, language, and education, volume 1, second edition* (pp. 18–31). New York: Oxford University Press.

Mizutari, K., Fujioka, M., Hosoya, M., Bramhall, N., Okano, H.J., Okano, H. & Edge, A.S.B. (2013). Notch inhibition induces cochlear hair cell regeneration and recovery of hearing after acoustic trauma. *Neuron, 77*, 58–69.

Moeller, M. P. & Schick, B. (2006) Relations between maternal input and theory of mind understanding in deaf children. *Child Development, 77*, 751–766.

Moeller, M. P., Tomblin, J. B., Yoshinaga-Itano, C., Connor, C. M., & Jerger, S. (2007). Current state of knowledge: Language and literacy of children with hearing impairment. *Ear and Hearing, 28, 6*, 740–753.

Mohay, H., Milton, L., Hindmarsh, G., & Ganley, K. (1998). Deaf mothers as communication models for hearing families with deaf children. In A. Weisel (Ed.), *Issues unresolved: New perspectives on language and deaf education.* Washington, DC: Gallaudet University Press.

Møller, A.R. (2000). *Hearing: Its physiology and pathophysiology.* Burlington, Mass:

Academic Press.

Mollink, H., Hermans, D., & Knoors, H. (2008). Vocabulary training of spoken words in hard-of-hearing children. *Deafness and Education International, 10*, 80–92.

Moon, C., Lagercrantz, H., & Kuhl, P.K. (2012). Language experienced in utero affects vowel perception after birth: a two-country study. *Acta Paediatrica, 102*, 156–160.

Moore, D., & McAweeney, M. (2006/2007). Demographic characteristics and rates of progress of deaf and hard of hearing persons receiving substance abuse treatment. *American Annals of the Deaf 151, 5*, 508–512.

Moores, D., & Sweet, C. (1990). Factors predictive of school achievement. In D. Moores & K. Meadow-Orlans (Eds.), *Educational and developmental aspects of deafness*. Washington DC: Gallaudet University Press.

Moores, D.F. (2010). The history of language and communication issues in deaf education. In M. Marschark & P. Spencer, (Eds.), *The Oxford handbook of deaf studies, language, and education, volume 2* (pp. 17–30). New York: Oxford University Press.

Moreno, R. & Mayer, R. (2007). Interactive multimodal learning environments. Special issue on interactive learning environments: Contemporary issues and trends. *Educational Psychology Review 19*, 309–326.

Moreno, R., & Mayer, R.E. (2002). Learning science in virtual reality multimedia environments: Role of methods and media. *Journal of Educational Psychology, 94, 3*, 598–610.

Morgan, G., & Kegl, J. (2006). Nicaraguan sign language and theory of mind: the issue of critical periods and abilities. *Journal of Child Psychology and Psychiatry, 47, 8*, 811–819.

Morgan, G., Meristo, M., Mann. W., Hjelmquist, E., Surian, L., & Siegal, M. (submitted). *Mental state language and quality of conversational experience in deaf and hearing children.*

Morgan, G. & Woll, B. (Eds.) (2002). *Directions in sign language acquisition*. Amsterdam: John Benjamins Publishers.

Morrison, M., Marschark, M., Sarchet, T., Convertino, C., Borgna, G., & Dirmyer, R. (in press). Deaf students' metacognitive awareness in reading and the classroom. *European Journal of Special Needs Education.*

Most, T., & Aviner, C. (2009). Auditory, visual, and auditory-visual perception of emotions by individuals with cochlear implants, hearing aids, and normal hearing. *Journal of Deaf Studies and Deaf Education 14, 4*, 449–464.

Mousavi, S.Y., Low, R., & Sweller, J. (1995). Reducing cognitive load by mixing auditory and visual presentation modes. *Journal of Educational Psychology, 87*, 319–334.

Mousley, K., & Kelly, R. (1998). Problem-solving strategies for teaching mathematics to deaf students. *American Annals of the Deaf, 143*, 325–336.

Mueller, V., & Hurtig, R. (2009). Technology-enhanced shared reading with deaf and hard-of-hearing children: the role of a fluent signing narrator. *Journal of Deaf Studies and Deaf Education, 15,1*, 72–101.

Murray, C., & Greenberg, M. T. (2001). Relationships with teachers and bonds with school: Social emotional adjustment correlates for children with and without disabilities. *Psychology in the Schools, 38*, 25–41.

Murray, C., & Pianta, R.C. (2007). The Importance of Teacher-Student Relationships for Adolescents with High Incidence Disabilities. *Theory into practice, 46 (2)*, 105–112.

Musselman, C., Mootilal, A., & MacKay, S. (1996).The social adjustment of deaf adolescents in segregated, partially integrated, and mainstreamed Settings. *Journal of Deaf Students and Deaf Education, 1*, 52–63.

Musselman, C., & Szanto, G. (1998). The written language of deaf adolescents: Patterns of performance. *Journal of Deaf Studies and Deaf Education, 3*, 245–257.

Napier, J., & Barker, R. (2004). Access to university interpreting: Expectations and preferences of deaf students. *Journal of Deaf Studies and Deaf Education, 9*, 228–238.

Nelson, K. (1973). Structure and strategy in learning to talk. *Monographs of the Society for Research in Child Development, 38*, (149).

Neuman, A.C., Wroblewski M., Hajicek J., & Rubinstein, A. (2012). Measuring speech recognition in children with cochlear implants in a virtual classroom. *Journal of speech, language and hearing research, Papers in Press. Published January 3, 2012.*

Neville, H.J. & Lawson, D. (1987). Attention to central and peripheral visual space in a movement detection task: an eventrelated potential and behavioral study. II. Congenitally deaf adults. *Brain Research, 405*, 268–283.

Newell, W. (1978). A study of the ability of day-class deaf adolescents to compare factual information using four communication modalities. *American Annals of the Deaf, 123*, 558–562.

Newport, E.L., & Meier, R. P. (1985). The acquisition of American Sign Language. In Slobin, Dan Isaac (Ed). *The crosslinguistic study of language acquisition, Vol. 1: The data; Vol. 2: Theoretical issues*, 881–938. Hillsdale, NJ, England: Lawrence Erlbaum Associates.

Niederberger, N. (2008). Does the knowledge of a natural sign language facilitate deaf children's learning to read and write? Insights from French Sign Language and written French data. In, Carolina Plaza-Pust & Esperanza Morales-López (Eds). *Sign bilingualism: language development, interaction and maintenance in sign language contact situations*, (pp. 51–72). Amsterdam: John Benjamins.

Niparko, J.K. (Ed.) (2009). *Cochlear implants. Principles & practices, 2nd edition.* Philadelphia: Lippincott Williams & Wilkins.

Niparko, J. K., Tobey, E. A., Thal, D. J., Eisenberg, L. S., Wang, N. Y., Quittner, A. L., & Fink, N. E. (2010). Spoken language development in children following cochlear implantation. *JAMA: The Journal of the American Medical Association, 303*, (15), 1498–1506.

Nover, S., Andrews, J., Baker, S., Everhart, V., & Bradford, M. (2002). ASL/English Bilingual instruction for deaf students: Evaluation and impact study. Final report 1997–2002. http://www.gallaudet.edu/Documents/year5.pdf (Retrieved 2 April 2013).

Nunes, T., & Moreno, C. (2002). An intervention program for mathematics. *Journal of Deaf*

Studies and Deaf Education, 7, 120–133.

Nunes, T., Pretzlik, U., & Olson, J. (2001). Deaf children's social relationships in mainstream schools. *Deafness and Education International, 3*, 123–136.

Oades-Sese, G.V., Kaliski, P.K., Esquivel, G.B. & Maniatis, L. (2011). A longitudinal study of the social and academic competence of economically disadvantaged bilingual preschool children. *Developmental Psychology, 47, 3*, 747–764.

Obermeier, C., Dolk, T., & Gunter, T.C. (2012). The benefit of gestures during communication: Evidence from hearing and hearing-impaired individuals. *Cortex 48, 7*, 857–870.

Odom, P.B., Blanton, R.L., & Laukhuf, C. (1973). Facial expressions and interpretation of emotionarousing situations in deaf and hearing children, *Journal of Abnomal Child Psychology, 1* 139–151.

Olshansky, S. (1962) Chronic sorrow: A response to having a mentally defective child. *Social Casework, 43, 4*,190–193.

Ormel, E., Hermans, D., Knoors, H., & Verhoeven, L. (2009). The Role of Sign Phonology and Iconicity During Sign Processing: The Case of Deaf Children. *Journal of Deaf Studies and Deaf Education, 14,4*, 436–448.

Ottem, E. (1980). An analysis of cognitive studies with deaf subjects. *American Annals of the Deaf, 125*, 564–575.

Paas, F., Van Gog, T. & Sweller, J. (2010). Cognitive load theory: new conceptualizations, specifications, and integrated research perspectives. *Educational Psychology Review 22*, 115–121.

Paatsch, L.E., Blamey, P.J., Sarant, J.Z. & Bow, C.P. (2006) The effects of speech production and vocabulary training on different components of spoken language performance. *Journal of Deaf Studies and Deaf Education11, 1*, 39–55.

Pagliaro, C. M. (1998). Mathematics preparation and professional development of deaf education teachers. *American Annals of the Deaf, 143*, 373–379.

Pagliaro, C. M., & Ansell, E. (2002). Story problems in the deaf education classroom: Frequency and mode of presentation. *Journal of Deaf Studies and Deaf Education, 7*, 107–119.

Pagliaro, C. M., & Ansell, E. (2012). Deaf and hard of hearing students' problem-solving strategies with signed arithmetic story problems. *American Annals of the Deaf 156*, 438–458.

Paivio, A. (1986). *Mental representations: A dual coding approach*. Oxford: Oxford University Press.

Pearson, B.Z., Fernanadez, S.C., & Oller, D.K. (1993) Lexical development in bilingual infants and toddlers: Comparison to monolingual norms. *Language Learning, 43,1*, 93–120.

Pelz, J., Marschark, M., & Convertino, C. (2008). Visual gaze as a marker of deaf students' attention during mediated instruction. In M. Marschark & P. C. Hauser (Eds.), *Deaf cognition: Foundations and outcomes* (pp. 264–285). New York: Oxford University Press.

Peterson, C.C. (2004). Theory-of-mind development in oral deaf children with cochlear implants or conventional hearing aids. *Journal of Child Psychology and Psychiatry, 45 ,6*, 1096–1106.

Peterson, C.C., & Siegal, N. (2000). Insides into theory of mind from deafness and autism. M*ind & language, 15,1*, 123–145.

Peterson, C.C., & Wellman, H.M. (2009). From fancy to reason: scaling children's understanding of theory of mind and pretence. *British Journal of Developmental Psychology 27*, 297–310.

Petitto, L.A., Katerelos, M., Levy, B.G., Gauna, K., Tétreault, K. & Ferraro, V. (2001). Bilingual signed and spoken language acquisition from birth: implications for the mechanisms underlying early bilingual language acquisition. *Journal of Child Language 28*, 453–496.

Piaget, J. (1952). *The origins of intelligence in children*. New York: Basic Books.

Pianta, R. (1992). *Student-Teacher Relationship Scale*. Psychological Assessment Resources, Inc. Retrieved from http://curry.virginia.edu/uploads/resourceLibrary, February 21st, 2013.

Pianta, R.C., Nimetz, S.L. & Bennett, E. (1997). Mother-child relationships, teacher-child relationships, and school outcomes in preschool and kindergarten. *Early Childhood Research Quarterly, 12, 3*, 263–280

Pianta, R.C., & Steinberg, M.S. (1992). Teacher—child relationships and the process of adjusting to school. *New Directions for Child Development, 57*, 61–80.

Pintner, R. & Patterson, D. (1917). A comparison of deaf and hearing children in visual memory for digits. Journal of Experimental Psychology, 2, 7688.

Piso, F., Knoors, H., & Vervloed, M. (2009). Vriendschapsrelaties van dove en slechthorende adolescenten. [Friendship relations of deaf and hard of hearing adolescents]. *Van Horen Zeggen 50, 5*, 10–17.

Pisoni, D.B., Conway, C.M., Kronenberger, W., Horn, D.L., Karpicke, J. & Henning, S. (2008). Efficacy and effectiveness of cochlear implants in deaf children. In M. Marschark & P. Hauser (Eds.), *Deaf Cognition: Foundations and Outcomes*. (pp. 52–101). New York: Oxford University Press.

Power, D., Hyde, M., & Leigh, G. (2008). Learning English from signed English: An impossible task? *American Annals of the Deaf, 153*, 37–47.

Power, M.R., Power, D. & Horstmanshof, L. (2007). Deaf people communicating via SMS, TTY, relay service, fax, and computers in Australia. *Journal of Deaf Studies and Deaf Education 12,1*, 80–92.

Powers, S. (1999). The educational attainment of deaf students in mainstream programmes in England: Examination results and influencing factors. *American Annals of the Deaf, 144*, 261–269.

Powers, S. (2003). Influences of student and family factors on academic outcomes of mainstream secondary school students. *Journal of Deaf Studies and Deaf Education, 8*, 57–78.

Pray J.L. & I. King Jordan, 2010. The Deaf Community and Culture at a crossroads: Issues and challenges. *Journal of Social Work in Disability & Rehabilitation 9, 2–3*, 168–193.

Presno, C. (1997). Bruner's three forms of representation revisited: Action, pictures, and words for effective computer instruction. *Journal of Instructional Psychology, 24*, 112–118.

Prinz, P.M. and Prinz, E.A. (1979) Simultaneous acquisition of ASL and spoken English: Phase Ⅰ : early lexical development. *Sign Language Studies, 25*, 283–296.

Proctor, N. (2005). Providing deaf and hard-of-hearing visitors with on-demand, independent access to museum information and interpretation through handheld computers. In J. Trant & D. Bearman (Eds.) *Proceedings of museums and the Web 2005*, Toronto: Archives & Museum Informatics. Retrieved February 3, 2011 from www.archimuse.com/mw2005/papers/proctor/proctor.html.

Proksch, J. & Bavelier, D. (2002). Changes in the spatial distribution of visual attention after early deafness. *Journal of Cognitive Neuroscience, 14*, 687–701.

Puccini, D., & Liszkowski, U. (2012). 15-month-old infants fast map words but not representational gestures of multimodal labels. *Frontiers in Psychology, 3*,101.

Punch, R., & Hyde, M. (2011). Social participation of children and adolescents with cochlear implants: a qualitative analysis of parent, teacher, and child interviews. *Journal of Deaf Studies and Deaf Education 16, 4*, 474–493.

Qi, S., & Mitchell, R. E. (2012). Large-scale academic achievement testing of deaf and hard-of-hearing students: Past, present, and future. *Journal of Deaf Studies and Deaf Education, 17*, 1–18.

Qian, D. D. (2002). Investigating the relationship between vocabulary knowledge and academic reading performance: An assessment perspective. *Language Learning, 52,3*, 513–536.

Quinto-Pozos, D., Forber-Pratt, A.J., & Singleton, J.L. (2011). Do developmental communication disorders exist in the signed modality? Perspectives from professionals. *Language, Speech, and Hearing Services in Schools 42*, 423–443.

Quittner, A.L., Smith L.B., Osberger, M.J., Mitchell, T.V., Katz, D.B. (1994). The impact of audition on the development of visual attention. *Psychological Science, 5*, 347–353.

Ramirez-Inscoe, J., & Moore, D. R. (2011). Processes that influence communicative impairments in deaf children using cochlear implants. *Ear and Hearing, 32,6*, 690–698.

Rasch, T., & Schnotz, W. (2009). Interactive and non- interactive pictures in multimedia learning environments: Effects on learning outcomes and learning efficiency. *Learning and Instruction, 19*, 411–422.

Rawson, K.A. & Kintsch, W. (2002). How does background information improve memory for text? *Memory & Cognition, 30*, 768–778.

Redden, M.R., Davis, C.A., & Brown, J.W. (1978). *Science for handicapped students in higher education: Barriers, solutions, and recommendations*. Washington, DC: American Association for the Advancement of Science.

Redish, E.F., Saul, J.M., & Steinberg, R.N. (1998). Student expectations in introductory physics. *American Journal of Physics, 66*, 212–224.

Reitsma, P. (2008). Computer-based exercises for learning to read and spell by deaf children. *Journal of Deaf Studies and Deaf Education, 14, 2*, 178–189.

Remmel, E., & Peters, K. (2009). Theory of Mind and language in children with cochlear implants. *Journal of Deaf Studies and Deaf Education 14, 2*, 218–236.

Rendon, M. E.(1992). Deaf culture and alcohol and substance abuse. *Journal of Substance Abuse Treatment, 9*, 103–110.

Rettenback, R., Diller, G., & Sireteneau, R. (1999). Do deaf people see better? Texture segmentation and visual search compensate in adult but not in juvenile subjects. *Journal of Cognitive Neuroscience, 11*, 560–583.

Rhoades, B.L., Warren, H.K., Domitrovich, C.E. & Greenberg, M.T. (2011). Examining the link between preschool social-emotional competence and first grade academic achievement: the role of attention skills. *Early Childhood Research Quarterly, 26*, 182–191.

Richardson, J.T.E., McLeod-Gallinger, J., McKee, B.G., & Long, G.L. (1999). Approaches to studying in deaf and hearing students in higher education. *Journal of Deaf Studies and Deaf Education, 5*, 156–173.

Rieffe, C. (2012). *De sociale positie van jongeren met een cochleair implantaat* [The social position of adolescents with a cochlear implant]. Paper symposium University of Leiden, 13 September 2012.

Rieffe, C., Meerum Terwogt, M. & Smit, C. (2003). Deaf children on the causes of emotions. *Educational Psychology, 23, 2*, 159–168.

Roald, I. (2002). Norwegian deaf teachers' reflections on their science education: Implications for instruction. *Journal of Deaf Studies and Deaf Education, 7*, 57–73.

Roald, I., & Mikalsen, Ø. (2000). What are the earth and heavenly bodies like? A study of objectual conceptions among Norwegian deaf and hearing pupils. *International Journal of Science Education, 22*, 337–355.

Rødbroe, I., & Janssen, M., (2006). *Communication and congenital deafblindness. Congenital deafblindness and the core principles of intervention*. VCDBF/Viataal, Sint Michielsgestel, The Netherlands.

Roeser, R.J., Valente, M., & Hosford-Dunn, H. (Eds.) (2007). *Audiology. Diagnosis, second edition*. New York: Thieme Medical Publishers.

Rogers, W.T., & Clarke, B.R. (1980). Correlates of academic achievement of hearing impaired students. *Canadian Journal of Education / Revue canadienne de l'éducation, 5*, 27–39.

Rohde, T. E., & Thompson, L.A. (2007). Predicting academic achievement with cognitive ability. *Intelligence, 35*, 83–92.

Roid, G. H., & Miller, L. J. (1997). *Leiter international performance scale—revised*. Wood Dale, IL: Stoelting.

Rubin, K. H., Hymel, S., LeMare, L., & Rowden, L. (1989). Children experiencing social difficulties: Sociometric neglect reconsidered. *Canadian Journal of Behavioral Science, 21*, 94–111.

Ruiz, B., Pajares, J.L., Utray, F. & Moreno, L. (2011) Design for All in multimedia guides for museums. *Computers in Human Behavior 27, 4*, 1365–1371.

Rydberg, E., Gellerstedt, L. C., & Danermark, B. (2009). Toward an equal level of educational attainment between deaf and hearing people in Sweden? *Journal of Deaf Studies and Deaf Education, 14*, 312–323.

Sackett, D.L., Rosenberg, W.M.C., Gray, J.A.M., Haynes, R.B, & Richardson, W.S.(1996) Evidence based medicine: what it is and what it isn't. *BMJ 312*, 71–72.

Sadler, P.M. & Tai, R. H. (2001). Success in introductory college physics: The role of high school preparation. *Science Education, 85, 111–136. Salamanca statement and framework for action on special needs education.* Salamanca: Unesco, 1994.

Salmerón, L., & García, V. (2011). Reading skills and children's navigation strategies in hypertext. *Computers in Human Behavior 27*, 1143–1151.

Samuelsson, I. P. & Carlsson, M.A. (2008). The playing learning child: towards a pedagogy of early childhood. *Scandinavian Journal of Educational Research, 52, 6*, 623–641.

Sandler, W. & Lillo-Martin, D. (2006). *Sign language and linguistic universals.* Cambridge, Mass.: Cambridge University Press.

Sarchet, T., Marschark, M., Borgna, G., Convertino, C., Sapere, P. & Dirmyer, R. (2013). *Vocabulary knowledge and meta-knowledge in deaf and hearing students.* Manuscript under review.

Sass-Lehrer, M., & Bodner-Johnson, B. (2003). Early intervention: Current approaches to family-centered programming. In M. Marschark & P. Spencer (Eds.), *The Oxford handbook of deaf studies, language, and education, volume 1* (pp. 65–81). New York: Oxford University Press.

Sato Atsuko, Aizawa Hiromitsu, Yokkaichi Akira (2012) Verb usage by children who are deaf: Development of the ability to use verbs differentially according to context. *The Japanese Journal of Special Education, 49, 6*, 701–712.

Savage, R.S., Erten, O., Abrami, Ph., Hipps, G., Comaskey, E., & Van Lierop, D. (2010). ABRACADABRA in the hands of teachers: The effectiveness of a web-based literacy intervention in grade 1 language arts programs. *Computers & Education, 55, 2*, 911–922.

Scheiter, K., Gerjets, P., Vollmann, & Catrambone, R. (2009). The impact of learner characteristics on information utilization strategies, cognitive load experienced, and performance in hypermedia learning. *Learning and Instruction 19*, 387–401.

Schick, B. (2011). The development of American Sign Language and manually coded English systems. In M. Marschark & P. Spencer (Eds.), *Oxford handbook of deaf studies, language, and education, volume 1, 2nd editon* (pp. 229–240). New York: Oxford University Press.

Schick, B., De Villiers, J., De Villiers, P. & Hoffmeister, R. (2007). Language and theory of mind: a study of deaf children. *Child Development 78, 2*, 376–396.

Schick, B.S., Marschark, M., & Spencer, P.E. (Eds.) (2006). *Advances in the sign language development of deaf children.* New York: Oxford University Press.

Schildroth, A. N. & Hotto, S. A. (1991). Annual survey of hearing impaired children and youth: 1989–90 school year. *American Annals of the Deaf 136*, 155–66.

Schirmer, B. (2003). Using verbal protocols to identify reading strategies of students who are deaf. *Journal of Deaf Studies and Deaf Education, 8,* 157–170.

Schirmer, B., Bailey, J., & Lockman, A. (2004). What verbal protocols reveal about the reading strategies of deaf students: A replication study. *American Annals of the Deaf, 149*, 5–16.

Schleper, D. (1997). *Reading to deaf children: Learning from deaf adults*. Washington, DC: Gallaudet University Pre-College National Mission Programs.

Schlesinger, H.S., & Meadow, K.P. (1972). *Sound and sign: Childhood deafness and mental health*. Berkeley, CA: University of California Press.

Seal, B., Nussbaum, D., Scott, S., Waddy-Smith, B., Clingempeel, K., & Belzner, K. (2005, November). *Evidence for sign-spoken language relationships in children with cochlear implants*. Paper presented at the American Speech, Language, and Hearing Society Annual Conference, San Diego, CA.

Segers, E., & Verhoeven, L. (2009). Learning in a sheltered Internet environment: The use of WebQuests. *Learning and Instruction 19, 5*, 423–432.

Seufert, T., Schütze, M.& Brünken, R.(2009). Memory characteristics and modality in multimedia learning: an aptitude-treatment-interaction study. *Learning and Instruction, 19*, 28–42.

Shaver, D., Marschark, M., Newman, L., & Marder, C. (2013). *Who is where? Characteristics of deaf and hard-of-hearing students in regular and special schools*. Manuscript under review.

Shiel, G., Cregan, A., McGough, A. & Archer, P. (2012). *Oral language in early childhood and primary education (3–8 years)*. Dublin, NCCA, Research report 14.

Shiotsu, T., & Weir, C. J. (2007). The relative significance of syntactic knowledge and vocabulary breadth in the prediction of reading comprehension test performance. *Language Testing, 24*, 99–128.

Shlonsky, A., Noonan, E., Littell, J., and Montgomery, P. (2011). The role of systematic reviews and the Campbell Collaboration in the realization of evidence-informed practice. *Clinical Social Work Journal 39*, 362–368.

Simms, L., & Thumann, H. (2007). In search of a new, linguistically and culturally sensitive paradigm in deaf education. *American Annals of the Deaf, 152*, 302–311.

Singleton, J., Morgan, D., DeGello, E., Wiles, J., & Rivers, R. (2004). Vocabulary use by low, moderate, and high ASL-proficient writers compared to hearing ESL and monolingual speakers. *Journal of Deaf Studies and Deaf Education, 9*, 86–103.

Singleton, J.L., & Newport, E. L. (2004). When learners surpass their models: The acquisition of American Sign Language from inconsistent input. *Cognitive Psychology, 49, 4*, 370–407.

Singleton, J.L. & Supalla, S. (2011). Assessing Children's Proficiency of Natural Signed Languages. In M. Marschark & P. Spencer (Eds.), *The Oxford handbook of deaf studies, language, and education, volume 1, 2nd edition* (pp. 306–321). New York: Oxford University Press.

Singleton, J.L., Supalla, S., Litchfield, S. & Schley, S. (1998). From sign to word: Considering modality constraints in ASL/English bilingual education. *Topics in Language Disorders, 18, (4)*, 16–29.

Sisco, F.H. & Anderson, R.J. (1980). Deaf children's performance on the WISCR relative to hearing status of parents and childrearing experiences. *American Annals of the Deaf, 125*, 923–930.

Skinner, B.F. (1957). *Verbal behavior*. New York: Appleton-Century-Crofts.

Smith, D. H. & Ramsey, C. L. (2004). Classroom discourse practices of a deaf teacher using American Sign Language. *Sign Language Studies, 5, 1*, 39–62.

Smits & Vorst (2008). *Schoolvragenlijst (Dutch School Questionnaire)*. Amsterdam: Pearson.

Spencer, L.J., Gantz, B.J. & Knutson, J.F. (2004). Outcomes and achievement of students who grew up with access to cochlear implants. *Laryngoscope 114*, 1576 –1581.

Spencer, L.J.,Tomblin, J.B. & Gantz, B.J. (2012). Growing up with a cochlear implant: Education, vocation, and affiliation. *Journal of Deaf Studies and Deaf Education 17,4*, 483–498.

Spencer, P. (2000). Looking without listening: Is audition a prerequisite for normal development of visual attention during infancy? *Journal of Deaf Studies and Deaf Education, 5*, 291–302.

Spencer, P. (2010). Play and theory of mind: Indicators and engines of early cognitive growth. In M. Marschark & P. Spencer (Eds.), *The Oxford handbook of deaf studies, language, and education, volume 2* (pp. 407–424). New York: Oxford University Press.

Spencer, P., & Hafer, J. (1998). Play as "window" and "room": Assessing and supporting the cognitive and linguistic development of deaf infants and young children. In M. Marschark and D. Clark (Eds.), *Psychological perspectives on deafness, volume 2*, (pp. 131–152). Mahwah, NJ: Lawrence Erlbaum.

Spencer, P.E., & Marschark, M. (2010). *Evidence-based practice in educating deaf and hard-of-hearing students*. New York: Oxford University Press.

Spencer, P. E., Marschark, M., & Spencer, L.J. (2011). Cochlear implants: Advances, issues and implications. In M. Marschark & P. E. Spencer (Eds.), *The Oxford Handbook of Deaf Studies, Language, and Education, volume 1, 2nd edition* (pp. 452–471). New York: Oxford University Press.

Stacey, P.C., Fortnum, H.M., Barton, G.R., & Summerfield, A.Q. (2006). Hearing-impaired children in the United Kingdom I: Auditory performance, communication skills, educational achievements, quality of life, and cochlear implantation. *Ear & Hearing, 27*, 161–186.

Stainback, W., & Stainback, S. (Eds.) (1992). *Controversial issues confronting special education: Divergent perspectives*. Boston: Allyn and Bacon.

Stanovich, P. J., & Stanovich, K. E. (1997). Research into practice in special education. *Journal of Learning Disabilities, 30, 5*, 477–481.

Stewart, D.A. (2006). Instructional and practical communication: ASL and English based signing in the classroom. In D.F. Moores & D.S. Martin (Eds.). *Deaf learners: Developments in curriculum and instruction*, (pp. 207–220). Washington D.C: Gallaudet University Press.

Stinson, M. (2010). Current and future technologies in the education of Deaf students. In, Marschark, M. & Spencer, P.E. (Eds.). *The Oxford handbook of deaf studies, language, and education, volume 2*, (pp. 93–100). New York: Oxford University Press.

Stinson, M., & Antia, S. (1999). Considerations in educating deaf and hard-of-hearing students in inclusive settings. *Journal of Deaf Studies and Deaf Education 4,3*, 163–175.

Stinson, M., & Foster, S. (2000). Socialization of deaf children and youths in school. In P. Spencer, C. Erting, & M. Marschark (Eds.), *The deaf child in the family and at school* (pp. 151–174). Mahwah, NJ: Lawrence Erlbaum.

Stinson, M., Whitmire, K., & Kluwin, T. (1996). Self-perceptions of social relationships in hearing-impaired adolescents. *Journal of Educational Psychology, 88*, 132–143.

Stinson M.S., Eisenberg, S., Horn, C., Larson, J., Levitt, H, & Stuckless, E.R. (1999). Real-time speech-to-text services. In: Stuckless, R. (Ed.). *Reports of the National Task Force on Quality Services in Postsecondary Education of Deaf and Hard of Hearing Students.* Northeast Technical Assistance Center, Rochester Institute of Technology; Rochester, NY.

Stinson, M.S., Elliot, L.B., Kelly, R.R., & Liu, Y. (2009). Deaf and hard-of-hearing students' memory of lectures with speech-to-text and interpreting/note taking services. *Special Education, 43*, 45–51.

Stinson, M.S, & Kluwin, T.N. (2011). Educational consequences of alternative school placements. In M. Marschark & P. Spencer (Eds.), *The Oxford handbook of deaf studies, language, and education, volume 1, 2nd edition* (pp. 47–62). New York: Oxford University Press.

Stinson, M.S., & Walter, G. G. (1997). Improving retention for deaf and hard-of-hearing students: What the research tells us. *Journal of the American Deafness and Rehabilitation Association, 30*, 14–23.

Stokoe, W. C. (1960/2005). Sign language structure: An outline of the visual communication system of the American deaf. Studies in Linguistics, Occasional Papers 8. Buffalo, NY: Department of Anthropology and Linguistics, University of Buffalo. Reprinted in *Journal of Deaf Studies and Deaf Education, 10*, 3–37.

Strassman, B. (1997). Metacognition and reading in children who are deaf: A review of the research. *Journal of Deaf Studies and Deaf Education, 2*, 140–149.

Stredler-Brown, A. (Ed.) (2012). Current knowledge and best practices for telepractice. *Volta Review 112, 3*, pp. 191–442.

Strong, M. & Charlson, E. (1987). Simultaneous communication: Are teachers attempting an impossible task? *American Annals of the Deaf 132*, 376–382.

Strong, M., & Prinz, P. (1997). A study of the relationship between American Sign Language and English literacy. *Journal of Deaf Studies and Deaf Education, 2, 1*, 37–46.

Stuckless, E. R., & Birch, J. W. (1966). The influence of early manual communication on the linguistic development of deaf children. *American Annals of the Deaf, 111*, 436–480.

Sullivan, P. M., & Knutson, J. F. (2000). Maltreatment and disabilities: A population-based epidemiological study. *Child Abuse & Neglect 24,10*, 1257–1273.

Sullivan, P. M., Vernon, M., & Scanlan, J. M. (1987). Sex abuse of deaf youth. *American Annals of the Deaf, 132*, 256–262.

Supalla, S. (1991). Manually Coded English. The modality question in signed language development. In P. Siple & S. Fisher (Eds.). *Theoretical Issues in Sign Language Research (pp.85–109), Vol. 2*. Chicago: University of Chicago Press.

Svirsky, M. A., Teoh, S. W., & Neuburger, H. (2004). Development of language and speech perception in congenitally, profoundly deaf children as a function of age at cochlear implantation. *Audiology and Neuro-Otology, 9(4)*, 224–233.

Swanwick, R. & Marschark, M. (2010). Enhancing education for deaf children: Research into practice and back again. *Deafness and Education International, 12*, 217–235.

Sweller, J. (2008). Instructional implications of David C. Geary's evolutionary educational psychology. *Educational Psychologist 43,4*, 214–216.

Sweller, J., Van Merrienboer, J.J.G. & Paas, F. (1998). Cognitive architecture and instructional design. *Educational Psychology Review 10*, 251–295.

Swisher, M.V. (1985). Characteristics of hearing mothers' manually coded English. In W.C. Stokoe & V. Volterra (Eds.). *SLR '83: Proceedings of the Third International Symposium on Sign Language Research* (pp. 38–47). Silver Spring, Md: Linstok Press.

Swisher, M.V. (2000). Learning to converse: How deaf mothers support the development of attention and conversational skills in their young deaf children. In P. Spencer, C. Erting, & M. Marschark (Eds.), *Development in context: The deaf children in the family and at school* (pp. 21–39). Mahwah, NJ: LEA.

Tait, M., Nikolopoulos, T. P., De Raeve, L., Johnson, S., Datta, G., Karltorp, E., & Frijns, J.H.M. (2010). Bilateral versus unilateral cochlear implantation in young children. *International Journal of Pediatric Otorhinolaryngology, 74,2*, 206–211.

Takahashi Noboru, Yukio Isaka, Toshikazu Yamamoto, Tomoyasu Nakamura (2017) Vocabulary and Grammar Differences Between Deaf and Hearing Students. *The Journal of Deaf Studies and Deaf Education. 22, 1*, 88–104.

Takei, W. (2001) How do deaf infants attain first signs? *Developmental Science, 4, 1*, 71–78.

Takei, W. & Torigoe, T. (2001) The Role of pointing gestures in the acquisition of Japanese Sign Language. *The Japanese Journal of Special Education, 38, 6*, 51–63.

Talbot, K., & Haude, R. (1993). The relationship between sign language skill and spatial visualization ability: Mental rotation of three-dimensional objects. *Perceptual and Motor Skills, 77*, 1387–1391

Tellier, M. (2008). The effect of gestures on second language memorisation by young children. *Gesture, 8*, 219–235.

Tharpe, A., Ashmead, D., & Rothpletz, A (2002). Visual attention in children with normal hearing, children with hearing aids, and children with cochlear implants. *Journal of Speech, Hearing and Language Research, 45*, 403–413.

Theunissen, S.C.P.M., Rieffe, C., Kouwenberg, M., De Raeve, L., Soede, W., Briaire, J.J. & Frijns, J.H.M. (2012). Anxiety in children with hearing aids or cochlear implants, compared to normally hearing controls. *Laryngoscope, 122*, 654–659.

Theunissen, S.C.P.M., Rieffe, C., Kouwenberg, M., Soede, W., Briaire, J.J. & Frijns, J.H.M. (2011). Depression in hearing-impaired children. *International Journal of Pediatric Otorhinolaryngology, 75 (10)*, 1313–1317.

Thiede, K. W., Anderson, M. C. M. & Therriault, D. (2003). Accuracy of the cognitive monitoring affects learning of texts. *Journal of Educational Psychology, 95*, 66–73.

Thoutenhoofd, E., Archbold, S., Gregory, S., Lutman, M.E., Nikolopoulos, T.P., & Sach, T.H. (2005). *Paediatric cochlear implantation: Evaluating outcomes*. London: Wiley.

Tiene, D. (2000). Sensory mode and information load: Examining the effects of timing on multisensory processing. *International Journal of Instructional Media, 27*, 183–198.

Ting, J.Y., Bergeson, T.R., & Miyamoto, R.T. (2012). Effects of simultaneous speech and sign on infants' attention to spoken language. *The Laryngoscope 122, 12*, 2808–2812.

Tobey, E. (2010). The changing landscape of pediatric cochlear implantation. Outcomes influence eligibility criteria. *The ASHA Leader, February 16*.

Todman, J., & Cowdy, N. (1993). Processing of visual action codes by deaf and hearing children: Coding orientation of—capacity? *Intelligence, 17*, 237–250.

Todman, J., & Seedhouse, E. (1994). Visual-action code processing by deaf and hearing children. *Language and Cognitive Processes, 9*, 129–141.

Tolmie, A.K., Topping, K.J., Christie, D., Donaldson, C., Howe, C., Jessiman, E., Livingston, K. & Thruston, A. (2010). Social effects of collaborative learning in primary schools. *Learning and Instruction 20*, 177–191.

Tomasello, M. (2005). *Constructing a language. A usage-based theory of language acquisition*. Cambridge, Mass.: Harvard University Press.

Toscano, R.M., McKee, B.G. & Lepoutre, D. (2002). Success with academic English: Reflections of deaf college students. *American Annals of the Deaf, 147*, 5–23.

Traxler, C. (2000). The Stanford Achievement Test, 9th Edition: National norming and performance standards for deaf and hard-of-hearing students. *Journal of Deaf Studies and Deaf Education, 5*, 337–348.

Trezek, B., & Wang, Y. (2006). Implications of utilizing a phonics-based reading curriculum with children who are deaf or hard of hearing. *Journal of Deaf Studies and Deaf Education, 11*, 202–213.

Trezek, B., Wang, Y., & Paul, P.V. (2011). Processes and components of reading. In M. Marschark and P. Spencer (Eds.) *The Oxford Handbook of Deaf Studies, Language, and Education, volume1, 2nd edition* (pp. 99–114). New York: Oxford University Press.

Trezek, B., Wang, Y., Woods, D., Gampp, T., & Paul, P. (2007). Using Visual Phonics to supplement beginning reading instruction for students who are deaf or hard of hearing. *Journal of Deaf Studies and Deaf Education, 12*, 373–384.

Tymms, P., Brien, D., Merrell, C., Collins, J., & Jones, P. (2003). Young deaf children and the prediction of reading and mathematics. *Journal of Early Childhood Research, 1*, 197–212.

Ulissi, S. M., Brice, P. J., & Gibbins, S. (1989). Use of the Kaufman-Assessment Battery for Children with the hearing impaired. *American Annals of the Deaf, 134*, 283–287.

UN Convention on the Rights of Persons with Disabilities. New York: United Nations, 2006.

Valentine, G., & Skelton, T. (2008). Changing spaces: the role of the internet in shaping Deaf geographies. *Social & Cultural Geography 9, 5*, 469–485.

Valli, C., & Lucas, C. (2000). *Linguistics of American Sign Language. An introduction*.

346

Washington DC: Gallaudet University Press.

Van Dijk, R., Nelson, C., Postma, A., & van Dijk, J. (2010). Assessment and intervention of deaf children with multiple disabilities. In M. Marschark and P. Spencer (Eds.), *Oxford handbook of deaf studies, language, and education, volume 2* (pp, 172–191). New York: Oxford University Press.

Van Eldik, T. (2005) Mental health problems of Dutch youth with hearing loss as shown on the youth self report. *American Annals of the Deaf 150, 1*, 11–16.

Van Eldik, T., Treffers, P.D.A., Veerman, J.W., & Verhulst, F. (2004) Mental health problems of deaf Dutch children as indicated by parents' responses to the child behavior checklist. *American Annals of the Deaf 148, 5*, 390–395.

Van Gent, T., Goedhart, A.W., Hindley, P.A. & Treffers, P.D.A. (2007). Prevalence and correlates of psychopathology in a sample of deaf adolescents. *Journal of Child Psychology and Psychiatry 48, 9*, 950–958.

Van Gent, T., Goedhart, A.W., Knoors, H., Westenberg, P.M., & Treffers, P..D. (2012). Self concept and ego development in deaf adolescents: a comparative study. *Journal of Deaf Studies and Deaf Education 17,3*, 333–351.

Van Hoogmoed, A., Knoors, H., Schreuder, R., & Verhoeven, L. (2013). Complex word reading in Dutch deaf children and adults. *Research in Developmental Disabilities 34, 3,*1083–1089.

Van Hoogmoed, A., Verhoeven. L., Schreuder, R. & Knoors, H. (2011). Morphological processing in deaf readers. *Applied Psycholinguistics 32,3*, 619–634.

Van IJzendoorn, M. H., Sagi, A., and Lambermon, M. W. E. (1992). The multiple caretaker paradox: Data from Holland and Israel. In Pianta, R. C. (ed.) *Beyond the parent: The role of other adults in children's lives (New Directions for Child Development Series, No. 57)*, Jossey-Bass, San Francisco, pp. 5–24.

Verhoeven, L., & Graesser, A. (2008). Cognitive and linguistic factors in interactive knowledge construction. *Discourse Processes 45*, 289–297.

Verhoeven, L., Schnotz, W., & Paas, F. (2009). Cognitive load in interactive knowledge construction. *Learning and Instruction, 19*, 369–375.

Vermeulen, A., De Raeve, L., Langereis, M., & Snik, A. (2012). Changing realities in the classroom for hearing-impaired children with cochlear implants. *Deafness and Education International 14, 1*, 36–47.

Vermeulen, J.A., Denessen, E., & Knoors, H. (2012). Mainstream teachers about including deaf or hard of hearing students. *Teaching and Teacher Education 28, 2*, 174–181.

Vernon, M. (1968/2005). Fifty years of research on the intelligence of deaf and hard-of-hearing children: A review of literature and discussion of implications. *Journal of Deaf Studies and Deaf Education, 10*, 225–231.

Vernon, M., & Koh, S.D. (1970). Effects of early manual communication on achievement of deaf children. *American Annals of the Deaf, 115*, 527–536.

Vygotsky, L.S. (1993). The Collected Works of L. S. Vygotsky. *Volume 2: The Fundamentals of Defectology (Abnormal Psychology and Learning Disabilities)*. Translated and with an introduction by Jane E. Knox and Carol B. Stevens. Editors of the English translation: R. W. Rieber and A.S. Carton. New York: Plenum Press.

Wagner Cook, S., Yip, T. K., & Goldin-Meadow, S. (2011). Gestures, not meaningless movements, lighten working memory load when explaining math. *Language and Cognitive Processes, iFirst,* 1–17.

Wallis, D., Musselman, C., & MacKay, S. (2004). Hearing mothers and their deaf children: The relationship between early, ongoing mode match and subsequent mental health functioning in adolescence. *Journal of Deaf Studies and Deaf Education 9, 1,* 2–14.

Waltzman, S.B., & Roland, J.T. (2006). *Cochlear implants, 2nd edition.* New York, Thieme Medical Publishers.

Wang, M. C., Haertel, G. D., & Walberg, H. J. (1997). Fostering educational resilience in inner-city schools. *Children and Youth, 7,* 119–140.

Watson, L., Hardie, T., Archbold, S., & Wheeler, A. (2008). Parents' views on changing communication after cochlear implantation. *Journal of Deaf Studies and Deaf Education, 13,* 104–116.

Wauters, L. (2011). *Optimaliseren van het leesonderwijs: Implementatie van de dvd en effect van video coaching* [Improving reading instruction: Implementing the DvD and effect of video coaching). Sint-Michielsgestel: Royal Dutch Kentalis.

Wauters, L., & de Klerk, A. (2010). *Leesonderwijs aan dove en slechthorende leerlingen: Voorbeelden van goede praktijken.* DvD. [Reading instruction for deaf and hard-of- hearing students: Examples of good practices. DvD]. Sint-Michielsgestel: Royal Dutch Kentalis.

Wauters, L. & De Klerk, A. (2012) Helpt videocoaching bij leesonderwijs aan dove leerlingen? [Does video based coaching support reading instruction for deaf students?] *Van Horen Zeggen 53, 6,* 10–15.

Wauters, L., De Klerk, A., van der Eijk, A., & Knoors, H. (2008). *Lezen bij dove en slechthorende leerlingen: Naar goede praktijken voor het leesonderwijs.* [Reading of deaf and hard of hearing students: Towards good practices in reading instruction]. Nijmegen: Pontem.

Wauters, L.N., & Knoors, H.E.T. (2008). Social integration of deaf children in inclusive settings. *Journal of Deaf Studies and Deaf Education, 13,* 21–36.

Wauters, L.N., Knoors, H.E.T., Vervloed, M.P.J., & Aarnoutse, C.A.J. (2001). Sign facilitation in word recognition. *Journal of Special Education, 35,* 31–40.

Wauters, L.N., Van Bon, W.H.J., Tellings, A.E.J.M., & Van Leeuwe, J. (2006). In search of factors in deaf and hearing children's reading comprehension. *American Annals of the Deaf, 151,* 371–380.

Waxman, R., & Spencer, P. (1997) What mothers do to support infant visual attention: Sensitivities to age and hearing status. *Journal of Deaf Studies and Deaf Education, 2,* 104–114.

Weggeman, M. C. D. P. (1997). *Kennismanagement.* [Knowledge management]. Schiedam: Scriptum.

Wellman, H. M. (2011). Developing a theory of mind. In U. Goswami (Ed.), *The Wiley-*

Blackwell handbook of childhood cognitive development, second edition (pp. 258–284). London: John Wiley & Sons.

Wellman, H. M., Fang, F., & Peterson, C. C. (2011). Sequential progressions in a theory-of-mind scale: Longitudinal perspectives. *Child development, 82, 3,* 780–792.

Wentzel, K.R. (1994). Relations of social goal pursuit to social acceptance, classroom behavior, and perceived social support. *Journal of Educational Psychology, 86, 2,* 173–182.

Wheeler, A., Archbold, S., Gregory, S., & Skipp, A. (2007). Cochlear implants: The young people's perspective. *Journal of Deaf Studies and Deaf Education 12, 3,* 303–316.

Wideen, M., Mayer-Smith, J., & Moon, B. (1998). A critical analysis of the research on learning to teach: Making the case for an ecological perspective on inquiry. *Review of Educational Research, 68,* 130–178.

Wiefferink, C.H., Rieffe, C., Ketelaar, L. & Frijns, J.H.M. (2012). Predicting social functioning in children with a cochlear implant and in normal-hearing children: The role of emotion regulation. *International Journal of Pediatric Otorhinolaryngology 76,* 883–889.

Wilbourn, M.P., & Sims, J.P. (2012). Get a little help from a word: Multimodal input facilitates 26-month-olds' ability to map and generalize arbitrary labels. *Journal of Cognition and Development*, Accepted author version posted online: 09 Mar 2012, DOI:10.1080/15248372. 2012.658930.

Williams, C. (1999). Preschool deaf children's use of signed language during writing events. *Journal of Literacy Research, 31,* 183–212.

Williams, C. (2004). Emergent literacy of deaf children. *Journal of Deaf Studies and Deaf Education, 9,* 352–365.

Williams, C. (2012). Promoting vocabulary learning in young children who are d/Deaf and hard of hearing: Translating research into practice. *American Annals of the Deaf 156, 5,* 501–508.

Wolbers, K. (2007). Using balanced and interactive writing instruction to improve the higher order and lower order writing skills of deaf students. *Journal of Deaf Studies and Deaf Education, 13,* 255–277.

Wolbers, K. (2008). Strategic and Interactive Writing Instruction (SIWI): Apprenticing deaf students in the construction of English text. *ITL International Journal of Applied Linguistics, 156,* 299–326.

Wolbers, K. (2010). Using ASL and print-based sign to build fluency and greater independence with written English among deaf students. *L1-Educational Studies in Language and Literature, 10,* 99–125.

Woll, B. & Ladd, P. (2011). Deaf communities. In M. Marschark & P.E. Spencer (Eds.). *The Oxford handbook of deaf studies, language, and education, volume1, 2nd edition,* 159–172. New York-Oxford: Oxford University Press.

Woll, B., & Morgan, G. (2012). Language impairments in the development of sign: Do they reside in a specific modality or are they modality-independent deficits? *Bilingualism-Language and Cognition, 15,1,* 75–87.

Wolters, N., Knoors, H., Cillessen, A., & Verhoeven, L. (2011). Predicting acceptance and popularity in early adolescence as a function of hearing status, gender, and educational setting. *Research in Developmental Disabilities 32,6,* 2553–2565.

Wolters, N., Knoors, H., Cillessen, A., & Verhoeven, L. (2012). Impact of Peer and Teacher Relations on Deaf Early Adolescents' Well-being: Comparisons Before and After a Major School Transition. *Journal of Deaf Studies and Deaf Education 17, 4,* 463–482.

Wood, D., Wood, H., Griffiths, A., & Howarth, I. (1992). *Teaching and talking with deaf children.* London: John Wiley & Sons.

Woolfe, T., Want, S. C., & Siegal, M. (2002). Signposts to development: Theory of mind in deaf children. *Child Development, 73,* 768–778.

Wubbels, T., & Brekelmans, M. (2005). Two decades of research on teacher–student relationships in class. *International Journal of Educational Research, 43(1),* 6–24.

Wubbels, T., & Levy, J. (1991). A comparison of interpersonal behavior of Dutch and American teachers. *International Journal of Intercultural Relationships, 15,* 1–18.

Xiang, H. (2012). *The language networks of the brain.* Donders Series. Dissertation. Nijmegen: Radboud University.

Yore, L. (2000). Enhancing science literacy for all students with embedded reading instruction and writing-to-learn activities. *Journal of Deaf Studies and Deaf Education, 5,* 105–122.

Yoshinaga-Itano, C. (2006). Early identification, communication modality, and the development of speech and spoken language skills: Patterns and considerations, In P. Spencer & M. Marschark (Eds.), *Advances in the spoken language development of deaf and hard-of-hearing children* (pp. 298–327). New York: Oxford University Press.

Yoshinaga-Itano, C., & Downey, D. (1996). The psychoeducational characteristics of schoolaged students in Colorado with educationally significant hearing losses. *Volta Review, 98,* 65–96.

Yoshinaga-Itano, C., Snyder, L., & Day, D. (1998b). The relationship of language and symbolic play in children with hearing loss. *Volta Review, 100,* 135–164.

Yoshinaga-Itano, C., Snyder, L. S., & Mayberry, R. (1996). How deaf and normally hearing students convey meaning within and between written sentences. *Volta Review, 98,* 9–38.

Yoshinaga-Itano, C., & Sedey, A.L. (Eds.) (2000). Language, speech, and social-emotional development of children who are deaf or hard-of- hearing: the early years. *The Volta Review 100, 5,* 1–297.

Zazoye, P., Meador, H.E., Derry, H.A., Gorenflo, D.W., Burdick, S.W. & Saunders, E.W. (2004). Deaf persons and computer use. *American Annals of the Deaf, 148,* 5, 376–384.

Zirkelback, E. A., & Reese, R.J. (2010). A review of psychotherapy outcome research: considerations for school-based mental health providers. *Psychology in the Schools, 47, 10,* 1084–1100.

Zweibel, A. (1987). More on the effects of early manual communication on the cognitive development of deaf children. *American Annals of the Deaf, 132,* 1620.

文献（日本語）

阿部敬信（2013）「DN-CAS 認知評価システムによる聴覚障害児の認知発達——聴覚障害特別支援学校小学部在籍児童を対象にして」『別府大学短期大学部紀要』32, 43–50.

阿部敬信（2014）「聴覚障害教育における日本手話・日本語・日本語バイリンガル教育に関する研究」明星大学博士論文.

我妻敏博（1983）「聴覚障害児の『読み』の能力」国立特殊教育総合研究所特別研究報告『手指法等の評価と適応に関する研究』61–69.

我妻敏博（1991）「聴覚障害児における単語の表記上の誤りに関する研究」『上越教育大学研究紀要』10(2), 155–164.

我妻敏博（2000）「聴覚障害児の言語力の問題点」『電子情報通信学会技術研究報告. TL, 思考と言語』100(480), 47–52.

我妻敏博（2008）「聾学校における手話の使用状況に関する研究 (3)」『ろう教育科学』50(2), 77–91.

我妻敏博（2011）『聴覚障害児の言語指導——実践のための基礎知識』田研出版.

我妻敏博・藤本文子（1994）「聴覚障害児の複文理解方略に関する一考察（その 1）」『聴覚言語障害』23(1), 1–12.

相澤宏充・一宮菜津子（2015）「聴覚障害生徒の視点取得能力について」『日本特殊教育学会第 53 回大会発表論文集』22–24.

相澤宏充・左藤敦子・四日市章（2007）「聴覚障害児の関係節の理解」『特殊教育学研究』45(2), 77–84.

相澤宏充・左藤敦子・四日市章（2007）「聴覚障害児の文の正誤判断に及ぼす統語情報と意味情報の役割」『特殊教育学研究』45(2), 77–84.

相澤宏充・吉野公喜（1999）「聴覚障害児の文の正誤判断に及ぼす統語情報と意味情報の役割」『特殊教育学研究』37(3), 23–32.

相澤宏充・吉野公喜（2002）「単語認知における統語的・意味的なプライミング効果——聴覚障害児と健聴児に関して」『特殊教育学研究』40(3), 293–301.

赤畑淳（2014）『聴覚障害と精神障害をあわせもつ人の支援とコミュニケーション——困難性からの理解へ帰結する概念モデルの構築』ミネルヴァ書房.

赤松裕介・廣田栄子・尾形エリカ・山岨達也（2013）「人工内耳装用者の QOL 評価手法とその意義」『コミュニケーション障害学』29, 95–105.

天野清（1970）「語の音韻構造の分析行為の形成とかな文字の読みの学習」『教育心理学研究』18(2), 76–89.

天野清（1988）「音韻分析と子どもの literacy の習得」『教育心理学年報』27, 142–164.

有友愛子（2015）「国際交流学習における日本の伝統文化紹介ツールの作成と活用——ICT 夢コンテスト表彰事例アーカイブ（特別支援）」http://www.japet.or.jp/seika/pdf/144-145.pdf

有海順子・四日市章（2012）「大学講義におけるパソコン通訳の訳出率に及ぼす通訳者要因の影響」『特殊教育学研究』50(4), 353–362.

馬場顕（1988）「小学部における言語の指導と国語科の指導」星龍雄・齋藤佐和編著『重

度聴覚障害児の教育——星研究室 17 年の成果』聾教育研究会，219–234.

陳盈如・茂木成友・鄭仁豪（2013）「特別支援学校（聴覚障害）幼稚部における絵本の活用に関する研究」『聴覚言語障害』42(1), 31–41.

長南浩人（2008）「音韻意識の発達とコミュニケーション手段——キュードスピーチと指文字について」『ろう教育科学』49(4), 191–197.

長南浩人（2001a）「聴覚障害者の日本語指導における手話の使用に関する実験的研究」筑波大学博士論文.

長南浩人（2001b）「聴覚障害児の日本語発達とコミュニケーション手段に関する文献的考察（1）口話法，キュード・スピーチ，ロチェスター法について」『聴覚言語障害』30(2・3), 61–68.

長南浩人（2003）「聴覚と手話の活用」『聴覚障害』58(12), 38–41.

長南浩人（2004）「聴覚障害者の記憶における符号化」 *The Japanese Journal of Educational Psychology*, 52, 107–114.

長南浩人（2005）「手話の表現と理解」長南浩人編著『手話の心理学入門』東峰書房，1–25.

長南浩人・澤隆史（2007）「読書力診断検査に見られる聾学校生徒の読書力の発達」『ろう教育科学』49(1), 1–10.

長南浩人・齋藤佐和（2007）「人工内耳を装用した聴覚障害児の音韻意識の発達」『特殊教育学研究』44(5), 283–290.

長南浩人・澤隆史（2009）「聴覚障害児の読みの過程におけるメタ認知に関する研究動向」『特殊教育学研究』47(3), 163–171.

鄭仁豪（1996）『聴覚障害児の読みのプロセスに関する実験的研究』風間書房.

鄭仁豪（2003）「聴覚障害児の眼球運動にみられる文章理解の方略に関する研究」『特殊児童教育研究』5(1), 245–258.

鄭仁豪・岡田明（1993）「聴覚障害児の文章理解の特徴に関する研究——テクスト構造における再生と MISCUE の検討」『心身障害学研究』17, 87–98.

遠藤香織（2013）「言語性ワーキングメモリ課題遂行における個人差に関する実験的研究」平成 24 年度大阪大学大学院人間科学研究科博士論文.

遠藤香織・苧阪満里子（2012）「日本語版リーディングスパンテストにおける方略利用の個人差」『心理学研究』82, 554–559.

フォナック（2016）「Roger とは」http://www.phonak.jp/products/roger/

藤野博（2012）「聴覚障害児の『心の理論』と言語発達の関係」テクノエイド協会『聴覚障害児の日本語言語発達のために——ALADJN のすすめ』168–171.

藤野博・福島邦博（2012）「聴覚障害児における心の理論と言語発達の関係」テクノエイド協会『聴覚障害児の日本語言語発達のために——ALADJN のすすめ』168–176.

藤澤啓子（2015）「養育態度が実行機能の発達に及ぼす影響に関する発達行動遺伝学研究」科学研究費補助金研究成果報告書.

藤田保（1999）「聴覚障害外来を訪れる人たち」村瀬嘉代子編著『聴覚障害者の心理臨床』日本評論社，99–120.

深江健司（2009）「聴覚障害児の文章理解の特徴に関する研究——事実レベルと推論レベ

ルの理解とその関連性の検討」『特殊教育学研究』47(4), 245–253.

深江健司（2012a）「聴覚障害児の物語文理解にみられる誤答傾向に関する研究」『聴覚言語障害』40(2), 61–70.

深江健司（2012b）「読解学習場面における聴覚障害児の理解過程に関する研究」『障害科学研究』36, 145–157.

深江健司・鄭仁豪（2016）「物語文における聴覚障害児の推論生成に関する研究——推論の包括的な枠組みに基づく推論生成レベルの検討」『障害科学研究』40, 55–67.

深江健司・江口朋子（2013）「物語文の読解授業における聴覚障害児の推論過程に関する研究——読書力が異なる児童の読解授業の比較」『聴覚言語障害』41(2), 89–101.

福田暉彦（1967）「ろう中学生の言語能力」『ろう教育科学』8(3), 127–128.

福島朗博（2005）「新生児聴覚スクリーニングを経た幼児のフォローアップの課題——本校乳幼児教育相談に通う保護者のアンケート調査より」『筑波大学附属聾学校紀要』27,15–32.

雁丸新一・四日市章（2005）「眼球運動を指標とした先天性聾者における手話の読み取りに関する事例的検討」『心身障害学研究』29, 171–180.

グロート，ミルドレット・A（岡辰夫訳，齋藤佐和監修）（2016）『自然法——聾児の言語指導法』ジアース教育新社.

萩原浅五郎（1964）「今月の言葉」ろう教育研究会『ろう教育』19(7), 3.

萩原浅五郎（1967）「変容現象」ろう教育研究会『ろう教育』22(11), 3–4.

原田恵理子（2013）「聴覚障害児へのソーシャルスキルトレーニングの実践——コミュニケーションレベルにより分類したグループによる支援」『東京情報大学研究論集』16(2), 33–45.

ハート，ダイアン（本所恵・羽山裕子・山本はるか・奥村好美・細尾萌子・趙卿我・木下卓司・小山英恵・鄭谷心訳，田中耕治監訳）（2012）『パフォーマンス評価入門——「真正の評価」論からの提案』ミネルヴァ書房.

林珊竹・前川久樹・鄭仁豪（2017）「聴覚障害者の視覚的注意の特徴に関する研究——中心視野における視覚的注意の効率を中心に」『日本特殊教育学会第55回大会発表論文集』

樋口恵子（2017）「早期発見・早期教育」大沼直紀監修，立入哉・中瀬浩一編『教育オーディオロジーハンドブック——聴覚障害のある子どもたちの「きこえ」の補償と学習指導』ジアース教育新社，122–129.

廣田栄子（2009）「聴覚障害児の読書行動と読書のメタ概念の形成に関する検討」*Audiology Japan*, 52(5), 551–552.

一宮菜津子・相澤宏充（2014）「聴覚障害生徒の情緒・社会性——SEAIテスト日本語試訳から」『福岡教育大学紀要』63, 第4分冊, 109–114.

今西伊都子（1984）「作文にみる聴覚障害児の言語能力の発達」『ろう教育科学』26(4), 193–207.

今西茂子（1979）「手作り絵本による語りきかせ」『筑波大学附属聾学校紀要』1, 46–56.

稲垣佳世子・波多野誼余夫（2002）「理解を求める活動」稲垣佳世子・鈴木宏昭・亀田達也編著『認知過程研究——知識の獲得とその利用』放送大学教育振興会，152–164.

M. イリーン・E. セガール（袋一平訳）（1986）『人間の歴史〈1〉』岩波書店.

医療系大学等における聴覚障害学生への講義保障のための調査研究事業調査研究委員会
　（2009）『医療系大学等における聴覚障害学生への講義保障のための調査研究事業報告
　書』社会福祉法人全国手話研修センター, 1–104.

井坂行男（2011）「絵画語い発達検査を用いた聾学校児童生徒の語彙能力検査」『特殊教
　育学研究』49(1), 11–19.

板橋安人（2010）「日本語の習得につなげる『発音・発語』学習」『聴覚障害』65(2),
　28–33.

板橋安人（2014）『聴覚障害児の話しことばを育てる——「発音・発語」学習の今、明瞭
　性だけにとらわれない授業』ジアース教育新社.

板橋安人・細田和久（1989）「言葉の意味の広がり方に関する予備的研究」『筑波大学附
　属聾学校紀要』11, 149–169.

伊藤浩子（1970）「ろう児の語彙発達」『ろう教育科学』12(1), 18–25.

伊藤友彦（1988）「聴覚障害児における格助詞の誤用——言語学的説明の試み」『音声言
　語医学』39(4), 369–377.

岩城謙（1986）『聴覚障害児の言語とコミュニケーション』教育出版.

岩崎聡・西尾信哉・茂木英明・工穣・笠井紀夫・福島邦博・宇佐美真一（2012）「人工
　内耳装用時期と言語発達の検討——全国多施設調査研究結果」*Audiology Japan*, 55(1),
　56–60.

岩田吉生（2009）「通常の小学校に在籍する聴覚障害児の保護者の教育的ニーズ調査——
　保護者に対する質問紙調査を通して」『愛知教育大学研究報告』58（教育科学編），
　21–27.

甲斐更紗（2001）「私とノートテイク」吉川あゆみ・太田晴康・広田典子・白澤麻弓編著
　『大学ノートテイク入門——聴覚障害学生をサポートする』人間社, 37–38.

垣谷陽子（1988）「低学年の言語の指導」星龍雄・齋藤佐和編著『重度聴覚障害児の教育
　——星研究室 17 年の成果』聾教育研究会, 234–244.

金山千代子（2002）『母親法——聴覚に障害がある子どもの早期教育』ぶどう社.

金子俊明（2016）「タブレット PC の効果的な活用に関する一考察——聴覚特別支援学
　校における ICT 活用事例の評価の比較から」『日本教育メディア学会研究会論集』41,
　45–50.

金子俊明・廣瀬由美・渡邊明志（2008）「聴覚障害生徒に対する作文指導におけるマルチ
　メディア教材の効果」『障害科学研究』32, 185–193.

金子俊明・板橋安人・藻利國恵・柴﨑功士・寺井寛（2015）「聴覚障害生徒を対象とした
　『発音・発語指導の器具を説明する学習』のデザインと評価」『筑波大学附属聴覚特別
　支援学校紀要』37, 40–45.

神田和幸（1994）『手話学講義——手話研究のための基礎知識』福村出版.

加藤晃生（2010）「日本の公立ろう学校教員の労働負荷から見た日本手話受容の問題」
　『応用社会学研究』52, 53–64.

加藤慎一（2017）「対話を通して問いを創出し追究する数学の授業過程における困難性
　——聴覚障がい生徒の事例分析から」『第 51 回全日本聾教育研究大会（秋田大会）研

究集録』111–112.

加藤慎一・中村好則・森本明（2013）「聾学校高等部における数学的活動を生かした授業づくりの視点について考える」『ろう教育科学会第55回大会（愛媛大会）資料集』3–8.

加藤慎一・森本明（2014）「聾学校における対話のある数学の授業づくりについて考える——授業過程のインフォーマルな対話における探究的な言語使用に着目して」『ろう教育科学会第56回大会（京都大会）資料集』10–11.

河原達也（2015）「音声認識技術」『電子情報通信学会誌』98(8), 710–717.

川井潤（1960）「ろう児の言語の特質——連想検査による語彙の面から」『ろう教育科学』3(3-4), 119–128.

川本宇之介（1954）『総説特殊教育』青鳥会，219–221.

金恩河・鄭仁豪・四日市章（2015）「聴覚障害児の視覚的視点取得の発達的特徴——言語力の違いによる検討」『聴覚言語障害』44(1・2), 25–35.

木下孝司（2007）「聴覚障害幼児と母親による過去の出来事に関する対話」『神戸大学発達科学部研究紀要』14(2), 157–166.

児玉眞美・広津侑実子・大沼直紀・福島智（2015）「手話・聴覚口話・人工内耳の多様性をもった早期教育を目指す東京都立大塚ろう学校」『聴覚障害』秋号(763), 14–20.

駒見和夫・筑波大学附属聴覚特別支援学校中学部（2016）『特別支援教育と博物館——博学連携のアクティブラーニング』同成社.

河野美抄子（2013）「教科指導と日本語——日本語指導が必要な聴覚障害生徒のために」『神戸大学留学生センター紀要』19, 45–56.

小柳かおる（2002）「Focus on Formと日本語習得研究」『第二言語としての日本語の習得研究』5, 62–69.

久保ゆかり・無藤隆（1984）「気持ちの理解における類似経験の想起の効果——共感的理解の発展的検討」『教育心理学研究』32(4), 296–305.

窪田博子・長南浩人（2006）「聴覚障害児の情報保障に関する研究——高知県における実態調査と情報保障の実践から」『ろう教育科学』48(1), 31–46.

國末和也・藤本裕人・須藤正彦（2012）「聴覚障害児の学習習熟度——標準学力検査（CRT-2）の結果から」『聴覚障害児の日本語言語発達のために——ALADJINのすすめ（感覚器障害戦略研究，聴覚障害児の療育等により言語能力等の発達を確保する手法の研究）』テクノエイド協会.

倉橋英逸（2004）「情報サービスにおける適応表示と適応ナビゲーション支援——ハイパーテキスト学習における個人差と学習効果」『情報の科学と技術』54(11), 603–610.

黒田有貴・鷲尾純一・松本裕子（2003）「通常の学級で学ぶ難聴児への教育補助員による学習支援——ノートテイク支援を中心として」『聴覚言語障害』31(3), 129–136.

黒田健次（2005）「教科学習（理科）で大事にしたいこと」『聴覚障害』60(6), 4–13.

黒田健次（2006）「教科学習で大事にしたいこと（2）」『聴覚障害』61(6), 12–26.

黒田健次（2012a）第3章2節4「中学部の理科指導」聾教育実践研究会編著『はじめの一歩——聾学校の授業』聾教育研究会，124–129.

黒田健次（2012b）「自然科学を考える力を育む」『聴覚障害』67(1), 10–19.

教育出版（2002）『ひろがることば　小学国語 2 年上』

前田知佳子・広田栄子・田中美郷（1996）「聴覚障害児の動詞と活用の獲得」『音声言語
　　医学』37(1), 8–13.

牧原功・金澤貴之・福島智・井野秀一・伊福部達・黒木速人・中野泰志・中野聡子
　　（2008）「音声認識技術による字幕運用の課題――音声言語を文字化することの問題」
　　『群馬大学留学生センター論集』7, 33–50.

松岡和美（2015）『日本手話で学ぶ手話言語学の基礎』くろしお出版.

松沢豪（1970）『聴覚障害児のことばの発達とその指導』聴覚障害者教育福祉協会出版部
　　啓学出版.

南出好史（1982）「聾学校生徒の理解語彙評価に関する研究」『特殊教育学研究』20(3),
　　9–16.

宮町悦信・長南浩人・三好茂樹（2016）「日本手話を主要なコミュニケーション手段とす
　　る聴覚障害児の日本語構文力に関する研究」『日本特殊教育学会第 54 回大会発表論文
　　集』P-30.

文部科学省（2016）『学校における教育の情報化の実態等に関する調査――平成 27 年度
　　調査結果』http://www.e-stat.go.jp/SG1/estat/List.do?bid=000001077178&cycode=0

文部科学省初等中等教育局特別支援教育課（2007）『「特別支援教育支援員」を活用する
　　ために』

森本明子・井坂行男（2003）「聴覚障害学生に対するノートテイクによる講義保障につい
　　て――情報の量及び質に関する分析を通して」『ろう教育科学』45(2), 109–123.

森本明（1997）「聴覚障害生徒による数学の理解の諸相とその促進に向けて」『聴覚障害』
　　52(9), 28–32.

森本明（1998）「聴覚障害学生が使う数学的問題解決方略――その特徴と困難性」『筑波
　　技術短期大学テクノレポート』5, 63–68.

茂木成友・鄭仁豪・四日市章（2015）「聴覚障害生徒における漢字熟語の読みの特徴――
　　漢字熟語の構成要因と読みとの関連」『特殊教育学研究』43(4), 221–232.

茂木成友・澤隆史・四日市章（2012）「重度聴覚障害児童における表記上の誤りの発達的
　　変化」『特殊教育学研究』50(2), 161–169.

村井潤一（1972）「聴覚障害児教育の心理」伊藤隆二編『心身障害児教育講座③・心身障
　　害児教育の心理』福村出版, 71–91.

長崎勤（1994）「言語指導における語用論的アプローチ――言語獲得における文脈の役割
　　と文脈を形成する大人と子どもの共同行為」『特殊教育学研究』32(2), 79–84.

中道圭人（2016）「ネガティブな情動が児童の実行機能に及ぼす影響」『教科開発学論集』
　　4, 1–11,

中村公枝（2004）「聴覚障害乳児の早期療育」『音声言語医学』45(3), 217–223.

中村好則・森本明・米山文雄（2012）「聴覚障害児生徒の数学的な見方・考え方・態度に
　　関する調査研究」『ろう教育科学』54(2), 63–81.

中西靖子・大和田健次郎（1980）「絵 - 単語合わせ語彙検査による聾学校児童の語彙力」
　　『聴覚言語障害』9(3), 71–76.

中野善達（1972）「ろう・高度難聴児の知能——Ｂ式・Ａ式知能検査による検討」『東京教育大学教育学部紀要』18, 133–143.

中野善達（1988）「動作性検査による聴覚障害児の知的能力評価の試み」『聴覚障害リハビリテーション研究』107–113.

中野善達・佐藤則之（1971）「聴覚障害児の読書力（2）」『日本特殊教育学会第 9 回大会発表論文集』33–34.

中津真美・廣田栄子（2013）「聴覚障害の親をもつ健聴の子ども（CODA）の通訳場面に抱く心理状態と変容」*Audiology Japan*, 56(3), 249–257.

中澤操・菅谷明子・笠井紀夫・福島邦博（2012）「シンポジウムⅡ 言語発達評価から読み解く難聴児の現状——療育法・教育法別により聴覚障害児の言語発達にどのようなちがいがもたらされるのか？」『小児耳鼻咽喉科』33(3), 247–251.

根本匡文（1967）「ろう児の連想反応語の特質について」『ろう教育科学』9(1), 17–26.

日本学生支援機構（2017）『平成 28 年度（2016 年度）大学、短期大学及び高等専門学校における障害のある学生の修学支援に関する実態調査書』

日本耳鼻咽喉科学会（2014）「小児人工内耳適応基準・『小児人工内耳適応基準』の見直しの概要と解説」http://www.jibika.or.jp/members/iinkaikara/artificial_inner_ear.html

西崎友規子・苧阪満里子（2000）「RST の個人差」苧阪直行編『脳とワーキングメモリ』京都大学学術出版会 , 214–222.

野原信・廣田栄子（2014）「聴覚障害児における他者の行為意図の説明に関する検討」『音声言語医学』55(4), 305–311.

野中信之・越智啓子・大森千代美・高橋伴子・丸山由佳・漆原省三・中島誠・川野通夫（2003）「情動的認知の発達が遅れた難聴児——療育初期の実態と療育終了後の経過」『音声言語医学』44(4), 264–273.

能登谷晶子・伊藤真人・古川佁（2002）「0 歳代で訓練を開始できた高度聴覚障害幼児の言語獲得経過」『金沢大学つるま保健学会誌』26, 75–79.

能美由希子・四日市章（2009）「小学校授業場面における聴覚障害児へのコミュニケーション支援——支援者によるパソコン要約筆記と原文の発話分析」『障害科学研究』33, 199–209.

能美由希子・四日市章（2012）「授業場面でのパソコン要約筆記における話者交替時間とやりとり内容の分析——通常学級で学ぶ聴覚障害児への支援事例から」『特殊教育学研究』50(3), 235–245.

OECD（池迫浩子・宮本晃司訳）（2015）『家庭，学校，地域社会における社会情動的スキルの育成——国際的エビデンスのまとめと日本の教育実践・研究に対する示唆』ベネッセ教育総合研究所 https://www.oecd.org/edu/ceri/FosteringSocialAndEmotionalSkillsJAPANESE.pdf

岡典栄（2013）「ろう児に対して第二言語として日本語教育を行うことによるエンパワーメント」『日本語教育』155, 66–80.

岡田明（1978）「聴覚障害の心理特性」佐藤則之・岡田明編著『聴覚・言語障害の教育と福祉（最新心身障害教育・福祉講座第 5 巻）』図書文化社, 35–56.

岡田明（1981）『聴覚障害児の心理と教育』学芸図書, 41–78.

岡田明（1984）「聴覚障害児の読みに及ぼす文脈の影響（その5）」『心身障害学研究』8(2), 1–12.

岡田明（1993）『聴覚障害児と視覚障害児の教育基本語彙——ことばの指導マニュアル付』風間書房.

岡辰夫（1993）「本邦の言語指導の変遷」『聴覚障害』48(11), 4–25.

大原重洋・廣田栄子（2014）「聴覚障害児におけるメタ表象能力の発達と関連要因の検討」『音声言語医学』55(1), 17–25.

大澤瑞穂・茂木成友・鄭仁豪（2016）「聴覚障害者のワーキングメモリの特徴——コミュニケーション手段の違いに焦点をあてて」『日本特殊教育学会大54回大会発表論文集』1–24.

太田みさ子（2008）「読書へのアニマシオンの取り組み——幼児の心や言葉をはぐくむために」『第42回全日本聾教育研究大会研究集録』134–135.

大伴潔・宮田Susanne・白井恭弘（2015）「動詞の語尾形態素の獲得過程——獲得の順序性と母親からの言語的入力との関連性」『発達心理学研究』26(3), 197–209.

大塚明敏（2017）「聴覚に障害のある子どもの日本語習得の指導について」『ろう教育科学』58(4), 173–182.

苧坂満里子（2002）『ワーキングメモリ——脳のメモ帳』新曜社, 189–192.

龍崎麻由実・伊藤友彦（1999）「聴覚障害児の受動文における統語知識——項構造と句構造を中心にして」『特殊教育学研究』36(4), 23–30.

斎藤佐和（1979）「聴覚障害児の単語の音韻分解および抽出に関する研究——その2」『心身障害学研究』3(2), 17–23.

斎藤佐和（1986）「言語活動の発達的変化——『生きる力』としての言語活動から『学ぶ力』としての言語活動へ」齋藤佐和編著『聴覚障害児童の言語活動——「生きる力」としての言語活動から「学ぶ力」としての言語活動へ』聾教育研究会, 4–9.

齋藤佐和（2018）「日本の聴覚障害教育の変化——言語指導法を中心に」『聴覚言語障害』47(1), 1–20.

斎藤佐和・馬場顕・江口朋子・木村和弘・秋谷義一・佐藤幸子・垣谷陽子・松原太洋・小美野みつる・九嶋圭子・塚越浩和・鈴木雪子・中山哲志・船本昌子（1990）「聴覚障害児の作文力の総合評価の試み——経験についての作文の評価」『養護・訓練研究』3, 21–31.

斎藤佐和・菅野正年（1972）「対をなす動詞に関する語彙調査——聴覚障害児について」『ろう教育科学』13(4), 148–169.

齋藤友介・河野淳・冨澤文子他（2013）「人工内耳児を装用する小学校高学年および中学生の国語力に関する検討」*Audiology Japan*, 56(5), 531–532.

齋藤友介・田中瑞紀・目澤碵子（2014）「小学校就学前にある難聴幼児の質問・応答関係検査による成績を規定する要因の検討」『音声言語医学』55(4), 312–319.

齋藤友介・冨澤文子・芥野由美子（2015）「難聴中学生の学級における機能的アウトカム——補聴手段と教育の場からみた検討」*Audiology Japan*, 58(5), 361–362.

坂本多朗（2009）『永年聾学校にいた者からの「ほんのひとこと」——聾学校における授業改善の視点と方法』聾教育研究会.

左藤敦子・四日市章（2004）「難聴児における動詞の産出傾向——文脈による意味の限定の観点から」『特殊教育学研究』41(5), 455–464.

佐藤庄衛（2014）「情報保障に用いられる音声認識技術の最新動向」『NHK 技研 R & D』147, 12–21.

佐藤至英（1990）「文間の文脈形成における行為目的明示性の影響について——テクスト的文脈とテクスト外文脈」『読書科学』34(1), 6–15.

佐藤忠道（1981）「幼稚部 1，2 年目における母親の話しかけに関する一考察」『筑波大学附属聾学校紀要』3, 67–82.

佐藤至英（1988）「Relatedness と文間の文脈形成」『読書科学』32(2), 74–77.

澤隆史（1999）『聴覚障害児の比喩の理解に関する実験的研究』風間書房.

澤隆史（2007）「聴覚障害幼児におけるカテゴリ化の特徴について——カテゴリの種類と事例選択の関連」『東京学芸大学紀要総合教育科学系』58, 315–322.

澤隆史（2010）「聴覚障害児の作文における格助詞の使用と誤用——深層格の視点から」『音声言語医学』51(1), 19–25.

澤隆史（2015）「聴覚障害児の文の理解に関する研究動向——文理解方略に関する文献的考察」『東京学芸大学教育実践研究支援センター紀要』11, 115–123.

澤隆史・吉野公喜・今井秀雄（1995）「聴覚障害児の読解力について——小学生新聞を題材としたテストの結果から」『ろう教育科学』36(4), 157–170.

関根和生（2008）「自発的身振りの発達に関する心理学的研究の展望——幼児期の変化を中心に」『教育心理学研究』56(3), 440–453.

社会福祉法人聴力障害者情報文化センター（2017）『聴覚障害者の精神保健福祉を考える研修会 2017 ／聴覚障害者のメンタルヘルスと支援／カウンセリングとソーシャルワークの連携のために／予稿集』

庄司和史・齋藤佐和・松本末男・原田公人（2011）「新生児聴覚スクリーニングの進展と聾学校における乳幼児支援体制の現状——乳幼児支援担当者に対する調査から」『特殊教育学研究』49(2), 135–144.

庄司美千代（2015）「特別支援学校（聴覚障害）小学部の国語科指導におけるコミュニケーション手段と教材活用に関する現状——『特別支援学校（聴覚障害）におけるコミュニケーション手段と教材活用に関する現状調査』から」『国立特別支援教育総合研究所研究紀要』42, 41–49.

嶋田洋徳（1999）『小中学生の心理的ストレスと学校不適応に関する研究』風間書房, 132–143.

清水久美子・高橋信雄（2002）「手話などを用いた通常小学校における聴覚障害児への授業援助の試み」『特殊教育学研究』39(5), 9–15.

冷水来生（1988）「聴覚障害児における文理解の発達」『特殊教育学研究』25(4), 21–28.

下島かほる・太田晴康（2003）「通常中学校における聴覚障害生徒への情報保障——インテグレーションと、要約筆記を活用した学習支援」『ろう教育科学』45(3), 191–202.

下島かほる・太田晴康（2005）「通常の学級における聴覚障害生徒への情報保障（2）」『ろう教育科学』47(2), 69–75.

新庄由紀子・加我君孝（2005）「親の心理とカウンセリング」加我君孝編『新生児聴覚ス

クリーニング早期発見・早期教育のすべて』金原出版，62–65.

新海晃・澤隆史（2016）「聴覚障害児における『書く力』の特徴と評価に関する文献的考察——言語学的アプローチと評価尺度の作成に関する研究を中心に」『東京学芸大学紀要』（総合教育科学系Ⅱ）67, 155–164.

新谷洋介（2014）「根号を含む式の計算をしよう」D-project 編集委員会編『つなぐ・かかわる授業づくり——タブレット端末を活かす実践 52 事例』学研教育出版，118–119.

相馬壽明・関根弘子（1986）「聴覚障害児童・生徒の語彙に関する研究——感情語を用いて」『特殊教育学研究』24(2), 27–34.

総務省情報通信政策研究所（2012）「障がいのある方々のインターネット等の利用に関する調査研究結果概要」http://www.soumu.go.jp/iicp/chousakenkyu/data/research/survey/telecom/2012/disabilities2012.pdf

総務省情報通信政策局（2006）「障害者の ICT を活用した社会参加事例集」
http://www.soumu.go.jp/main_sosiki/joho_tsusin/b_free/pdf/b_free03_2.pdf

菅谷明子・福島邦博・笠井紀夫・片岡祐子・前田幸英・長安吏江・問田直美・大森修平・西崎和則（2012）「当院にて手術を施工した人工内耳装用児の言語発達評価」*Audiology Japan*, 55(2), 126–131.

住宏平（1965）『ろう児の精神発達——知能と記憶』（ろう教育科学 別冊 モノグラフ no.6）ろう教育科学会.

住宏平（1985）「聴覚障害と言語——コンラッドとウーデン」『聴覚言語障害』14(1), 17–34.

鈴木千尋・中村美智子（2017）「マルチメディア学習におけるワーキングメモリと注意誘導キュー」『日本認知心理学会第 15 回大会発表論文集』1–6.

鈴木惠利子・関根英子・日高雄之・松本末男・左藤敦子（2011）「『話し合い』活動の展開における教師の役割について——聾学校幼稚部 5 歳児学級の授業事例の検討」『筑波大学特別支援教育研究』5, 11–19.

鈴木孝明・白畑知彦（2012）『ことばの習得——母語習得と第二言語習得』くろしお出版.

高井直美・高井弘弥（1996）「初期シンボル化における身振り動作と音声言語との関係」『発達心理学研究』7(1), 20–30.

高宮明子・藤田継道（2005）「GHQ-30 による調査からみた難聴者・中途失聴者のメンタルヘルス」『特殊教育学研究』43(4), 279–290.

武居渡（2001）「ろう児はどのように手話を獲得するのか（特集 ろう教育と手話）」『手話コミュニケーション研究』(41), 4–8.

武居渡（2008）「手話研究の現状と展望——手話研究が言語獲得研究に貢献できること」『認知科学』15(2), 289–301.

武居渡（2009）「手話言語の発達」四日市章編著『リテラシーと聴覚障害』コレール社，50–60.

武居渡（2010）「日本手話文法理解テスト実用版の開発」博報児童教育振興会『第 4 回ことばと教育研究助成研究成果論文集』56–76.

武居渡・鳥越隆士（2000）「聾児の手話言語獲得過程における非指示ジェスチャーの役

割」『発達心理学研究』11(1), 12–22.

武居渡・四日市章（1998）「乳児の指さし行動の発達的変化——手話言語環境にある聾児と聴児の事例から」『心身障害学研究』22, 51–61.

田中耕治（2008）『教育評価』岩波書店.

田中美郷（2005）「Yoshinaga-Itano の聴覚障害児の言語発達に関する早期臨界期説批判」『小児耳鼻咽喉科』26(2), 61–66.

田上隆司（1985）「トータルコミュニケーションについて」『リハビリテーション研究』50, 9–15.

田上隆司・森明子・立野美奈子（1979）『手話の世界』日本放送出版協会.

田上隆司・森明子・立野美奈子（1981）『はじめての手話』日本放送出版協会.

栃木県立聾学校（1992）「同時法について——特にコミュニケーション手段とその使用法式の点から」『聴覚障害』47(6), 33–38, 48.

冨田裕介・鷲尾純一（1999）「インテグレーションしている聴覚障害中学生の対人関係に関する意識調査」『聴覚言語障害』28(3), 47–58.

冨澤文子・河野淳・芥野由美子他（2015）「人工内耳装用児の就学以前における語彙力の検討」Audiology Japan, 58(5), 291–292.

鳥越隆士（1995）「ろう児はいかに手話を学ぶか——第一言語としての手話の習得過程」『手話学研究モノグラフV』日本手話学会.

鳥越隆士（2002）「リテラシー（読み書き能力）をどう捉えるか」『手話・ことば・ろう教育』全日本ろうあ連盟日本手話研究所，31–51.

鳥越隆士、グニラ・クリスターソン（2003）『バイリンガルろう教育の実践——スウェーデンからの報告』全日本ろうあ連盟出版局.

塚田規久（1968）「ろう児童生徒の語彙量について」『ろう教育科学』10(2), 45–55.

筑波大学附属聾学校小学部（2004）第 3 章「〈書く〉ことの指導事例」筑波大学附属聾学校小学部編著『ことばを豊かに育てる 100 の事例』聾教育研究会，175–231.

筑波大学附属聴覚特別支援学校中学部（2010）『教科指導と読み書き・ICT 活用——中学部における実践事例』聾教育研究会.

都築繁幸（2007）「聴覚障害幼児の情緒・社会性に関する一考察」『知教育大学研究報告』56（教育科学編），19–25.

内田伸子（1989）「物語ることから文字作文へ——読み書き能力の発達と文字作文の成立過程」『読書科学』33(1), 10–24.

内野智仁（2016）「情報モラル教育に活用できる聴覚障害の特性を踏まえた自己学習教材の開発——聴覚障害生徒を対象とする合理的配慮に基づく手話動画とスライド資料」『電子情報通信学会 信学技報 ET2016-75』116(351), 51–54.

上原泉（2017）「乳幼児の発達——知覚とコミュニケーション」向田久美子編『発達心理学概論』放送大学教育振興会，51–66.

ユニバーサル・サウンドデザイン（2016）「導入事例」http://u-s-d.co.jp/case/

浦部奈津美・岩田吉生（2011）「日本の高等教育機関における聴覚障害学生の受け入れ状況の現状と課題」『障害者教育・福祉学研究』7, 17–24.

脇中起余子（1998a）「聴覚障害生徒にとっての『は』および『＝』の理解に関する一考

察——『～倍』文・『多い』文などを通して」『ろう教育科学』40(3), 131–146.

脇中起余子（1998b）「手話表現の仕方による算数文章題の正答率の違いについて」『聴覚障害』53(7), 10–14.

脇中起余子（2003）「K聾学校高等部生徒における速度と濃度の理解に関する一考察——聴覚障害生徒の問題解決過程における困難点を探るために」『龍谷大学教育学会紀要』2, 15–29.

脇中起余子（2005）「K聾学校高等部の算数・数学における『9歳の壁』とその克服の方向性——手話と日本語の関係をどう考えるか」龍谷大学博士論文.

脇中起余子（2007）『よく似た日本語とその手話表現——〈第1巻〉——日本語の指導と手話の活用に思いをめぐらせて』北大路書房.

脇中起余子（2009）『聴覚障害教育 これまでとこれから——コミュニケーション論争・9歳の壁・障害認識を中心に』北大路書房.

脇中起余子（2012）「視覚優位型・同時処理型の生徒に対する指導について——算数・数学の授業における試み」『聴覚障害』67(5), 4–11.

脇中起余子（2013）『『9歳の壁』を越えるために——生活言語から学習言語への移行を考える』北大路書房.

脇中起余子（2017）「日本におけるキューについて（1）——キューに対する批判と今後」『ろう教育科学』59(1), 1–19.

渡部杏菜・濱田豊彦（2015）「聴覚障害幼児の数操作能力と音韻意識の発達に関する検討」『特殊教育学研究』53(1), 25–34.

渡辺杏里・大石幸二・林安紀子（2016）「聴覚障害学生の心身の健康に及ぼすソーシャル・サポートの影響——高等教育機関における修学支援状況との関連」『東京学芸大学教育実践研究支援センター紀要』12, 119–126.

渡辺弥生・山本弘一（2003）「中学生における社会的スキルおよび自尊心に及ぼすソーシャルスキルトレーニングの効果——中学校および適応指導教室での実践」『カウンセリング研究』36, 195–205.

山田奈保子・西尾信哉・岩崎聡・工穣・宇佐美真一・福島邦博・笠井紀夫（2012）「人工内耳と補聴器の装用開始年齢による言語発達検査結果の検討」*Audiology Japan*, 55(3), 175–181.

柳岡開地（2017）「言語ラベリングが実行機能課題に及ぼす効果とその持続性——幼児期に着目して」『京都大学大学院教育学研究科紀要』63, 341–354.

四日市章（1991）「数学の難しさとやさしさ——聾学校の数学の授業から」『聴覚障害』46(7), 28–33.

四日市章（1999）「聴覚障害児における字幕付き番組視聴時の眼球運動」『音声言語医学』40(2), 126–132.

四日市章（2009）第3章1節「聴覚障害と読み書きの指導」四日市章編著『リテラシーと聴覚障害』コレール社. 89–103.

四日市章・斎藤佐和・丹直利（1995）「項目反応分析による聴覚障害児の語彙の評価」『特殊教育学研究』33(2), 51–69.

米川明彦（1984）『手話言語の記述的研究』明治書院.

吉田孝弘・村瀬忍（2008）「場の状況を読み取り適切な行動をとりにくい聴覚障害児への支援——学校における教育活動を通しての取り組み」『岐阜大学教育学部研究報告人文科学』57(1), 221–226.

吉田次男・市川忠彦・石川知子・堀正士（2001）「視・聴覚障害学生の UNIVERSITY PERSONALITY INVENTORY 設問項目チェック率の比較・検討」『筑波技術短期大学テクノレポート』8, 153–159.

吉川あゆみ・石野麻衣子・松﨑丈・白澤麻弓・中野聡子・岡田孝和・太田晴康（2011）「高等教育における手話通訳の活用に関する研究——学術的内容の高等化に対応するための手話通訳の技術的ニーズに着目して」『日本社会福祉学会第 59 回秋季大会要旨集』

吉本努（2002）「絵本の読み聞かせを考える——手話を通して」『聴覚障害』57(5), 4–8.

吉野公喜（1982）「聴覚障害の特性」佐藤泰正編著『障害児教育概説』学芸図書．68–77.

吉野公喜（1996）「聴覚障害の理解」中野善達・齋藤佐和編著『聴覚障害児の教育』福村出版．1–22.

吉野公喜（1999）第 3 章「知能と知的発達」中野善達・吉野公喜編著『聴覚障害の心理』田研出版．41–64.

全国早期支援研究協議会（2017）『「リファー（要再検査）となったお子さんのお母さんと家族の方へ〈赤ちゃんのきこえの検査〉』

索 引

364

【編者紹介】

四日市 章（よっかいち あきら）
元・筑波大学教授。『オックスフォード・ハンドブック デフ・スタディーズ——ろう者の研究・言語・教育』（明石書店、2015年、四日市章・鄭仁豪・澤隆史監訳）、『リテラシーと聴覚障害』（コレール社、2009年）編著。聴覚障害児の教育と心理学が専門。

鄭 仁豪（ちょん いんほ）
筑波大学教授。『聴覚障害児の読みのプロセスに関する実験的研究』（風間書房、1996年）著。聴覚障害児の読み、言語、認知的能力の発達、及び、国際教育が専門。

澤 隆史（さわ たかし）
東京学芸大学教授。『聴覚障害児の比喩の理解に関する実験的研究』（風間書房、1999年）著。聴覚障害児の言語と発達、記憶、及び、特別支援教育が専門。

ハリー・クノールス（Harry Knoors）
オランダ・ナイメーヘン（Nijmegen）のラドバウンド（Radboud）大学、行動科学学部教授、王立オランダ・ケンタリス（Kentalis）アカデミー理事長。専門は、心理言語学、特に聴覚障害幼児の初期言語とリテラシー、心理社会的発達、また、特殊教育とインクルーシブ教育の研究に携わっている。多くの論文・著書を出版しており、マーシャーク教授との共著論文もある。

マーク・マーシャーク（Marc Marschark）
米国のロチェスター工科大学・国立聾工科大学教授、教育研究協力センター理事長。*Journal of Deaf Studies and Deaf Education* の創刊者。アバディーン大学教授。ろう心理学、特に、言語、学習、認知発達が専門で、教育・研究に関する100以上の論文や書籍の章の執筆、また、10を超える本の編著に携わっている。日本でも『オックスフォード・ハンドブック デフ・スタディーズ——ろう者の研究・言語・教育』（明石書店、2015年）など数著が翻訳出版されている。

【英語原書著者】

Harry Knoors（ハリー・クノールス）
編者紹介参照

Marc Marschark（マーク・マーシャーク）
編者紹介参照

【著者・編訳者および担当章】

*担当章順

四日市　章	元・筑波大学	1 章（15–39 頁）
		11 章（273–277, 289–291 頁）
		12 章（292–306 頁）
今泉　敏	東京医療学院大学	2 章（40–54 頁）
佐藤　正幸	筑波技術大学	2 章（55–60 頁）
齋藤　友介	大東文化大学	3 章（61–64, 67–72 頁）
三枝　里江	山梨大学	3 章（64–67 頁）
館山　千絵	筑波大学附属聴覚特別支援学校	3 章（72–75 頁）
庄司　和史	信州大学	3 章（75–78 頁）
		11 章（277–282 頁）
松本　末男	元・筑波大学	3 章（78–82 頁）
相澤　宏充	福岡教育大学	4 章
		（83–86, 93–98, 109–110 頁）
武居　渡	金沢大学	4 章（86–93, 104–109 頁）
霍間　郁実	元・筑波大学	4 章（86–88, 104–109 頁）
松藤　みどり	元・筑波技術大学	4 章（98–99 頁）
左藤　敦子	筑波大学	4 章（100–104 頁）
村瀬　忍	岐阜大学	5 章（111–114, 138–141 頁）
小渕　千絵	国際医療福祉大学	5 章（114–118, 141–142 頁）
林田　真志	広島大学	5 章（118–120, 136–138 頁）
有海　順子	山形大学	5 章（120–125 頁）
白澤　麻弓	筑波技術大学	5 章（125–126, 128–130 頁）

能美　由希子	筑波大学研究員	5 章（126–128 頁）	
甲斐　更紗	国立がん研究センター	5 章（128–130 頁）	
長南　浩人	筑波技術大学	5 章（130–136 頁）	
鄭　仁豪	筑波大学	6 章（143–149, 169–171 頁） 12 章（292–306 頁）	
田原　敬	茨城大学	6 章（149–153 頁）	
小島　瑞穂	千葉県立香取特別支援学校	6 章（153–156 頁）	
前川　久樹	筑波大学附属聴覚特別支援学校	6 章（156–159 頁） 9 章（241–249 頁）	
金　恩河	昌原大学（韓国）	6 章（160–169 頁）	
濱田　豊彦	東京学芸大学	7 章（172–180 頁）	
喜屋武　睦	福岡教育大学	7 章（180–184 頁）	
茂木　成友	東北福祉大学	7 章（184–189 頁）	
大部　令絵	日本社会事業大学	7 章（189–195 頁）	
中山　哲志	東日本国際大学	7 章（195–200 頁）	
澤　隆史	東京学芸大学	8 章（201–202, 205–215 頁） 12 章（292–306 頁）	
新海　晃	広島大学	8 章（203–205 頁）	
雁丸　新一	横浜国立大学	8 章（215–216 頁）	
田中　耕司	島根大学	8 章（217–222 頁）	
深江　健司	筑波大学附属聴覚特別支援学校	9 章（223–230 頁）	
加藤　慎一	秋田大学	9 章（230–237 頁）	
脇中　起余子	筑波技術大学	9 章（237–241 頁）	
黒田　健次	元・群馬県立聾学校	9 章（241–249 頁）	
爲川　雄二	帝京大学	10 章（250–258 頁）	
金子　俊明	元・筑波大学附属聴覚特別支援学校	10 章（258–272 頁）	
杉山　梓	元・岐阜県立岐阜聾学校	10 章（258–264 頁）	
有馬　里佐	元・筑波大学附属聴覚特別支援学校	10 章（266–271 頁）	
原田　公人	藤女子大学	11 章（283–289 頁）	

聴覚障害児の学習と指導
──発達と心理学的基礎

2018 年 9 月 30 日　初版第 1 刷発行
2023 年 7 月 30 日　初版第 3 刷発行

編　者　　　四　日　市　　　章
　　　　　　鄭　　　仁　　　豪
　　　　　　澤　　　隆　　　史
　　　　　　ハリー・クノールス
　　　　　　マーク・マーシャーク
発行者　　　大　江　道　雅
発行所　　　　　株式会社　明石書店
　　　　〒 101 - 0021　東京都千代田区外神田 6 - 9 - 5
　　　　　　　　電話　03（5818）1171
　　　　　　　　FAX　03（5818）1174
　　　　　　　　振替　00100 - 7 - 24505
　　　　　　　　https://www.akashi.co.jp/
装丁・組版　　　　明石書店デザイン室
印刷・製本　　　　モリモト印刷株式会社

（定価はカバーに表示してあります）　　　　　　　ISBN 978-4-7503-4730-1

聴覚障害者へのソーシャルワーク
専門性の構築をめざして
原順子著
◎2800円

オックスフォード・ハンドブック デフ・スタディーズ ろう者の研究・言語・教育
マーク・マーシャーク、パトリシア・エリザベス・スペンサー編著
四日市章、鄭仁豪、澤隆史監訳
◎15000円

デマンド・コントロール・スキーマ 対人専門職としての手話通訳
倫理的・効果的な意思決定のために
ロビン・K・ディーンほか著　高木真知子、中野聡子訳
◎3500円

聴覚障害者、ろう・難聴者と関わる医療従事者のための手引
アンナ・ミドルトン編　小林洋子、松藤みどり訳
◎2500円

聴覚障害児の学力を伸ばす教育
ドナルド・F・ムーアズ、デヴィッド・S・マーティン編
松藤みどり、長南浩人、中山哲志監訳
◎3800円

中途盲ろう者のコミュニケーション変容
人生の途上で「光」と「音」を失っていった人たちとの語り
柴崎美穂著
◎3600円

盲ろう児コミュニケーション教育・支援ガイド
豊かな「会話」の力を育むために
バーバラ・マイルズ、マリアンヌ・リジオ編著
岡本明、山下志保、亀井笑訳
◎3200円

聾・聴覚障害百科事典
キャロル・ターキントン、アレン・E・サスマン著　中野善達監訳
◎7500円

学力・リテラシーを伸ばす ろう、難聴児教育
エビデンスに基づいた教育実践
パトリシア・エリザベス・スペンサー、マーク・マーシャーク著
松下淑、坂本幸訳
◎3800円

20世紀ロシアの挑戦 盲ろう児教育の歴史
事例研究による障害児教育の成功と発展
タチヤーナ・アレクサンドロヴナ・バシロワ著　広瀬信雄訳
明石ライブラリー 163
◎3800円

きこえない子の心・ことば・家族
聴覚障害者カウンセリングの現場から
河﨑佳子著
◎1200円

新版「ろう文化」案内
キャロル・パッデン、トム・ハンフリーズ著　森壮也、森亜美訳
◎2400円

ハーベン ハーバード大学法科大学院初の盲ろう女子学生の物語
ハーベン・ギルマ著
斎藤愛、マギー・ケント・ウォン訳
◎2400円

生活支援の障害福祉学
シリーズ障害科学の展開3
筑波大学障害科学系責任編集
奥野英子、結城俊哉編著
◎4200円

障害理解のための医学・生理学
シリーズ障害科学の展開4
筑波大学障害科学系責任編集
宮本信也、竹田一則編著
◎6000円

発達心理学ガイドブック 子どもの発達理解のために
マーガレット・ハリス、ガート・ウェスターマン著
小山正、松下淑訳
◎4500円

〈価格は本体価格です〉